# 《萍乡市住房公积金志》编纂委员会

萍乡市住房公积金管理中心
中共萍乡市委史志研究室 ◎编

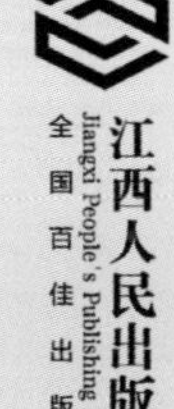

江西人民出版社
Jiangxi People's Publishing House
全国百佳出版社

**图书在版编目（CIP）数据**

萍乡市住房公积金志 / 萍乡市住房公积金管理中心，中共萍乡市委史志研究室编. --南昌：江西人民出版社，2024. 9. --ISBN 978-7-210-15754-0

Ⅰ. F299.233.1

中国国家版本馆 CIP 数据核字第 20247H7R53 号

**萍乡市住房公积金志**

PINGXIANG SHI ZHUFANG GONGJIJIN ZHI

萍乡市住房公积金管理中心　中共萍乡市委史志研究室　编

责任编辑：魏如祥
封面设计：同异文化传媒
版式设计：鸿星图文设计中心

地　　址：江西省南昌市三经路 47 号附 1 号(邮编：330006)
网　　址：www. jxpph. com
电子信箱：27867090@ qq. com
编辑部电话：0791-86895309
发行部电话：0791-86898801
承　印　厂：长沙超峰印刷有限公司
经　　销：各地新华书店

开　　本：889 毫米×1194 毫米　1/16
印　　张：17. 75　　插　页：8
字　　数：450 千字
版　　次：2024 年 9 月第 1 版
印　　次：2024 年 9 月第 1 次印刷
书　　号：ISBN 978-7-210-15754-0
定　　价：120. 00 元
赣版权登字-01-2024-566

1996年5月—1999年9月，萍乡市住房公积金管理中心位于北正街的办公场所

1999年10月—2021年3月，萍乡市市住房公积金管理中心位于公园路239号富丽大厦7楼的办公场所

2021年4月，萍乡市住房公积金管理中心搬迁至城市大厦6号楼

2021 年 3 月，搬迁至行政中心前机关工作人员在原营业大厅（富丽大厦 7 楼）合影

2023 年 11 月，直属办事处工作人员合影

2011 年 5 月 11 日，湘东办事处乔迁之日工作人员合影

2011年12月16日，芦溪办事处乔迁前工作人员合影

2010年12月，莲花办事处乔迁新址工作人员合影

2018年8月，萍乡市住房公积金管理委员会召开全体会议审议有关议题

2019年1月，萍乡市住房公积金管理中心召开2018年度总结表彰大会

2023年12月，萍乡市住房公积金管理中心党组会议传达学习中央经济工作会议精神

2024年3月，萍乡市住房公积金管理委员会召开全体会议审议有关公积金政策调整等事项

2010年6月，萍乡市住房公积金管理中心召开全市住房公积金政策培训大会

2018年8月，萍乡市住房公积金管理中心组织全体员工学习新出台的有关政策业务

2022年7月，萍乡市住房公积金管理中心负责人参加湘赣边区域合作示范区住房公积金协同发展合作公约签订仪式

2023年6月，萍乡市住房公积金管理中心负责人与来访的中国银行江西省分行领导协商业务合作事宜

2023年11月，直属办事处工作人员在安源区青山香炉社区为缴存职工清理公积金“睡眠账户”

上栗办事处负责人现场抽查窗口业务

综合科同志在处理文件

稽核科工作人员在服务大厅进行业务稽核检查

业务科同志在讨论房地产开发企业公积金贷款准入申请

财务科同志在处理会计凭证

档案管理员在整理归档

12329热线接听群众来电

2011年9月，萍乡市住房公积金管理中心召开2011年度县级领导干部民主生活会

2018年8月，萍乡市住房公积金管理中心机关工会委员会进行换届选举

2021年12月，萍乡市住房公积金管理中心党组开展中层干部集体政治谈话

2020年11月，中心党总支组织党员干部开展党性教育活动

2014年9月,萍乡市住房公积金管理中心参加全市创建全国文明城市歌咏比赛

2021年6月,萍乡市住房公积金管理中心党总支成功举办“讲好党史故事”演讲比赛

2021年10月，萍乡市住房公积金管理中心志愿者在三角洲社区大学城开展“全国文明城市”帮创工作

2023年3月，萍乡市住房公积金管理中心志愿者在龙华云锦小区开展帮创工作

2006年度全省建设系统目标管理
优胜单位
江西省建设厅
二00七年二月

2008年度全省建设系统目标管理
优胜单位
江西省建设厅
二〇〇九年二月

2012年度全省住房公积金管理工作先进集体
二等奖
江西省住房和城乡建设厅
二〇一三年一月

第十六届
江西省文明单位
中共江西省委 江西省人民政府
2021年11月

萍乡市第十五届（2015-2016年度）
文明单位
中共萍乡市委 萍乡市人民政府
二〇一七年十二月

荣获二〇二〇年度
先进基层党组织
中共萍乡市直属机关工作委员会
二〇二一年六月

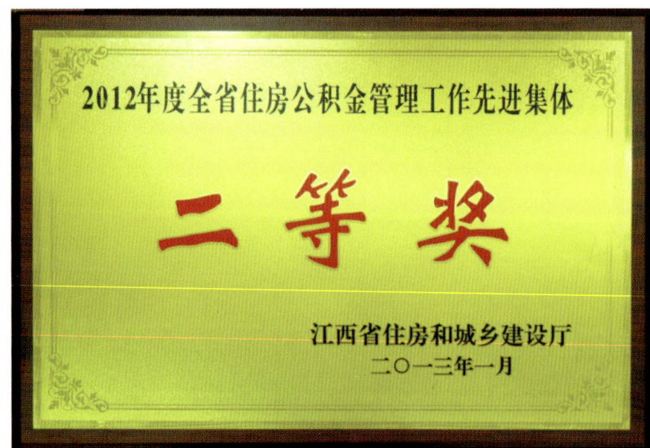

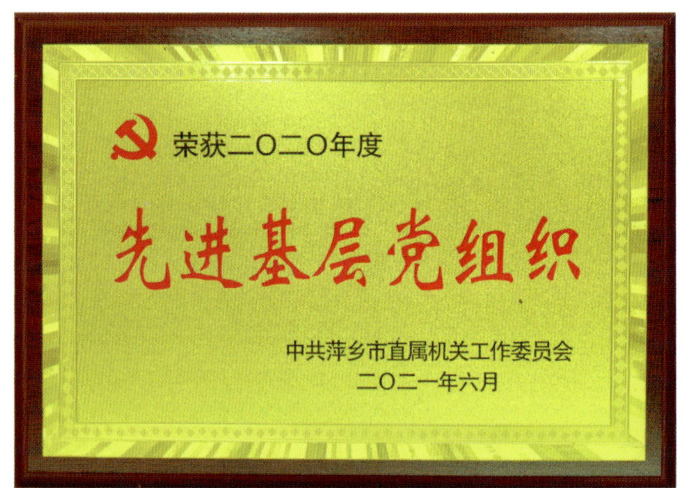

荣誉展示

# 序

萍乡是一块红色热土。它是党领导的中国工人运动的摇篮,也是秋收起义的主要爆发地和策源地,曾在中国革命史上书写过光辉篇章。1970 年 3 月,萍乡由县级市升格为省直辖市,2022 年全市人口 180.88 万,面积 3831.3 平方公里。

在经历了革命、建设和改革开放的洗礼,萍乡城乡面貌发生了巨大变化,主城区面积拓展为 252.58 平方公里,人口也增长为 58.17 万。近年来,在市委市政府的坚强领导和全市人民的共同奋斗下,城市现代化脚步不断加快,市民群众生活品质不断提高,住有所居、安居乐业的愿望在更大范围内得到实现,这一切也离不开萍乡市住房公积金制度的建立和发展。1997 年至 2023 年底,全市共有 3016 家单位 21.89 万名干部职工踊跃参加住房公积金缴存,累计归集额 200.61 亿元,发放个人住房贷款 118.82 亿元,约有 42.86% 的干部职工家庭通过住房公积金制度改善了住房条件,实现了居者有其屋的美好祈愿。

志是一个地方或部门文献,承担着"存史、资治、教化"的重要作用,萍乡市住房公积金管理中心联合市委史志研究室精心编纂了这部《萍乡市住房公积金志》,全面、系统、科学地记载萍乡市住房公积金制度建立与发展的历史和现状,阐述住房公积金制度建设和住房公积金工作的内在本质、特征和规律,这对进一步坚持和完善住房公积金制度,加快以人为核心的新型城市化建设,开创住房公积金事业发展新局面,有着重要的指导意义。

《萍乡市住房公积金志》编纂完成,是群策群力的结果,也是各方智慧的结晶。借此机会,向参与本志编纂的人员,以及一直以来关心、支持萍乡市住房公积金事业发展的社会各界人士,致以诚挚的问候和衷心感谢!

时代在呼唤,人民在期盼。希望市住房公积金管理中心以编纂《萍乡市住房公积金志》为契机,坚持以人民为中心的发展思想,开拓创新、锐意进取,在资金归集、风险防控、优化服务上持续发力,为萍乡奋力打造转型升级标杆城市贡献更多住房公积金力量,也为更多萍乡人民实现安居梦,书写好新时代荣光和辉煌。

是为序。

萍乡市人民政府副市长 刘仁羿

2023 年 12 月

# 凡　例

一、本志坚持以习近平新时代中国特色社会主义思想为指导，按照历史唯物主义和实事求是原则，求真存实，秉笔直书，力求全面、系统、科学地记述。

二、萍乡市现辖安源区、湘东区两区，上栗县、芦溪县、莲花县三县和萍乡经济开发区、武功山风景名胜，记述内容以本地域为主。

三、本志记事时限上起 1996 年，下迄 2023 年 12 月，个别事物适当上溯下延。

四、本志采用述、记、志、传、图、表、录等体裁，以文为主。大事记采用编年体与记事本末体相结合的记述法；其余文字皆采用语体文记述体。

五、志书编目遵循社会科学分类原则，设章、节、目、子目、细目。以类系事，横排竖写。

六、入志史料主要源于萍乡市住房公积金管理中心档案室各类档案、文献、图书、报刊，中心各科室和三县一区办事处提供的资料、图片等，所用资料一般不注明出处。

# 目 录

# 概　述

住房是民生的基本需求。新中国成立以来，国家对城镇实行低租金、高补贴、无偿供给的福利住房制度，长期如此，导致国家、集体的负担日益加重，也难以完全满足人民群众迫切要求改善住房条件的需求。改革开放以来，党中央、国务院实施一系列经济体制改革的重大举措，其中就有涉及关乎民生的城镇住房制度改革。1991 年 10 月，全国住房制度改革会议召开，明确提出改革住房制度。1995 年，江西省政府出台江西省城镇住房制度改革总体方案，对全省住房制度改革进行全面部署。1996 年 12 月 25 日，萍乡市人民政府下发文件印发《萍乡市深化城镇住房制度改革的若干规定》，从 1997 年 1 月 1 日开始，全面推行实施住房公积金制度，并下发实施细则。

住房公积金制度是中国特色社会主义市场经济改革的新生事物，它一出现就受到人民群众的欢迎，显示出强大的生命力。萍乡市推行住房公积金制度历经探索试点、全面建立和规范发展不断完善三个阶段。近 30 年来，在中共萍乡市委、萍乡市人民政府的坚强领导下和江西省住建厅的有力指导下，在萍乡市公积金管委会的正确决策和相关部门的支持下，萍乡市住房公积金在归集、使用和管理上，坚持以满足人民群众日益增长的住房需求和实现最广大人民群众的住房利益为出发点和落脚点，出色地完成各项工作。因而，萍乡市住房公积金资金归集才有了从无到有、从小到大、从弱到强的发展积累；才有了资金管理完成从粗放型、经验型向科学化、规范化发展的转变；才有了资金运用逐步走上投入产出良性循环、健康发展的轨道；才有了资金结算由手工记账、人工传递作业发展为电算化和网络化的水平；才有了服务层次由“一条龙”“一站式”办结正在向个性化、精准化和品牌化的高端迈进。萍乡市住房公积金事业的发展，为解决萍乡市干部职工建房资金，提高干部职工住房支付能力，促进城市发展和经济建设等方面发挥了重大作用。同时，住房公积金制度的实施和发展也转变了人们的住房消费观念，改变人们“住房由国家、单位统包”和“等、靠、要”等传统观念，以“自行筹资，政策扶助，市场供给”解决住房问题的新理念取而代之，促进国家、单位、个人三者合理负担住房新体制的形成，推动住房的社会化、商品化，也促进了房地产市场的繁荣发展。

## 一、住房公积金归集额大幅攀升

1996 年，萍乡市正处于由“温饱”朝“小康”的过渡时期，人民生活水平虽有所提高，但住房条件依然普遍较差，人均住房面积仅有 7. 64 平方米。人们热切地期望随着改革的深入开展能有一个好的住所安居乐业。此时，党中央、国务院作出推进住房制度改革的重大决定，省、设区市适时实施住房公积金制度。按照萍乡市人民政府文件规定，从1997年1月1日开始，在有条件的部门和单位开始建立个人住房公积金制度，企业单位建制方案经职工代表大会同意并报市房改办批准后实施。住房公积金作为单位及其在职干部职工缴存、个人账户积累、低存低贷和专款专用长期住房储备金。1997年末，单位住房公积金存款1728.3万元，其中，公积金收入存款894.5万元，售房收入存款833.75万元，租金收入存款0.05万元。1998年2月，依据萍乡市政府下发《关于印发萍乡市深化城镇住房制度改革若干补充规定的通知》要求，全市所有党政机关和企事业单位及其在职职工均应按照“个人存储、单位资助、统一管理、专项使用”原则，全面推行个人住房公积金制度。是年，萍乡市510个房改单位中已有400个单位在“萍乡市住房公积金管理中心”设立专户，开户总人数为61285人，累计归集金额1134万元，名列全省前茅。1999年4月，国务院颁布实施《住房公积金管理条例》，使个人住房公积金制度步入法制化管理轨道。这一年，公积金中心在《萍乡日报》专栏作系统宣传，全文刊登《萍乡市住房公积金的法制化管理》，刊登中心的文章《有法可依，有法必依，推进萍乡市住房公积金的法制化管理》，萍乡市电视台开办系列宣传栏目，分管副市长发表电视讲话，使这一改革新举措深入人心，为全面做好这项工作打下认识基础，营造出良好社会氛围，推动住房制度在萍乡市的改革深入发展。为推动全市公积金制度深入开展，市住房公积金管理中心（以下简称市中心或中心）采取个人与单位相结合，任务与效益相结合方式，利用政策优势，促进员工缴存热情，采取分点包片，找准路子，用准法子，进行整改督导。这一年，全市缴交住房公积金总额1782.7万元，比上年增长26%。截至1999年底，全市缴交住房公积金包括萍乡和莲花、上栗、芦溪三县归集住房公积金达4074.7万元。为进一步加强住房资金贷款的规范管理，最大限度防范风险，提高住房公积金增值效益，这一年中心还对贷款审批委员会成员实行贷款审批终身责任追究制度。

2000年，全市共有520个单位，51193名职工在市中心建立住房公积金单位和个人账户，住房公积金制度覆盖率达81%，归集率达73%，萍乡市职工和单位住房公积金缴存比例均不低于职工月工资的5%，市本级共归集住房公积金2303.9万元，比1999年的1782.7万元增长29.2%。到2000年底，累计发放个人购建房贷款805笔，贷款金额2107.1万元；累计收回贷款293.1万元，贷款余额1814万元；累计购买五年期国债1000万元。

2001年，市中心重点抓好在萍省属企业和相关单位的全面对接，推进市属企业公积金制度的建立，抓好县区级公积金制度的实施。湘东区启动住房公积金制度建立工作。市中心强化执法，抓好归集工作。根据建设部、财政部、人民银行《关于对贯彻〈住房公积金管理条例〉情况进行执法检查的通知》针对萍乡市住房公积金管理存在的问题，召开会议，全面部署执法检查工作，进行自查、自检。并对不按期缴交或拒不缴交住房公积金的单位，依照《住房公积金管理条例》《江西省住房公积金管理办法》的有关规定，通过下达改正通知书等措施，使一批单位相继到市住房公积金管理中心办理开户登记手续并开始汇缴，提高缴交比例和缴交基数，全年新增53个单位。

2002年，市中心在推进住房公积金制度的建设实践中，重点抓加强管理工作。市中心下发《萍乡市住房公积金管理中心工作管理制度》，明确管理制度、工作职责及岗位责任，落实责任抓归集，改进服务扩大职工个人住房贷款。市中心领导与各科室负责人签订目标考核责任状、科室与员工签订个人目标考核责任状，形成激励机制，推动各项工作大发展。

2003年，住房公积金建制和缴纳面对全市国有企业改制新课题，公积金中心主动上门走访、宣传和服务，对部分效益好的企事业单位，积极向市政府和市住房公积金管理委员会建议提高其缴存比例。截至2003年6月底，市复明眼科医院、李宁体育用品专卖店两家民营企业在市住房公积金中心开立账户，博昌实业有限公司也已开始正常汇缴。这是萍乡市民营、私营企业中率先建立住房公积金制度的企业，标志着萍乡市住房公积金制度进入一个新阶段。是年，市中心共归集公积金2266万元，累计归集公积金达15662万元。全市累计归集住房公积金1.83亿元（其中市本级15662万元，三县838万元，萍矿1800万元）。

2004年，为扩大住房公积金的覆盖面，市住房公积金管委会办公室、中心组成《住房公积金管理条例》执行情况联合检查调研组，对全市30个行政、事业、国有、民营等单位进行专项检查和实地调研，发现问题及时下达《整改意见书》，推动住房公积金建制和缴存，并逐渐延伸到乡镇。

2005年，全市累计归集公积金35663万元，本级累计归集32035万元，三县累计归集3628万元。本年度全市归集住房公积金9451万元，其中市本级归集8103万元（含6月30日年度结息290万元），超计划603万元，与2004年同期比增长43%，全市住房公积金覆盖率为50%，归集增长率为47.2%。

2006年，中共萍乡市住房公积金管理中心党组按照党中央、国务院的部署和省建设厅，市委、市政府有关文件精神要求，先后开展治理商业贿赂专项工作，坚决纠正在经营管理活动中违反商业道德和市场规则、影响公平竞争的不正当交易行为，依法查处违反法律法规的商业贿赂案件，开展为期一个半月的萍乡市住房公积金管理专项治理工作，重点加强对住房公积金决策、管理制度执行情况的监督检查，认真排查和处置住房公积金管理中存在的资金风险，切实纠正损害国家和职工利益的突出问题，严肃查处各类违法违纪行为，确保资金安全，取得良好效果。

2007年起，各县（区）的住房公积金办事处根据市政府要求，有步骤地把住房公积金补贴全面纳入财政预算，并逐年提高缴交比例。同时，市中心把归集工作的突破口放在低收入群体、困难企业特别是中小学老师队伍上，并对全市未建制单位进行全面摸底、排查，有步骤地推进扩面建制工作。市中心还建立和完善住房公积金年检年审制度，贯彻落实好"控高保低"政策，规范缴存基数和比例。

2009年到2012年，开展萍乡市住房公积金管理专项治理工作。根据住建部等七部委和省建设厅等七部门下发的《关于2009年继续开展加强住房公积金管理专项治理工作的实施意见》的通知，在市政府、管委会的高度重视下，迅速部署为期三个多月的专项治理各项工作，认真开展自查自纠，取得明显成效。是年，全年归集公积金2.6亿元，超计划1000万元，同比增长25%。

2013年到2015年，市中心从以下几个方面力促归集建制，扩大住房公积金覆盖面。第一，争取各级政府加大支持力度，继续将财政供养人员的住房公积金补贴纳入财政预算并逐年提高比例列入政府目标管理和绩效考核范围。第二，中心启动"全市住房公积金扩面专项行动月"，重点对城镇新就业大学生、乡镇行政事业单位职工、市县级行政事业单位及国有控股企业人事代理人员、非公企业职工开展扩面专项行动。2013年全年新增归集60917.75万元。第三，持续加大宣传力度，全方位、系统地建立常态化宣传机制。市中心通过《萍乡日报》、萍乡广播电视网站等多种媒体，有计划、多角度、多种形式地开展宣传活动。市中心坚持每月编发一期《住房公积金简报》，向市领导和相关部门报送，让其及时了解和把握全市住房公积金发展的进程和重大事件。市中心坚持定期向新闻传播媒体发稿，扩大社会影响面。市中心和县区办事处坚持开展流动宣传，分别在市秋收广场等多地开展现场政策宣传，把政策送到老百姓家门口，扩大影响。第四，深化年检年审，加强督导。市中心督促财政供养单位将津补贴计入缴交基数；逐年提高缴存比例和缴存基数偏低的地区及行业住房公积金缴存标准，纠正个别行业和个人违反规定超比例和超限额缴交住房公积金，夯实缴存基础工作。市中心建立应缴存单位台账，对未参与或审核未达标且整改落实不到位的单位，与贷款准入挂钩，对达标单位和个人进行年度奖励。第五，市中心不断改进工作作风，创新服务举措，对服务大厅进行改造，并对中心机构进行改革，设立住房公积金中心分中心，原来单一的柜员制改变为综合柜员制，服务大厅设立咨询台，开通网上查询提醒服务和“12329”24 小时服务热线，排队叫号办理服务，设置等候区，实现职工个人住房公积金汇款、提取、贷款等账户资金变动实时告知服务。到 2015 年底，全市累计归集公积金 45.63 亿元，公积金余额 30.09 亿元，分别同比增长 22.76%、14.07%。是年，全市实缴单位 1346 家，实缴职工 9.24 万人，缴存 8.09 亿元，同比增长 22.52%。当年新开单位 77 家，新开户职工 0.23 万人。

2016 年到 2023 年 6 月底，市中心又出台多种举措推进萍乡市住房公积金事业发展。2016 年，提高住房公积金贷款最高限额，降低贷款首付比例，降低贷款门槛、取消第二套房贷款利率上浮和贷款额度限制，延长贷款期限，实行提贷并举，适度放宽提取政策，放宽支付房租提取条件。2017 年，实行“商转公”贷款政策，实行公积金与银行“组合贷款”政策，实施全省公积金贷款“一体化”政策，实施全国异地贷款政策等，涉及面广，力度大，有力地促进各项业务的发展，满足广大缴存人的多种需求，为改善民生，促进房地产市场健康稳定发展发挥积极作用。这期间，中心对办事大厅服务窗口进行改造，安装视频监控、服务评价器和排队叫号系统，改善办公环境，使布局更加合理，大厅办理业务环境更加宽敞、舒适。2017 年，四个县区办事处年归集均突破亿元大关。2017 年，完成全年归集 19.77 亿元，与 2016 年同比增长 12.8%，全市归集 125 亿元，发放公积金个人贷款 17.65 亿元，与 2016 年同比增长 7.27%，全市累计发放贷款 93.1 亿元，贷款余额 66.85 亿元，贷款逾期率控制在 0.007%，远低于省住建厅 0.05% 的安全标准。全年提取公积金 12.4 亿元，与上年同比减少 11.95%，增值收益 9500 万元，超收 600 万元，与上年同比增长 14.94%。社会效益和经济效益取得双丰收。

2018 年，市中心根据住建部相关文件要求，开展推行“双贯标”工作。2019 年，全省住房公积“双贯标”工作推进会在萍乡市住房公积金管理中心召开，这标志着萍乡市住房公积金进入“互联网 + 公积金”模式，功能强大的住房公积金管理平台，将促进萍乡市住房公积金业务和服务转型发展，提高广大职工对公积金事业的认可度，促进公积金事业更好、更快发展。萍乡市住房公积金、信贷、抵押登记“联合办理”窗口已正式运行，让前来办理住房公积金贷款抵押和公积金支取的市民享受到实实在在的便利。2019 年，归集资金 10.76 亿元，累计归集 68.86 亿元，公积金提取 10.1 亿元，提取 114691 人次。

2021 年，住房公积金“跨省通办”业务推向新的高度，市中心与株洲、南昌、吉安、宜春四地建立联席会议机制、信息协查机制、“跨区通办”机制、异地公积金互认互贷，联防联控等工作机制达成一致意向，并签订《湘赣边区域合作示范区住房公积金协同发展合作公约》，真正做到省里省外的缴存职工一件事一窗办理，切实将“为缴存职工办实事”落到实处，制作“跨省通办”宣传片，在萍乡电视台播放，得到上级部门肯定。

2022年萍乡市住房公积金管理中心出席参加湘赣边区域合作示范区住房公积金协同发展合作公约签字仪式。会上，长沙、湖南省直中心、株洲、湘潭、岳阳、郴州和萍乡、九江、赣州、吉安、宜春等湘赣10市签订《湘赣边区域合作示范区住房公积金协同发展合作公约》。

从1997年住房公积金制度建立至2002年，累计归集资金突破1亿元，用时5年；到2009年，累计归集资金突破10亿元，用时七年；到2019年，累计归集资金突破100亿元，用时十年；到2022年底，累计归集资金达173.59亿元。住房公积金缴存人数和人均缴存额均成倍快速增长。2023年底，全市累计归集住房公积金200.61亿元，累计提取住房公积金109.78亿元，比上年末增加20.44%。

## 二、住房公积金使用圆了广大职工的住房梦

### （一）提取

1996年12月25日，市政府萍政发〔1996〕50号文件规定，住房公积金作为职工一项长期性住房储蓄，归职工个人所有，定向用于职工家庭购买、建造和大修自住住房。职工出国定居或离退休、离职、调离出省（省内调动划转到新工作单位），本息余额一次结清，退还职工本人。职工住房公积金本息免征个人所得税。2003年，市中心制定下发《萍乡市住房公积金支取操作规程》规定：购买、建造、翻造、大修自住住房，离退休，完全丧失劳动能力并与单位终止劳动关系，出境定居，偿还购房贷款本息，房租超出家庭工资收入的规定比例及死亡等情形，均可凭相关资料提取个人住房公积金。截至2022年底，全市累计提取住房公积金1301526人（次），金额91.15亿元。提取职工中，中、低收入占99.41%，高收入占0.95%。2023年，提取住房公积金18.63亿元，同比增长33.75%。

### （二）贷款

1997年，全市公积金制度实施以来，本年度累计归集资金1289.92万元。1999年，市政府颁发《萍乡市政策性住房资金个人住房抵押贷款试行办法》，市房改办、市中心、市人行等单位制发《萍乡市区职工购买自住住房低息贷款试行办法》。是年，全市住房公积金贷款1224.37万元。对以前发放贷款，按期收回贷款本息。2001年，为加强抵押贷款管理，市中心制定《萍乡市住房资金管理中心贷款操作程序及审批制度》和《个人住房抵押贷款审批规程》。是年，全市住房公积金贷款3135.89万元。2004年，为严格住房公积金贷款安全发放、防范风险，市中心在贷款对象上，首选经济效益好、还贷能力强的大集团客户，对散户贷款严加把关，切实做好贷前审批和贷后管理。这一年将人、户均贷款最高限额分别提至20万元和30万元，期限延长至20年，但须办理保险及公证手续，以规避贷款风险同步增加。是年，全市发放住房公积金贷款4128.19万元。2005年，市住房公积金贷款受贷款市场日趋饱和、机构调整等因素影响，市中心秉持“谨慎、稳健、质量当先”原则，保

证资金安全运行，争取信誉优良的集团客户。当年全市住房公积金贷款4617.38万元，比上年增长7.6%。2007年7月，市住房公积金管理委员会行文规定，住房公积金贷款额度最高不得超过20万元，贷款期限最长不得超过30年。2007年12月，根据《中华人民共和国担保法》等法律法规规定，明确从2008年1月起，办理房产贷款抵押时，土地性质为集体土地一律不得受理；土地性质为划拨的，应办理相关批准手续，转为出让后才予办理。是年，全市住房公积金贷款10271.55万元。

2010年，市中心整合贷款合同，简化贷款手续，拓宽贷款渠道，不断完善贷款调查、审查、审批和贷后跟踪管制制度和逾期贷款的预警及催收机制，做到"贷前审查、贷中检查、贷后监督、逾期即催"规定购买商品房现房、期房、二手房等各类普通住房均可申请住房公积金贷款，改等客上门为积极寻找客户。全市全年住房公积金贷款10397户，贷款金额20336.10万元。到2010年止，全市住房公积金贷款累计总额84990.92万元。

从2011年起，市中心多次调整全市贷款相关政策，将最高贷款额度由原来的20万元调整至40万元，最长贷款期限由20年调整至30年；对于提供住房用于抵押担保的职工，由市中心直接确定抵押价值，大大减少职工的费用，通过降低贷款门槛，调优贷款政策，极大方便广大职工购房。2019年12月，中心更新住房公积金管理软件，完全摆脱银行核算本息的模式，转为中心核算银行扣款模式。并以此次升级为契机，推动中心新业务的开展。

市中心自启动按月对冲还贷业务以来，到2023年12月，累计为42645余户职工办理对冲还贷业务，累计对冲金额110.31亿元，减轻职工的还款压力，为他们陆续解决住房问题。1997—2023年底，中心累计发放个人住房贷款共118.82亿元，由此拉动本市房地产市场消费近450亿元，累计上交廉租房建设保障资金7.05亿元，有力支持市建成廉租房建设。2023年，向全市2657户家庭发放住房公积金贷款8.79亿元，同比增长29.03%，实现增值收益1.35亿元，同比增长17.90%；上缴市财政廉租房建设保障资金1.12亿元，为解决职工住房困难，完善住房保障系统，稳定地方市场发挥重要作用。

## 三、精细化监管，确保住房公积金安全与增值

### （一）建章立制，规范操作

1996年12月，萍乡市政府下发文件，在全市推进住房制度改革。同时，颁发《萍乡市职工住房公积金制度实施细则》等房改配套政策和财务会计制度。市中心依据"专户储存、专款专用"原则，为各缴存住房公积金单位建立单位明细账，单位账下设立住房公积金职工个人明细账，及时记录住房公积金汇缴等手续；按人民银行规定利率和结息日期向职工个人结付利息，利息记入个人账户，半年打印一次住房公积金对账单并及时核对账目。中心管理费用实行收支两条线，先报后用管理。1999年，市公积金中心制订若干项管理制度下发执行，规范相关工作并开始走上制度化发展轨道。这一年，中心在市工行、农行、建行、中行开设住房公积金存款专户，进行专户管理，专户核算，县市区也实行专户管理。市本级、县区开展建立住房公积金明细账，并与委托银行平行登记，定期核对，受托银行定期缴交对账单和余额表；市本级向职工发放住房公积金个人存折，并按职工要求打印对

账单，县市区委托银行也向职工发放个人存折。市中心还成立政务公开领导小组，制订《政务公开民主监督实施方案》，将年度工作计划及经费预、决算报告向职工大会公开，公积金归集、政策性贷款和财务管理等情况不定期向职工大会公开。从2002年起，市住房公积金管委会陆续制定《住房公积金支取操作规程》《住房公积金个人抵押贷款管理办法及操作细则》《萍乡市住房公积金管理操作规定》等各项规章制度。市住房公积金中心从成立以来，建立和完善《萍乡市住房公积金管理办法》《萍乡市住房公积金稽查制度》《萍乡市住房公积金管理中心责任追究制度》《萍乡市住房公积金管理中心绩效考核管理办法》《萍乡市住房公积金管理中心廉政风险防控制度》《萍乡市住房公积金管理中心重大事项备案制度》等60多项规章制度，使每项业务和工作制度化、规范化。同时，中心还出台《萍乡市住房公积金管理中心大额资金管理办法》《萍乡市住房公积金管理中心贷款保证金管理办法》等多项管理办法，精细化规范财务行为。

（二）严格内审监督，把控风险控制

市中心自成立以来一直重视审计监督工作。从2001年起，中心着手建立内审监督机制，将稽核审查工作植入贷款审批的中间环节，实行个人信贷资料的“权证分离”和日常业务的追踪审核。同时，将正常业务纳入日常审核监督范围，采取经常性全面稽核和专项稽核等形式，将“事前、事中、事后”审核监督紧密结合起来，严格把关。是年，中心开展业务稽核，采取现场抽查方式，发现市本级存在逾期贷款、提取手续不全等问题，县市区存在违规支取、超权限审批贷款等现象，及时进行相应处理。2022年，市中心对县区办事处进行季度业务稽核，并进行情况通报。长期以来，市中心坚持内审的日常稽核与专项稽核相结合；严格按照不相容岗位相互分离和回避原则，实行权证分离监管，加强对中心与其他单位的协议文本的审核工作；完善风险管理评估办法、内部授权制度、岗位责任制度和责任追究制度；规范各项业务网上操作流程和建立健全网上操作实施细则；通过自查自纠及时发现问题、整改问题，最大程度防范风险；加大对购房贷款和提取相关资料的核查力度，保证购房贷款和提取的真实有效性，防止违规套取和骗贷风险；增强贷前调查和贷后管理；对非本市户籍的非公有制企业职工，增加有本市户籍的有稳定收入的行政事业单位职工作为贷款的连带责任担保人；加强对逾期贷款的催收，住房公积金贷款逾期率一直控制在省建设厅规定的警戒线以下。

（三）接受监督，确保安全运行

第一，主动接受管理委员会监督。从2003年到2023年，萍乡市住房公积金管理委员会每年都要召开1～2次全体委员会议，审议和通过住房公积金管理中心年度预算、决算；审议住房公积金管理中心增值收益分配方案；听取相关部门对住房公积金监督情况和住房公积金金融业务监管的通报；听取市住房公积金管理中心根据审计报告进行整改的汇报，并作出相应的决议或处理意见；审议市住房公积金管理中心提供的住房公积金呆坏账核销申请；审议市住房公积金管理中心拟向社会公布的住房公积金年度公报，加强全市住房公积金归集使用全过程的监督，前后共召开32次会议。管理委员会除召开委员会议审议决定外，还通过听取住房公积金管理中心专题汇报，深入中心调研等形式实施监督。

第二，主动接受财政、审计和税务等职能部门的监管，坚持年度审计制度，对审计提出的问题及时进行整改。2001 年 12 月，萍乡市审计局审计中心对市公积金 2000 年 10 月至 2001 年 10 月财务收支及住房基金进行审计，2004 年 4 月 20 日市住房公积金中心通过亚洲证券有限责任公司在上海证券交易所购买 2004 年第三期记账式国债(5 年定期)2000 万元，于 2004 年 6 月 22 日收亚洲证券公司托管手续费 40 万元及国债购买手续费 2 万元，后由于亚洲证券公司违反托管政策及托管协议，将该国债在中央证券登记公司上海分公司擅自质押，给这一国债带来风险。2005 年 4 月 7 日由市公、检、法协助将此笔款项收回 1974 万元，化解债务风险。市审计局严格执行《住房公积金管理条例》和《住房公积金财务管理办法》的规定，加强住房公积金的管理和运作。在 2008 年财务收入情况审计中，发现有住房贷款未专款专用及贷款本息拖欠严重，委托贷款逾期等问题。8 月，市审计局提出审计意见，在肯定中心领导重视财务工作，财务人员尽职尽责，财务账目清楚，数字真实基础上，同时对固定资产账目要准确，对单位到期委托贷款的催收力度要加大，要确保住房基金的及时偿还等工作提出明确要求，市中心按照这一要求，切实进行整改。

全市公积金制度建设全面开展以来，市财政部门根据上级的文件精神，切实履行监督责任。萍乡市财政局则对中心年度收支预算，财务收支报表和管理费用开支报告等方面实施监督。2005 年 8 月，市审计局根据江西省审计厅《关于开展全省住房资金审计的通知》要求，组织对萍乡市住房公积金管理中心 2004 年至 2005 年 6 月止财务收支情况及住房基金管理情况进行审计。8 月，提出审计意见，对违反国家规定的问题作出审计决定。12 月，中心整改完毕，并向江西省住房制度改革领导小组办公室呈交《关于萍乡市(本级)住房资金审计决定的处理情况汇报》。2007 年 7 月至 8 月，市审计局对 1999 年后全市住房公积金及增值收、归集、管理、使用情况进行审计，认为归集有据，归集额逐年增加；财务核算、资金储存规范，支用合法，余额存放安全有效。同时，市审计局对市公积金中心及所辖 3 个县(莲花、上栗、芦溪)办事处的住房公积金收支情况进行审计。审计报告肯定市中心资金管理较为规范，财务收支基本真实，同时还指出存在的问题，要求切实整改。2008 年之后，审计监督进一步完善，逐步走上经常化、制度化、规范化发展轨道。

第三，主动接受社会和新闻监督。市中心自成立以来，对社会和新闻监督工作非常重视，主动邀请相关媒体记者对市中心的工作进行宣传报道，接受媒体监督。2007 年以来，经管委会审议的住房公积金年度预决算及每月财务执行情况都在市住房公积金网站向社会公告、市中心负责人也通过市广播电台《政风行风在线访谈》栏目与广大听友零距离接触、宣传住房公积金政策，并就老百姓关心的住房公积金热点、难点问题答疑解惑。还主动邀请人大代表、政协委员，请萍乡日报、电视台记者到中心考察或报道住房公积金归集、使用、管理情况。

(四)解决历史遗留问题

1999 年 8 月，依据国务院《住房公积金管理条例》第 28 条“住房公积金管理中心在保证住房公积金提取和贷款的前提下，经住房公积金管理委员会的批准，可以将住房公积金用于购买国债”的规定，中心为盘活沉淀在银行的住房公积金，开始用住房公积金购买国债，并在 2005 年成功化解亚洲证券有限公司违反托管协议将 2000 万元国债擅自质押的金融风险。这些年，市中心通过采取一系列强有力的管理和监督措施，确保资金规范运作和安全完整，充分发挥资金效益最大化，实现全市住房公积金收益增值连年递增。2023 年末,全市累计发放个人住房贷款 45302 笔 118.82 亿元,分别比上年末增加 6.23%、7.99%;贷款余额 71.17 亿元,比上年末增长 0.72%。个人住房贷款余额占缴存余额的 78.36%,比上年末减少 7.35 个百分点。受委托办理住房公积金个人住房贷款业务的银行 8 家。

## 四、优质高效服务,让群众满意政府放心

### (一)优化服务举措,强化服务意识

2011 年起,按照住建部等四部委《住房公积金服务指引(试行)》的要求,市中心出台《服务指南》《首问负责制》《一次性告知制》《限时办结制》《服务承诺制》等一系列服务章程和公约,整章建制,使服务工作事事有章可循。

### (二)规范办事程序,提高办事效率

从 2011 年起,市中心对住房公积金缴存、提取和贷款,做到政策公开、程序公开、时限公开。市中心将业务重心前移,把原来分散在几处办公的汇缴、提取、财务、稽核等职能,全部集中到一楼大厅,实行"一站式"服务,使原来三天办结的业务在两小时内就能办结。并且改革传统模式,优化住房公积金缴存,提取和贷款业务流程,开通联名卡支付、网上支付,掌上办理,直接结算,限时办结,受托银行市交通银行设立住房公积金办事网点,市建行则在市中心办事大厅设置专柜负责联名卡发放及个人贷款的面签。市中心还建立服务大厅周会制度,并选配综合素质过硬、业务水平较高、服务意识较强的人员到综合岗位,加强对服务窗口的及时调度和督促。2015 年 10 月起,市中心将住房公积金个贷业务并入营业部,按综合柜员制办理住房公积金提取、贷款业务,使前台操作程序更优化,后台管理更科学化。

### (三)改善服务环境,提升服务星级

2015 年,按照 VIS 总体形象设计方案,市中心对服务大厅进行全新理念改造,大大增强对外服务功能,增设语音叫号、复印机、滚动式电子显示屏、中央空调、座椅等,改多年封闭式服务为敞开式服务,要求员工统一规范着装,提供"微笑"服务。同时,专门为孕妇、伤残人士等行动不便的缴存者提供绿色通道,实行免排号优先服务。市中心还启动评先评优活动,激励工作人员爱岗敬业、服务奉献、创先争优的精神,营造"比服务、比质量、比效率"的良好氛围。如今,走进市中心的办事窗口,大厅热情的服务和温馨的微笑总能给市民以亲切的感受,手续办理越来越方便、快捷,业务手段越来越高科技、人性化,市中心服务"升级"的种种举措,让人如沐春风。

### (四)提高科技手段,方便群众办事

2003 年以来,市中心不断投入资金加快信息化建设的步伐,开通住房公积金网站,建立局域网系统,实现专网连接,在全国率先实现网上实时查询住房公积金明细服务;配置小型机和住房公积金数据容灾备份系统;购置电子触摸屏,推出电话语音查询系统;正式启动对全市发放集住房公积金管理功能及银联储蓄结算功能于一体的"住房公积金联名卡";引入身份证识别系统;推出批量支付、贷款联机扣款等新业务;与市电子政务办专网连接,实现住房公积金业务数据的自动报送;完成

与邮储银行的网络连接及相关设备的安装、调试;2015 年市中心还更新和添置一些专业网络设备,提高信息网络的应变、容灾、抗毁能力;四个县区办事处的办事大厅进一步完善硬件系统,安装电信全球眼等,大大方便干部职工查询需求。2019 年 5 月,萍乡市住房公积金管理中心自助服务大厅正式启用,可以自助办理信息查询贷款人申请材料录入等 20 多项业务,标志着萍乡市住房公积金管理服务水平又上一个新的台阶。2021 年 5 月,服务大厅迁入市行政中心 5 号楼一楼办公,使用面积有 350 平方米,业务办理窗口(委托银行)有 13 个。市中心以高质量标准打造服务环境和水平,对政务服务事项进行标准化流程再造,优化住房公积金贷款办理流程,压缩审批时间,精简申报资料,精编服务指南,积极对接“一网通办”“跨省通办”。

(五)引领银行进驻,简化办事流程

2008 年以来,市中心针对全市近几年职工团购商品房较多等情况,经常提供上门服务,现场面签。同时,针对有些单位人员众多,交通不方便的情况,与中国工商银行萍乡支行、中国银行萍乡支行等单位协商,增设公积金中心驻当地服务网点,深受群众欢迎。

综上所述,萍乡市住房公积金制度实行 30 余年,住房公积金事业取得重大进展。在资金归集总量、运用总量以及资产质量等诸多方面,取得很大成绩。同时,市中心大胆探索和创新住房公积金管理体制,突出住房公积金监管的专业化、现代化和前瞻性,这些重大创新和成就,对于推进萍乡民生建设、经济发展与社会和谐起到十分重要的作用。回顾历史,萍乡市的住房公积制度建设和工作虽也有过一些困难和挫折,但住房公积金制度已深深植根于萍乡大地,受到广大干部职工的信赖和认可,取得一定的业绩,并获得众多荣誉。

萍乡市住房公积金制度建立和发展的光辉历程充分证明:住房公积金制度是顺应时代潮流,符合萍乡市情民意的惠民利民制度,是实现人民群众根本利益的重要举措,是改善广大干部职工住房,实现“居者有其屋”“百姓安居乐业”的重要途径。二十多年的生动实践,中心为推动萍乡市住房公积金制度和工作的更好发展拓宽思路,积累成功的经验:第一,必须始终坚持党的领导。有市委、市政府的坚强领导,并获得各单位各部门的支持。这是做好住房公积金工作的根本保证。第二,必须始终坚持“管委会决策,中心运作,银行专户存储,财政监督”的决策和运行体制。这是做好住房公积金工作的关键所在。第三,必须始终坚持以人为本,践行“为民、惠民、利民”的宗旨和“惠民公积金,服务暖人心”的理念。这是做好住房公积金工作的本质要求。第四,必须始终坚持改革创新,与时俱进,不断解放思想,探索工作规律,拓宽工作领域,创新工作方式,始终保持工作的旺盛生机与活力。这是做好住房公积金工作的不竭动力。第五,必须切实搞好自身建设。加强制度建设,完善工作程序,推行工作规范化、制度化和程序化;加强领导班子和队伍建设,造就一支政治坚定、业务精通、务实高效、作风过硬、勤政廉政的优秀团队。这是做好住房公积金工作的制度和组织保障。

萍乡市住房公积金工作与先进地区相比,仍然还有不完善的地方:包括在住房公积金覆盖率上有待提高;服务环境有待进一步改善等。这些问题都需要认真总结经验教训,在不断深化改革中逐步加以解决。

展望未来，信心满满。党的十八届三中全会通过的《中共中央关于全面深化改革若干重大问题的决定》明确提出：要“健全符合国情的住房保障和供应体系，建立公开规范的住房公积金制度，改进住房公积金提取、使用、监管机制”。党的二十大报告指出：“从现在起，中国共产党的中心任务就是团结带领全国各族人民全面建成社会主义现代化强国、实现第二个百年奋斗目标，以中国式现代化建设全面推进中华民族伟大复兴。”这些都为住房公积金事业发展指明了方向。我们站在新的历史起点上，在党的领导下迈入新征程，满怀信心，斗志昂扬；踔厉奋发，勇毅前行，为实现萍乡市住房公积金事业高质量发展而不懈奋斗！

# 大事记

## 1996 年

4 月 2 日，中共萍乡市委常委会举行第 6 次会议，讨论进一步深化萍乡市城镇住房制度改革的问题。会议要求市房改办按会议精神，将市政府关于深化城镇住房制度改革的若干规定进行修改，送市领导审阅后，以市政府的名义行文，从本年 5 月 1 日起实施。会议同意恢复市房改办为副县级机构。

5 月 7 日，萍乡市机构编制委员会下发萍编发〔1996〕7 号文件，根据中共萍乡市委办公室萍办抄字〔1996〕10 号抄告单通知，决定成立萍乡市住房公积金管理中心（以下简称市中心），为自收自支正科级事业单位，核定事业单位人员编制 10 个，科级职数一正二副。该单位挂靠市房改办公室。

4 月 8 日，萍房党发〔1996〕20 号文件任命王裕萍为市住房公积金管理中心主任。

11 月 12 日，萍乡市城镇住房制度改革办公室下发萍房改办字〔1996〕28 号文件，对萍乡市住房公积金管理中心设立职能科室批复，同意设立二科一室，即筹资管理科、计划财务科、办公室。

11 月，市中心确定萍乡市住房公积金核算运作模式，即由市中心直接开户进行运营核算，银行协助中心核算的体制。市中心为住房公积金归集、核算和管理的主体。

12 月 23 日，市中心在市建行房地产信贷部、市工行房地产信贷部开设住房公积金住房存款专户、售房资金存款专户、集资款专户、住房租金专户、委托贷款户、城市住房基金专户、结算户，所有住房资金均按以上七个专户分类核算。

12 月 25 日，萍乡市人民政府印发《萍乡市深化城镇住房制度改革的若干规定》（〔1996〕50 号），全面推行住房公积金制度。作为房改配套政策之一，制定萍乡市住房公积金制度实施细则，标志着萍乡市住房公积金制度改革已全面启动。

是年，市中心编印住房公积金培训教材，举办三期全市房改培训班，共培训学员 300 余人，编发全市住房公积金业务操作程序小册书。该学习资料被省住房公积金管理中心借鉴选用。

## 1997 年

1 月 2 日，市中心正式启用“萍乡市住房公积金管理中心办公室”“萍乡市住房公积金管理中心筹资管理科”“萍乡市住房公积金管理中心计划财务科”“萍乡市住房公积金管理中心业务专用章”

和“萍乡市住房公积金管理中心受理凭证专用章”五枚业务印章。

2月16日，市中心下发萍公金字〔1997〕4号文件，在全面实施住房公积金制度的实践中，对市中心各职能科室和人员实行分组目标管理考核，考核内容包括分片包干、目标管理、综合考核等项目。

6月16日，市中心为加强住房公积金运作管理，专门下发通知，对票据交割的时间、信贷部交接传递公积金票据、办理住房资金业务等作出相关规定，并要求有关部门和人员要严格执行。

是年，全市住房公积金的汇缴有了很大进展，其主要原因就是落实行政事业单位市财政补贴部分154万元，市属行政事业单位本年度7月份公积金到账达95%以上，到6月30日止，累计归集公积金348万元，占已开户297户应缴公积金700万元的50%。

是年，市中心全面推动全市各单位在中心开设住房公积金专户工作，萍乡市中央、省、市直机关和企事业单位约350个，到12月底，已经在中心开户达297个，约占85%，除萍矿和县区所属单位200多个外，省、市属机关和企事业单位大部分已开设专户。

## 1998年

2月23日，萍乡市人民政府下发《关于印发深化城镇住房制度改革若干补充规定的通知》（萍府发〔1998〕9号），从1998年1月1日开始，单位资助部分由1997年占职工工资总额的3%调整为占职工工资总额的5%；经济条件较好的单位，其单位资助给职工的公积金比例可以超过职工工资总额的5%，但不得超过职工工资总额的10%。文件要求按照一个城市只能设一个中心的原则，除县（区）住房公积金管理办事处外，其他单位均不得设立住房公积金管理中心。所有住房公积金均应统一缴存到市公积金管理中心在银行设立的个人专户。企业改革后，采取租赁、承包、买断或股份合作制等经营方式，仍要按照萍府发〔1996〕50号文件规定为职工建立住房公积金制度。

2月25日，萍乡市城镇住房制度改革领导小组下发文件表彰全市房改先进单位和先进个人，市住房公积金管理中心主任王裕萍受到表彰。

是年，市住房公积金管理中心全年实现收入189.7万元。

## 1999年

1月5日，萍乡市审计局下发《关于市住房公积金管理中心1997年度住房资金及财务收支的审计意见》（萍审意行〔1999〕1号）。经审计表明，住房公积金管理中心单位领导重视财务工作，财务管理到位，各项制度健全。审计未发现截留、挤占、挪用住房资金及违规贷款等违纪行为。

2月1日，《一九九八年度财务决算和一九九九年度财务预算说明》中指出萍乡市住房公积金管理中心归还财政1997年拨付费用6.8万元及贷款利息等0.4万元。收入与支出相抵，实现利润50万元，填补上年亏损13.2万元后，净盈余36.8万元。

5月5日，萍乡市住房公积金管理中心在《萍乡日报》全文刊登《住房公积金管理条例》。同时，刊登市中心《有法可依，有法必依，积极推进我市住房公积金的法制化管理》一文，为在全市进一步推广住房公积金制度营造良好的社会氛围。

5月26日，萍乡市人民政府召开全市房改工作座谈会，重点研究《住房公积金管理条例》的贯彻落实问题，参加会议的有各县（区）、省属和市直单位行政、房改、财务负责人共300余人。

6月1日，市政府分管副市长就贯彻执行《住房公积金管理条例》在萍乡广播电视台发表电视讲话。

同日，由市中心和安源区政府联合举办安源区所属单位住房公积金管理培训班，参加培训的有该区各乡（镇、街）和区直单位的行政领导、财务人员80余人。

7月2日，萍乡市住房公积金管理中心发布1999年上半年工作总结报告，要求市中心在下半年的工作中进一步抓紧住房公积金的归集工作。到本年度6月底，全市包括萍矿和莲花、上栗、芦溪三县共计归集住房公积金达3571万元。

7月20日，萍乡市住房公积金管理中心呈报《关于增设"萍乡市住房公积金管理中心房产资金经营科"的请示报告》（萍公金字〔1999〕9号），请示增设房产资金管理科，定员三人，岗位分别为科长一人，会计一人，出纳（兼微机操作员）一人。

8月1日，市中心发文开始实行贷款审批终身责任追究制度。为进一步加强住房资金贷款的规范管理，最大限度防范风险，提高住房资金的增值效益，经市中心办公会研究决定，对市中心贷款审批委员会成员实行贷款审批终身责任追究制度。

9月25日，市住房制度改革领导小组在市政府会议室召开领导小组成员会议。市委副书记、萍乡市人民政府市长、市房改领导小组组长熊盛文，市委常委、市委秘书长、市房改领导小组副组长黎德廉，市人大常委会副主任杨昌泉，市政协副主席刘必栋，以及房改领导小组成员单位负责人共22人参加会议。会议听取市房改办主任对1997年以来萍乡市房改工作情况的汇报和市住房公积金管理中心主任王裕萍就萍乡市1997年以来建立住房公积金的归集和使用情况的汇报，市长熊盛文在会上作重要讲话。会议同意房改办关于今后工作的五点意见和市中心关于1999年下半年住房公积金归集和使用计划。会议要求萍矿集团公司房改及建立住房公积金制度工作，应全部与市里接轨。会议审议各县（区）建立住房公积金管理办事处的意见，原则上按《住房公积金管理条例》上报审批。对全市特别困难的企业，应从实际出发，切实推进其建立起住房公积金制度，并认真按《住房公积金管理条例》办理，工作上要注意原则性和灵活性相结合。

10月8日，萍乡市财政局下发萍财综字〔1999〕13号文件，转发省财政厅《转发财政部〈关于印发"住房公积金财务管理办法"的通知〉的通知》（赣财综字〔1999〕100号），要求加强住房公积金财务管理，维护住房公积金所有者的合法权益，规范住房公积金管理中心的财务行为。

是年，市中心全年归集住房公积金1782.7万元，完成计划的113.3%。中心累计归集住房公积金3790万元，全市包括萍矿和莲花、上栗、芦溪三县共计归集住房公积金达4917万元。

## 2000年

是年，全市共有520个单位，51193名职工在市中心建立住房公积金单位和个人账户，住房公积金制度覆盖率达81%，归集率达到73%，萍乡市职工和单位住房公积金缴存比例均不低于职工月工资的5%，市本级共归集住房公积金2303.9万元，比1999年的1782.7万元增长29.2%。

## 2001 年

是年上半年，市中心在积极开展庆祝建党八十周年活动，出版迎建党八十周年《党在我心中》专刊，举行“党在我心中”演讲比赛，并组建拔河队伍及合唱团参加房管系统迎接建党八十周年文艺晚会演出等活动。

是年，市中心对信贷管理软件自行编制，完善老系统，增加报表等功能，使电算化、办公自动化得到进一步完善。

是年，为加强公积金队伍建设，提高员工的素质和工作能力，市中心对2001年度政治理论业务知识、政策法规和经济科技知识学习制定详细的计划；建立并完善学习考勤制度、在职自学制度、学习笔记抽查通报制度、学习体会交流制度和考试考核等相关制度。

12月25日，市审计局下发《关于市住房公积金管理中心2000年10月至2001年10月财务收支及住房基金的审计意见》（萍审意行〔2001〕18号审计意见书）。根据萍审通行〔2001〕23号审计通知，市审计局行文审计组于2001年11月14日至11月15日对市中心2000年10月至2001年10月财务收支及住房基金情况进行审计。审计意见表明，市中心领导重视财务工作，财务人员尽职尽责，财务账目清楚，数字真实。同时指出，应加强资产会计核算，固定资产账实要准确；应加强对单位到期委托贷款的催收力度，确保住房基金的及时偿还。

是年，市中心强化执法，抓好归集工作。根据建设部、财政部、人民银行《关于对贯彻〈住房公积金管理条例〉情况进行执法检查的通知》，针对萍乡市住房公积金管理存在的问题，市中心全面部署执法检查工作，检查分自查、自检两个阶段，并对不按期缴交或拒不缴交住房公积金的单位，依照《住房公积金管理条例》《江西省住房公积金管理办法》的有关规定，通过下达改正通知书，或依法向人民法院申请强制执行等措施。通过开展这一检查，使一批单位相继到市中心办理开户登记手续并开始汇缴，提高缴交比例和缴交基数。全年新增上缴单位53家，当年缴纳3235.54万元，累计缴纳9614.13万元。

## 2002 年

3月11日，市中心印发《萍乡市住房公积金管理中心工作管理制度》（萍公积金字〔2002〕11号），明确管理制度、工作职责及岗位责任。

3月15日，为落实责任抓好归集工作，改进服务和扩大职工个人住房贷款，市中心领导与各科室负责人签订目标考核责任状、科室与员工签订个人目标考核责任状。

5月15日—5月17日，市中心组织两个检查组，采取个人汇报、局部抽查等方式，对中心各工作岗位履职情况进行检查。

6月26日，萍乡市人民政府办公室印发《关于成立萍乡市住房公积金管理委员会的通知》（萍府办〔2002〕65号），明确委员会主任由市人民政府副市长桑吉华担任，市人民政府副秘书长彭志荣、市财政局局长朱信萍、市房产管理局局长肖南纯担任副主任。

7月8日，市中心开展“评议优化经济发展环境工作”活动，旨在纠正在优化经济发展环境方面存在的问题，促进党风政风建设，打造简捷、高效、文明、优质、廉洁的行政环境。

7 月 12 日，经市中心办公会研究，市中心开始实施“首问负责制度”，旨在进一步抓好树行业新风，优化经济发展环境。

11 月 20 日，根据《国务院关于修改〈住房公积金管理条例〉的决定》中关于“住房公积金管理中心是直属城市人民政府的不以营利为目的的独立的事业单位”的精神，经市委、市政府研究同意，萍乡市机构编制委员会下发萍编发〔2002〕26 号文件，明确市住房公积金管理中心升格为副县级，为市人民政府直属的事业单位；核定事业编制 20 名，领导职数 1 正 2 副，经费来源不变。

12 月 4 日，市住房公积金管理委员会召开第一次会议，会议研究部署机构调整的同时，重点讨论《萍乡市职工个人住房公积金贷款实施办法》和《萍乡市住房公积金提取实施办法》，进一步加强萍乡市住房公积金管理，为维护广大住房公积金所有者的合法权益提供实施依据和保障。

是年，市中心全年共归集住房公积金 3782.1 万元，累计归集 13396 万元，共发放职工个人贷款 2049 万元。

## 2003 年

4 月 22 日，萍乡市机构编制委员会下发萍编发〔2003〕10 号文件，同意市住房公积金管理中心内设综合科、筹资管理科、委托信贷管理科、计划财务科，核定副科级领导职数 4 名。

10 月 20 日，萍乡市人民政府下发萍府发〔2003〕23 号文件，同意萍乡市住房公积金管理中心驻县办事机构调整实施方案，同月，市编委下发〔2003〕11 号文件，同意设立市住房公积金管理中心驻芦溪县、上栗县、莲花县办事处。

11 月 20 日，市中心印发《驻县办事处有关业务操作规程及工作管理制度的若干规定》，对各县（区）办事处的住房公积金管理提出要求。

12 月 26 日，中共萍乡市委印发《关于设立中共萍乡市住房公积金管理中心党组的通知》（萍字〔2003〕100 号），根据工作要求，决定设立中共萍乡市住房公积金管理中心党组。同月，任命王裕萍为党组书记。

12 月 29 日，经主任办公会议研究决定，市中心成立政务公开领导小组，旨在建立健全领导机构，切实做好政务公开工作。

## 2004 年

1 月 6 日，萍乡市住房公积金管理委员会召开住房公积金管理委员本年度第一次会议，市住房公积金管理委员会主任、副主任及全体成员参加会议，会议审批 2003 年度住房公积金归集、使用情况及决定 2004 年住房公积金工作计划等内容。

1 月 13 日，市中心下发文件表彰 2003 年度先进科室、先进个人及服务明星，先进科室有计划财务科、筹资管理科、委托信贷科，先进个人有周冬萍、钟正义等十四名同志，服务明星有刘克维、杨国萍两名同志。

4 月，市政府下发文件任命王裕萍为萍乡市住房公积金管理中心主任。

7 月 13 日,共青团萍乡市直机关委员会下发萍直团〔2004〕8 号文件,同意市住房公积金团支部委员选举结果,由钟福圣、刘浩、王春芳三位同志组成第一届团支部委员会,钟福圣任团支部书记。

9 月 24 日,萍乡市住房公积金管理委员会举行 2004 年第二次管委会会议,出席会议的有:市长助理、管委会副主任朱信萍,市政府副秘书长、管委会副主任张洪等 23 位同志,列席会议的有市中心班子成员及各驻县办事处负责人。会议由市政府副秘书长、管委会副主任张洪主持。会议听取市中心主任王裕萍关于贯彻全省住房公积金行政监督工作会议精神的汇报,听取市中心 2004 年上半年工作总结及下半年工作计划情况的报告,讨论《关于进一步加强住房公积金管理的通知》。

10 月 28 日,萍乡市直属机关工会工作委员会下发《关于市住房公积金管理中心成立机关工会及选举结果的批复》(萍直工字〔2004〕12 号),同意成立市住房公积金管理中心机关工会委员会,同意钟正义、易晓、钟福圣等五位同志为首届工会委员会委员,钟正义为工会主席,易晓为工会副主席。

11 月 22 日,中共萍乡市住房公积金管理中心党组下发《关于调整审贷委员会成员的通知》(萍公积金字〔2004〕16 号),审贷委员会成员调整为 10 位,有 3 人列席审贷会议。

## 2005 年

1 月 26 日,市中心下发文件表彰 2004 年度先进集体、服务明星和先进个人,其中先进集体共 3 个:先进办事处 1 个、先进科室 2 个,服务明星 1 人,先进个人 14 人。

1 月 28 日,萍乡市住房公积金管理委员会召开 2005 年第一次管委会会议,出席会议的有:市政府副市长、市住房公积金管委会主任黄芝乡,市政府副秘书长、管委会副主任张洪等 23 位同志,列席会议的有市住房公积金管理中心班子成员及各驻县办事处负责人。

2 月 21 日,中共萍乡市直属机关工作委员会下发《关于中共萍乡市住房公积金管理中心机关总支委员会及驻莲花办事处党支部选举结果的批复》(萍直工字〔2005〕5 号),经研究同意周冬萍、卢兰英、周崇开同志为市住房公积金管理中心机关党总支委员会委员,周冬萍同志任机关党总支书记,周崇开同志任莲花办事处党支部书记。

3 月 2 日,市中心下发《关于调整委托贷款审批委员会成员的通知》(萍公积金字〔2005〕9 号),经中心主任办公会议研究,决定对委托贷款审批委员会成员进行调整,调整后委托贷款审批委员会由 10 人组成。

3 月 9 日,市中心下发文件《萍乡市住房公积金管理中心监察科主要工作职能》(萍公积金字〔2005〕15 号),负责履行《监察法》赋予的监察职能,包括负责建立住房公积金制度的业务单位的行政执法等工作。

7 月 1 日,市中心下发《萍乡市住房公积金管理中心管理规章制度》(萍公积金字〔2005〕22 号)。管理规章制度共有考勤管理制度、办公用品购置管理制度、办公用品发放标准、接待工作及相关标准的规定、业务资金拨付及管理制度、重要凭证及有价证券保管制度、财产物资管理制度、车辆及驾驶员管理制度、计算机管理制度、印章使用管理制度、业务学习制度、空调使用维护制度、安全保卫制度、环境卫生管理制度等 14 类制度。

7月7日，市中心下发《关于调整综合科职能的通知》(萍公积金字〔2005〕15号)，决定对综合科、监察科的工作职能作部分调整。

是年，市中心积极开展保持共产党员先进性教育活动，根据党中央、省委和市委的统一安排和部署，按照萍发〔2005〕1号文件要求，中心党组对开展好保持共产党员先进性教育活动作认真的动员，精心的组织，并采取多种措施，狠抓落实，确保先教活动不走过场，达到提高党员素质、提高党组班子执政能力和领导水平的目标。

是年，全市归集住房公积金9451万元，其中市本级归集8103万元(含6月30日年度结息290万元)，超计划603万元，与上年同期比增长43%，三县归集公积金1348万元(含6月30日年度结息30万元)，超计划148万元，与上年同期比增长79%；全市住房公积金覆盖率为50%，归集增长率为47.2%。全市累计归集公积金35663万元，市本级累计归集32035万元，三县累计归集3628万元。

## 2006年

3月30日，市中心下发《关于〈萍乡市住房公积金管理中心年度工作目标管理考核暂行办法〉的通知》(萍公积金字〔2006〕14号)，旨在进一步规范住房公积金管理，提高工作绩效和风险防范能力，确保住房公积金的安全、有效运作，确保中心各项工作指标圆满完成。

4月19日，市中心下发萍公积金字〔2006〕15号文件，决定开展"'三创'立新功、争当排头兵"主题教育活动。

5月8日，中共萍乡市住房公积金管理中心党组下发文件《关于印发〈萍乡市住房公积金管理中心防治商业贿赂专项工作实施方案〉的通知》(萍公积金字〔2006〕18号)。按照党中央、国务院的统一部署和省建设厅、市委、市政府关于开展治理商业贿赂专项工作的要求，坚决纠正在经营管理活动中违反商业道德和市场规则，影响公平竞争的不正当交易行为，依法查处违反法律法规的商业贿赂案件，确保市住房公积金事业健康快速发展。这项工作分动员部署、自查自纠、建章建制三个阶段进行，历时3个月，取得明显实效。

5月30日，萍乡市住房公积金管理委员会召开本年度第一次会议，出席会议的有副市长、管委会主任黄芝乡，政府副秘书长、管委会副主任兰先湖，市房管局局长、管委会副主任肖南纯等成员23人(3人因事请假)，会议通过《萍乡市住房公积金管理中心2005年计划指标完成情况和2006年工作打算的报告》《萍乡市住房公积金管理中心2005年住房公积金归集使用和财务执行情况及2006年住房公积金归集使用和财务收支计划的报告》及《萍乡市住房公积金事业"十一五"规划(草案)》等文件，研究决定有关事项。

8月13日，市中心下发《关于印发〈萍乡市住房公积金管理中心推行行政执法责任制实施方案〉的通知》(萍公积金字〔2006〕31号)。该项工作旨在推动建立权责明确、行为规范、监督有效、保障有力的行政执法体制。

是年，全市累计归集公积金47435万元，其中，市本级累计归集41701万元，三县累计归集5734万元。

## 2007 年

1 月 4 日，为全面检查 2006 年市中心各项工作目标完成情况，及时总结经验、发现问题、推动工作，2007 年 1 月 8 日—15 日，市中心对各驻县办事处、中心各科室 2006 年度目标管理工作情况进行全面考核。

2 月 5 日，市中心下发《关于 2006 年度目标管理考核情况的通报》（萍公积金字〔2007〕9 号），经中心目标考核领导小组认真考核、考评并经主任办公会研究决定，评选出 3 个优胜单位，6 个达标单位。

2 月，中共萍乡市委下发萍字〔2007〕22 号文件，任命林济湘同志为市住房公积金管理中心党组书记。萍乡市民人政府下发萍府发〔2007〕11 号文件，任命林济湘同志为市住房公积金管理中心主任。

2 月 28 日，中共萍乡市住房公积金管理中心党组下发《关于调整领导班子分工的通知》（萍公积金党字〔2007〕1 号），因人事变动，对班子成员 2007 年分工作调整，党组书记、主任林济湘同志主持党组、行政全面工作。

4 月 10 日，萍乡市住房公积金管理委员会在市住中心会议室召开 2007 年度萍乡市住房公积金管理委员会会议。会议由市人民政府副秘书长、管委会副主任兰先湖主持，出席本次会议的有市人民政府分管工作的副市长、管委会主任和副主任及相关成员单位领导共计 21 人，列席会议的有 3 人。会议通过《萍乡市职工个人住房公积金贷款实施办法（修订稿）》和《萍乡市住房公积金提取实施办法（修订稿）》，并以管委会的名义下发实施。会议研究同意设立萍乡市住房公积金管理中心驻湘东办事处，由市住房公积金管理中心按程序报批。会议研究同意成立萍乡市住房公积金协会，由市住房公积金管理中心按程序报批。

4 月 12 日，萍乡市住房公积金管理委员会下发《同意筹备萍乡市住房公积金协会的批复》。为加强住房公积金行业管理，维护住房公积金缴存者合法权益，提高萍乡市住房公积金管理水平，根据《社团登记管理条例》，市民间组织管理局下发萍民管发〔2007〕7 号文件，同意成立萍乡市住房公积金协会筹备小组，负责协会筹备工作。

4 月，萍乡市编委下发《关于同意设立市住房公积金管理中心驻湘区办事处的批复》（萍编发〔2007〕36 号文件）。

7 月 26 日，市中心下发《萍乡市住房公积金管理中心工作人员违规行为责任追究制度》（萍公积金字〔2007〕22 号）。该制度共十八条，适用于办理住房公积金个人住房贷款业务，从事资金管理的相关责任人，具体包括业务操作人员及部门负责人。

## 2008 年

3 月 6 日，萍乡市住房公积金管理委员会召开本年度萍乡市住房公积金管理委员会全体会议，管委会主任、副主任和全体成员及部分公积金中心列席人员参加会议，会议主要审议萍乡市住房公积金管理中心《关于 2007 年度住房公积金归集使用和财务收支执行情况及 2008 年度住房公积金归集使用和财务收支计划的报告》《萍乡市职工个人住房公积金贷款实施办法（修订稿）》《萍乡市住房公积金提取实施办法（修订稿）》，确定2008年职工住房公积金缴存基数限额，审议住房公积金核算系统升级改造等有关事项。

4月30日，市中心下发《关于开展“创优发展年”活动的通知》（萍公积金字〔2008〕23号），明确该活动自4月中旬开始，至12月底结束，历时8个半月。活动旨在通过开展“大讨论、大走访、真查摆、实巡查、大整改、大提高”的活动，推进市中心各阶段工作落实。

7月14日，市中心下发萍公积金字〔2008〕28号文件，在市中心开展为期一个半月的“萍乡市住房公积金管理专项治理”工作。这项专项治理工作的重点是加强对住房公积金决策、管理制度执行情况的监督检查，认真排查和处置住房公积金管理中存在的资金风险，切实纠正损害国家和职工利益的突出问题，严肃查处各类违法违纪行为。

7月23日，萍乡市财政局下发《关于开展住房公积金管理专项治理工作的通知》（萍财综字〔2008〕9号）。这项工作从本年7月21日开始至12月15日结束，通过专项治理，落实审计整改工作，健全监管制度，加强内部管理，完善缴存使用政策，重点查处违纪违规行为，堵塞漏洞，维护资金安全，改进工作作风，提高办事效率。

是年，市中心接受省审计厅审计、建设厅监管处督查、市纪检监察、财政调查。市审计局下发《关于2007年度市住房公积金归集使用和管理情况的审计报告》（萍审字〔2008〕83号）。经审计等部门审计：萍乡市的住房公积金管理符合国家法规、政策和公积金制度宗旨；制度健全，资金管理安全，发挥住房公积金制度的积极作用。

是年，经市住房公积金管委会同意，市政府投资130万元对市中心信息系统进行全面升级改造，使萍乡市住房公积金核算管理硬件设施达到省内先进行列，为萍乡市的住房公积金信息化管理打下坚实基础。

## 2009年

1月16日，市中心下发萍公积金字〔2009〕4号文件，表彰2008年度先进工作者18人。

3月20日，萍乡市住房公积金管理委员会召开本年度全体会议，管委会主任、副主任和全体委员参加会议。会议审议市中心《关于2007年度住房公积金归集使用和财务收支执行情况及2008年住房公积金归集使用和财务收支计划的报告》，审议《萍乡市职工个人住房公积金贷款实施办法（修订稿）》《萍乡市住房公积金提取实施办法（修订稿）》等文件。会议提出要继续加大公积金归集力度，咬紧目标不放松，确保实现全年目标计划。要严格执行政策，确保资金安全、要加强队伍建设，提高干部职工业务素质。

3月23日，中共萍乡市住房公积金管理中心党组印发《萍乡市住房公积金管理中心深入学习实践科学发展观活动的实施方案》（萍公积金党字〔2009〕6号），开展这一活动时间为2009年3月—2009年8月。学习实践活动紧紧围绕“科学管理，规范运作，做大做强，惠及群众”这一主题，着力在武装头脑、指导实践、推动工作上下功夫，“提高思想认识、解决实际问题、创新体制机制、促进科学发展”。通过半年的实践，这一活动取得明显成效，推动市中心各项工作的发展。

8月18日,市中心下发《关于开展萍乡市住房公积金管理专项治理工作的实施方案》(萍公积金字〔2009〕28号)。2009年6月份以来,根据住建部等七部委和江西省建设厅等七部门下发的《关于2009年继续开展加强住房公积金管理专项治理工作的实施意见》的通知精神,在市政府、管委会的高度重视下,市中心迅速部署为期三个多月的专项治理各项工作,认真开展自查自纠,取得明显成效。

11月26日,市中心印发《萍乡市住房公积金管理中心内部控制暂行办法的通知》(萍公积金字〔2009〕6号)。下发这一文件旨在加强中心内部控制管理,完善内部控制体系,健全内部控制机制,防范和化解资金风险,保证住房公积金安全稳健运行。

是年,全年归集公积金2.6亿元,超额计划1000万元,同比增长25%。

## 2010年

3月12日,萍乡市住房公积金管理委员会召开本年度全体会议,管委会主任、副主任及成员参加会议。会议通过萍乡市住房公积金管理中心《关于2009年度住房公积金归集使用和财务收支执行情况及2010年住房公积金归集使用和财务收支计划的报告》,会议研究确定2010年萍乡职工住房公积金最高缴存比例和缴存限额,会议审议通过中信银行股份有限公司南昌分行,南昌银行股份公司萍乡分行承办住房公积金贷款业务的申请,同时指出应加强对委托承办银行的协调、管理,确保资金安全。

3月17日,市中心印发《萍乡市住房公积金管理中心2010年度工作目标管理考核办法》(萍公积金字〔2010〕8号),考核时间为2010年1月1日至2010年12月31日,考核旨在进一步规范住房公积金管理,强化目标管理考核,提高工作绩效,促进萍乡市住房公积金事业又好又快发展。

7月20日,中共萍乡市住房公积金管理中心党组下发《关于在萍乡市住房公积金管理中心深入开展创先争优活动的通知》(萍公积金党字〔2010〕2号),开展这一活动旨在在推动科学发展、促进社会和谐、服务人民群众、加强基层组织建设的实践中建功立业。

7月21日,中共萍乡市住房公积金管理中心党组下发《关于在萍乡市住房公积金管理中心开展"干部下基层,群众评机关"活动的通知》(萍公积金党字〔2010〕3号),开展这一活动目的要达到精神大振奋、作风大转变、环境大改善、发展大提速的效果。

12月20日,市中心下发萍公积金字〔2010〕28号文件,制定颁发《萍乡市住房公积金管理中心管理制度》《萍乡市住房公积金管理中心档案安全保密制度》《萍乡市住房公积金管理中心档案查(借)阅利用制度》《萍乡市住房公积金管理中心文件材料收集、归档制度》《萍乡市住房公积金管理中心档案人员岗位职责》五个档案规范管理制度,进一步加强市中心相关工作规范化、制度化发展。

## 2011年

1月21日,市中心下发《关于表彰2010年度先进工作者的决定》(萍公积金字〔2011〕2号),对21名干部员工授予2010年度先进工作者光荣称号并予以通报表彰。

3月28日,萍乡市住房公积金管理委员会在市住房公积金管理中心多功能会议室举行本年度全体委员会议，出席会议的有：市政府副市长、管委会主任及相关成员、单位领导。会议审议通过《萍乡市2010年住房公积金归集使用和财务收支执行情况及2011年住房公积金归集使用和财务收支计划报告》，会议审议通过《萍乡市职工个人住房贷款实施办法》和《萍乡市住房公积金提取实施办法》的修改意见，要求以市住房公积金管委会文件下发执行。

6月30日，市委下发萍委〔2011〕34号文件，任命廖海荣为市住房公积金管理中心党组书记。同月，市政府任命廖海荣为市住房公积金管理中心主任。

8月17日，市中心印发萍公积金字〔2011〕30号文件，制定颁布《萍乡市住房公积金管理中心服务承诺制度》《萍乡市住房公积金管理中心一次性告知制度》《萍乡市住房公积金管理中心限时办结制度》，要求各窗口单位、各县区办事处严格执行。

10月10日，市中心印发《萍乡市住房公积金资金内部管理暂行办法》（萍公积金字〔2011〕57号），明确住房公积金资金管理的原则和目标是：执行国家有关法律、法规和财政、财务制度；建立健全内部财务制度和内部控制制度，做好财务管理基础工作；降低运行风险，保证住房公积金保值增值，确保住房公积金所有者的合法权益不受侵犯。

## 2012年

2月17日，中共萍乡市住房公积金管理中心党组下发《萍乡市住房公积金管理中心开展“整作风、提效能、优环境”主题活动实施方案》的通知（萍金党字〔2012〕12号），明确该活动从2月7日开始，分四个阶段进行，到12月31日结束。开展这一活动旨在切实解决当前干部工作作风中的“庸、懒、散”，领导作风中的“假、浮、蛮”，为政不廉的“私、奢、贪”等问题。整个活动开展的扎实有效，达到预期效果。

3月29日，萍乡市住房公积金管理委员会召开萍乡市住房公积金管理委员会本年度全体会议，由市政府副市长、市住房公积金管理委员会主任吴运波主持，委员会相关成员和领导参加会议，会议审议通过《萍乡市住房公积金管理中心2011年住房公积金归集使用和财务收支执行情况及2012年住房公积金归集使用和财务收支计划报告》，会议审议通过市住房公积金管理中心提交的《关于我市住房公积金有关业务政策的调整意见》等。

5月8日，中共萍乡市住房公积金管理中心党组下发萍金党字〔2023〕16号文件，明确在市中心开展“强基础、增活力、创特色、树形象”主题实践活动。开展这一活动重点以“三抓三促”“整提优”活动为抓手，以“创先争优”活动和基层组织建设年为契机，切实抓好中心的队伍建设、制度建设，通过“比党性”“比学习”“比工作”“比贡献”，充分发挥好机关党组织的核心作用，进一步提升基层党组织战斗力，促进中心各项工作的顺利开展，促进服务质量，工作效率明显提升。

是年，全年共归集住房公积金5.07亿元，完成年计划134.69%，同比增长19.10%。累计归集住房公积金23.96亿元，余额17.98亿元。

## 2013年

1月29日，市中心下发《关于表彰2012年度先进集体、先进个人的决定》（萍公积金字〔2013〕4

号)，对2012年度市中心的4个先进集体和25名先进个人予以表彰。

4月1日，萍乡市人民政府办公室下发《关于调整萍乡市住房公积金管理委员会成员的通知》(萍府办字〔2013〕39号)，鉴于人事变动，经市政府研究，决定调整萍乡市住房公积金管理委员会成员。萍乡市人民政府副市长吴运波担任主任委员，市政府副秘书长李南开、市财政局局长李维庆、市房管局局长担任副主任委员。

4月2日，受市政府副市长、市住房公积金管理委员会主任吴运波的委托，市政府副秘书长、市住房公积金管理委员会副主任李南开主持召开2013年萍乡市住房公积金管理委员会全体委员会议。会议审议通过《关于2012年住房公积金归集使用账务收支情况和住房公积金管理工作及2013年住房公积金归集使用财务收支计划的报告》等文件。

6月8日，中共萍乡市住房公积金管理中心党组下发《关于在全中心开展“学先进、转作风、强服务、促发展”教育实践活动的通知》(萍金党字〔2013〕6号)，教育实践活动分学习动员、深入实践、总结提升三阶段进行，从6月18日开始，至11月30日结束。通过开展学习党章和党的十八大精神，学习先进典型，使全体党员干部理想信念进一步坚定、党性观念进一步增强、优良作风进一步养成、服务能力进一步提高，形成全中心上下齐心协力抓发展的强大合力。

12月12日，市中心对“学先进、转作风、强服务、促发展”教育实践活动阶段工作进行总结，认为教育实践活动取得成绩，并将继续开展“回头看”，针对个人自查、科室自查、单位自查的所有问题，群众反映问题等分别进行认真梳理，及时查漏补缺，制定整改措施。

## 2014年

2月27日，中共萍乡市住房公积金管理中心党组下发《关于开展党的群众路线教育实践活动的实施方案》(萍金党字〔2014〕6号)，活动从2014年2月开始，2014年9月基本完成，集中教育时间约3个月。整个活动认真学习贯彻习近平总书记系列重要讲话精神，坚持“照镜子、正衣冠、洗洗澡、治治病”的总要求，突出作风建设，坚决反对形式主义、官僚主义、享乐主义和奢靡之风，以补精神之“钙”，除“四风”之害，祛行为之垢，立民之制为重点，着力解决人民群众反映强烈的突出问题。市中心以此为契机，推出一系列便民、惠民新举措，调整2014年职工住房公积金缴存限额，简化住房公积金提取手续，放宽提取政策。

3月31日，受市委常委、市政府副市长、市住房公积金管理委员会主任吴运波的委托，市政府副秘书长、市住房公积金管理委员会副主任李南开主持召开本年度萍乡市住房公积金管委会全体委员会议。管委会相关领导和成员参加会议，市中心中层以上干部列席的会议。管委会充分肯定市中心2013年工作;审议通过2014年度住房公积金归集、使用计划执行情况，并对其他重要事项进行决策，主要包括《萍乡市住房公积金贷款实施办法》《萍乡市住房公积金提取实施办法》《萍乡市住房公积金管理委员会关于调整2014年度萍乡市职工住房公积金缴存限额的通知》等。

## 2015年

1月8日—1月9日，由党组书记、主任廖海荣同志带队，各业务线上分管领导和科长组成考察学习组，到湖南省益阳市住房公积金管理中心考察学习公积金综合柜员制办理工作。

4月1日，受市委常委、市政府副市长、市住房公积金管理委员会主任吴运波的委托，市政府副秘书长、市住房公积金管理委员会副主任李南开主持召开2015年第一次萍乡市住房公积金管理委员会全体委员会议，会议听取并审议市住房公积金管理中心主任廖海荣所作《关于2014年住房公积金归集使用财务收支情况和住房公积金管理工作及2015年住房公积金归集使用财务收支计划的报告》，会议审议并通过《关于萍乡市职工个人住房公积金贷款实施办法（讨论稿）》和《萍乡市个人住房商业贷款转公积金贷款实施办法细则（讨论稿）》，要求按照会议修改意见进行修改后以市住房公积金管委会文件下发执行，会议审议并批准《萍乡市住房公积金2014年年度报告》。

5月12日，市中心下发《深入开展"为官不为"问题专项治理工作实施方案》的通知（萍公积金字〔2015〕16号）。专项整治活动从5月底开始，到9月底完成。整个活动重点治理群众观念淡薄、工作执行不力、工作能力不强、工作标准不高、工作不敢担当、精神状态不佳、工作作风漂浮、工作推诿扯皮等问题。通过开展为期4个月的专项治理活动，取得良好效果。

5月27日，中共萍乡市住房公积金管理中心党组下发《关于开展"严党纪、正风气、抓落实"专题活动实施方案》（萍金党字〔2015〕6号）。这一活动从2015年5月中旬开始到12月底结束，突出全面从严治党这条主线，紧扣"三严三实"专题教育，以查找问题为导向，以有效整改为目的，以落实责任为保障，着力正风肃纪。通过开展专题活动，取得明显成效，促进住房公积金管理中心弘扬求真务实、真抓实干的优良作风，使广大党员干部办事效率、工作质量和服务水平得到明显提升。

7月25日，市委下发《中共萍乡市委 萍乡市人民政府关于表彰第十四届萍乡市文明单位、文明窗口、文明社区、文明村镇、文明景区的决定》（萍字〔2015〕14号），市中心荣获第十四届萍乡市文明单位称号。

9月18日，市中心下发《萍乡市住房公积金管理中心内部财务管理规定》（萍公积金字〔2015〕27号），明确对财务管理的要求，完善财务制度，规范财务行为，促进市中心财务活动规范有序进行。

是年，市中心不断改进工作作风，对办事大厅服务窗口进行改造，安装视频监控、服务评价器和排队叫号系统，改善办公环境，使布局更加合理，大厅办理业务环境更加宽敞、舒适。同时市中心又创新服务举措，对服务大厅进行改造，并对中心机构进行改革，设立公积金中心分中心，原来单一的柜员制改变为综合柜员制，服务大厅设立咨询台，开通网上查询提醒服务、"12329"24小时服务热线、排队叫号办理服务，设置等候区，实现职工个人住房公积金汇款、提取、贷款等账户资金变动实时告知服务。

是年，市中心出台住房公积金11大新政，内容包括：提高住房公积金贷款最高限额，降低贷款首付比例，降低贷款门槛、取消第二套房贷款利率上浮和贷款额度限制，延长贷款期限，实行提贷并举，适度放宽提取政策，放宽支付房租提取条件，实行"商转公"贷款政策，实行公积金与银行"组合贷款"政策，实施全省公积金贷款"一体化"政策，实施全国异地贷款政策等，涉及面广，力度大，有力地促进各项业务的发展，满足广大缴存人的多种需求，为改善民生，促进房地产市场健康稳定发展发挥积极作用。

是年，全市累计归集公积金45.63亿元，公积金余额30.09亿元。这一年，全市实缴单位1346家，实缴职工9.24万人，缴存8.09亿元，同比增长22.52%。当年新开单位77家，新开户职工0.23万人。截至2015年底，缴存总额45.63亿元，缴存余额30.09亿元，分别同比增长22.76%、14.07%。

是年，全市实缴单位1346家，实缴职工9.24万人，缴存8.09亿元，同比增长22.52%。当年新开启单位77家，新开户职工0.23万人。截至2015年底，缴存总额45.63亿元，缴存余额30.09亿元，分别同比增长22.76%、14.07%。

## 2016年

3月29日，受市政府副市长、市住房公积金管理委员会主任夏兴的委托，市政府副秘书长、市住房公积金管理委员会副主任李南开主持召开2016年萍乡市住房公积金管理委员会全体委员会议，相关成员、单位领导参加会议。会议听取并审议《关于2015年住房公积金归集使用财务收支情况和住房公积金管理工作及2016年住房公积金归集使用财务收支计划的报告》，会议审议并通过《萍乡市住房公积金管理中心"十三五"发展规划》等文件。

4月25日，市中心下发《萍乡市住房公积金管理中心业务操作（服务）指南》（萍公积金字〔2016〕11号），对市中心的职能业务和服务等告之社会和服务对象，使市中心各项服务举措更加规范化、制度化。

5月11日，为进一步加强对"两学一做"学习教育的组织领导，明确和落实工作职责，加强沟通协调，形成工作合力，根据中心党组印发《关于在中心党员中开展"学党章党规、学系列讲话，做合格党员"学习教育实施方案》的通知（萍金党字〔2016〕6号）精神，市中心党组下发《关于成立"两学一做"学习教育协调小组并明确相关工作职责的通知》（萍金党字〔2016〕7号），明确市中心"两学一做"学习教育在党组领导卜进行，具体工作由中心机关党总支负责实施，负责中心学习教育牵头组织实施，制定中心实施方案、专题民主生活会方案等有关文件；负责做好中心专题民主生活会相关工作；负责做好开展个人自学、支部学习、讲好党课、落实督促指导责任等组织协调工作；负责牵头抓好学习教育的督促检查、整改落实工作，及时发现苗头性倾向性问题，提出解决问题的措施办法；负责安排讲党课、列席各支部专题学习研讨、布置专题民主生活会等工作。这一工作由于市中心领导高度重视，安排紧凑，组织严密，措施有力，取得良好的效果。

是年，全市共归集住房公积金10.98亿元（其中含息0.45亿元），完成年初计划的124.77%，同比增长22.41%，全市累计归集住房公积金57.10亿元，住房公积金余额为36.02亿元。

## 2017年

1月19日，市中心召开2016年度工作总结暨表彰大会，会上对2016年度先进工作者进行表彰。

3月14日，萍乡市人民政府办公室下发《关于调整萍乡市住房公积金管理委员会成员的通知》（萍府办字〔2017〕39号），决定调整萍乡市住房公积金管理委员会成员。市政府分管副市长担任主任委员，市财政局局长李新民、市房管局局长赖清、市政府办副主任廖洪元担任副主任委员。委员由市直各部门和单位相关领导、各县区有关主管领导及金融机构相关领导、专家学者组成。管委会下设办公室在市住房公积金管理中心，廖海荣兼任办公室主任。

3月24日，召开2017年萍乡市住房公积金管理委员会全体委员会议，相关人员参加会议。会议听取并审议《关于2016年住房公积金归集使用财务收支情况和住房公积金管理工作及2017年住房公积金归集使用财务收支计划的报告》，会议审议并批准《萍乡市住房公积金2016年年度报告》，要求将该报告及时向社会公布，会议审议并通过《关于萍乡市职工个人住房公积金贷款实施办法（讨论稿）》，要求按照会议修改意见进行完善后以市住房公积金管委会名义下发执行，会议审议有关银行申请住房公积金委托贷款合作事宜。

4月6日，中共萍乡市住房公积金管理中心党组下发《2017年萍乡市住房公积金管理中心党建工作要点》（萍金党字〔2017〕11号），文件就深入学习贯彻党的十八大和十八届中央历次全会精神，深入学习贯彻习近平总书记系列重要讲话精神和治国理政新理念新思想新战略，认真贯彻落实省、市党代会精神，紧紧围绕全面从严治党要求，以迎接党的十九大和学习贯彻党的十九大精神为主线，以严肃党内政治生活和强化党内监督为重点，夯实基础工作，着力规范提升，强化责任落实，全面提升新形势下中心机关党建工作等提出要求，切实为萍乡建设“年年有变化、三年大变样、五年新跨越”做出贡献。

5月9日，全省住房公积“双贯标”工作推进会在萍乡市住房公积金管理中心十楼会议室召开。会议由省住建厅住房公积金监管处副处长宋志强主持，省住建厅副巡视员王融出席会议并讲话。萍乡市政府办副主任廖洪元出席会议并致辞，省住建厅住房公积金监管处处长罗敏出席会议，全省各地市住房公积管理中心主任、副主任和相关科室负责人及贯标服务机构代表40余人参会。会议要求：各住房公积金管理中心要加强与受托银行、软件开发商及监管部门的沟通协调，力争12月底前全面完成“双贯标”工作。确保安全、提高效率、优质服务、大胆创新、防控风险。市中心主任廖海荣作“双贯标”工作经验交流发言。

6月5日，为认真贯彻落实“文明交通行动年”活动的相关要求，市中心印发《关于开展文明交通行动年的活动方案的通知》（萍公积金字〔2017〕10号）。6月16日，市中心邀请市交警直属大队的交警同志为全体干部职工以“交通法规、文明出行”为主要内容的专题教育，并开展道路交通安全知识测试。通过教育培训，提高干部职工的法治交通、文明交通意识，引导干部职工在日常生活中做交通的践行者和传播者。

7月14日，市中心印发《萍乡市住房公积金管理中心异地转移接续业务操作规程的通知》（萍公积金字〔2017〕15号），明确在市中心办理住房公积金异地转移接续业务的，应遵照本操作流程。

8月，市委任命廖洪元为市住房公积金管理中心党组书记。

8月21日至9月29日，根据市委统一部署，市委第二巡察组对市中心党组进行巡察，并于12月29日反馈巡察意见。巡察组实事求是、客观公正地指出中心在党的领导、党的建设、全面从严治党等工作中存在的问题和不足，有针对性地提出改进意见和建议。中心党组对巡察反馈意见高度重视，成立以中心党组书记、主任廖洪元同志为组长，其他班子成员为副组长，相关科室负责人为成员的整改落实工作领导小组。要求中心全体党员干部把做好巡察整改工作作为当前及今后一项重要政治任务来抓，按照党要管党、从严治党的要求，坚持问题导向，将任务分解细化，明确时间节点、责任领导、牵头部门和责任人，扎实做好反馈意见的整改落实工作。

9月11日，按照住建部“双贯标”要求，市中心业务系统在全省率先成功上线，标志着萍乡市住房公积金进入“互联网+公积金”模式，功能强大的住房公积金管理平台，将促进萍乡市住房公积金业务和服务转型发展，提高广大职工对公积金事业的认可度，促进公积金事业更好、更快发展。

9月29日，市政府印发萍府字〔2017〕62号文件，任命廖洪元为住房公积金管理中心主任。

11月28日，萍乡市机构编制委员会办公室下发《关于市住房公积金管理中心事业单位类别划分的通知》（萍编办发〔2017〕147号），经市编办会同市委组织部、市财政局、市人社局审核，报市分类推进事业单位改革工作领导小组审定，明确市住房公积金管理中心为公益一类事业单位。

12月5日，是第32个国际志愿者日。市中心志愿者服务队派出代表参加萍乡市在秋收起义广场举办第五届“12.5”志愿广场文化节系列活动。市中心志愿队弘扬“奉献 友爱 互助 进步”的志愿者服务精神，推动中心志愿服务工作常态化、制度化、专业化，带动更多的人参与志愿服务活动，展现公积金人风采。

是年，全市共归集住房公积金13.55亿元（其中含息0.54亿元），完成年初计划的139.98%，同比增长23.41%，四个县区办事处年归集均突破亿元大关。截至2017年底，全市累计归集住房公积金70.66亿元，归集余额达42.83亿元，同比增长18.91%。

## 2018年

3月10日，在第55个“学雷锋纪念日”主题活动开展之际，住房公积金机关党支部开展“党员活动日”。在中心党支部的带领下，20余名党员干部及中心志愿队成员来到萍乡市婆婆岩开展学雷锋义务清洁劳动，以实际行动践行雷锋精神，切实推动学雷锋活动常态化。

3月13日，萍乡市人民政府办公室下发《关于调整萍乡市住房公积金管理委员会成员的通知》（萍府发〔2018〕19号），决定调整萍乡市住房公积金管理委员会成员。市政府分管副市长担任主任委员，市政府副秘书长卢政武、市财政局局长李新民、市房管局局长赖清担任副主任委员。委员名单也作相应的调整。管委会下设办公室在市住房公积金管理中心，廖洪元同志兼任办公室主任。

3月16日，为进一步规范中心党组工作，更好地坚持和健全党的民主集中制，充分发挥党组在中心各项事业的核心作用，根据《中国共产党章程》和《中国共产党党组工作条例（试行）》，结合工作实际，中共萍乡市住房公积金管理中心党组印发《萍乡市住房公积金管理中心党组会议议事规则的通知》（萍金党字〔2018〕11号）。该议事规则包括议事原则、议事内容、议事制度、议事程序、决策实施、附则共六章。

3月19日，中共萍乡市住房公积金管理中心党组印发《2018年萍乡市住房公积金管理中心党建工作要点的通知》（萍金党字〔2018〕12号）。明确市中心党建工作要点分为三个方面：扎实推进思想理论武装，着力提升机关党员的政治素质；深入推进基层组织建设，着力增强机关党组织的创造力凝聚力战斗力；持续推进全面从严治党，着力建设风清气正的政治生态。

4月9日，萍乡市住房公积金管理委员会召开本年度全体会议。会议听取并审议《关于2017年住房公积金归集使用财务收支情况和住房公积金管理工作及2018年住房公积金归集使用财务收支计划的报告》,会议审议《关于调整萍乡市住房公积金2018年度缴存基数标准的方案》,会议审议并原则通过《萍乡市住房公积金缴存管理办法(讨论稿)》《萍乡市住房公积金提取实施办法(讨论稿)》《关于萍乡市职工个人住房公积金贷款实施办法(讨论稿)》,要求按照会议修改意见进行完善后以市住房公积金管委会名义下发执行。

5月10日,萍乡市住房公积金管理中心经住建部、省住建厅住房公积金贯标工作联合检查验收组,对萍乡市新一代住房公积金综合管理信息系统"双贯标"(贯彻落实《住房公积金基础数据标准》《住房公积金银行结算数据应用系统与公积金中心接口标准》)工作进行联合检查验收,经检查测试,萍乡市顺利通过验收,成为全省第一批通过验收单位,标志着萍乡市住房公积金"双贯标"工作已走在全省前列。

5月11日,根据2018年4月9日萍乡市住房公积金管理委员会会议精神,市中心决定停止执行《萍乡市住房公积金异地个人住房贷款实施办法》。

5月24日,由市中心党组书记、主任廖洪元带领一行5人赴青海省西宁市住房公积金管理中心考察学习。主要学习"减政便民"和网上营业大厅开办业务等先进工作经验。

6月1日,市中心开展"我的中国梦"国学经典诵读活动。通过诵读活动,读懂一段波澜壮阔的历史,思想受到震撼和洗涤,中心职工纷纷表示将不忘初心、牢记使命,加倍努力做好本职工作。

6月5日,中共萍乡市住房公积金管理中心党组下发《关于在中心全体党员中开展党员"政治生日"主题活动的通知》(萍金党字〔2018〕21号)。要求在开展党员"政治生日"主题活动中,进一步强化党员身份意识,促使广大党员对照党章党规,对照入党誓词,铭记责任义务,检查自身言行,明确努力方向,激发工作干劲,提升基层党组织凝聚力和战斗力。

8月1日,萍乡市住房公积金管理委员会召开2018年第二次全体会议。会议审议通过《萍乡市住房公积金管理中心关于调整萍乡市职工2018年度住房公积金缴存限额的请示》。会议决定,自2018年元月起,萍乡市职工住房公积金月缴存上限(单位和个人合计)为3688元,最低不低于168元。会议要求,市住房公积金管理中心要加强监督、检查,确保政策执行到位,既要杜绝突破上限超标缴存,也要对不达标单位进行督促、执法,切实维护缴存职工合法权益。会议审议研究《萍乡市住房公积金管理中心关于调整职工住房贷款政策的建议》,会议审议并通过《萍乡市住房公积金中心关于向商业银行申请流动资金贷款授信的请示》。

8月20日,根据《住房公积金管理条例》规定,经萍乡市住房公积金管理委员会2018年度第2次全体会议审议通过,萍乡市住房公积金管理委员会下发《关于调整萍乡市住房公积金贷款政策的通知》,明确:1. 实行借款人单、双职工贷款额度差别化。借款人夫妇双方缴存公积金的,贷款最高额度按原有规定执行,单职工贷款最高额度下调为40万元。2. 职工购、建住房公积金使用额度的调整,首套住房提取公积金与贷款之和不超过房款总额的80%,二套房提取公积金与贷款之和不超过房款总额的70%。本通知自2018年9月1日起实施,此前业务规定与本通知不一致的,以本通知为准。

8月31日,为贯彻落实住建部建人力函〔2018〕5号通知精神,进一步落实全市"放管服"改革,加快推进政务服务“一网通办”，市中心举办2018年度业务规范培训班。培训围绕“公积金缴存、提取、贷款新政和便民措施”“网上系统操作指南”“日常业务办理常见问题”等的专题分别进行深入讲解。培训班由党组成员、副主任彭宗平主持，中心全体干部职工及各受托银行派驻人员参加培训。

9月，萍乡市公积金开启信贷、抵押登记“联合办理”服务新模式。为深化“放管服”改革要求，优化办事环境，萍乡市不动产登记中心会同市中心研究制定公积金贷款抵押登记“联合办理”实施方案，对科学设置窗口、编制收件目录、改革受理模式、优化办事流程、数据多维共享、事务透明公开等事项分别进行梳理。此次改革主要是将公积金贷款与不动产抵押登记、房源核验和档案查询、抵押权注销等业务在市住房公积金办事大厅建立联合窗口，实现住房公积金、银行、不动产登记多部门合署办公，一条龙服务，一站式办结。

9月份以来，萍乡市住房公积金、信贷、抵押登记“联合办理”窗口已正式运行，让前来办理住房公积金贷款抵押和公积金支取的市民享受到实实在在的便利，该项便民政策为公共服务再次提质增效。

10月17日，市中心在重阳节召开退休老同志座谈会。会议由党组成员、副县级干部周冬萍主持。会上市中心领导与离岗退休干部亲切交谈、沟通感情，向他们介绍中心的发展变化，详细询问他们的生活、家庭和身体健康情况，叮嘱他们保重身体，感谢退休干部们多来年为萍乡市住房公积金作出的贡献，为他们送上慰问品和节日祝福。

11月27日，由省住建厅公积金监管处处长罗敏带队的住房公积金业务督查组一行4人，对萍乡市2018年度住房公积金业务进行督促指导，市中心党组书记、主任廖洪元陪同并汇报有关工作。督查汇报会上，廖洪元主任就2018年度中心业务发展情况，信息化建设、简政便民、审计整改等6各方面工作及存在的问题、打算作详细汇报。罗处长对萍乡中心的工作总体给予充分肯定。汇报会结束后，督查组还参观分中心服务大厅、上栗县办事处现场听取办事群众意见建议。中心副主任何维、周崇开、彭宗平陪同或参加会议。

## 2019年

3月14日，市中心党组书记、主任廖洪元带队一行3人参加在江苏常州举行的第三批全国住房公积金数据平台接入工作培训会。

此次培训，重点学习《数据平台整体情况》《公积金中心数据平台对接开发》《数据平台对接测试及上线要求》等。培训会后，市中心按照此次培训的相关要求，组织有关科室完善整理接入平台数据的工作，在规定时间内高质量完成数据平台的接入。

3月26日，市中心党组书记、主任廖洪元一行5人来到上栗县办事处开展工作调研。廖主任一行听取办事处负责人工作汇报并实地了解“延时服务”工作开展情况。廖主任充分肯定办事处过去一年取得的成绩，同时要求办事处切实抓好资金归集、使用管理，强化资金风险防控。中心副主任何维、周崇开，工会主席刘克维等陪同调研。

3月28日，萍乡市住房公积金管理委员会召开2019年度第一次全体会议。会议由市政府副秘书长、市住房公积金管委会副主任卢政武主持。会议审议通过《萍乡市住房公积金管理中心关于2018年住房公积金归集使用情况和2019年住房公积金归集使用及增值收益分配计划的报告》。会议审议通过《萍乡市住房公积金2018年年度报告》,并要求及时向社会公布。会议审议《萍乡市住房公积金管理中心关于调整萍乡市职工2019年度住房公积金缴存限额的建议》,会议审议《萍乡市住房公积金管理中心关于〈萍乡市职工个人住房公积金贷款实施办法〉部分条款修改的建议》,会议审议并通过《萍乡市“昭萍英才”计划住房公积金优惠政策实施细则》。

4月1日,根据《住房公积金管理条例》规定,经萍乡市住房公积金管理委员会2019年度第1次全体会议审议通过,萍乡市住房公积金管理委员会下发《关于调整萍乡市住房公积金政策的通知》,明确:1.购买三套(含)以上住房的缴存职工家庭停止发放住房公积金贷款,家庭住房套数以县级以上不动产权登记部门出具的家庭住房登记信息和银行出具的征信报告中个人住房贷款笔数(包括住房公积金贷款信息)为依据。2.购买、建造、翻建自住住房,贷款额度最高为55万元;职工购买二手房、大修住房,贷款额度最高位45万元;单职工缴存住房公积金的,其贷款额度最高为40万元。住房公积金最高使用额度不超过房款总额的80%。

4月11日,为尽快贯彻落实市住房公积金管理委员会修改后的公积金使用政策,提高房地产开发(销售)企业、委托银行公积金业务经办人员政策水平和实操能力,市中心召开市区房地产开发(销售)企业、委托银行公积金政策宣介会,会议由市公积金中心副主任何维主持。此次宣介会共有46家房地产开发、销售企业和7家公积金委托银行,共计100余人参会。

4月30日,市中心工会开展踏青春游活动。五一国际劳动节前夕,市中心工会组织干部员工进行户外踏青春游活动,让大家在姹紫嫣红的自然环境中尽情放松、舒缓压力,激发工作生活热情。

5月15日,市中心党支部与中行金鳌联合支部在中心10楼会议室举行“基层党组织结对共建”签约仪式。仪式由萍乡市住房公积金管理中心党组成员、副主任周崇开主持。签约仪式上,中心机关党支部书记易利云,中行金鳌党支部书记、行长邹玉卿分别介绍党支部建设及业务发展情况,对共建工作进行深入沟通、交流,双方均表示将通过培训、研讨、拓展联谊等形式实现共建互学、互帮互助,共同推进支部党建工作。

5月,萍乡市住房公积金管理中心自助服务大厅正式启用。该服务大厅与公积金行政服务分中心(市本级)位于同一楼层,均隶属市住房公积管理中心统一管理。自助服务大厅面积约30平方米,设有8个自助机位(PC终端),一个人工咨询台。大厅可自助办理的业务主要分为查询、录入、变更三大类,职工可自助办理信息查询、变更、贷款申请材料录入等20余项业务。自助服务大厅的开通启用是中心落实“放管服”改革的重要举措,标志着萍乡市公积金管理服务水平迈上一个新的台阶。

1—6月全市归集住房公积金8.21亿元,同比增长16.40%,完成年计划51.34%。全市累计放贷66.32亿元,贷款余额48.31亿元,个贷率为94.22%,居我省前列;贷款逾期率为0.16‰,远低于省住建厅监管考核(0.4‰)许可范围。

7月26日,中共萍乡市住房公积金管理中心党组印发《2019年萍乡市住房公积金管理中心党建工作要点》(萍金党字〔2019〕8号)。明确2019年党建工作要点是:突出政治统领,维护以习近平同志为核心的党中央权威和集中统一领导;坚持思想引领,深入学习贯彻习近平新时代中国特色社会主义思想;抓好基层支部,推动基层组织建设全面进步全面过硬;推动党建与中心工作深度融合,发挥机关党组织战斗堡垒作用;完善体制机制,推动基层党建工作责任制落实;持之以恒正风肃纪,推动机关党风廉政建设纵向发展六个方面。

8月1日,市中心在市行政中心新闻发布厅召开新闻发布会,参加发布会的有中心党组书记、主任廖洪元,副主任何维、彭宗平,筹资科长刘一顺,信贷科长何朝辉,会议由副主任周崇开主持。会上,廖洪元同志介绍2019年上半年萍乡市住房公积金业务运营管理情况,上半年萍乡市住房公积金业务运营呈现“资金归集稳步增长、资金使用规范有序、资金安全风险可控、资产增值稳定可期”的特点。

8月18日,市中心下发《关于对片区、套取住房公积金违法违规行为处理的通知》(萍公积金字〔2019〕16号),要求各科室、分中心、办事处在发现缴存职工骗提、套取住房公积金行为时,应按要求进行处理;对于骗取、套取住房公积金的人员,属于国家公务员或国家机关任命的有关人员,交由当地监察机关依法依纪严肃处理;对单位出具虚假证明造成有关人员骗提住房公积金的,交由当地监察机关或其主管部门依法依纪严肃追究所在单位直接责任人员和相关领导责任。

10月23日至25日,市中心举行为期三天的“不忘初心、牢记使命”主题教育党员学习培训班,培训班以讲党课、专家辅导、领学、自学和现场教学形式开展。市中心全体党员参加。

11月6日,市中心与中国建设银行萍乡市分行签署住房公积金业务委托(代理)协议,并启动相关试点工作。根据协议,市中心将借助银行网点分布广、数量多的优势,将服务窗口延伸到银行网点,以满足群众就近办理的需求。即日起,市民可前往业务委托(代理)试点中国建设银行萍乡分行安源支行办理职工住房公积金提取及贷款有关事宜。

是年,市中心开展“大学习大整治大落实”活动工作(自2018年5月启动),对标市委、市政府“怕、慢、假、庸、散”五个方面的问题以及“状态不佳、担当不够、工作不实、服务不优、自律不严”五大顽疾,认真抓落实、抓整改。通过开展这一活动,推动市中心各项工作取得明显成效。

## 2020年

3月6日,市政府副市长叶舟、市政府副秘书长卢政武一行到市中心对口帮扶的莲花县荷塘乡双岭村开展新型冠状病毒感染防控和脱贫攻坚工作调研走访。

3月19日,鉴于人事变动,萍乡市人民政府办公室下发《关于调整萍乡市住房公积金管理委员会成员的通知》(萍府办函〔2020〕13号),决定调整萍乡市住房公积金管理委员会成员,市政府副市长叶舟担任主任委员,市政府副秘书长卢政武、市财政局局长李新民、市住建局局长李南开担任副主任委员。委员名单也作相应调整。管委会下设办公室在市住房公积金管理中心,廖洪元兼任办公室主任。

5月7日,依据国务院《住房公积金管理条例》,住建部、中国人民银行等有关法规和政策及有关规章制度,市中心下发《萍乡市住房公积金管理中心内审稽核管理制度》(萍公积金字〔2020〕17号),明确将对市中心驻县(区)办事处、分中心和有关科室就住房公积金管理业务开展稽核监督工作。

5月，市中心组织员工观看“住房公积金云4”系统演示。为拓宽市住房公积金中心职工视野，了解公积金行业管理软件、系统开发最新动态，夯实中心信息化建设，市中心邀请北京安泰伟奥信息技术有限公司技术人员到中心演示其最新研发上线的“住房公积金云4”系统。该系统设计人员通过分析当前行业普遍“痛点”，有针对性地制定整套解决方案，实现一体化平台的数字化管理、移动化服务和互联互通，同时实现对中心整体运行的监督管理。如满足系统要求，系统建成后，线上业务覆盖率可达到100%，真正实现群众办事“一次不跑”、中心员工“随时随地办”、24小时“不打烊”，切实做到让职工满意、单位满意、政府满意。

5月21日，萍乡市住房公积金管理委员会在市政府6楼会议室召开2020年第1次全体会议，会议由市政府副秘书长、市住房公积金管委会副主任卢政武主持。会议审议通过《萍乡市住房公积金管理中心关于2019年住房公积金归集使用情况和2020年住房公积金归集使用及增值收益分配计划的报告》《萍乡市住房公积金2019年年度报告》，并按要求向社会公布。会议审议《萍乡市住房公积金管理中心关于调整萍乡市住房公积金使用政策的建议》。

5月26日，市中心下发萍公积金字〔2020〕18号文件，调整萍乡市住房公积金相关政策：一是购买首套自住房，首付款比例不得低于20%，购买第二套（改善性）住房，首付款比例不得低于40%，建造、翻修、大修自住住房的，首付款比例参照上述执行；二是购买首套自住住房，最高资金使用额为55万元，购买第二套住房，最高资金使用额为50万元；三是取消患重大疾病提取住房公积金。

6月27日，中共萍乡市住房公积金管理中心党组下发《中共萍乡市住房公积金管理中心党组2020年党建工作要点》（萍金党字〔2020〕9号），明确提出要在市中心要开展党员示范岗创建活动，持续开展“党员先锋创绩示范岗”“学习龚全珍——优质服务窗口、优秀服务标兵”评选活动，积极推荐申报“新时代赣鄱先锋”；认真做好党员百分制考核工作，组织签订服务承诺书，主动亮出身份和承诺内容，在一定范围内进行公示，引导党员干部在各项工作中发挥先锋模范作用。

7月1日，市中心下发《关于调整岗位设置方案的报告》（萍金党字〔2020〕10号），明确本单位主要职责是负责住房公积金的营运和管理，机构规格为副县级；核定事业编制34个；核定单位领导6个；内设科室11个，核定中层领导12个。调整后，共设置管理岗位、专业技术岗位、工勤技能岗位62个，以管理岗位为主体岗位。其中：管理岗位38个，占单位岗位总量的61%，专业技术岗位22个，占单位岗位总量的35%，工勤岗位2个，占单位岗位总量的3%。

12月31日，市中心召开“跨省通办”“省内通办”专窗人员业务学习会，会议由副主任周崇开主持。会上，就“跨省通办”“省内通办”业务流程、要件、时限以及工作职责进行讲解；副主任彭宗平对前阶段“跨省通办”“全省通办”工作发现的问题进行分析并提出改进要求。市中心党组书记、主任廖洪元出席会议并讲话。

是年，市中心坚持以“主题党日”活动为抓手，积极开展“四点一线”红色廉政教育，组织文明创建志愿者服务、脱贫攻坚及抗疫多项活动，拨付帮创资金4万元，扶贫资金10余万元，个人购买扶贫户物资近万元。

是年，市中心完成全年归集19.77亿元，与上年同比增长12.8%，全市累计归集125亿元，发放公积金个人贷款17.65亿元，与上年同比增长7.27%，全市累计发放贷款93.1亿元，贷款余额66.85亿元，贷款逾期率控制在0.007%，远低于省住建厅0.05%的安全标准，全年提取公积金12.4亿元，与上年同比减少11.95%，增值收益9500万元，超收600万元，与上年同比增长14.94%。社会效益和经济效益取得双丰收。

## 2021年

1月19日，中共萍乡市委办公室、萍乡市人民政府办公室下发《萍乡市深化事业单位改革试点方案》（萍办发〔2021〕5号）。文件明确市住房公积金管理中心由副处级调整为正处级，仍为市政府直属事业单位，归口市住建局管理。

1月25日，市中心下发《关于表彰2020年度先进集体和先进工作者的决定》（萍公积金字〔2021〕2号），对市中心涌现出一批爱岗敬业、作风优良、成效显著的集体和个人进行表彰。决定授予综合科等4部门“先进集体”荣誉称号，授予彭君等24名同志“先进工作者”荣誉称号。

3月2—3日，市中心党组成员、副主任何维一行六人赴九江、景德镇中心考察交流。重点对对方单位公积金贷款政策、稽核制度建设及运行情况进行学习交流，对住房公积金信息化建设方面以及下步推动“互联网+住房公积金”工作进行深入探讨。

3月17日，萍乡市住房公积金管理委员会在市政府6楼会议室召开2021年第一次全体会议。会议由市政府副市长、市住房公积金管委会主任叶舟主持，会议审议并原则通过《萍乡市住房公积金管理中心关于2020年住房公积金归集使用情况和2021年住房公积金归集使用及增值收益分配计划的报告》，会议审议通过《萍乡市住房公积金2020年年度报告》，按要求向社会公布，会议审议《关于调整萍乡市职工个人住房公积金贷款、缴存政策的有关建议》，出席会议的有委员会成员，相关人员列席会议。

4月7日，为贯彻落实习近平总书记关于网络安全和信息化工作的重要论述，做好建党100周年网络安全保障工作，全面防范网络安全威胁，妥善处置网络安全事件，提高行业网络安全保障水平，根据《关于邀请参加住房和城乡建设厅网信安全培训的函》（建信网函〔2021〕31号）的通知安排，市中心组织相关人员参加该视频培训。本次培训对网络安全等级保护和关键信息基础设施保护解读和网络防御工作及重大活动保障进行阐述、讲解；同时对网络安全法规、政策，安全等级保护和个人网络安全意识等方面进行介绍。参加此次培训的有中心党组书记、主任廖洪元，党组成员、副主任周崇开和信息科全体人员。

4月26日，中共萍乡市住房公积金管理中心党组下发《关于成立萍乡市住房公积金管理中心党史学习教育领导小组的通知》（萍金党字〔2021〕4号），全面启动党史学习主题教育。文件要求把党史学习教育贯穿2021年全年，把学习习近平新时代中国特色社会主义思想贯穿始终，把学史明理、学史增信、学史崇德、学史力行贯穿始终，突出学党史、悟思想、办实事、开新局，注重融入日常、抓在经常、抓出成效。

5月17日，中共萍乡市住房公积金管理中心党组下发《关于开展“我为群众办实事”实践活动的通知》（萍金党字〔2021〕8号），该活动时间从2021年4月开始至12月底结束。整个活动聚焦群众所急所忧所盼，从政务服务工作实际出发，部署开展一批具有政务服务工作特色的实践活动。

6月2日，中共萍乡市住房公积金管理中心党组印发《中共萍乡市住房公积金管理中心党组2021年党建工作要点》（萍金党字〔2021〕9号），要求各办事处、各科室结合实际，认真遵照执行。

8月10日，市中心印发萍公积金字〔2021〕6号文件，明确萍乡市住房公积金提取、贷款业务操作人员基本职责。该文件是市中心这项工作的业务指南。

9月13日，省住建厅公积金监管处宋志强处长、庄丹一行来到萍乡市住房公积金管理中心，就“跨省通办”服务事项推进落实、信息化建设、2021年业务目标任务等有关问题进行调研。中心党组书记、主任廖洪元，党组成员、副主任周崇开，党组成员、副主任彭宗平及相关科室负责人参加座谈。

9月22日，抚州市住房公积金管理中心副主任李世林一行来市中心进行业务学习交流。市中心党组书记、主任廖洪元，党组成员、副主任彭宗平及相关业务科室负责人参加交流会。

10月25日，市委党史学习教育第六巡回指导组莅临市中心督导党史学习教育工作。市委党史学习教育第六巡回指导组组长黄向华率指导组一行3人，重点督导市中心党组理论学习中心组学习情况。中心党组书记、主任廖洪元，中心党史学习教育领导小组成员参加。

10月28日，市中心机关党支部联合结对社区——城郊管委会三角洲社区党支部共同来到大学城小区，开展“我为群众办实事”主题党日活动。通过结对共建开展“我为群众办实事”主题党日活动，用实际行动践行“我是党员我承诺，我是党员我服务，我是党员我带头”的承诺，进一步推动机关与社区党支部的联动机制建设，促进党史学习教育走深走实，推动住房公积金惠民政策在基层落实。

11月9日，市中心组织相关人员参加全国住房公积金监管服务平台功能试用视频培训会。培训会重点讲解监管服务平台功能操作，对监管服务平台首批功能试用过程中常见问题进行解答，会上住建部监管司对第二批上线的风险预警等注意事项进行提示。培训由党组成员、副主任周崇开主持，各业务科室、驻县区办事处负责人、业务办理人员共20余人参加培训。

11月11日，市中心印发《萍乡市住房公积金管理中心审批责任追究办法》（萍公积金字〔2021〕11号）文件，要求各办事处、各科室结合实际，认真遵照执行。

11月18日，市中心举行学习贯彻市第十三次党代会精神宣讲报告会。市委宣讲团成员、市委组织部副部长钟萍受邀作专题宣讲，中心党组书记、主任廖洪元主持会议并讲话。中心机关全体党员干部及各驻县（区）办事处负责人共计50余人参加会议。

是年，全市住房公积金“跨省通办”业务推向新的高度，市中心与株洲、吉安、宜春四地建立联席会议机制、信息协查机制、“跨区通办”机制、异地公积金互认互贷，联防联控等工作机制达成一致意向，并签订《湘赣边区域合作示范区住房公积金协同发展合作公约》，真正做到省里省外的缴存职工一件事一窗办理，切实将“为缴存职工办实事”落到实处，制作“跨省通办”宣传片，在萍乡电视台播放，得到上级部门肯定。

是年，市中心全力推进廉洁萍乡建设。市中心以“廉洁萍乡”建设为抓手，围绕“健全住房公积金资金廉洁管理制度”项目和“建立健全审批责任追究制度”工作任务，相继出台一系列制度，及时调整贷款和提取政策,加强对资金运行情况分析,确保资金安全、高效、合理利用;明确业务部门工作职责,规范中心审批行为,维护缴存单位和缴存职工的合法权益,营造良好的政务服务环境。

是年,全市共归集住房公积金23.55亿元(其中利息0.88亿元),同比增长14.60%,完成年度计划的112.14%。目前,公积金余额71.36亿元。

## 2022年

1月5日,副市长刘仁羿来到市住房公积金管理中心进行走访调研,市政府副秘书长张磊陪同调研,市中心中层以上干部参加调研座谈会。刘仁羿听取中心机构现状和业务运行情况汇报后,肯定近年来,萍乡市住房公积金管理事业改革发展取得长足进步,为改善和保障缴存职工住房发挥主要作用。随后,刘仁羿来到市中心服务大厅,了解大厅业务受理办理情况,指导落实"我为群众办实事"措施。

1月20日,市委常委、政法委书记杨劲松深入市中心挂点单位垭坞村开展2022年春节走访慰问,并看望驻村工作队员。市住房公积金管理中心党组书记、主任廖洪元和相关地方和部门领导随同走访。

2月21—25日,市中心举办单位版网厅操作系统培训会。培训会历时5天,分10批次对500个单位经办人进行网厅业务操作系统培训。培训会上,中心信息科及市本级营业大厅业务骨干为各单位经办人着重讲解住房公积金汇缴、补缴、开户等各种对公业务。同时还与参会人员开展互动交流,现场指导解答缴存单位在业务办理过程中遇到的问题。

3月7日,市中心班子深入芦溪办事处指导"青年文明号"创建工作。市中心党组书记、主任廖洪元,党组成员、副主任陈昌结和谭洪斌,以及联系芦溪办事处工作的领导周崇开等一行人前来芦溪调研公积金工作。

3月9日,中共萍乡市委机构编制委员会下发萍编发〔2022〕3号文件,对市住房公积金管理中心职能编制作出规定,明确市住房公积金管理中心为市政府直属公益一类事业单位,正县级,归口市住房和城乡建设局管理;明确市住房公积金管理中心主要职责,市住房公积金管理中心内设机构5个,规格均为正科级。分别为:综合科、财务科、业务科、稽核科、信息科。机关党总支按有关规定设置。市住房公积金管理中心设湘东、芦溪、上栗、莲花4个办事处,主要负责辖区内住房公积金管理工作职责,其中芦溪办事处承担芦溪县、武功山风景名胜区的住房公积金管理工作职责。市住房公积金管理中心事业编制34名(含办事处编制)。其中,领导职数:主任1名(正县级),副主任3名(副县级),内设机构正职5名(正科级),办事处正职4名(正科级),总稽核师1名(正科级),机关党总支专职副书记1名(正科级),办事处副职4名(副科级)。

3月12日,萍乡市人民政府办公室下发《关于调整萍乡市住房公积金管理委员会成员的通知》(萍府办函〔2022〕11号),决定调整萍乡市住房公积金管理委员会成员。由市人民政府副市长刘仁羿担任主任委员,市人民政府副秘书长张磊、市财政局局长曾国祥、市住房和城乡建设局局长刘韬、市住房公积金管理中心主任廖洪元任副主任委员。委员名单也作相应调整;管委会下设办公室在市住房公积金管理中心,廖洪元兼任办公室主任。

3月18日，萍乡市住房公积金管理委员会召开2022年第1次全体会议，由市政府副市长、市住房公积金管委会主任刘仁羿主持，参加会议的有：市住房公积金管理委员会成员单位、市住房公积金管理中心党组成员及业务科室负责人。会议审议通过《萍乡市住房公积金管理中心关于2021年住房公积金归集使用情况和2022年住房公积金归集使用及增值收益分配计划的报告》和《萍乡市住房公积金2021年年度报告》，会议原则同意对2022年萍乡市住房公积金政策进行四个方面调整。

3月22日，中共萍乡市住房公积金管理中心党组印发《萍乡市住房公积金管理中心基层党建“六大提升行动”实施方案》（萍金党字〔2022〕9号），明确党建主要任务是：实施基层党组织书记能力提升行动，实施党建引领公积金管理工作高质量发展，实施服务群众提升行动，实施党员队伍素质提升行动，实施党建引领基层治理提升行动，实施服务经济社会发展提升行动。

3月29日，萍乡市住房公积金管理委员会下发《关于调整萍乡市住房公积金贷款、提取使用政策的通知》（萍公积金字〔2022〕2号），明确实施萍乡与长沙、株洲、省内所有地市的公积金互认互贷政策，职工购建第一套自住住房的贷款额度由现有的55万元提高至60万元，购建第二套自住住房时，首付款比例由现在的40%降低至30%。

4月14日，中共萍乡市住房公积金管理中心党组印发《中共萍乡市住房公积金管理中心党组“作风建设深化年”活动实施方案的通知》（萍金党字〔2022〕16号）。通知要求围绕“奋力打造新时代创新驱动转型升级的标杆城市”目标，落实市第十三次党代会精神，进一步深化作风建设，提振广大党员和干部职工干事创业精气神，以一流作风服务高质量发展。该活动从4月开始至12月份结束，分为动员部署、问题查摆、深入整改、巩固提高4个阶段进行，活动的开展达到预期目的。

5月24日，市中心举办党组理论学习中心组学习暨党章党规专题读书班。市中心党组理论学习中心组成员、全体党员前往芦溪县张佳坊乡报恩台村红色教育基地举办中心党组理论学习中心组学习暨党章党规专题读书班。全体参会人员参观完民俗馆、初心堂后，当地村支部书记为大家上了一堂微党课，讲述报恩台的典故由来，分享报恩台巧用红色资源助力乡村振兴的成功做法和经验。市中心两位党员代表交流学习党章党规的心得体会。

7月8日，市中心领导出席在长沙市住房公积金管理中心举行的湘赣边区域合作示范区住房公积金协同发展合作公约签字仪式。湖南省住建厅住房公积金监管处处长黄俊、江西省住房保障和公积金管理中心主任吴彬、湘赣边合作区域各地市公积金中心主要负责同志参加会议。会上，长沙、湖南省直中心、株洲、湘潭、岳阳、郴州和萍乡、九江、赣州、吉安、宜春等湘赣10市签订《湘赣边区域合作示范区住房公积金协同发展合作公约》。《公约》的签订是深入贯彻《湘赣边区域合作示范区建设总体方案》总体部署的体现。萍乡市住房公积金管理中心分管业务的副主任及相关科室负责人一起参会。

7月21日，市中心党组书记、主任廖洪元和党组成员、副主任谭洪斌来到安源区大学城与三角洲社区工作人员一起参加文明创建活动。

8月2日，市中心举办圆梦垭坞村未成年人思想道德建设主题活动。此次活动参加对象包括小学和初中共28名垭坞学子，活动的第一站是安源路矿工人运动纪念馆。随后来到红领巾纪念馆，参观从中国少年儿童运动的开端“安源儿童团”到新中国成立后的“中国少年先锋队”的发展历程，观看暑期大片《独行月球》。

8月29日，市中心深入开展“领导干部走流程”活动。为持续深化“放管服”改革，进一步优化营商环境，市中心党组书记、主任廖洪元，党组成员、副主任谭洪斌，党组成员、副主任陈彰宏走进中心各办事处开展“走流程”活动，以办事群众和工作人员的身份，以亲身办、帮代办、陪同办等形式，详细了解办事流程、服务态度、群众反馈等情况，面对面接待群众，为办事群众答疑解惑、审批业务。通过“走流程”切实体会群众办事中的堵点，提升中心政务服务水平。

9月1日，市中心扎实开展“歌颂党恩 紧跟党走 传唱红歌”活动。市中心领导全程参与学唱；干部职工积极参与、全心投入，以澎湃的激情充分表达公积金人爱党爱国的赤子情怀，抒发永远跟党走，奋进新征程的豪情壮志。

10月16日，市中心组织全体员工集中收看党的二十大开幕大会，聆听习近平总书记作党的二十大报告。大家表示，要以更加饱满的政治热情和更加昂扬的精神风貌把党的二十大精神学习好、宣传好、贯彻好，把政治理论学深悟透、学懂弄通，用党的二十大精神指导实践、应用工作，为奋力推进“五区”建设、打造“最美转型城市”贡献力量。

11月，中心广大党员干部职工迅速响应疫情防控志愿者招募令，奋力投身到疫情防控攻坚战中。

## 2023年

2月28日，中共萍乡市住房公积金管理中心党组印发《中共萍乡市住房公积金管理中心党组贯彻落实“三重一大”事项集体决策制度实施细则（试行）的通知》（萍金党字〔2023〕2号），明确决策遵循坚持依法决策、坚持民主决策、坚持科学决策、坚持规范决策的原则，在重大决策、重要人事任免、重大项目安排、大额度资金使用属于“三重一大”事项，凡属“三重一大”事项，应按规定程序进行决策，不得以会前酝酿、传阅会签、碰头会、班子联席会或个别征求意见等方式代替集体决策。

3月7日，市中心召开全体党员大会，党组书记、主任廖洪元主持会议，并以《纠正“四风”不能止步 作风建设永远在路上》为题，为中心全体党员干部上一堂廉政党课。市中心全体党员干部职工及各办事处主任参加。

3月17日，萍乡市住房公积金管理中心委员会召开2023年第一次全体会议。由市政府副市长朱艳珍主持，公积金管理中心委员会成员和相关人员参加会议，会议听取2022年住房公积金归集使用情况和2023年归集使用及增值收益分配计划，审议2022年住房公积金年度报告、重要工作事项和管理政策调整事项，并对2023年的重点工作任务进行安排部署。

3月22日，市中心组织全体党员及中层以上干部前赴上栗县斑竹山党性教育基地举办“3.23”警示教育活动。本次活动聚焦“忠诚履职担当作为、走好新的赶考之路”主题，缅怀革命先辈、弘扬赶考精神、砥砺党性修养、激发实干热情，奋力推进“五区”建设、打造“最美转型城市”，勇于担当作为。

3月31日，市中心开展2023年度公积金新政策业务培训班，中心党组成员、副主任陈昌结出席会议并讲话。市中心有关科室负责人及办事处相关人员参加培训。

4 月 24 日—28 日,市中心举办学习贯彻党的二十大精神集中轮训班,中心副科级以上干部、全体党员参与培训,采用集中授课、专题研讨、辅导讲座、在线学习等相结合的方式进行。

4 月 25 日,省住建厅公积金监管处调研组到我中心调研指导工作。调研三组组长、省直中心主任熊峰带领住房公积金风险防控调研组一行 4 人来到我中心,调研指导住房公积金风险防控和服务等工作,中心党组书记、主任廖洪元,相关分管领导和科室负责人参加调研活动。

5 月 15 日,中共萍乡市住房公积金管理中心党组印发《萍乡市住房公积金管理中心关于创建"四强"党支部深化模范机关建设的实施意见的通知》(萍金党字〔2023〕11 号),旨在深入开展模范机关建设。

5 月 25 日,市中心召开创建"四强"党支部深化模范机关建设动员部署大会。党组成员、副主任谭洪斌主持会议并作动员部署。会议解读《市直机关工委创建"四强"党支部深化模范机关建设的实施意见》,明确创建"四强"党支部深化模范机关建设的总体要求、创建标准、创建方式、创建要求、考核标准。市中心全体党员参加会议。

5 月 26 日,市中心领导深入基层服务窗口,推动"四强"党支部建设。中心党组成员、副主任、机关党总支副书记谭洪斌带领机关党总支工作人员来到莲花办事处政务中心窗口进行调研指导。详细了解办事处整体工作开展情况,和窗口员工进行热心细致的谈话,并听取办事处负责人对具体业务、党建、员工工作等方面的汇报。谭洪斌对办事处的各项工作表示充分肯定,并就"四强"党支部建设对办事处及莲花党支部提出一些建设性意见。

6 月 6 日,市中心印发《关于作风建设提效行动方案的通知》(萍公积金字〔2023〕10 号),把作风建设贯穿中心工作始终,重点按照"九个聚焦,九个着力"进行自查自纠、取得实效,进一步凝聚中心干事创业的精气神,推动"政治生态修复深化年"的部署要求落地落实。

6 月 21 日,根据《萍乡市人民政府关于印发萍乡市动能培育提速行动方案等三个行动方案的通知》(萍府发〔2023〕12 号)要求,为全面抓实中心作风建设主体责任,推动萍乡市住房公积金高质量发展,市中心召开"作风建设提效"行动动员大会,中心党组书记、主任廖洪元出席并作动员讲话,驻住建局纪检监察组王传飞到会指导,党组成员、副主任谭洪斌主持会议,全体干部职工、各驻县区办事处负责人参加大会。

6 月 29 日,市中心干部职工积极参加由市体育局、市总工会、市创建国家卫生城市指挥办主办的第九届"全民健身迎省运 共建共享卫生城"——2023 年萍乡市"体育彩票杯"广播体操比赛。市中心代表队一行 16 人参加比赛。

6 月 29 日,市中心举办学习贯彻习近平新时代中国特色社会主义思想专题宣讲会。市中心邀请市委党校原副校长、教授刘建民授课,会议由党组书记、主任廖洪元主持,全体干部职工参加会议。

9 月,市中心启动开展学习贯彻习近平新时代中国特色社会主义思想主题教育。主题教育开展以来,市中心党组坚持党建引领,牢牢把握主题教育"学思想、强党性、重实践、建新功"的总要求,紧紧锚定主题教育的目标任务和公积金年初制定的业务目标,以深入开展理论学习为基础,以做深做实调查研究为载体，以加快推动高质量发展为驱动，以动真碰硬检视整改为契机，认真扎实做好规定动作，着力在专项整治和整改落实上下功夫，以良好的教育成效推动住房公积金工作提质增效，确保主题教育取得阶段性成效。

11 月 28 日，市委副书记、市长熊运浪来到市中心调研。在听取全市住房公积金工作情况汇报后，熊运浪对工作取得的成绩给予肯定。他要求，要在保障安居上多作为。突出服务“保交楼”，对照职责定位，进步想办法、出政策，让老百姓能够顺利拿到房本；要在便民服务上出新招，推进数据共享，实现跨部门业务协作，让“数据多跑路、群众少跑腿”，要提高办事效率，尽快向全市住房公积金缴存职工提供个人证明事项“亮码可办”服务，进一步提升服务便民化水平。熊运浪强调，要深入学习贯彻习近平总书记考察江西重要讲话精神，发挥住房公积金政策优势，保障和改善人民群众的住房要求，不断增强人民群众的获得感、幸福感、安全感，为全市高质量发展作出更大贡献。

是年，市中心在全省率先开展住房公积金“睡眠账户”清理工作，对破产、改制、撤销、解散的单位中封存 12 个月及以上的个人账户展开清理，帮助长期封存账户里的资金“回家”。针对业务量大的改制企业，市中心组织专业队伍下沉社区，量身定制“一站式”贴心服务，为“睡眠账户”办理开启便捷通道，打通唤醒“睡眠账户”的最后一公里。截至 2023 年底，全市已完成“睡眠账户”提取 10517 户，涉及金额 7836.37 万元。

是年，市中心围绕萍乡市经济高质量发展工作重点，各项业务运行稳中向好，发展韧性持续彰显。全市归集资金 27.02 亿元，同比增长 8.03%，为历年新高；提取资金 16.19 亿元，同比增长 33.75%；发放贷款资金 8.79 亿元，同比增长 29.03%；上缴财政公共租赁住房资金 1.12 亿元。

# 第一章 机构与职责

1988 年 2 月 25 日，国务院印发《国务院关于全国城镇分期分批推行住房制度改革的实施方案》。1991 年 10 月 17 日，国务院印发《国务院住房制度改革领导小组关于全面推进城镇住房制度改革的意见》。1996 年 4 月，中共萍乡市委常委会讨论进一步深化城镇住房制度改革的问题。会议同意恢复市房改办为副县级机构，全面实施住房公积金制度。1996 年 5 月，中共萍乡市委机构编制委员会办公室下发通知，同意成立萍乡市住房公积金管理中心，为自收自支正科级事业单位；采用“管委会决策，中心运作，银行专户存储，财政监督”的运行模式，挂靠市房改办。

1996 年 12 月 25 日，萍乡市人民政府印发《萍乡市深化城镇住房制度改革的若干规定》（萍府发〔1996〕50 号），成立萍乡市住房制度改革领导小组及办公室，部署城镇住房制度改革工作。与此同时，相继出台《萍乡市住房基金管理办法》《萍乡市住房公积金缴纳管理使用办法》等配套政策，全面启动开展这一工作。

2002 年 6 月，萍府办发〔2002〕65 号文件，成立萍乡市住房公积金管理委员会；委员会主任由市人民政府副市长桑吉华担任，副主任由市人民政府副秘书长彭志荣、市财政局局长朱信萍、市房产管理局局长肖南纯担任。根据国务院和省政府相关文件精神，逐步理顺萍乡市县区一级住房公积金管理体制和运作模式，成立隶属于市住房公积金管理中心的县区办事处，其履行县区及所辖乡镇住房公积金归集、使用管理相应职能。2002 年 11 月，经市委、市政府研究同意，市住房公积金管理中心升格为副县级，为市人民政府直属事业单位，经费来源渠道不变。随着改革开放逐步深入和公积金事业发展的需要，经市委研究同意，2021 年 1 月升格为正县级单位；2022 年 3 月，中共萍乡市委机构编制委员会下发文件，对市住房公积金管理中心职能编制作出规定：市住房公积金管理中心为市政府公益一类事业单位，正县级，归口市住房和城乡建设局管理。

## 第一节 萍乡市住房公积金管理委员会

### 一、机构沿革

1996 年 5 月至 2002 年 6 月，萍乡市住房公积金管理机构为市住房制度改革领导小组，市财政、市审计部门监管。2002年3月24日，国务院令第350号发布修改后的《住房公积金管理条例》。其中，第八条规定："直辖市和省、自治区人民政府所在地的市以及其他设区的市（地、州、盟），应当设立住房公积金管理委员会，作为住房公积金管理的决策机构。"同年5月13日，国务院印发12号文件《国务院关于进一步加强住房公积金管理的通知》，要求调整和完善住房公积金决策体系，每个设区城市只能设立一个住房公积金管理委员会。江西省建设厅下发文件印发《关于对〈萍乡市人民政府关于批准萍乡市住房公积金管理机构调整实施方案的请示〉的批复》，要求萍乡市住房公积金管理委员会按照《住房公积金管理条例》和国务院下发〔2002〕12号文件的规定，组建萍乡市住房公积金管理委员会，履行管理监督职责。2002年，萍乡市政府召开常务会议，同意市住房公积金管理委员会筹建会议通过的委员名单，并下发萍府办字〔2002〕65号文件，成立萍乡市住房公积金管理委员会。2003年—2023年，市中心由省住房和城乡建设厅监管处、市住房公积金管理委员会，市财政、市审计、市监察部门监管。

## 二、历届主任委员

《萍乡市住房公积金管理委员会章程》规定市管委会的组成人员：市人民政府负责人和财政、审计、人民银行等有关部门负责人及有关专家组成，组成单位代表如工作有变换，则由派出单位及时更补。管委会委员由市人民政府任命。管委会设主任委员1人，副主任委员2~3人。

2002年6月26日，萍乡市人民政府副市长桑吉华任第一任管委会主任；

2004年4月，黄芝乡任萍乡市人民政府副市长，分管市住房公积金管理中心工作，兼任萍乡市住房公积金管委会第二任主任；

2006年12月，张学民[①]任萍乡市人民副政府市长，分管市住房公积金管理中心工作，兼任萍乡市住房公积金管委会第三任主任；

2012年3月，吴运波任萍乡市人民政府副市长，分管市住房公积金管理中心工作，任萍乡市住房公积金管委会第四任主任；

2016年3月，夏兴任萍乡市人民政府副市长，分管市住房公积金管理中心工作，兼任萍乡市住房公积金管委会第五任主任；

2017年3月，萍乡市人民政府副市长叶华林[②]，任萍乡市住房公积金管委会第六任主任；

2018年3月，萍乡市人民政府副市长叶华林，任萍乡市住房公积金管委会第七任主任；

2021年3月，萍乡市人民政府副市长叶舟，任萍乡市住房公积金管委会第八任主任；

2022年3月，萍乡市人民政府副市长刘仁羿，任萍乡市住房公积金管委会第九任主任。

## 三、委员名录

2002年6月26日，市人民政府办公室下发萍府办字〔2002〕65号文件，任命市公积金管理委员

① 2014年2月，张学民涉嫌严重违纪违法，接受组织调查。

② 2021年11月，叶华林涉嫌严重违纪违法，接受江西省纪委监委纪律审查和监察调查。

会第一届主任、副主任、委员名单，共26人。

**萍乡市第一届住房公积金管理委员会成员名单**

| 姓名 | 工作单位职务 | 管委会职务 | 始任职时间 |
|---|---|---|---|
| 桑吉华 | 市政府副市长 | 主任委员 | 2002年6月26日 |
| 彭志荣 | 市政府副秘书长 | 副主任委员 | 2002年6月26日 |
| 朱信萍 | 市财政局局长 | 副主任委员 | 2002年6月26日 |
| 肖南纯 | 市房产管理局局长 | 副主任委员 | 2002年6月26日 |
| 丁琪军 | 市审计局局长 | 委员 | 2002年6月26日 |
| 章莳安① | 人民银行萍乡市中心支行行长 | 委员 | 2002年6月26日 |
| 廖海荣 | 市房改办主任 | 委员 | 2002年6月26日 |
| 彭志祥 | 萍矿集团公司副总经理 | 委员 | 2002年6月26日 |
| 靳增耕 | 萍钢有限责任公司副总经理 | 委员 | 2002年6月26日 |
| 杜维明 | 赣能公司萍乡发电厂副厂长 | 委员 | 2002年6月26日 |
| 彭长久 | 湘东区政府常务副区长 | 委员 | 2002年6月26日 |
| 刘建萍 | 安源区政府常务副区长 | 委员 | 2002年6月26日 |
| 江　跃 | 芦溪县政府常务副县长 | 委员 | 2002年6月26日 |
| 易加根 | 上栗县政府常务副县长 | 委员 | 2002年6月26日 |
| 贺忠桂 | 莲花县政府常务副县长 | 委员 | 2002年6月26日 |
| 曾建辉 | 市总工会副主席 | 委员 | 2002年6月26日 |
| 黎长庚 | 市人大常委会办公室副主任 | 委员 | 2002年6月26日 |
| 邓树德 | 市政协办公室副主任 | 委员 | 2002年6月26日 |
| 曹罗生 | 市邮政局职工、全国人大代表 | 委员 | 2002年6月26日 |
| 王放文 | 市教育局工会主席 | 委员 | 2002年6月26日 |
| 曾亦之 | 市政府综合科副科长 | 委员 | 2002年6月26日 |
| 宋明康 | 市人民医院副院长 | 委员 | 2002年6月26日 |
| 徐梅萍 | 萍矿集团公司财务干事 | 委员 | 2002年6月26日 |
| 宋绍军 | 建设银行萍乡分行经济师 | 委员 | 2002年6月26日 |
| 贺新林 | 工商银行萍乡分行稽核师 | 委员 | 2002年6月26日 |
| 刘应萍 | 市房地产市场交易管理所房地产评估师 | 委员 | 2002年6月26日 |

① 2021年11月，章莳安涉嫌严重违纪违法，接受组织调查。

2013 年 4 月 1 日，萍乡市人民政府办公室下发《关于调整萍乡市住房公积金管理委员会成员的通知》（萍府办字〔2013〕39 号），鉴于人事变动，经市政府研究，决定调整萍乡市住房公积金管理委员会成员。名单如下：

**萍乡市调整住房公积金管理委员会成员名单**

| 姓名 | 工作单位职务 | 管委会职务 | 始任职时间 |
| --- | --- | --- | --- |
| 吴运波 | 市政府副市长 | 主任委员 | 2013 年 4 月 1 日 |
| 李南开 | 市政府副秘书长 | 副主任委员 | 2013 年 4 月 1 日 |
| 李维庆 | 市财政局局长 | 副主任委员 | 2013 年 4 月 1 日 |
| 饶本春① | 市房管局局长 | 副主任委员 | 2013 年 4 月 1 日 |
| 文卫萍 | 市人大常委会副秘书长 | 委员 | 2013 年 4 月 1 日 |
| 邓玉丁 | 市政协副秘书长 | 委员 | 2013 年 4 月 1 日 |
| 朱广仁 | 市审计局局长 | 委员 | 2013 年 4 月 1 日 |
| 刘　琼 | 市地税局局长 | 委员 | 2013 年 4 月 1 日 |
| 黄　伟 | 人民银行萍乡市中心支行行长 | 委员 | 2013 年 4 月 1 日 |
| 廖海荣 | 市住房公积金管理中心主任 | 委员 | 2013 年 4 月 1 日 |
| 刘思根 | 市房管局副局长、市住房办主任 | 委员 | 2013 年 4 月 1 日 |
| 颜云红 | 安源区政府常务副区长 | 委员 | 2013 年 4 月 1 日 |
| 王志才 | 湘东区政府副区长 | 委员 | 2013 年 4 月 1 日 |
| 刘宗萍 | 芦溪县政府副县长 | 委员 | 2013 年 4 月 1 日 |
| 贺根发 | 上栗县政府常务副县长 | 委员 | 2013 年 4 月 1 日 |
| 贺添华 | 莲花县政府副县长 | 委员 | 2013 年 4 月 1 日 |
| 胡水华 | 建设银行萍乡分行副行长 | 委员 | 2013 年 4 月 1 日 |
| 雷志超 | 工商银行萍乡分行副行长 | 委员 | 2013 年 4 月 1 日 |
| 李　林 | 萍矿集团公司副总经理 | 委员 | 2013 年 4 月 1 日 |
| 吴超英 | 华能安源发电有限责任公司总会计师 | 委员 | 2013 年 4 月 1 日 |
| 叶君明 | 市人民医院工会主席 | 委员 | 2013 年 4 月 1 日 |
| 陈　辉 | 萍钢公司党政办副部长 | 委员 | 2013 年 4 月 1 日 |
| 钟晓燕 | 市政府办公室副调研员 | 委员 | 2013 年 4 月 1 日 |
| 谢宏东 | 市城投公司职工 | 委员 | 2013 年 4 月 1 日 |

① 2014 年 4 月，饶本春涉嫌严重违纪，接受组织调查。

2017 年 3 月 14 日，萍乡市人民政府办公室下发《关于调整萍乡市住房公积金管理委员会成员的通知》(萍府办字〔2017〕39 号)，决定调整萍乡市住房公积金管理委员会成员。其名单如下：

| 姓名 | 工作单位职务 | 管委会职务 | 始任职时间 |
|---|---|---|---|
| 叶华林 | 市政府副市长 | 主任委员 | 2017 年 3 月 14 日 |
| 李新民 | 市财政局局长 | 副主任委员 | 2017 年 3 月 14 日 |
| 赖　清 | 市房管局局长 | 副主任委员 | 2017 年 3 月 14 日 |
| 廖洪元 | 市政府办副主任 | 副主任委员 | 2017 年 3 月 14 日 |
| 李　清 | 市政协办公室主任 | 委员 | 2017 年 3 月 14 日 |
| 黄百灵 | 市审计局局长 | 委员 | 2017 年 3 月 14 日 |
| 刘　琼 | 市地税局局长 | 委员 | 2017 年 3 月 14 日 |
| 黄　伟 | 人民银行萍乡市中心支行行长 | 委员 | 2017 年 3 月 14 日 |
| 张　勇 | 市人大常委会办公室副主任 | 委员 | 2017 年 3 月 14 日 |
| 刘思根 | 市住房办主任 | 委员 | 2017 年 3 月 14 日 |
| 黎增义 | 安源区政府常务副区长 | 委员 | 2017 年 3 月 14 日 |
| 汤道攸 | 湘东区政府副区长 | 委员 | 2017 年 3 月 14 日 |
| 欧阳卫华 | 芦溪县政府副县长 | 委员 | 2017 年 3 月 14 日 |
| 张达彪 | 上栗县政府常务副县长 | 委员 | 2017 年 3 月 14 日 |
| 谢三平 | 莲花县政府副县长 | 委员 | 2017 年 3 月 14 日 |
| 文建勋 | 市农商银行行长 | 委员 | 2017 年 3 月 14 日 |
| 彭国旗 | 建行萍乡分行副行长 | 委员 | 2017 年 3 月 14 日 |
| 吴自富 | 工行萍乡分行副行长 | 委员 | 2017 年 3 月 14 日 |
| 李　林 | 萍矿集团公司副总经理、财务总监 | 委员 | 2017 年 3 月 14 日 |
| 缪永坚 | 华能安源发电有限责任公司纪委书记 | 委员 | 2017 年 3 月 14 日 |
| 叶君明 | 市人民医院工会主席 | 委员 | 2017 年 3 月 14 日 |
| 叶　萍 | 萍钢公司人力资源部部长 | 委员 | 2017 年 3 月 14 日 |
| 刘　耀 | 市政府办后勤中心主任 | 委员 | 2017 年 3 月 14 日 |

2018 年 3 月 13 日，萍乡市人民政府办公室下发《关于调整萍乡市住房公积金管理委员会成员的通知》(萍府发〔2018〕19 号)，决定调整萍乡市住房公积金管理委员会成员。其名单如下：

| 姓名 | 工作单位职务 | 管委会职务 | 始任职时间 |
| --- | --- | --- | --- |
| 叶华林 | 市政府副市长 | 主任委员 | 2018 年 3 月 13 日 |
| 卢政武 | 市政府副秘书长 | 副主任委员 | 2018 年 3 月 13 日 |
| 李新民 | 市财政局局长 | 副主任委员 | 2018 年 3 月 13 日 |
| 赖清 | 市房管局局长 | 副主任委员 | 2018 年 3 月 13 日 |
| 李　清 | 市政协副秘书长、办公室主任 | 委员 | 2018 年 3 月 13 日 |
| 黄百灵 | 市审计局局长 | 委员 | 2018 年 3 月 13 日 |
| 刘　琼 | 市地税局局长 | 委员 | 2018 年 3 月 13 日 |
| 钟春晓 | 人民银行萍乡市中心支行行长 | 委员 | 2018 年 3 月 13 日 |
| 廖洪元 | 市住房公积金管理中心主任 | 委员 | 2018 年 3 月 13 日 |
| 张　勇 | 市人大常委会办公室副主任 | 委员 | 2018 年 3 月 13 日 |
| 刘思根 | 市房管局副局长、住房办主任 | 委员 | 2018 年 3 月 13 日 |
| 黎增义 | 安源区政府常务副区长 | 委员 | 2018 年 3 月 13 日 |
| 汤道攸 | 湘东区政府副区长 | 委员 | 2018 年 3 月 13 日 |
| 欧阳卫华 | 芦溪县政府副县长 | 委员 | 2018 年 3 月 13 日 |
| 张达彪 | 上栗县政府常务副县长 | 委员 | 2018 年 3 月 13 日 |
| 谢三平 | 莲花县政府副县长 | 委员 | 2018 年 3 月 13 日 |
| 康　胜 | 建行萍乡分行副行长 | 委员 | 2018 年 3 月 13 日 |
| 吴自富 | 工行萍乡分行副行长 | 委员 | 2018 年 3 月 13 日 |
| 徐建军 | 萍矿集团公司财务总监 | 委员 | 2018 年 3 月 13 日 |
| 文力明 | 华能安源电厂副总经理兼工会主席 | 委员 | 2018 年 3 月 13 日 |
| 许　玮 | 市人民医院工会主席 | 委员 | 2018 年 3 月 13 日 |
| 叶　萍 | 萍钢公司人力资源部部长 | 委员 | 2018 年 3 月 13 日 |
| 刘　耀 | 市政府办后勤中心主任 | 委员 | 2018 年 3 月 13 日 |

2020 年 3 月 19 日，萍乡市人民政府办公室下发《关于调整萍乡市住房公积金管理委员会成员的通知》（萍府办函〔2020〕13 号），决定调整萍乡市住房公积金管理委员会成员，名单如下：

| 姓名 | 工作单位职务 | 管委会职务 | 始任职时间 |
| --- | --- | --- | --- |
| 叶　舟 | 市政府副市长 | 主任委员 | 2020 年 3 月 19 日 |
| 卢政武 | 市政府副秘书长 | 副主任委员 | 2020 年 3 月 19 日 |
| 李新民 | 市财政局局长 | 副主任委员 | 2020 年 3 月 19 日 |
| 李南开 | 市住建局局长 | 副主任委员 | 2020 年 3 月 19 日 |

**续表**

| 姓名 | 工作单位职务 | 管委会职务 | 始任职时间 |
| --- | --- | --- | --- |
| 李　清 | 市政协副书长、办公室主任 | 委员 | 2020 年 3 月 19 日 |
| 张　勇 | 市人大常委会副秘书长 | 委员 | 2020 年 3 月 19 日 |
| 黄百灵 | 市审计局局长 | 委员 | 2020 年 3 月 19 日 |
| 赖　清 | 市房管局局长 | 委员 | 2020 年 3 月 19 日 |
| 刘　琼 | 市地税局局长 | 委员 | 2020 年 3 月 19 日 |
| 钟春晓 | 人民银行萍乡市中心支行行长 | 委员 | 2020 年 3 月 19 日 |
| 廖洪元 | 市住房公积金管理中心主任 | 委员 | 2020 年 3 月 19 日 |
| 刘　铸 | 安源区政府常务副区长 | 委员 | 2020 年 3 月 19 日 |
| 胡　勇 | 湘东区政府副区长 | 委员 | 2020 年 3 月 19 日 |
| 徐庆宇 | 芦溪县政府副县长 | 委员 | 2020 年 3 月 19 日 |
| 张达彪 | 上栗县政府常务副县长 | 委员 | 2020 年 3 月 19 日 |
| 谢三平 | 莲花县政府副县长 | 委员 | 2020 年 3 月 19 日 |
| 谭其林 | 经开区管委会副主任 | 委员 | 2020 年 3 月 19 日 |
| 罗　峰 | 建行萍乡分行副行长 | 委员 | 2020 年 3 月 19 日 |
| 吴自富 | 工行萍乡分行副行长 | 委员 | 2020 年 3 月 19 日 |
| 徐建军 | 萍矿集团公司财务总监 | 委员 | 2020 年 3 月 19 日 |
| 文力明 | 华能安源电厂副总经理兼工会主席 | 委员 | 2020 年 3 月 19 日 |
| 许　玮 | 市人民医院工会主席 | 委员 | 2020 年 3 月 19 日 |
| 刘　侥 | 萍钢公司人力资源部部长 | 委员 | 2020 年 3 月 19 日 |
| 丁绍峰 | 市政府办后勤中心主任 | 委员 | 2020 年 3 月 19 日 |

2022 年 3 月 12 日，萍乡市人民政府办公室下发《关于调整萍乡市住房公积金管理委员会成员的通知》（萍府办函〔2022〕11 号），因人事变动，经市政府同意，决定调整萍乡市住房公积金管理委员会成员，调整后的管委会成员名单如下：

| 姓名 | 工作单位职务 | 管委会职务 | 始任职时间 |
| --- | --- | --- | --- |
| 刘仁羿 | 市政府副市长 | 主任委员 | 2022 年 3 月 12 日 |
| 张　磊 | 市政府副秘书长 | 副主任委员 | 2022 年 3 月 12 日 |
| 曾国祥 | 市财政局局长 | 副主任委员 | 2022 年 3 月 12 日 |
| 刘　韬 | 市住房和城乡建设局局长 | 副主任委员 | 2022 年 3 月 12 日 |
| 廖洪元 | 市住房公积金管理中心主任 | 副主任委员 | 2022 年 3 月 12 日 |

续表

| 姓名 | 工作单位职务 | 管委会职务 | 始任职时间 |
|---|---|---|---|
| 张　勇 | 市人大常委会副秘书长、办公室主任 | 委员 | 2022年3月12日 |
| 姚莉钦 | 市政协副秘书长、办公室主任 | 委员 | 2022年3月12日 |
| 龙　军 | 市审计局局长 | 委员 | 2022年3月12日 |
| 李红忠 | 市税务局局长 | 委员 | 2022年3月12日 |
| 刘德林 | 人民银行萍乡市中心支行副行长 | 委员 | 2022年3月12日 |
| 龚云华 | 安源区政府常务副区长 | 委员 | 2022年3月12日 |
| 胡　勇 | 湘东区政府常务副区长 | 委员 | 2022年3月12日 |
| 林　江 | 芦溪县政府副县长 | 委员 | 2022年3月12日 |
| 李昌清 | 上栗县政府常务副县长 | 委员 | 2022年3月12日 |
| 刘晓飞 | 莲花县政府副县长 | 委员 | 2022年3月12日 |
| 魏　逵 | 经开区管委会副主任 | 委员 | 2022年3月12日 |
| 李险峰 | 建行萍乡分行副行长 | 委员 | 2022年3月12日 |
| 刘熙华 | 工行萍乡分行副行长 | 委员 | 2022年3月12日 |
| 高晓莹 | 萍矿集团公司财务总监 | 委员 | 2022年3月12日 |
| 涂平辉 | 华能安源电厂副总经理兼工会主席 | 委员 | 2022年3月12日 |
| 江　亮 | 市人民医院工会主席 | 委员 | 2022年3月12日 |
| 刘　侥 | 萍钢公司人力资源部部长 | 委员 | 2022年3月12日 |
| 丁绍峰 | 市政府办后勤中心主任 | 委员 | 2022年3月12日 |

## 四、管委会内设机构

市管委会下设办公室，办公地点设在市住房公积金管理中心，由市公积金管理中心主任兼任市管委会办公室主任。

市管委会第一届第一次会议设立个人住房贷款审查委员会，由市公积金中心主任兼任主任委员。

市管委会第一届第一次会议审议通过《萍乡市住房公积金管理委员会工作职责及会议制度》。

市管委会第一次会议审议通过根据国务院《住房公积金管理条例》制定的《萍乡市住房公积金管理委员会章程》，将市管委会第一届第二次会议审议通过的“市管委会工作职责及会议制度”纳入《章程》，将会议制度修改为议事规则。至此，市管委会履职不仅有章可循，而且规范、科学。

《章程》相关条款规定：管委会会议确需邀请有关人员列席参加时，应由主任委员或副主任委员决定。市管委会的每年例会，都邀请相关人员列席。市管委会第一次会议邀请市住房公积金管理中心分管业务副主任，各科室科长，各办事处主任列席。

## 第二节　萍乡市住房公积金管理中心

### 一、机构沿革

1996 年 5 月，萍乡市住房制度改革领导小组办公室（简称市房改办，下同）成立后，根据工作安排履行萍乡市住房公积金资金制度启动实施的政策制定、筹集运营等前期管理工作。

1996 年 5 月 7 日，萍乡市机构编制委员会下发文件，根据中共萍乡市委办公室萍办抄〔1996〕10 号抄告单通知，决定成立萍乡市住房公积金管理中心（简称市中心，下同），为自收自支正科级事业单位，挂靠市房改办，其职责主要负责城区住房资金的筹集、运营、归还、管理等工作。

办公地点位于正大街 43 号 1 楼，系借用原市房改办办公用房。整个办公场所约 100 平方米，中心主任与副主任共用一间办公室，面积不足 15 平方米，内设计财科、办公室、筹资科等部门集中办公。该办公场所自 1996 年筹办时用起至 1999 年 9 月份。

2002 年 11 月 20 日，萍乡市机构编制委员会根据《国务院关于修改〈住房公积金管理条例〉的决定》中关于“住房公积金管理中心是直属城市人民政府的不以营利为目的独立事业单位”的精神，经市委市政府研究同意，市住房公积金管理中心升格为副县级，为市人民政府直属的事业单位，经费来源不变。根据国务院《关于进一步加强住房公积金管理的通知》（国发〔2002〕12 号）和省市有关住房公积金管理机构调整文件要求及省政府住房公积金管理机构调整的检查部署，按照市住房公积金管理委员会的意见，市人民政府办公室下发萍府办〔2002〕127 号文件，要求做好县住房公积金管理中心撤并有关工作，陆续撤并三个县住房公积金管理中心，设立三个县住房公积金管理办事处，由市住房公积金管理中心统一管理。2007 年，又成立湘东区公积金办事处，一并纳入管理。

1999 年 9 月，市中心的办公地点由原址迁入市公园南路 239 号富丽大厦。该办公场所为市中心自筹资金购买，一共 3 层，分别是 7、9、10 楼，单层建筑面积约为 1400 平方米，合计 4200 平方米。7 楼为中心办公用，9 楼为原市房管局（原市中心主管单位）无偿使用，10 楼出租给原市房地产市场交易所、市房屋产权登记发证办公室。办公场所分为柜台业务办理和职能部门及行政办公，柜台业务区约占 1/3。

2021 年 1 月，中共萍乡市委办公室、萍乡市人民政府办公室印发《萍乡市深化事业单位改革试点方案》（萍办发〔2021〕5 号），市中心由副县级升格为正县级单位。2022 年 3 月中共萍乡机构编制委员会下发萍编发〔2022〕3 号文件，对市住房公积金管理中心职能编制作出规定：市住房公积金管理中心为市政府直属正县级公益一类事业单位，归口市住房和城乡建设局管理。

根据市政府要求，2021 年 5 月份，市中心再次整体搬迁，进驻市行政中心集中办公。原办公用房由市国资委收归国有。市中心现办公地点分别位于萍乡市经开区城市大厦 5 号楼、6 号楼，行政办公及职能部门位于 6 号楼 16、17 层，办公用房使用面积为 949. 05 平方米（其中办公用房使用面积 450. 48 平方米、服务用房使用面积 471. 36 平方米、设备用房面积 27. 21 平方米）。窗口业务办理(直属办事处)位于5号楼一楼行政中心,使用面积约为350平方米,办事处、委托银行共有窗口13个。

## 二、历任领导班子成员

**1. 正科级市住房公积金领导班子成员**

| 任职时间 | 姓名 | 性别 | 职务 | 职级 |
| --- | --- | --- | --- | --- |
| 1996.04—2003.02 | 王裕萍 | 男 | 主任 | 正科级 |
| 1996.04—1999.06 | 黄善怀 | 男 | 副主任 | 副科级 |
| 1999.06—2004.06 | 周冬萍 | 女 | 副主任 | 副科级 |

**2. 副县级市住房公积金中心历任主要领导**

| 任职时间 | 姓名 | 性别 | 职务 | 职级 |
| --- | --- | --- | --- | --- |
| 2003.03—2007.02 | 王裕萍 | 男 | 主任 | 副县级 |
| 2007.02—2011.01 | 林济湘 | 男 | 主任 | 副县级 |
| 2011.06—2017.07 | 廖海荣 | 男 | 主任 | 副县级 |
| 2017.08—2021.09 | 廖洪元 | 男 | 主任 | 副县级 |

**3. 副县级市住房公积金中心历任班子成员**

| 任职时间 | 姓名 | 性别 | 职务 | 职级 |
| --- | --- | --- | --- | --- |
| 2002.11 | 艾明萍 | 女 | 副主任 | 正科级 |
| 2004.07—2012.03 | 周冬萍 | 女 | 副主任 | 正科级 |
| 2012.04—2021.09 | | | 党组成员 | 助理调研员 |
| 2004.07—2022.04 | 何　维 | 男 | 副主任 | 正科级 |
| 2012.09—2016.07 | 曾　琦 | 男 | 副主任 | 正科级 |
| 2012.09—2022.04 | 周崇开 | 男 | 副主任 | 正科级 |
| 2017.03—2022.04 | 彭宗平 | 男 | 副主任 | 正科级 |

**4. 副县级市中心纪检组长**

| 任职时间 | 姓名 | 性别 | 职务 | 职级 |
| --- | --- | --- | --- | --- |
| 2012.09—2019.09 | 陈彰宏 | 男 | 纪检组长 | 正科级 |

5. 正县级市住房公积金中心领导班子和成员

| 任职时间 | 姓名 | 性别 | 职务 | 职级 |
|---|---|---|---|---|
| 2021.10— | 廖洪元 | 男 | 党组书记、主任 | 正县级 |
| 2021.12— | 陈昌结 | 男 | 党组成员、副主任 | 副县级 |
| 2021.12— | 谭洪斌 | 女 | 党组成员、副主任 | 副县级 |
| 2021.12— | 陈彰宏 | 男 | 党组成员、副主任 | 副县级 |
| 2021.10—2022.04 | 周冬萍 | 女 | 党组成员 | 助理调研员 |
| 2022.04— | 何　维 | 男 | 党组成员 | 正科级 |
| 2022.04— | 周崇开 | 男 | 党组成员 | 正科级 |
| 2022.04— | 彭宗平 | 男 | 党组成员 | 正科级 |

## 三、人员编制

1996 年 11 月 12 日,萍乡市城镇住房制度改革办公室下发《关于对萍乡住房公积金管理中心设立职能科室的批复》,同意设立二科一室,即筹资管理科、计划财务科、办公室;拟定事业单位人员编制 10 人,科级职数一正二副。

2003 年 4 月 22 日,萍乡市机构编制委员会下发《关于市住房公积金管理中心设立内部机构的通知》,同意市住房公积金管理中心内设综合科、筹资管理科、委托信贷管理科、计划财务科四个科室,拟定事业编制 20 名,领导职数一正二副,核定副科级职员 4 人。之后,理顺三县一区住房公积金管理办事处的隶属关系,增加 4 个副科级职员。

2003 年 12 月 26 日,中共萍乡市委下发萍字〔2003〕100 号文件,经研究决定,设立中共萍乡市住房公积金管理中心党组。

2022 年 3 月 8 日,中共萍乡市委机构编制委员会下发文件,确定人员编制。其中,领导职数:主任 1 名(正县级),副主任 3 名(副县级),内设机构为:综合科、财务科、业务科、稽核科、信息科。机关党总支按有关规定设立。内设机构正职 5 名(正科级),市住房公积金管理中心设湘东、芦溪、上栗、莲花 4 个办事处,主要负责辖区内住房公积金管理职责,其中芦溪办事处承担芦溪县武功山风景区各名胜的住房公积金的管理工作。办事处正职 4 名(正科级),总经济师 1 名(正科级),机关党总支专职副书记 1 名(正科级),办事处副职 1 名(副科级),中心事业编制 34 名。截至 2023 年 12 月底,市中心实有人数 58 人,其中,管理人员 38 人,工勤人员 1 人;专业技术人员总数 19 人,其中,高中级职称人员 13 人。

## 四、科室工作职责及负责人

市中心为正科级单位时,下辖两科一室,其职责如下:

筹资管理科:(1)核定住房公积金的缴交基数;(2)负责住房公积金的归集、催缴;(3)负责催交售房款等其他房改资金;(4)核定住房公积金的支取、转移;(5)负责委托贷款的考察和贷款手续的办理,并负责贷款本金和利息的收回。(6)完成领导交办的其他工作。

计划财务科:(1)负责住房公积金及其他房改资金的财务会计核算;(2)负责拟定住房公积金及其他房改资金的年度使用计划,报主管部门审批执行;(3)负责与委托银行兑账结息及业务结算;(4)负责各类资金的会计编报和归档;(5)负责各类资金的统计和电算化处理。(6)负责委托行送交的各类传递票据的交割和验收;(7)负责协调与处理财政、审计和税务的各种业务往来;(8)完成领导交办的其他工作。

办公室:(1)负责各类文件、信函的起草、收发、传递和档案管理;(2)负责人事、职称、财务和工资的管理;(3)负责接待安排、后勤服务和保卫工作;(4)负责卫生管理和劳动纪律的考核;(5)负责各种行政事务的协调、检查和督办;(6)完成领导交办的其他工作。

2002 年 11 月,市中心升格为副县级,内设综合科、筹资管理科、委托信贷管理科、计划财务科 4 个科室,科室职能作了部分调整和扩充。

市中心升格为正县级单位后,2022 年 9 月,市中心印发《萍乡市住房公积金管理中心各部门工作职责》的通知(萍公积金字〔2022〕27 号),经市中心党组会审议通过,确定市中心各部门的工作职责如下:

1. 综合科:(1)负责文秘工作,包括各类文稿的起草,各类活动、会议的组织工作等;(2)负责日常行政工作,包括固定资产实物管理,办公用品采购和分发管理,平安建设、信访稳定、公共节能、后勤保障、公务接待工作等;(3)负责机要保密工作,包括文件收发、传送和档案管理等;(4)负责组织人事工作;(5)负责协调办理人大、政协议案;(6)完成领导交办的其他工作任务。

**综合科历任负责人名单**

| 任职时间 | 部 门 | 姓 名 | 职级 |
| --- | --- | --- | --- |
| 1997.01—2003.03 | 办公室 | 钟正义 | 负责人 |
| 2003.04—2006.02 | | | 副科级 |
| 2006.03—2011.04 | 综合科 | 周崇开 | 副科级 |
| 2011.04—2016.03 | 综合科 | 卢兰英 | 副科级 |
| 2016.03—2018.04 | 综合科 | 刘　昊 | 副科级 |
| 2018.04—2022.06 | 综合科 | 刘克维 | 副科级 |
| 2022.06— | 综合科 | 易利云 | 正科级 |

2. 财务科:(1)负责住房公积金资金计划管理、调度及保值增值;(2)负责制定财务工作的有关规章制度和业务工作流程;(3)编制住房公积金年度收支预算及预算执行情况报告;编制住房公积金财务收支预决算报告、拟定增值收益的具体分配方案;(4)负责住房公积金的统一核算,办理住房公积金呆坏账核销的申请;(5)负责中心财务会计工作,编制经费预决算、财务报告;(6)负责会计

档案立卷、整理、归档、移交工作；(7)完成领导交办的其他工作任务。

财务科历任负责人名单

| 任职时间 | 部门 | 姓名 | 职级 |
|---|---|---|---|
| 1996.05—1996.10 | 计划财务科 | 刘庆云 | 负责人 |
| 1996.10—1999.04 | 计划财务科 | 周冬萍 | 负责人 |
| 1999.05—2003.03 | 计划财务科 | 何　维 | 负责人 |
| 2003.04—2004.07 | 计划财务科 | 何　维 | 副科级 |
| 2004.07—2011.07 | 计划财务科 | 卢兰英 | 副科级 |
| 2011.07—2016.03 | 计划财务科 | 刘　昊 | 副科级 |
| 2016.03—2018.03 | 计划财务科 | 卢兰英 | 副科级 |
| 2018.03—2022.06 | 计划财务科 | 刘　昊 | 副科级 |
| 2022.06— | 财务科 | 刘　昊 | 正科级 |

3. 业务科：业务科的前身为信贷科和筹资管理科。市中心升格为正县级单位后，筹资管理科和信贷管理科合并为业务科。(1)负责住房公积金的归集、提取、贷款政策的制定和修改工作，提出政策修改建议；(2)负责公积金归集、提取、贷款业务办理指南、操作手册的制定工作；(3)负责公积金归休、提取、个人贷款审核和开发楼盘的按揭调查准入工作；(4)负责住房公积金逾期催收的督促工作；(5)负责对归集、提取、贷款业务数据进行统计和分析，制定归集、提取业务计划及计划执行报告；(6)负责12329客服热线的管理工作；(7)负责业务档案立卷、整理、归档、移交工作；(8)完成领导交办的其他工作任务。

业务科历任负责人名单

| 任职时间 | 部门 | 姓名 | 职级 |
|---|---|---|---|
| 2003.04—2004.07 | 筹资科 | 刘晓红 | 副科级 |
| 2004.07—2006.03 | 筹资科 | 周崇开 | 副科级 |
| 2006.03—2008.10 | 筹资科 | 柳巧玲 | 副科级 |
| 2008.10—2009.06 | 筹资科 | 彭宗平 | 副科级 |
| 2009.06—2012.06 | 筹资科 | 彭　玲 | 副科级 |
| 2012.06—2015.06 | 筹资科 | 胡明春 | 副科级 |
| 2015.06—2022.06 | 筹资科 | 刘一顺 | 副科级 |
| 2004.10—2012.06 | 信贷科 | 胡明春 | 副科级 |

续表

| 任职时间 | 部门 | 姓　名 | 职　级 |
|---|---|---|---|
| 2012.06—2015.06 | 信贷科 | 刘一顺 | 副科级 |
| 2015.06—2018.04 | 信贷科 | 胡明春 | 副科级 |
| 2018.04—2022.06 | 信贷科 | 何朝辉 | 副科级 |
| 2022.06— | 业务科 | 何朝辉 | 正科级 |

4. 稽核科:(1)负责制定内部业务控制制度、风险管理制度及规则;(2)负责中心财务预、决算资金计划制定和公积金归集、提取、贷款计划及其执行情况的监督;(3)负责公积金归集、提取、贷款等各项业务工作全面稽查审核;(4)负责业务违规行为的稽查和处理;(5)完成领导交办的其他工作任务。

**稽核科历任负责人名单**

| 任职时间 | 部门 | 姓　名 | 职级 |
|---|---|---|---|
| 2012.09—2017.09 | 稽核科 | 彭宗平 | 副科级 |
| 2017.09—2022.05 | 稽核科 | 刘晓红 | 副科级 |
| 2022.06— | 稽核科 | 彭　玲 | 正科级 |

5. 信息科:(1)负责信息化建设规划及年度信息化项目需求计划的编制和组织实施工作;(2)负责信息化系统运行维护和系统数据的技术管理;(3)负责保障网络安全工作及信息安全管理方案定并组织实施;(4)负责拓展和完善互联网业务办理渠道;(5)负责统计报表和公积金年度报告、信息披露工作及政务公开工作;(6)负责门户网站、微信公众号、微博及手机 APP 等新媒体的日常工作;(7)完成领导交办的其他工作任务。

**信息科历任负责人名单**

| 任职时间 | 部门 | 姓名 | 职级 |
|---|---|---|---|
| 2007.06—2015.06 | 信息科 | 曾琦 | 副科级 |
| 2015.06—2022.05 | 信息科 | 彭君 | 副科级 |
| 2022.06— | 信息科 | 彭君 | 正科级 |

6. 办事处:(1)负责辖区内住房公积金管理工作,芦溪县办事处还负责武功山风景名胜区住房公积金管理工作;(2)完成领导交办的其他工作任务。

7. 机关党总支:(1)负责党群工作;(2)负责党风廉政建设和意识形态工作;(3)负责党员干部队伍教育培训、精神文明建设和乡村振兴工作;(4)完成领导交办的其他工作任务。

**机关党总支历任负责人名单**

| 任职时间 | 部 门 | 姓名 | 职级 |
| --- | --- | --- | --- |
| 2015. 04—2018. 03 | 机关党总支 | 刘克维 | 副科级 |
| 2018. 03—2022. 06 | 机关党总支 | 易利云 | 副科级 |
| 2022. 06— | 机关党总支 | 刘一顺 | 正科级 |

## 五、各县(区)办事处

1. 莲花县住房公积金办事处

萍乡市住房公积金管理中心驻莲花办事处有正式职工 6 人,临聘人员 3 人。办公地址位于莲花县康达东路滨河花苑 2 单元 801 室,办事大厅位于莲花县政务服务中心。主要职责为归集住房公积金、为购建住房的职工发放个人贷款,办理公积金支取相关业务。截至 2023 年 12 月,总归集住房公积金总额 15. 33 亿元,累计提取公积金 7. 88 亿元,发放住房贷款 6. 65 亿元,余额 4. 06 亿元。

**莲花县住房公积金办事处历任主任**

| 任职时间 | 姓 名 | 职 级 |
| --- | --- | --- |
| 2003. 10—2006. 02 | 周崇开 | 副科级 |
| 2006. 02—2007. 06 | 刘晓红 | 副科级 |
| 2007. 06—2007. 07 | 刘 渊 | 副科级 |
| 2007. 07—2009. 08 | 郭加琪 | 负责人 |
| 2009. 08—2012. 03 | 刘一顺 | 副科级 |
| 2012. 03—2016. 03 | 钟福圣 | 副科级 |
| 2016. 03—2022. 06 | 刘 渊 | 副科级 |
| 2022. 06— | 周 涛 | 负责人 |

2. 上栗县住房公积金办事处

萍乡市住房公积金管理中心驻上栗县办事处于 2003 年 10 月挂牌成立。2019 年 8 月正式入驻至市民中心办公,负责全县住房公积金的收缴、提取使用、核算、保值增值。2022 年全县新增单位 33 个,新增人数 1058 人,归集 2. 77 亿元,完成年度计划 110%;提取 34497 户,提取金额 1. 08 亿元,发放个人贷款 146 户,发放金额 4636 万。截至 2023 年 12 月底,累计归集总额 18. 42 亿元,累计提取8.26亿元，累计发放贷款6.07亿元，贷款余额3.75亿元，住房公积金余额10.38亿元。

**上栗县住房公积金办事处历任主任**

| 任职时间 | 姓　名 | 职级 |
| --- | --- | --- |
| 2003.10—2008.02 | 彭宗平 | 副科级 |
| 2008.02—2009.08 | 刘一顺 | 副科级 |
| 2009.08—2013.06 | 彭宗平 | 副科级 |
| 2013.06—2016.03 | 柳巧玲 | 副科级 |
| 2016.03—2018.04 | 刘晓红 | 副科级 |
| 2018.04—2022.06 | 柳　进 | 副科级 |
| 2022.06— | 刘　渊 | 正科级 |

3. 芦溪县住房公积金办事处

萍乡市住房公积金管理中心驻芦溪县办事处成立于2003年11月，现有工作人员6名，其中在编2人。办事处大厅设归集、信贷、支取柜台。芦溪办事处办公地点在市民之家三楼。2022年新增开户单位27个，新增缴存职工495人，新增月缴存额33.8万元。全年共归集3.12亿元，单位归集余额13.63亿元。全年有41805户职工办理公积金提取，资金达到1.77亿元全年，共发放贷款5519万元，为175户职工解决住房资金难问题。截至2023年12月底，累计归集总额22.39亿元，累计提取13.26亿元，累计发放贷款9.19亿元，贷款余额5.63亿元，住房公积金余额11.34亿元。

**芦溪县住房公积金办事处历任主任**

| 任职时间 | 姓　名 | 职级 |
| --- | --- | --- |
| 2003.11—2007.04 | 刘　渊 | 副科级 |
| 2007.05—2008.01 | 柳巧玲 | 副科级 |
| 2008.02—2012.03 | 钟福圣 | 副科级 |
| 2012.04—2016.03 | 彭　玲 | 副科级 |
| 2016.03—2022.06 | 钟福圣 | 副科级 |
| 2022.06— | 柳　进 | 负责人 |

4. 湘东区住房公积金办事处

萍乡市住房公积金管理中心驻湘东区办事处成立于2007年12月，现有工作人员5名，其中在编人员2名。办事大厅设归集、信贷、支取柜台。办公地址位于萍钢广场市民之家政务中心二楼。2022年新增开户单位18个，新增缴存在职工214人，新增月缴额23.7万元，并发放贷款3068万元,为114户职工解决住房资金问题。截至2023年12月底,累计归集总额15.86亿元,累计提取8.58亿元,累计发放贷款3.15亿元,贷款余额1.99亿元,住房公积金余额8.20亿元。

**湘东区住房公积金办事处历任主任**

| 任职时间 | 姓　名 | 职　级 |
| --- | --- | --- |
| 2007.06—2016.03 | 刘晓红 | 副科级 |
| 2016.03—2022.06 | 柳巧玲 | 副科级 |
| 2022.06— | 刘克维 | 正科级 |

# 第二章　住房公积金缴存与提取

1997 年 1 月，萍乡市住房公积金制度全面启动。为适应住房制度改革，萍乡市及所辖县、区相继成立住房资金管理机构，管理本区域内住房资金筹集、调度和结算业务。按照萍乡市人民政府〔1997〕50 号文件精神，经市房改办审批，单位资助公积金的缴率可暂降低到 1.5%，个人仍按 3% 缴交为市级住房基金。在这一段时期，由于住房公积金制度处于初创期，大多数职工还缺乏公积金意识，加之经济环境的影响，公积金制度在实践中推行困难重重。市住房公积金中心按照“管委会决策、中心运作、银行存储、财政监督”运营模式，通过建章立制，加强管理和强化运作，比较成功化解企业效益滑坡缴费困难和房地产市场低萎等困难，使全市住房公积金逐步走上健康发展轨道。

1999 年 4 月，国务院《住房公积金管理条例》颁布后，住房公积金工作有法可依，促进公积金事业日益发展。根据国务院国发〔1994〕43 号和省政府赣府发〔1995〕77 号文件精神，结合萍府发〔1996〕50 号文件要求，萍乡市人民政府出台萍府发〔1998〕9 号《关于印发城镇住房制度改革若干补充规定的通知》，要求所有住房公积金均统一缴存到市公积金管理中心在银行设立的个人专户。通过大力宣传贯彻《住房公积金管理条例》，使全市广大职工住房公积金意识得到提高，主动参与性大大增强，呈现可喜的发展态势。单位和职工住房公积金缴存比例分别提高至 5%。此后，效益比较好的单位缴存比例又提高至 10%，但规定最高不得超过 12%。截至 1999 年 6 月底，全市已有 235 个单位在住房公积金中心开设账户。1999 年底，全市归集住房公积金占年计划的 67.5%，本年度归集住房公积金 1782.7 万元。2000 年，全市共有 520 个单位，51193 名职工在市中心建立住房公积金单位和个人账户。住房公积金制度覆盖率达 81%，归集率达 73%。市本级共归集住房公积金 2303.9 万元，比 1999 年增长 29.2%。

2001 年底，全年又新增 60 个单位，职工 4266 人，比上年同比增长 39.9%，市中心累计归集公积金 9614 万元，包括三县和萍矿尚未接轨单位共计累计归集公积金 11495 万元，其中莲花 196 万元，上栗县 139 万元，芦溪县 46 万元，萍矿集团 1600 万元。2002 年，全市住房公积金缴存突破亿元大关。

2003 年，全市住房公积金管理体制进一步深化改革，县区住房公积金工作统一归属市住房公积金管理中心管理，也开创了全市住房公积金工作新局面。从 2005 年开始，市政府将行政事业单位的公积金财政补贴部分列入财政预算。这一年，市中心将中国工商银行萍乡市分行、中国农业银行萍乡市分行、中国建设银行萍乡市分行、中国银行萍乡分行纳为受托银行，办理住房公积金贷款、结算等金融业务和住房公积金账户的设立、缴存、归还等手续。市中心抓住这一有利时机，依法行政，宣传扩面，做大公积金规模，扩大住房公积金覆盖面。全市新增开户职工4150人，覆盖面达63%，归集住房公积金9451万元，完成计划任务的118.1%，较上年增长18.1%，累计归集35662.89万元。

2006—2023年，全市住房公积金缴存实现跨越式发展。围绕目标任务，狠抓建制，归集扩面。中心对全市应缴存单位、未建制单位进行摸底、排查，并建立基本情况信息库，进行分门别类管理，有计划有步骤推行扩面建制工作。2002年，住房公积金缴存额首次突破亿元大关，到2009年，累计归集资金突破10亿元，到2019年累计归集资金突破100亿元，到2022年底，累计归集资金达173.59亿元，其中，市本级归集112.92亿元，四县（区）累计归集60.67亿元。全市住房公积金余额达84.44亿元，同比增长15.53%。

2022年，全市共办理住房公积金提取332563人（次），提取金额13.93亿元，同比增长16.76%。其中，市本级提取8.51亿元，四县（区）办事处提取5.42亿元。具体提取情况如下：购房、建造、翻修、大修自住住房提取20128.28万元；离、退休提取33658.76万元；完全丧失劳动能力与单位终止劳动关系提取4633.15万元；户口迁出所在市、县或出境定居提取1822.13万元；偿还购房借款本息提取7.75亿元；租房提取245.62万元；调出及其他原因提取1260.41万元。经统计，2022年度，住房消费类提取占70.30%，其中，购买建造、翻修、大修自住住房占14.45%，偿还购房借款本息占55.67%，租赁住房占0.18%。截至2022年底，全市累计提取住房公积金1301526人（次），金额91.15亿元。截至2022年底，全市累计向42645户职工家庭发放个人住房公积金贷款110.03亿元，贷款余额为70.66亿元，个贷率为85.71%。提取并上缴市财政廉租房建设补充资金8670万元；累计上缴市财政廉租房建设补充资金59388.52万元。

2023年1—12月，全市共归集住房公积金27.02亿元，完成目标任务的104.08%，同比增长8.04%；提取住房公积金18.63亿元，同比增长33.75%；向全市2657户家庭发放住房公积金贷款8.79亿元，完成目标任务的87.94%，同比增长29.03%；实现增值收益1.35亿元，同比增长17.90%；已上缴市财政廉租房保障资金1.12亿元。为解决职工住房困难、完善住房保障体系、稳定房地产市场发挥重要作用。

## 第一节　公积金缴存

### 一、缴存范围

1997年1月，萍乡市开始实行全面推进实施职工住房公积金制度。职工住房公积金缴存范围为：凡是坐落在萍乡市行政区内的国家机关、事业单位；国有企业、城镇集体企业，外商投资企业，港澳台商投资企业，城镇私营企业及其他城镇企业、经济组织；民办非企业单位、社会团体；雇用中方员工的外国或港澳台地区企业和其他经济组织常驻萍乡市行政区的代表机构。

在住房公积金制度开始推行时，公积金缴存范围仅限于国家机关、事业单位。1998 年，市中心抓住全市集资建房的机遇，向一部分效益较好的企业推行住房公积金制度，帮助建制，公积金缴存范围逐步扩大。1999 年 4 月，国务院颁布《住房公积金管理条例》，市中心加大条例宣传力度，为推行公积金制度营造良好的环境，全市各单位住房公积金缴存意识进一步提高，到 2000 年，全市共有 520 家单位，51193 名职工在市中心建立住房公积金单位和个人账户，住房公积金制度覆盖率达 81%，归集率达 73%。

从 2001 年起，市中心狠抓住房公积金建制扩面工作，对全市应缴存单位，未建制单位进行全面的摸底，有计划有步骤地推行扩面建制工作。萍乡市住房公积金缴存范围逐年扩大，缴存范围扩大到民营、私营和合资企业。县区住房公积金缴存业务也拓展到部分乡镇单位，全市住房公积金缴存业务整个覆盖率达到 60% 以上。市中心住房公积金缴存工作得到市委、市人民政府的肯定。仅在 2022 年底，全市公积金缴存新开户单位 259 家，净增单位 199 家，新开户职工 1.13 万人，净增职工 0.58 万人，实缴单位 2229 家，实缴职工 11.94 万人，缴存额 25.01 亿元，分别同比增长 5.09%、6.20%。截止到 2023 年 12 月底，全市共有缴存单位 3016 个，缴存职工 14.14 万人，贷款户数 27401 户。全市累计归集住房公积金 200.61 亿元；累计提取住房公积金 109.78 亿元；累计发放个人住房贷款 118.82 亿元；累计上缴市财政廉租房保障资金 7.05 亿元。公积金余额 90.83 亿元，贷款余额 71.17 亿元，个贷率 78.36%；逾期率 0.01%。

## 二、缴存比例

1997 年 1 月，萍乡市人民政府颁发《萍乡市深化第一步住房制度改革的补充规定》，开始对有条件的单位推行住房补贴制度，规定在职职工(含合同制工人)。每人每月缴存住房补贴按工资比例 1.5% 发放(在工资表上扣缴)，职工所在单位再以对等数额资金补给在职职工个人，两笔资金合并由单位统一存入市中心在工、农、中、建四家国有银行房地产信贷部开设的“职工、企业住房公积金专户”，权属职工个人。

1998 年 7 月，经江西省人民政府批准，萍乡市人民政府行文规定，职工和单位住房公积金的缴存比例不得低于职工上一年度月平均工资的 3%。同年，市政府发布《萍乡市深化住房制度改革实施方案》，重申“1997 年单位和个人住房公积金的缴存比例各定为 3%，最高不超过 5%”。特别明确特困企业经企业职代会或工会讨论通过，报市房改领导小组批准，可缓交住房公积金或适当下浮住房公积金缴存比例。缴存有困难的单位，须经本单位职工代表大会或工会讨论通过，市住房公积金管理中心审核，由市房改办转报市住房委员会批准缓交。

2003 年 1 月，市房改办批复同意经济效益较好的单位从 2003 年 1 月起提高单位和个人住房公积金缴存比例，最高不超过 10%。同年萍乡市单位和个人住房公积金缴存比例分别为 5% ~10%。

2005 年 8 月，根据江西省住房公积金监督管理办公室文件精神，萍乡市住房公积金管理委员会行文调整和确定全市住房公积金缴存比例，重申全市住房公积金最低缴存比例仍为单位和个人各 5%，经济效益较好的企业和自收自支的事业单位，经批准后，可以适当提高缴存比例，但单位和个人缴存部分最高不得超过 20%；财政拨款的行政、事业单位其最高缴存比例不得超过各 15%，单位申请提高住房公积金缴存比例在5% ~15%以内的,市中心对申请单位财务状况进行审核,对确有条件提高缴存比例的单位,由市中心核准,报市住房公积金管理委员会备案;申请提高住房公积金缴存比例应控制在15% ~20%以内的,由市中心审核单位财务状况,市住房公积金管理委员会审批。此后,市中心印发《萍乡市住房公积金管理操作规定》,再次重申上述缴存比例的规定。同时,明确单位在职职工上年度个人月平均工资为上年度全市在职职工月平均工资的60%以下的,须经单位职工大会或职工代表大会讨论通过,提供相关资料由市住房公积金管理中心审核,报市住房公积金管理委员会批准后可以降低缴存比例。2004 年,全市住房公积金实际缴存额6420 万元,比2003 年缴存额增长24%。

2006 年以来,市中心为提高住房公积金各项业务水平,定期举办公积金缴存,提取等相关业务和知识培训,不断提高业务操作水平,为进一步做好这方面工作奠定基础,从而也使这些年来缴存工作一直走在健康发展轨道上。

## 三、缴存登记

1996 年12 月,市政府下发萍府发〔1996〕50 号《关于印发萍乡市深化住房制度改革实施办法及配套政策的通知》,要求全市所有党政机关和企事业单位及其在职职工均应按照“个人存储、单位资助、统一管理、专项使用”原则,全面推行个人住房公积金制度。原发放的住房补贴及历年来缴纳的个人住房公积金全部转入职工个人住房公积金新账户。随之,萍乡市财政局行文规定,萍乡市直单位为职工缴纳住房公积金资金来源为:企业单位从企业提取住房折旧和其他划转资金中解决,不足部分经财政部门核定后在成本费用中列支。行政、事业单位在住房资金划转;不足部分,全额预算管理单位由财政预算拨款,差额预算管理单位原则上按差额比例在财政预算拨款或单位自有资金中解决,自收自支和企业化管理事业单位自行负担。中央、省驻萍企事业单位按省财政厅相关件执行。萍乡市城区由萍乡市住房公积金管理中心负责市城区(未含市郊区)职工的住房公积金缴存登记及管理,县区(含市郊区)由当地住房公积金管理中心负责缴存登记及管理。1997 年,全市住房公积金归集金额1289.92 万元,落实行政事业单位财政补贴部分154 万元。

1998 年以来,面对市场萎缩,企业效益滑坡,住房公积金正常缴存单位减少,拖欠严重,市住房公积金管理中心采取个人与单位相结合,住房公积金缴存与审批单位集资建房相结合,任务与效益相结合,利用政策优势,调动职工归集热情,摒弃“做公家人,吃政策饭”依赖思想,分点包片,找准路子,用准法子,重点突破。这一年,全市住房公积金缴存总额2290.36 万元。

1999 年4 月,国务院颁布实施《住房公积金管理条例》(以下简称《条例》),住房公积金制度步入法制化发展轨道。这一年,市中心印发该《条例》900 份寄送到有关单位,在萍乡日报“住房公积金专辑”栏目中开展宣传,不断提高广大职工关于住房公积金的法治意识。同时,针对住房公积金在推行实践中存在的问题,发放回收基本情况调查表800 余份,为解决实践问题、出台有关对策打下基础。为贯彻落实好《条例》,推动全市住房制度改革深入发展,保护职工合法利益,市中心组成联合检查组,采取上门政策宣传、督促、检查、指导、持续跟踪落实方式,检查100 余家单位的住房公积金建制和缴存情况,其中行政、事业单位各占50 家。对检查中发现的问题,反复催办、督办。是年,全市住房公积金归集金额累计 4074.73 万元。2000 年,全市共有 520 个单位 51193 名职工在市中心建立住房公积金单位和个人账户,住房公积金制度覆盖率达 81%,归集率达 73%。2002 年,全市缴存住房公积金突破亿元大关,累计归集资金 13396.25 万元。县区缴存全部超过上年同期水平。

2003 年 6 月起,各县区分中心的住房公积金缴存业务归并由市中心统一管理。同年,全市国有企业改制,住房公积金建制和缴存工作面临新的课题。市中心在加强住房公积金宣传的同时,加大催建催缴力度和密度。对未建制和停缴单位,主动上门走访、宣传和服务,全市新增参缴单位 32 家;对部分效益好的企事业单位,积极向市政府和市住房公积金管理委员会建议提高其缴存比例,使之在市本级和省管单位顺利实施,当年有 15 家单位缴存比例提高到 15%;对缴存不稳定的单位,加大催缴频率,特别针对拖欠严重单位,主动上门,实施每月多次催缴,并发放催缴通知书,做好催缴记录。年内,开展和完善住房公积金缴存年度审核制度,对市本级 30 家建制单位进行年审,将审核结果录入电脑。是年,全市住房公积金缴存达 4995.25 万元。三个县缴存额比上年都有不同程度增长。

2005 年,市住房公积金管委会办公室、市住房公积金管理中心组成《住房公积金管理条例》执行情况联合检查调研组,对全市 40 个行政、事业、企业、民营等单位进行专项检查和实地调研,发现问题及时下达《整改意见书》。8 月,受检单位中有 18 家单位建立和恢复住房公积金制度。检查结果表明,市城区行政机关、国省市属企事业单位住房公积金建制覆盖率达到 79%,各县、区不足 58%。

2006 年,市中心通过宣传启动、行政推动、政策带动、氛围促动、服务互动等多种方式,积极推动全市住房公积金的建制工作。在实际工作中,加强宣传引导,进一步扩大制度覆盖面。通过电话催缴、上门催繳、执法检查等三种催缴方式,保证各建制单位按时足额缴存住房公积金。同时,及时捕捉敏感信息,消除老百姓对住房公积金政策的误解。是年末,累计归集公积金 47435 万元,其中,市本级累计归集 41701 万元,三县累计归集 5734 万元,全市住房公积金覆盖率 61.4%,归集增长率为 33%。

2007 年,市中心加大政策宣传力度,及时转发《财政部关于加强住房公积金财政监督管理的通知》(财综〔2005〕52 号)及《江西省财政厅转发财政部关于加强住房公积金财政监督管理的通知》精神,要求各缴存单位按照文件精神,结合自身情况进行自查自纠;根据省建设厅赣建房相关文件,以市住房公积金管委会名义下发萍公积委字〔2007〕3 号文件,对全市住房公积金的缴存比例和缴存额度进行规范,要求各缴存单位从 2007 年 8 月 1 日起执行新的政策。是年,缴存人员和缴存住房公积金都有较大幅度增长。

2009 年,住房公积金缴存稳步增长,但也因一些企业住房公积金法律意识淡薄或经济不景气,财政拨款单位财政补贴部分未能到位等因素,制约住房公积金建制和缴纳发展空间。为在缴存扩面上有所突破,市中心致力寻求新思路、新办法,把住房公积金建制延伸到民营、私营和合资企业,尤其对市区内知名度较高、经济效益较好的企业,采取摸底调查、上门宣传服务方式,争取其建制。对催缴由季改为月催缴,上门了解缴存困难和无故欠缴单位情况,耐心地做好政策宣传和解释工作。对 15 家欠缴公积金和未建制单位进行督察,旨在提高其建立和缴存住房公积金意识,寻求具体解决方案。全年缴存住房公积金28947.29万元，累计归集资金超10亿元。

2010年到2016年，市中心紧紧围绕市委、市人民政府“保增长、保民生、保稳定”和“富民强市”的总体战略目标，发挥住房公积金为民解难，为政府分忧的作用，坚持“以人为本、高效运作、稳健安全”的原则，打开归集瓶颈，拓宽贷款渠道，推行精细化管理，不断推进全市住房公积金事业的健康快速发展。市中心争取各级政府支持，继续将财政供养人员的住房公积金补贴纳入财政预算，并将逐年提高比例列入政府目标管理和绩效考核范围；持续开展常态化宣传，通过《萍乡日报》、简报、广播、电视、网站等媒体开展宣传活动；深化年检年审，督促财政供养单位将津补贴计入缴存基数；逐年提高缴存比例和缴存基数偏低的地区和行业住房公积金缴存标准，杜绝个别行业和个人超比例和超限额缴存住房公积金；夯实缴存基础工作，建立应缴单位台账，对未参与或审核未达标且整改落实不到位的单位，与贷款准入挂钩，对达标单位和个人进行年度奖励。仅在2016年，实缴单位1137家，新开户单位127家，实缴职工12.02万人，新开户0.58万人，当年缴存额10.48亿元，同比增长29.54%，截至2016年底，缴存总额56.11亿元，缴存余额35.02亿元，同比分别增长22.97%、16.38%。

2022年，市中心抓好重点工作，提高覆盖范围。市中心以社区工作人员和幼儿园教师为重点进行扩面工作专项部署，谋划制定工作方案，积极开展宣传动员，全年已新增25家社区，新增缴存人员146人。2022年全年新增开户单位259家，新增开户人员11260人。全市住房公积金缴存单位2229家，缴存职工人数11.94万人，缴存额25.01亿元，分别同比增长5.09%、4.10%、6.20%。

2023年，市中心针对性扩大制度覆盖面。市中心以推动非公企业依法缴存为重点，切实提高非公企业职工缴存占比；稳妥推进灵活就业人员参加住房公积金制度；继续做好推进社区工作者、幼儿园工作人员等加入住房公积金制度工作；加强引导，多方位多层次宣传住房公积金制度；做好规范缴存基数工作。这一年，为助力房地产市场健康平稳发展，市中心全方位落实国家和省市相关工作要求，积极支持住房合理需求和消费，通过提高贷款额度、放宽提取条件等多措并举支持和帮助中低收入家庭实现“住有所居”；大力支持新市民、青年人租房提取住房公积金；继续落实“人才强市”和推动湘赣边区域合作进程战略；完善多子女家庭公积金使用支持政策，进一步发挥好住房公积金的积极作用。

**萍乡市2010—2023年住房公积金缴存情况**

| 年度 | 全市完成额（亿元） | 其中 | 市本级完成额（亿元） | 其中 | 县级完成额（亿元） | 其中 |
|---|---|---|---|---|---|---|
| | | 利息转入（万元） | | 利息转入（万元） | | 利息转入（万元） |
| 2010 | 3.16 | 1304.65 | 2.46 | 1063.37 | 0.70 | 241.28 |
| 2011 | 4.23 | 2724.84 | 3.38 | 2198.65 | 0.85 | 526.19 |
| 2012 | 5.07 | 3525.08 | 3.98 | 2848.35 | 1.09 | 676.73 |
| 2013 | 6.09 | 4110.17 | 4.66 | 3310.04 | 1.43 | 800.13 |
| 2014 | 7.11 | 5109.30 | 5.30 | 4066.89 | 1.81 | 1042.41 |

续表

| 年度 | 全市完成额（亿元） | 其中 | 市本级完成额（亿元） | 其中 | 县级完成额（亿元） | 其中 |
|---|---|---|---|---|---|---|
| | | 利息转入（万元） | | 利息转入（万元） | | 利息转入（万元） |
| 2015 | 8.97 | 3810.86 | 6.56 | 2975.26 | 2.41 | 835.60 |
| 2016 | 10.98 | 4533.61 | 7.06 | 3427.58 | 3.92 | 1106.03 |
| 2017 | 13.88 | 5343.87 | 8.54 | 3685.45 | 5.34 | 1658.42 |
| 2018 | 15.60 | 6180.16 | 9.69 | 4108.65 | 5.91 | 2071.51 |
| 2019 | 18.22 | 6960.40 | 11.21 | 4482.07 | 7.01 | 2478.33 |
| 2020 | 20.55 | 7813.55 | 12.22 | 4849.08 | 8.33 | 2964.47 |
| 2021 | 23.55 | 8847.78 | 13.79 | 5317.92 | 9.76 | 3529.86 |
| 2022 | 25.01 | 10442.75 | 14.55 | 6201.10 | 10.46 | 4241.65 |
| 2023 | 27.02 | 11950.81 | 15.68 | 7025.56 | 11.34 | 4925.25 |

## 四、缴存建制

1997年，在全市推行职工住房公积金制度后，市住房公积金管理中心助推全市城区的国家机关、事业单位和国有企业、集体企业开始建立起住房公积金制度。之后，三县一区也陆续在国家机关、事业单位建立住房公积金制度。1997年底，全市住房公积金建制单位263个，缴存人数46523人，缴存金额1728.33万元。1998年起，加大住房公积金制度宣传力度。1998年，市住房公积金管理中心将归集任务分点包片，任务与效益挂钩，抓住兴起的集资建房机遇，积极发动，广泛宣传，实行目标考核责任制，调动市中心全体干部职工的工作热情，住房公积金建制单位有所增加，促进住房公积金的归集。全市510个房改单位已有400个单位在萍乡市住房公积金管理中心设立专户，总人数达61285人。

1999年至2005年，市中心借助国务院《住房公积金管理条例》的颁布，加大宣传力度。2000年，新增建制单位520家，新增缴存人数51193人。到2001年，萍乡市城区有694家单位建立住房公积金制度。2003年，市中心开展住房公积金政策宣传周活动，干部职工利用休息日走上街头，向市民发放宣传资料，接受市民咨询。在新闻媒体，通过电视短题片、报纸专题报道等，宣传公积金政策。在政策解读上，通过访谈业内人士，发表有关住房公积金研讨性文章，提高人们的思想认识。是年，全市新增建制单位156家。2005年，中心加强同部分优秀非公有制企业的联系，引导其参加建制缴存工作。在部分乡镇单位也开始建立公积金制度。到2005年，全市累计归集公积金35663万元，市本级归集32035万元，三县累计归集3628万元。全年当年归集住房公积金9451万元，其中市本级归集8103万元（含6月30日年度结息290万元），超计划603万元，与上年同期增长43%。全市住房公积金覆盖率为50%，归集增长率为47.2%。

2006—2022 年，市中心以建制扩面为总引擎，不断夯实住房公积金工作基础。2008 年，市中心归集人员通过多渠道及时掌握单位缴存信息，抓住有利机会，帮助单位建制。2009 年，市中心建立住房公积金单位协管员制度，进一步促进建制单位的住房公积金管理。全市住房公积金建制单位不断扩大。2010 年，建立健全常态化宣传机制。通过在线访谈节目、电视短片和新闻报道，《萍乡日报》《江南都市报(萍乡版)》、市中心网站专版专栏报道等方式宣传住房公积金各项惠民政策；编发 8 期《住房公积金简报》向全市各级领导报告住房公积金的法规政策以及重大活动的开展情况。市中心对全市未建制单位进行全面摸底、排查，建立全市未建制单位基本情况信息库，并进行分门别类管理，有计划有步骤地推进扩面建制工作。2013—2021 年，全市住房公积金事业展示出良好发展态势，业务运营呈现“资金归集稳步增长，资金使用规范有序，资金安全风险可控，资产增值稳定可期”的特点。

2020 年，市中心按照住建部等三部委印发的《关于妥善应对新冠肺炎疫情实施住房公积金阶段性支持政策的通知》，落实住房公积金服务保障的具体措施，对企业申请缓交开通绿色审批通道，加快公积金贷款发放进度，为企业复工复产赋能，为稳企业稳经济发展提供高效便捷服务。全市共有缓交企业 6 家，涉及职工 221 人。对在疫情期间未能及时还贷人员不列入征信不良记录，重点了解楼盘在疫情期间的销售情况和资金运作状况以及工程复工情况，同时，还向商业银行贷款 10.4 亿元用于发放缴存职工住房贷款，为房地产企业进一步发展提供有力支撑。疫情期间，及时开通“12329”服务热线预约服务，受理、回复缴存职工住房贷款额度计算 405 人次，查询 1889 人次。

2022 年 1 月，市中心启动“住房公积金扩面专项行动月”，重点对城镇新就业大学生、乡镇行政事业单位职工、市县级行政事业单位及国有控股企业人事代理人员、非公企业职工开展扩面专项行动。这一年末，住房公积金覆盖率达到 78%。

2023 年，市中心不断优化公积金政策，发挥好公积金保障作用。市中心提高住房贷款额度。提高缴存职工购房贷款最高额度。萍乡市双职工购建第一套自住住房的贷款最高额度由 60 万元提高至 70 万元；购建第二套自住住房贷款最高额度提高至 60 万元；购买二手房自住住房的贷款最高额度提高至 55 万元；单职工购买、建造、翻建、大修自住住房的贷款最高额度提高至 50 万元。自新政策实施以来，双职工享受 70 万元贷款合计金额 1330 万元。市中心又恢复住房公积金异地个人住房贷款政策。自恢复该新政策以来，共办理异地个人住房贷款 225 户，合计金额 8116.7 万元。市中心还出台三孩家庭住房公积金支持政策。对三孩家庭在萍乡市区域内无房且租赁普通商品住房用于自住的，租房提取额度在现行租房提取住房公积金额度上每月提高 500 元；三孩家庭购买自住住房申请住房公积金贷款的，贷款最高额度上调 10 万元，自 2023 年 4 月份开始，共办理业务合计金额 219.2 万元。市中心落实“人才强市”战略。认真落实市委市政府关于留萍、返萍、来萍人员的公积金优惠政策。符合贷款条件的大中专毕业生，首套房可最高贷款 60 万元，且不受个人账户余额 20 倍的限制。2022 年 4 月份以来，享受留萍返萍人员贷款优惠政策 184 户，合计金额 7522 万元。市中心开通“商转公”直转业务。缴存职工无须自筹资金结清贷款，可直接用公积金贷款代偿借款人商业购房贷款。自 2023 年 4 月份以来，办理“商转公”直转业务 424 户，合计金额 12761.7 万元。市中心还开通“提取公积金偿还商业住房贷款本息”业务。在符合公积金提取办法的情况下增加一年提取一次偿还商业住房贷款本息的业务。自2023年4月份以来,共办理业务1022笔,合计金额5563.92万元。市中心开通“享受城镇居民最低生活保障提取”业务。职工本人被纳入最低生活保障期间可申请提取公积金。2023年10月份,根据住建部有关视频会议精神,增加“取消购买第三套及以上住房提取住房公积金政策限制”和“商业贷款一年提取一次扩展省内及湘赣边合作区域内城市业务区域”两项新政策。

2023年1—12月,全市共归集住房公积金27.02亿元,完成目标任务的104.08%,同比增长8.04%;提取住房公积金18.63亿元,同比增长33.75%;向全市2657户家庭发放住房公积金贷款8.79亿元,完成目标任务的87.94%,同比增长29.03%;实现增值收益1.35亿元,同比增长17.90%;已上缴市财政廉租房保障资金1.12亿元,为解决职工住房困难、完善住房保障体系、稳定房地产市场发挥重要作用。

**萍乡市2023年底住房公积金缴存单位情况**

单位:人、万元

| 类别 | 缴存单位数 | 所占比例(%) | 缴存人数 | 所占比例(%) | 缴存金额 | 所占比例(%) |
|---|---|---|---|---|---|---|
| 国家机关 | 488 | 20.30 | 24164 | 19.50 | 81527.00 | 30.17 |
| 事业单位 | 613 | 25.50 | 45011 | 36.33 | 106396.23 | 39.38 |
| 国有企业 | 281 | 11.69 | 24611 | 19.87 | 54347.98 | 20.12 |
| 城镇集体企业 | 31 | 1.29 | 1079 | 0.87 | 1335.48 | 0.49 |
| 外商投资企业 | 20 | 0.83 | 1482 | 1.20 | 1970.92 | 0.73 |
| 城镇私营企业及其他城镇企业 | 471 | 19.59 | 14420 | 11.64 | 8112.47 | 3.00 |
| 民办非企业单位 | 38 | 1.58 | 1487 | 1.20 | 1057.24 | 0.39 |
| 社会团体 | 41 | 1.71 | 228 | 0.18 | 429.52 | 0.16 |
| 其他 | 421 | 17.51 | 11416 | 9.21 | 15014.74 | 5.56 |
| 合计 | 2404 |  | 123898 |  | 270191.58 |  |

## 五、资金归集

1997年1月,按照市人民政府〔1996〕50号文件要求,全市住房公积金制度全面实施。根据这一文件精神要求,1997年,单位和个人公积金缴交率各为5%,三资企业及其中方职工为7%。公积金缴交率随着经济发展和个人收入变化适时调整,由市房改办测定,报市政府批准后公布执行,对1996年6月30日以前已购买公房(含已集资建房和购买安居工作住房)的职工,经市房改办批准,单位资助公积金的缴交率为3%～4%,职工个人缴交率仍按5%交纳。住房公积金制度在全市启动之初,市中心干部职工克服人员少,交通工具缺乏等困难,奔走各单位,登门上户做工作,宣传公积金制度实施的意义。这一年，归集住房公积金 1289.92 万元。

1998 年至 1999 年，按照国务院的有关文件精神，对出售的公有住房进行 100% 产权的衔接，收取单位住房资金进入中心专户管理，专款专用，主要用于单位公积金补贴部分。在这两年，新老售房政策衔接中收取售房款 2784.81 万元，也纳入单位住房资金。

1999 年初，市中心提出“一切为了归集，归集为了一切”的工作方针，即在所有对外业务中都必须严格为归集工作把关，特别是把是否按时、足额缴交住房公积金作为办理各项业务的首要条件，在主观上一改往日的“坐、等、收”为“走、访、催”，变被动为主动，积极投入归集工作中。市中心实行个人与单位相结合，任务与效益相结合，公积金的缴交与审批集资建房相结合的归集方式，利用政策优势，促使中心人员的归集热情。采取分点包片，效益与任务挂钩的措施，探索住房公积金归集新路子。全年新增公积金缴交单位 78 家，新增公积金缴交人数 4652 人。全市住房资金累计归集 4074.33 万元。

2000 年起，中心仍将住房公积金的归集工作作为一项十分重要工作来抓，务力拓宽归集渠道，保持归集额稳步增长。归集科努力寻求新思路、新办法。2001 年，中心把住房公积金建制的触角延伸到民营、私营企业，对市内知名度较高、经济效益较好的企业，采取摸底调查，上门服务的方式，同时抓好信贷工作，做到以贷促归，以归保贷，有效促使公积金归集的平稳增长，全年归集公积金 3235.54 万元，发放贷款 3135.98 万元，两项工作同步推行，取得良好的经济效益和社会效益。2003 年，归集住房公积金 4995.25 元，超额完成年度计划。2004 年，市中心采取主动走出去的方法，深入各企事业单位，同企事业单位建立联系，及时了解建制和缴交情况，并开展相应的工作。中心规定市本级每名职工必须完成一个建制单位的任务，给职工加压；同时通过激励机制，有效调动职工工作的积极性。实行住房公积金年检年审制度，督促单位建制和缴交住房公积金，全年完成住房公积金归集 6821.46 万元。

2005 年起，中心依法行政，宣传扩面，做大住房公积金的规模和扩大住房公积金的覆盖面。通过召开全市住房公积金工作座谈会，依法进行年检年审、规范单位缴存，利用典型案例、提高职工监督所在单位建制缴存公积金的法律意识和将住房公积金向非公有制和乡镇延伸等举措，全年完成住房公积金归集任务 9450.61 万元，同比增长超 30%。至是年末，中心累计完成住房公积金归集 34663.57 万元，创历史新高。

2006 年至 2010 年，市中心的归集工作确定“摸清底数、明确重点，加强宣传、加强执法，积极探索、不断创新”的工作新思路，切实落实归集工作的“五个加强”，即加强调研、加强宣传、加强行政执法、加强沟通、加强归集方法创新。通过调研，了解到由于企业改制、住房公积金归集难度加大，尤其是外资企业、民营企业归集难度增大，职工的合法权益没有得到充分保障，为制定新的对应的归集政策提供依据；坚持不懈地加强《住房公积金管理条例》宣传教育，是增强单位和个人依法缴存住房公积金意识，营造良好的住房公积金缴存氛围的重要举措。市中心突出公积金法规、政策和公积金业务知识，住房公积金在经济社会发展中的地位、作用等宣传。坚持实际、贴近群众、贴近生活进行宣传，效果较好；中心依法行政、规范执法程序，采取“宣传、教育、督察、执法”的递进式工作程序进行催建、催缴，向欠缴单位下发限期缴存通知书，逐步实现依法催缴；通过加强沟通，各级领导对住房公积金工作更加重视；创新归集方法，做到积极上门，主动服务，改变过去仅依靠职能科室扩面、坐等单位开户的做法，抽调人员上门走访企业，定期交流情况，用真心、真情打开工作局面；条块结合、健全网络，借助工商、税务、社保、统计等职能部门的网络对应缴存单位进行明细，并落实到具体人员，做到有的放矢；坚持抓大不放小，对规模大、效益好的机关、企业重点突破，对规模小的保证提供优质服务，做到应缴尽缴。2010 年，中心完成住房公积金归集任务 31601. 97 万元。

2011 年至 2023 年，市中心住房公积金归集工作做到“三个强化、三个更加注重”，强化行政推动力度，更加注重主动性。市中心将争取行政支持的重点放在各县(市、区)。采取多种形式、多种渠道的方式宣传住房公积金制度，将宣传与调研相结合，宣传与服务相结合，培育职工的维权意识，提高缴存的积极性。中心出台一系列新的政策，举办 300 余家公积金缴存单位的经办人员参加的法规政策培训班。会后由中心领导班子成员带队分 4 组组织缴存单位外出参观学习，此种形式既宣传贯彻政策，又拉近与缴存单位的距离，收到良好的效果。这些年，市中心增强工作合力，更加注重协作性。中心加强与财政局、统计局、社保局、工商行政管理局、国资委、总工会等部门的协调，建立联系制度，借助主管部门的职能优势扩面建制。在财政部门大力协助下，全市现有市财政供养人员住房公积金财政补贴得到落实。国资委等部门将公积金执行情况纳入企业单位办理合并、分立和改制时的审核内容，明确责任主体和资产剥离时的补缴要求。同时，将未缴单位落实到业务承办银行，明确公积金金融业务“谁拓展、谁承办”，充分调动承办银行的积极性；增强发展意识，更加注重政策性。市中心依据国家有关部门下调住房公积金的缴存基数和缴存比例，及时对多家缴存比例和缴存额超出范围进行调整，规范单位缴存。开展基础数据普查，建立翔实的资料库，为公积金归集工作规范发展打下坚实的基础。这期间，市中心以建制扩面为总引擎，重点突破，形成以点带面，不断夯实住房公积金工作基础。狠抓财政供养人员住房公积金补贴纳入财政预算，把归集工作的突破口放在低收入群体、困难企业和中小学教师队伍上，有针对性地、有效地促进建制扩面工作，建立和完善住房公积金年检年审制度，贯彻“控高保底”政策，规范缴存基数和比例等举措。2022 年，市中心继续把归集的重点放在低收入群体、困难企业和中小学教师队伍，稳步推进全市住房公积金的归集工作。2022 年，全市住房公积金归集 25. 01 亿元，其中含利息 1. 04 亿元，完成年计划的 100. 04%，同比增长 6. 2%。其中，市本级归集 14. 55 亿元，四县区办事处归集 10. 46 亿元。全市累计归集住房公积金 173. 59 亿元，其中，市本级累计归集 112. 92 亿元，四县区归集 60. 67 亿元。全市住房公积金余额达 82. 44 亿元，同比增长 15. 53%。到 2023 年底，全市共归集住房公积金 27. 02 亿元，完成目标任务的 104. 8%，同比增长 8. 04%。2023 年，市中心出台《萍乡市住房公积金管理委员会关于规范机关事业单位和国有企业住房公积金缴存基数的通知》(萍公积金委字〔2203〕7 号)文件，促使住房公积金归集工作健康，稳步发展。

这 28 年，全市住房公积金归集实现跨越式发展，2002 年，市住房公积金归集额突破 1 亿元，达 1. 34 亿元；2009 年，突破 10 亿元，达 10. 50 亿元；2019 年，突破 100 亿元，达 104. 48 亿元；至 2023 年，归集总额突破 200. 61 亿元。

## 全市住房公积金业务指标情况表

单位:万元

| 年度 | 公积金归集 | | | | 公积金提取 | | | | 公积金余额 | 公积金贷款 | | | | | | | | |
|---|---|---|---|---|---|---|---|---|---|---|---|---|---|---|---|---|---|---|
| | 本年 | | 累计 | | 本年 | | 累计 | | | 发放贷款 | | | | 回收贷款 | | 贷款余额 | 逾期贷款 | |
| | | | | | | | | | | 本年 | | 累计 | | | | | | |
| | 归集金额 | 结息金额 | 归集金额 | 结息金额 | 金额 | 人数 | 金额 | 人数 | | 金额 | 户数 | 金额 | 户数 | 本年金额 | 累计金额 | | 金额 | 户数 |
| 2009 | 27973.95 | 973.34 | 111660.36 | 3399.41 | 8366.96 | 4412 | 28215.28 | 38426 | 86844.49 | 16317.10 | 1108 | 64654.82 | 9040 | 5952.66 | 27315.53 | 37339.29 | 41.63 | 24 |
| 2010 | 30297.33 | 1304.65 | 141957.69 | 4704.06 | 10827.45 | 5447 | 39042.73 | 43873 | 107619.02 | 20336.10 | 1357 | 84990.92 | 10397 | 7535.57 | 34851.10 | 50139.82 | 17.11 | 28 |
| 2011 | 39582.26 | 2724.84 | 181539.95 | 7428.90 | 9289.20 | 4224 | 48331.93 | 48097 | 140636.92 | 10719.65 | 692 | 95710.57 | 11089 | 8424.05 | 43275.15 | 52435.42 | 13.79 | 13 |
| 2012 | 47140.53 | 3525.08 | 228680.48 | 10953.98 | 11472.13 | 4500 | 59804.06 | 52597 | 179830.40 | 13987.80 | 815 | 109698.37 | 11904 | 9141.75 | 52416.90 | 57281.47 | 22.02 | 20 |
| 2013 | 56807.57 | 4110.17 | 285488.05 | 15064.15 | 19275.55 | 6123 | 79079.61 | 58720 | 221472.59 | 20247.40 | 961 | 129945.77 | 12865 | 9936.47 | 62353.37 | 67592.40 | 21.14 | 15 |
| 2014 | 65979.84 | 5109.30 | 351467.89 | 20173.45 | 28858.01 | 9943 | 107937.62 | 68663 | 263703.72 | 21563.40 | 960 | 151509.17 | 13825 | 10502.24 | 72855.61 | 78653.56 | 13.04 | 15 |
| 2015 | 85840.46 | 3810.87 | 437308.35 | 23984.32 | 47498.32 | 14890 | 155435.94 | 83553 | 305856.73 | 66468.76 | 2525 | 217977.93 | 16350 | 12120.51 | 84976.12 | 133001.81 | 13.24 | 13 |
| 2016 | 105311.11 | 4533.61 | 542619.46 | 28517.93 | 55512.04 | 16428 | 210948.24 | 99981 | 360189.15 | 107321.39 | 3357 | 325299.32 | 19707 | 16878.00 | 101854.12 | 223445.20 | 39.71 | 28 |
| 2017 | 130114.01 | 5343.87 | 672733.47 | 33861.80 | 67313.59 | 21073 | 278261.83 | 121054 | 428333.44 | 105058.30 | 3082 | 430357.62 | 22789 | 24049.77 | 125903.89 | 304453.73 | 199.21 | 58 |
| 2018 | 149781.06 | 6180.15 | 822514.53 | 40041.95 | 109871.06 | 105793 | 388132.89 | 226847 | 474423.59 | 159755.80 | 4333 | 590113.42 | 27122 | 34336.24 | 160240.13 | 429873.29 | 97.75 | 18 |
| 2019 | 175275.45 | 6960.40 | 997789.98 | 47002.35 | 140835.00 | 192179 | 528967.90 | 419026 | 515824.43 | 164587.30 | 4839 | 754700.72 | 31961 | 46854.19 | 207094.32 | 547606.40 | 63.81 | 14 |
| 2020 | 197705.92 | 7813.55 | 1195495.90 | 54815.90 | 124002.65 | 247505 | 652970.55 | 666531 | 597341.25 | 176548.80 | 5525 | 931249.52 | 37486 | 55580.40 | 262674.72 | 668574.80 | 47.55 | 13 |
| 2021 | 226661.27 | 8847.78 | 1422157.17 | 63663.68 | 119265.75 | 302432 | 772236.30 | 968963 | 713584.55 | 100908.20 | 3039 | 1032157.72 | 40525 | 61833.11 | 324507.83 | 707649.89 | 32.97 | 4 |
| 2022 | 239631.06 | 10442.75 | 1661788.23 | 74106.43 | 139287.31 | 332563 | 911523.61 | 1301526 | 824371.05 | 68151.80 | 2120 | 1100309.52 | 42645 | 69242.44 | 393750.27 | 706559.25 | 10.88 | 7 |
| 2023 | 258240.77 | 11950.81 | 1920029.00 | 86057.24 | 186290.74 | 349152 | 1097814.35 | 1650678 | 908271.89 | 87939.20 | 2657 | 1188248.72 | 45302 | 82777.21 | 476527.48 | 711721.24 | 8.40 | 6 |

**全市住房公积金业务收支情况表**

单位：万元

| 年度 | 业务收入 | | | | | | | | | | 业务支出 | | | | | | | | 增值收益 | | 增值收益分配 | | | | | |
|---|---|---|---|---|---|---|---|---|---|---|---|---|---|---|---|---|---|---|---|---|---|---|---|---|---|---|
| | 存款利息收入 | | 贷款利息收入 | | 其他收入 | | 国债利息收入 | | 合计 | | 利息支出 | | 委托贷款手续费支出 | | 其他支出 | | 合计 | | | | 提取风险准备金 | | 上缴管理费用 | | 上缴公共租赁住房资金 | |
| | 本年 | 累计 | 本年 | 累计 | 本年 | 累计 | 本年 | 累计 | 本年 | 累计 | 本年 | 累计 | 本年 | 累计 | 本年 | 累计 | 本年 | 累计 | 本年 | 累计 | 本年 | 累计 | 本年 | 累计 | 本年 | 累计 |
| 2009 | 1353.18 | 4459.82 | 1203.98 | 6003.40 | 0.00 | 64.75 | 0.00 | 548.21 | 2557.16 | 11076.19 | 1134.91 | 5797.99 | 49.74 | 201.06 | 0.00 | 0.00 | 1184.65 | 5999.05 | 1391.00 | 5077.14 | 115.00 | 405.00 | 745.00 | 3512.14 | 531.00 | 1160.00 |
| 2010 | 1676.94 | 6136.76 | 1711.51 | 7714.91 | 0.47 | 65.23 | 0.00 | 548.21 | 3388.92 | 14465.11 | 1335.90 | 7133.89 | 43.02 | 244.08 | 0.00 | 0.00 | 1378.92 | 7377.97 | 2010.00 | 7087.14 | 100.00 | 505.00 | 1369.34 | 4881.48 | 540.65 | 1700.65 |
| 2011 | 3009.83 | 9146.59 | 2238.03 | 9952.94 | 1.43 | 66.66 | 0.00 | 548.21 | 5249.29 | 19714.40 | 3246.37 | 10380.26 | 112.92 | 357.00 | 0.00 | 0.00 | 3359.29 | 10737.26 | 1890.00 | 8979.20 | 100.00 | 605.00 | 1064.00 | 5945.48 | 728.06 | 2428.71 |
| 2012 | 4907.71 | 14054.30 | 2570.82 | 12523.76 | 2.55 | 69.21 | 0.00 | 548.21 | 7481.08 | 27195.48 | 4682.99 | 15063.25 | 127.09 | 484.09 | 0.00 | 0.00 | 4810.08 | 15547.34 | 2671.00 | 11650.20 | 100.00 | 705.00 | 1257.30 | 7202.78 | 1313.70 | 3742.41 |
| 2013 | 6032.02 | 20086.32 | 2809.63 | 15333.39 | 1.30 | 70.51 | 0.00 | 548.21 | 8842.95 | 36038.43 | 5302.30 | 20365.55 | 142.65 | 626.74 | 0.00 | 0.00 | 5444.95 | 20992.29 | 3398.00 | 15048.20 | 100.00 | 805.00 | 1270.60 | 8473.38 | 2027.40 | 5769.81 |
| 2014 | 7271.09 | 27357.41 | 3281.55 | 18614.94 | 1.39 | 71.90 | 0.00 | 548.21 | 10554.03 | 46592.46 | 5897.67 | 26263.22 | 160.36 | 787.10 | 0.00 | 0.00 | 6058.03 | 27050.32 | 4496.00 | 19544.20 | 0.00 | 805.00 | 1348.00 | 9821.38 | 3148.00 | 8917.81 |
| 2015 | 6587.43 | 33944.84 | 4055.47 | 22670.41 | 1.23 | 73.13 | 0.00 | 548.21 | 10644.13 | 57236.59 | 2344.63 | 28607.85 | 179.50 | 966.60 | 0.00 | 0.00 | 2524.13 | 29574.45 | 8120.00 | 27664.20 | 0.00 | 805.00 | 1310.53 | 11131.91 | 6809.47 | 15727.28 |
| 2016 | 7256.55 | 41201.39 | 5475.60 | 28146.01 | 1.01 | 74.14 | 0.00 | 548.21 | 12733.16 | 69969.75 | 4277.74 | 32885.59 | 136.12 | 1102.72 | 0.00 | 0.00 | 4413.86 | 33988.31 | 8319.30 | 35983.50 | 600.00 | 1405.00 | 1381.07 | 12512.98 | 6000.00 | 21727.28 |
| 2017 | 4771.00 | 45972.39 | 8576.67 | 36722.68 | 1.09 | 75.23 | 0.00 | 548.21 | 13348.76 | 83318.51 | 6054.55 | 38940.14 | 584.21 | 1686.93 | 0.00 | 0.00 | 6638.76 | 40627.07 | 6710.00 | 42693.50 | 600.00 | 2005.00 | 1458.00 | 13970.98 | 4752.24 | 26479.52 |
| 2018 | 3566.10 | 49538.49 | 11860.47 | 48583.15 | 1.79 | 77.02 | 0.00 | 548.21 | 15428.36 | 98746.87 | 7247.47 | 46187.61 | 590.06 | 2276.99 | 4.83 | 4.83 | 7842.36 | 48469.43 | 7586.00 | 50279.50 | 600.00 | 2605.00 | 1300.00 | 15270.98 | 5838.00 | 32317.52 |
| 2019 | 2915.79 | 52454.28 | 15567.55 | 64150.70 | 0.92 | 77.94 | 0.00 | 548.21 | 18484.26 | 117231.13 | 8545.33 | 54732.94 | 778.25 | 3055.24 | 895.68 | 900.51 | 10219.26 | 58688.69 | 8265.00 | 58544.50 | 1693.00 | 4298.00 | 1565.00 | 16835.98 | 5093.00 | 37410.52 |
| 2020 | 2436.24 | 54890.52 | 19659.71 | 83810.42 | 0.81 | 78.75 | 0.00 | 548.21 | 22096.76 | 139327.90 | 7338.01 | 62070.95 | 982.89 | 4038.13 | 4275.86 | 5176.37 | 12596.76 | 71285.45 | 9500.00 | 68044.50 | 1178.00 | 5476.00 | 1852.00 | 18687.98 | 6470.00 | 43880.52 |
| 2021 | 1471.57 | 56362.09 | 22532.44 | 106342.86 | 1.29 | 80.04 | 0.00 | 548.21 | 24005.30 | 163333.20 | 9117.71 | 71188.66 | 1126.38 | 5164.51 | 3761.21 | 8937.58 | 14005.30 | 85290.75 | 10000.00 | 78044.50 | 1170.00 | 6646.00 | 1992.00 | 20679.98 | 6838.00 | 50718.52 |
| 2022 | 2382.66 | 58744.75 | 23066.14 | 129409.00 | 2.79 | 82.83 | 0.00 | 548.21 | 25451.59 | 188784.79 | 11917.66 | 83106.32 | 1153.59 | 6318.10 | 930.34 | 9867.92 | 14001.59 | 99292.34 | 11450.00 | 89494.50 | 454.00 | 7100.00 | 2326.00 | 23005.98 | 8670.00 | 59388.52 |
| 2023 | 4763.58 | 63508.33 | 22082.25 | 151491.25 | 1.44 | 84.27 | 0.00 | 548.21 | 26847.27 | 215632.06 | 12208.31 | 95314.63 | 1104.56 | 7422.66 | 34.40 | 9902.32 | 13347.27 | 112639.61 | 13500.00 | 102994.50 | 0.00 | 7100.00 | 2348.00 | 25353.98 | 11152.00 | 70540.52 |

## 萍乡市2005—2023年住房公积金归集完成情况

单位:万元

| 项目 | | 2005 | 2006 | 2007 | 2008 | 2009 | 2010 | 2011 | 2012 | 2013 | 2014 | 2015 | 2016 | 2017 | 2018 | 2019 | 2020 | 2021 | 2022 |
|---|---|---|---|---|---|---|---|---|---|---|---|---|---|---|---|---|---|---|---|
| 合计 | 归集额 | 9450.61 | 11634.43 | 17021.67 | 22792.82 | 28947.29 | 31601.99 | 42307.11 | 50665.62 | 60917.75 | 71089.15 | 89651.31 | 109844.71 | 138836.28 | 155961.22 | 182235.84 | 205519.47 | 235509.05 | 250073.80 |
| | 增长比(%) | 34.94% | 23.11% | 46.30% | 33.90% | 27.00% | 9.17% | 33.87% | 19.76% | 20.23% | 16.70% | 26.11% | 22.52% | 26.39% | 12.33% | 16.85% | 12.78% | 14.59% | 6.18% |
| 市本级 | 归集额 | 8102.78 | 9528.97 | 14010.30 | 18517.30 | 23674.19 | 24611.11 | 33807.08 | 39831.62 | 46626.86 | 52971.12 | 65550.17 | 70577.35 | 85464.28 | 96840.83 | 112091.81 | 122194.68 | 137854.80 | 145512.60 |
| | 增长比(%) | 43.00% | 17.60% | 47.03% | 32.17% | 27.85% | 3.96% | 37.37% | 17.82% | 17.06% | 13.61% | 23.75% | 7.67% | 21.09% | 13.31% | 15.75% | 9.01% | 12.82% | 5.55% |
| 县级小计 | 归集额 | 1347.83 | 2105.46 | 3011.37 | 4275.52 | 5273.10 | 6990.88 | 8500.03 | 10834.00 | 14290.89 | 18118.03 | 24101.14 | 39267.36 | 53372.00 | 59120.39 | 70144.03 | 83324.79 | 97654.25 | 104561.20 |
| | 增长比(%) | 0.78% | 56.21% | 43.03% | 41.98% | 23.33% | 32.58% | 21.59% | 27.46% | 31.91% | 26.78% | 33.02% | 62.93% | 35.92% | 10.77% | 18.65% | 18.79% | 17.20% | 7.07% |
| 莲花县 | 归集额 | 721.54 | 1110.00 | 1310.78 | 1785.67 | 2028.39 | 2428.53 | 2924.83 | 3432.62 | 4155.52 | 5228.45 | 7197.53 | 8575.17 | 10968.25 | 11758.77 | 13583.17 | 15736.29 | 17767.49 | 19865.03 |
| | 增长比(%) | 75.58% | 53.84% | 18.09% | 36.23% | 13.59% | 19.73% | 20.44% | 17.36% | 21.06% | 25.82% | 37.66% | 19.14% | 27.91% | 7.21% | 15.52% | 15.85% | 12.91% | 11.81% |
| 上栗县 | 归集额 | 351.97 | 583.03 | 727.25 | 921.34 | 1152.94 | 1987.53 | 2259.38 | 2636.03 | 3833.73 | 4739.37 | 5465.62 | 8731.76 | 11964.42 | 13335.44 | 16911.57 | 21483.00 | 25590.66 | 28944.13 |
| | 增长比(%) | 63.14% | 65.65% | 24.74% | 26.69% | 25.14% | 72.39% | 13.68% | 16.67% | 45.44% | 23.62% | 15.32% | 59.76% | 37.02% | 11.46% | 26.82% | 27.03% | 19.12% | 13.10% |
| 芦溪县 | 归集额 | 274.32 | 412.43 | 682.93 | 964.42 | 1409.22 | 1755.66 | 2144.81 | 2915.59 | 4061.75 | 5117.28 | 7050.09 | 11463.16 | 18637.42 | 20040.17 | 22292.04 | 25663.85 | 31684.83 | 32618.88 |
| | 增长比(%) | -25.67% | 50.35% | 65.59% | 41.22% | 46.12% | 24.58% | 22.17% | 35.94% | 39.31% | 25.99% | 37.77% | 62.60% | 62.59% | 7.53% | 11.24% | 15.13% | 23.46% | 2.95% |
| 湘东区 | 归集额 | 0.00 | 0.00 | 290.41 | 604.09 | 682.55 | 819.16 | 1171.01 | 1849.76 | 2239.89 | 3032.93 | 4387.90 | 10497.27 | 11801.91 | 13986.01 | 17357.25 | 20441.65 | 22611.27 | 23133.16 |
| | 增长比(%) | — | — | — | 108.01% | 12.99% | 20.01% | 42.95% | 57.96% | 21.09% | 35.41% | 44.68% | 139.23% | 12.43% | 18.51% | 24.10% | 17.77% | 10.61% | 2.31% |

## 六、年检年审

1999年起，市中心根据《住房公积金管理条例》，对已建立住房公积金制度的单位开展年度检查和审核工作。主要检查和审核住房公积金缴存额、缴存比例等情况，看是否按政策的规定落实住房公积金计缴的月工资额和缴存比例，对欠缴的单位或未按缴存比例的单位耐心做好政策宣传和督促。

2000—2002年，市中心制定审核、催缴制度，逐步加大已建制的单位检查和审核力度，建立并逐步完善全市住房公积金缴存的年度审核制度。

2003—2011年，在认真总结往年缴存单位年审的基础上，进一步完善住房公积金缴存的年度审核制度。从2003年初，市中心对市本级已建制近300家单位开展年审工作，并将审核结果录入电脑，随时可查；对各办事处要求在年底至2004年1月，全面展开各缴存单位的缴存年审工作，逐一落实，规范住房公积金的缴交工作。2004年，市中心继续实行住房公积金年检年审制度，督促单位建制和缴交住房公积金。2005年，市中心对30余家单位住房公积金的缴存比例和基数进行抽查和审核，通过查看报表、工资发放表等资料对这些单位的缴存基数和缴存比例进行规范。同时，与缴存单位领导进行沟通，加强对公积金经办人员的政策辅导和业务培训。2006年6月，市住房公积金管理委员会印发《萍乡市住房公积金归集管理实施细则》（萍公积委字〔2006〕1号），要求建立住房公积金年检年审制度。此后，中心加强住房公积金年检年审工作，验审内容包括单位全员建立、足额缴存、按时缴存等内容。

2011—2022年，市中心坚持住房公积金年检年审制度，建立和完善，不断创新年检年审方式，按照已建立的全市应级存单位、未建制单位基本情况信息库，并进行分门别类管理，规范缴存基数和比例。坚持对已建制的单位开展年检年审工作，进一步规范缴存单位的缴交基数和比例，贯彻落实“控高保低”政策，将财政供养人员津贴部分计入缴存基数，并着力促使各单位在政策规定范围内逐步提高缴存比例，提升职工的购房能力。仅在2020年，进一步深化年检年审制度建设实践中就发放催件函260份，年检年审460家单位，通过提高缴存基数和缴存比例，新增归集资金205519.47万元。从1997年1月到2022年，累计归集资金达1735894.66万元，累计提取资金911523.61万元，累计提取户数1391526户口。

## 七、行政执法

1999年以来，市中心加大对市城区各单位进行执法检查。检查《住房公积金管理条例》的贯彻落实情况，检查内容主要包括是否建立公积金制度，是否按时为职工缴存和支取公积金，是否按规定的工资基数计缴，是否达到规定的缴存比例；检查住房补贴、工龄补贴的落实情况；检查单位住房资金（主要指单位的售房款）的管理、使用情况。共抽查96个单位，其中行政、事业单位50个，采取听汇报与座谈听取意见和建议相结合，查阅账目与提出相应整改意见相结合的方式进行，从而准确、详尽地了解这些单位房改有关法规、政策贯彻落实的情况。对在检查中发现的问题予以指出，并提出整改意见，限期整改。这次检查，督促各单位正确执行房改的有关法规和政策收到很好的效果。49家单位在检查后建立住房公积金制度，有20家单位补交所欠的住房公积金。2003年，市中心还组织力量对县(区)政策性住房资金管理情况进行专项检查。检查主要集中在住房资金归集、运作和财务管理三个方面。采取听情况汇报，查看业务资料与财务凭证、账目，并就检查中发现的问题与当地主管部门领导及经办人交换意见。针对挤占挪用、违法支出、归集人员素质偏低等问题，提出严格按照《条例》规定支出、使用，明确政策性住房资金归口县级中心管理，要求不断提高业务人员整体素质的整改意见。

2005年，市中心对上年检查整改不到位的12家欠缴住房公积金和未建制的单位进行公积金执法复查，通过上门走访、上门宣传的方式，提高他们建立和缴存住房公积金的意识，并就各单位的不同情况，提出具体的解决方案和办法，有效地加强住房公积金归集的力度。

2009年，市中心与市政府办、市人大城环委、市政府法制办、市住房公积金管理委员会组成联合检查小组，对国有企业和非公有制经济执行《住房公积金管理条例》情况进行全面检查，共检查36家单位。通过检查，被查单位对住房公积金制度有新的认识，部分单位在检查后参加公积金缴存。

2010—2022年，市中心依法行政，宣传扩面，努力完成住房公积金归集目标任务，通过召开全市住房公积金工作座谈会，年检年审等措施，加强同公积金缴存单位、承办银行的联系，增强相互间的信息交流和沟通。这期间，市中心按照依法行政，规范执法程序，采取“宣传、教育、督察、执法”的递进式工作程序进行催建、催缴、向欠缴单位下发限期缴存通知书，逐步实现依法催缴。对具备条件而拒不建制的单位、企业和个人，按照《住房公积金管理条例》规定实施处罚，向当地法院提起诉讼，严格按程序执法，力争通过规范、阳光、文明行政执法，推进建制扩面工作。市中心加强行政执法力度，以归集扩面为增长点，推进住房公积金制度的建立，重点抓好“布点扩面、重点拓展、难点突破、热点带动”。即抓好未建制单位的布点工作，提高制度覆盖率，重点是抓好非公有制企业住房公积金建制工作；重点拓展就是抓好已布点企事业单位全员建立住房公积金制度工作，提高职工的制度覆盖率，重点抓好未全员建制企事业单位的增量扩面工作；难点突破就是推进制度扩面在全市上规模，有影响的企事业单位有新的突破，重点抓好一批企事业单位建立住房公积金制度工作，带动制度扩面工作，其中，重点加大引进人才和弱势群体中推行住房公积金制度的力度，在实践中取得良好社会经济效果。到2022年，全年归集25.01亿元，同比增长6.2%。

## 第二节　个人住房公积金提取

### 一、提取范围与条件

(一)销户提取

离休、退休的，提取住房公积金，需提供劳动人事部门出具的离休、退休证明；

完全丧失劳动能力并与单位终止劳动关系的，提供县级及县级以上劳动能力鉴定机构出具的丧失劳动能力证明和职工所在单位出具的丧失劳动能力造成家庭生活严重困难的证明；

出境定居的，提供公安部门出具的出境定居证明和当地户籍注销证明；

与单位终止劳动关系6个月以上未再就业、且年满45周岁的，提供终止劳动关系证明及居住地所在乡镇（街道）出具的未就业证明；

缴存人死亡或被宣告死亡的，由其合法继承人或受遗赠人提供缴存人死亡的相关证明、继承人或受遗赠人身份证。受遗赠人或受遗赠权应经公证部门公证或法院判决。

缴存职工与单位解除或终止劳动关系的，先办理个人账户封存。账户封存期间，在异地开立住房公积金账户并稳定缴存半年以上的，办理异地转移接续手续。未在异地继续缴存的，封存满半年后可提取。

（二）非销户提取

购买、建造、翻建自住住房并取得完全产权的，提供《房屋所有权证》、契税完税凭证或不动产销售发票；

购买自住住房尚未取得产权的，提供房产部门备案登记的购买合同、预付首套房20%、二套房30%以上房款的收据或不动产销售发票；

建造自住住房（含合作建房）尚未取得产权的，提供《国有土地使用证》《建设用地规划许可证》《建筑工程施工许可证》《建筑工程规划许可证》、在建工程项目立项批复、总平面图、工程预算及超过预算三分之一以上的费用支付凭证；

翻建自住住房尚未取得产权的，提供《房屋所有权证》《国有土地使用证》《建设用地规划许可证》《建筑工程施工许可证》平面图等建房资料，工程顶算及超过预算三分之一以上的费用支付凭证；

大修自住住房的，提供《房屋所有权证》，房屋安全鉴定部门出具的房屋安全鉴定为C级证明、工程预算及超过预算三分之一以上的费用支付凭证；

偿还自住住房贷款提前结清本息的，在管理中心贷款的需提供由管理中心签章的按期还款清册，在商业银行贷款的需提供购房合同、借款合同、由银行签章的余额清单和结清凭证；

租赁自住住房的提取公积金的，提供身份证证明、提取人银行卡；

享受城镇最低生活保障的，需提供民政部门出具的低保证明，当年实际领取的低保收入明细。

## 二、提取程序

缴存人持身份证和相关提取证明材料到管理中心柜台办理提取手续，或通过手机APP、跨省通办、江西省政务服务网全国“一体化”在线政务服务平台，经管理中心受理并予以审核批准后，公积金结算核算系统自动即时到账。

管理中心对缴存人提供的相关资料进行审核，符合提取规定的，当天办结。需要核实的，在接到申请之日起即时作出准予或不准予提取的决定，并通知提取申请人。公积金提取金额转账至缴存入账户和一次性结清。

符合管理中心规定情形的，借款人及配偶可以采取按月对冲还贷和一次性结清提取住房公积金账户内余额。

同一套自住住房限提取一次。

## 三、住房公积金提取与各类型提取比例

1996年12月，萍乡市人民政府印发萍府发〔1996〕50号文件规定，住房公积金作为职工一项长期性住房储蓄，归职工个人所有，用于职工家庭购买、建造和大修自住住房。职工出国定居或离退休、离职、调动（住房公积金本息余额转入新单位），本息余额一次结清，退还职工本人。职工住房公积金本息免征个人所得税。

2009年以来，利用虚假合同套取住房公积金现金时有发生，对住房公积金提取管理造成很大冲击。为打击日益猖獗的违规套取行为，规范职工住房公积金提取管理，市中心采取“健全制度，打防结合”方针，取得显著成效。为进一步堵塞漏洞，市管委会下发《关于加强住房公积金提取管理有关事项的通知》，通过2010年下半年的集中整治，骗取现象得到有效控制，下半年住房公积金提取量回到正常水平。2010年，共有5447人次提取住房公积金1.0827亿元（市中心8730万元，县区办事处提取2097万元。比2009年的4412人次、8367万元分别增长23%和29%）。在全市提取额中，购建房提取6485万元，离退休提取2212万元。截至2010年底，全市累计提取住房公积金43873人次，39042亿元。

2011年，市中心出台《关于简化住房公积金提取手续、增加提取条款的实施意见》，明确除因缴存者患重大疾病或自然灾害导致家庭生活困难、死亡支取、租赁自住住房的无房户且房租超出家庭工资收入15%的三种提取情形外，其他类型提取可由缴存职工本人直接申请办理，不再需要所在单位审核盖章；另外还增加购买自住住房在商业银行贷款可办理住房公积金年度提取的提取条款。

这期间，市中心还出台《关手规范租赁自住住房提取住房公积金的通知》（萍金管字〔2012〕12号），进一步规范租赁提取住房公积金行为，规定需凭“家庭无房证明、房屋租赁登记备案证明、所付房租的税务发票”等资料办理住房公积金提取手续。

2022年，全市共办理住房公积金提取332563人次，提取金额13.93亿元，同比增长16.76%。其中，市本级提取8.51亿元，四县区办事处提取5.42亿元。仅2022年度住房消费类提取占70.30%，其中，购买、建造、翻建、大修自住住房占14.45%，偿还购房贷款本息占55.67%，租赁住房占0.18%。2022年底，全市累计提取住房公积金1301526人（次），金额91.15亿元。

2023年，市中心在全省率先开展住房公积金“睡眠账户”清理工作，清理“睡眠”账户，唤醒“沉睡”资金。市中心对破产、改制、撤销、解散的单位中封存12个月及以上的个人账户展开清理，切实维护缴存职工合法权益，规范公积金封存账户管理，帮助长期封存账户里的资金“回家”。截至2023年12月31日，全市共清理住房公积金“睡眠账户”10517个，其中，2286个零余额住房公积金账户已全部集中清理完毕；其他各种住房公积金“睡眠账户”已完成提取8231人，涉及金额7836.37万元。

截至2023年12月底,全市共有缴存单位3016个,缴存职工14.14万人,贷款户数27401户。全市累计归集住房公积金200.61亿元;累计提取住房公积金109.78亿元;累计发放个人住房贷款118.82亿元;累计上缴市财政廉租房保障资金7.05亿元。公积金余额90.83亿元,贷款余额71.17亿元,个贷率78.36%;逾期率0.01%。

# 第三章　资金运营

萍乡市住房公积金制度于1997年全面启动，历经从无到有、从小到大、从弱到强的历史跨越。市中心在履行住房公积金的筹集、运营、归集管理等职能时，以满足人民群众日益增长的住房需求的工作目标，以优化服务环境、狠抓服务质量、提升服务效能为重点，重点抓好不断强化住房公积金归集工作，努力扩大制度覆盖面，充分发挥归集扩面在住房公积金制度中的龙头作用，确保全市住房公积金的良好发展态势；重点抓好认真贯彻国家相关房地产发展政策，积极支持自住改善型住房需求，充分发挥住房公积金消费能力和住房保障的资金支持作用，使住房公积金制度更具有强大生命力；重点抓好加强住房公积金流动性风险管理，保证住房公积金的资金供需平衡，合理控制资金流动，强化风险管控，建立有效的控制资金平衡的管理机制；重点抓好继续完善服务措施，转变服务理念工作，不断推出便民利民的服务措施，进一步方便缴存单位和缴存职工办理相关业务，全力打造萍乡住房公积金金融服务平台，提升服务水平。

## 第一节　资金运营基本概况

1997年，萍乡市开始全面推行住房公积金制度。按照《萍乡市深化城镇住房制度改革的若干规定的通知》（萍府发〔1996〕50号）精神，1997年，单位和职工个人公积金的缴交率各为5%，外商投资企业及其中方职工各为7%。今后公积金的缴交率将随着经济发展和职工收入提高适时调整。但由于当时普遍存在经济效益不佳，对住房公积金作用认识不到位等诸多原因，因而在实践中推行住房公积金制度遇到较大困难，1997年市级归集住房公积金只有1289.92万元。为保证住房公积金资金运营，促进公积金保值增值，市中心仍然利用公积金资金用于安居住宅建设，发放公积金专项贷款，用以推进房地产事业发展，解决职工住房困难问题。1999年4月，国务院颁发《住房公积金管理条例》，通过广泛宣传贯彻《住房公积金管理条例》，全市住房公积金工作开始步入法制化和规范化轨道。到1999年6月底，全市包括萍矿和莲花、上栗、芦溪三县共归集住房公积金达3571万元。市中心也充分利用住房公积金闲置资金购买国债，使其增值。2000—2002年，市中心以社会效益为目标，以住房公积金资金放贷为重点，充分挖掘潜在市场，一手抓逾期贷款回收，一手抓住房公积金保值增值，拓宽资金增值渠道。2001 年，市中心将住房公积金沉淀资金安排转存定期存款。2002 年，为管好用好住房公积金，确保其增值，根据相关文件精神，也投资购买国债。

2003—2008 年，市中心坚持住房公积金归集为重点，通过发放住房公积金个人贷款，实现增值收益，积极主动盘活资产，充分发挥住房公积金效益，进一步发展全市住房公积金事业。2005 年，市中心充分挖掘潜在市场，拓宽资金增值渠道，全市累计归集公积金 35663 万元，市本级累计归集 32035 万元，三县累计归集 3628 万元。全市住房公积金覆盖率为 50%，归集增长率为 47.2%。2006 年实现增值收益 463.36 万元。同时，市中心加大清收历史逾期贷款力度和化解国债购买的风险。针对亚洲证券有限公司违反托管协议，擅自将市中心购买的 2000 万元国债非法质押，造成极大的资金安全风险，市中心开展极为艰难的购买国债维权工作。在市委、市政府的正确领导下，市公安局、市法院、市检察院介入下，经多方努力，国债购买维权案取得成功，及时化解这一重大金融风险。2007 年至 2008 年，市中心逐步扩大贷款范围、调整贷款额度、放宽贷款期限，2008 年，市中心发放住房公积金个人贷款 4686.58 万元。进一步满足广大职工改善住房的需要，也活跃房地产市场，促进当地经济社会发展。

2009—2015 年，这是全市公积金事业得到快速发展时期。2012 年，全市共归集住房公积金 5.07 亿元，完成年计划 134.6%，同比增长 19.10%，累计归集住房公积金 23.96 亿元，余额 17.98 亿元。同时市中心加大清收历史逾期贷款力度和化解国债购买的风险，扩大贷款范围、调整贷款额度、放宽贷款期限，不断满足全市广大职工改善住房的需要。到 2015 年底，全市实缴单位 1346 家，实缴职工 9.24 万人，缴存 8.09 亿元，同比增长 22.52%。当年新开户单位 77 家，新开户职工 0.23 万人。2015 年底，缴存总额 45.63 亿元，缴存余额 30.09 亿元，同比分别增长为 22.76%、14.07%。

2016—2023 年，是中心公积金事业快速发展时期。2016 年底，市中心发放住房公积金贷款达 55512.30 万元，比 2009 年增长近 11 倍，住房公积金个人贷款逾期率远低于建设部安全警戒线。2016 年上缴廉租房建设资金 6000 万元。累计拉动全市房地产市场消费近 30 亿元，为政府增加税费收入约 2.6 亿元，支持市政府建成廉租房 12 万多平方米。累计有 4 万多户职工通过住房公积金提取和贷款改善居住条件，支持购、建房面积 20 多万平方米。

2017 年，市住房公积金中心出台住房公积金十一条新政策，内容包括：提高住房公积金贷款最高限额，降低贷款首付比例，降低贷款门槛，取消第二套房贷款利率上浮和贷款额度限制，延长贷款期限，实行提贷并举，适度放宽提取政策，放完支付房租提取条件，实行“商转公”贷款政策，实行公积金与银行“组合贷款”政策，实施全省公积金贷款“一体化”政策，实施全国异地贷款政策等，涉及面广力度大，有力地促进各项业务的发展，满足广大缴存人的多种需求，为改善民生，促进房地产市场健康稳定发展发挥积极作用。这期间，市中心对办事大厅服务窗口进行改造，安装视频监控、服务评价器和排队叫号系统，改善办公环境，使布局更加合理，大厅办理业务环境更加宽敞、舒适。

2018 年，全市公积金实缴单位数、实缴职工数和缴存额同比分别增长 11.35%、3.8% 和 7.22%。缴存单位中，国家机关和事业单位占 70.22%，国有企业占 8.88%，城镇集体企业占 1.37%，外商投资企业占 0.97%，城镇私营企业及其城镇企业占 8.25%，民办非企业单位和社会团体占 1.89%，其他占 8.42%。缴存职工中，国家机关和事业单位占 59.37%，国有企业占 24.13%，城镇集体企业占0.7%,外商投资企业占1.06%,城镇私营企业及其城镇企业占7.20%,民办非企业单位和社会团体占0.9%,其他占6.64%,中、低收占99.05%,高收入占0.95%。新开户职工中,国家机关和事业单位占39%,国有企业占11.53%,城镇集体企业占1.10%,外商投资企业占3.25%,城镇私营企业及其城镇企业占22.34%,民办非企业单位和社会团体占3.02%,其他占19.76%,中、低收占99.78%,高收入占0.22%。在提取业务中,2018年,2.69万名缴存职工提取住房公积金10.99亿元。提取金额中,住房消费提取占70.26%(购买、建造、翻建、大修自住住房占39.11%,偿还购房贷款本息占31.12%,租赁住房占0.03%,其他占0%);非住房消费提取占29.74%(离休和退休提取占25.31%,完全丧失劳动能力并与单位终止劳动关系提取占2.79%,户口迁出本市或出境定居占0.04%,其他占1.60%)。提取职工中,中、低收入占97.14%,高收入占2.86%。在贷款业务中,个人住房贷款,2018年,支持职工购建房57万平方米,年末个人住房贷款市场占有率37.64%,比上年增长8.85个百分点。通过申请住房公积金个人住房贷款,可节约职工购房利息支出42000万元。职工贷款笔数中,购房建筑面积90(含)平方米以下占7.48%,90~144(含)平方米占67.64%,144平方米以上占24.88%。购买新房占85.14%(其中购买保障性住房占0%),购买存量商品住房占12.09%,建造、翻建、大修自住住房占0.16%,其他占2.61%。职工贷款笔数中,单位缴职工申请贷款占19.89%,双缴存职工申请贷款占80.08%,三人及以上缴存职工共同申请贷款占0.02%。贷款职工中,30岁(含)以下占27.86%,30—40岁(含)占39.14%,40—50岁(含)占25.75%,50岁以上占7.25%;首次申请贷款占90.88%,二次及以上申请贷款占9.12%;中、低收入占99.70%,高收入占0.30%。异地贷款,2018年,发放异地贷款133笔4675.70万元。2018年末,发放异地贷款总额13286.00万元,异地贷款余额11915.70万元。2018年,个人住房贷款发放额、公转商贴息贷款发放额、项目贷款发放额、住房消费提取额的总和与当年缴存额的比率为151.92%,比上年增加42.10个百分点。

2021年5月,市中心迁入市城市大厦市民服务中心,使各项服务设施和水平又上一个新的台阶。2021年,调整贷款额度和首付款比例,将职工购建第一套自住住房的贷款额度由现有的55万元提高至60万元;购建第二套自住住房时,首付款比例由现有的40%降低至30%。截至2021年10月底,已有1206户家庭享受该政策优惠,合计贷款金额39365.2万元。提高租房提取金额。将支付房租提取金额由600元/月提高至1000元/月。新政策实施,后租房提取人数有140人,金额合计159.19万元。调整核实房屋套数方式。对于已办理不动产权证的农村宅基地住房,不纳入贷款申请人家庭房屋套数的认定,切实减轻购房人的经济负担。这一年,市中心积极落实"人才强市"战略,出台相关文件,明确凡符合贷款条件的大中专毕业生,首套房可最高贷款60万元,且不受个人账户余额20倍的限制。这项新政策实施以来,享受"昭萍英才"相关政策获批住房贷款98万元。不受个人公积金余额20倍限制的贷款人44户,贷款金额合计1638万元。这一年,市中心还及时调整住房公积金缴存基数上下限,第一时间将住房公积金缴存基数上下限进行调整,以保障职工可以享受的基本福利待遇。市中心在推进开展缴存扩面上,以社区工作人员和幼儿园教师为重点,进行专项部署,谋划制定工作方案,积极开展宣传动员。到2022年底,已新增25家社区,新增缴存人数146人。2022年全年新增开户单位150家,新增开户人数3448人,比上年同期增加426人。到

2022 年,全市共归集住房公积金资金达 1735894. 66 万元,提取资金 911523. 61 万元,放贷金额 1100309,52 万元,放贷户数 42645 户,增值收益达 89494. 50 万元。2023 年底,全市累计归集住房公积金 200. 61 亿元,累计提取住房公积金 109. 78 亿元。

## 第二节　资金运营模式

### 一、个人住房公积金贷款

(一)贷款条件

凡所在单位正常缴存住房公积金 1 年(含 1 年)以上且本人正常缴存 6 个月(含 6 个月)的在职职工,在购买、建造、翻建、大修自住住房行为发生之日起 2 年内,可以申请个人贷款。

职工在申请贷款时还应具备以下条件:具有完全民事行为能力;具有稳定的经济收入,个人信用良好,具备偿还贷款本息的能力;具有真实、合法、有效的购买、建造、翻建、大修自住住房的合同(协议)、《房屋所有权证》或其他证明资料;购买自住住房的,还需支付占购房价款 30%(含 30%)以上的首期付款;同意按照规定设立抵(质)押、保证等担保手续,且抵(质)押物的所有人必须具有完全民事行为能力;没有可能影响贷款偿还的债务;身体健康状况良好;管理中心规定的其他条件。

(二)贷款种类

现房抵押贷款:职工在未与中心签约按揭的楼盘购买住房的,可用其他房屋抵押向中心申请购房贷款。期房按揭贷款:职工在与中心签约的楼盘购买住房的,可在支付规定比例的首付款后,直接用购买的期房抵押向中心申请贷款。二手房贷款:职工在购买二手房后,可直接凭过户到其本人(或配偶)名下的房屋所有权及契税完税凭证申请贷款,并用该房抵押。银行按揭贷款转住房公积金贷款:职工在银行办理住房按揭贷款后,符合条件时,可将银行按揭贷款转为住房公积金贷款。

(三)贷款额度

不得超出购买、建造、翻建或大修自住住房总价款的 70%;拆迁购房其购房总金额应扣除拆迁安置补贴;借款人及其配偶已提取住房公积金购买、建造、翻建或大修自住住房,同时需要申请贷款的,提取与贷款总金额不得超过购买、建造、翻建或大修自住住房总价款;借款人以房产作抵押的,不得超过抵押房评估价值的 70%;借款人以本人及其配偶住房公积金(住房补贴)账户余额作质押的,不得超过质押物价值的 100%;以他人住房公积金(住房补贴)或其他的质押物作质押的,不得超过质押物价值的 80%。1999 年 1 月 1 日至 2007 年 9 月,最高贷款额度 10 万元;2007 年 9 月至 2009 年 4 月,最高贷款额度 15 万元;2009 年 4 月 27 日至 2009 年 8 月 27 日,最高贷款额度调整至 20 万元;2012 年 8 月 27 日,最高贷款额度调整至 30 万元,2018 年,最高贷款额度又调整到 40 万元。随后又调整到购买首套自住房,最高资金使用额为 55 万元;购买第二套住房,最高资金使用额为 50 万元。购买二手房首套自住房的,贷款额度不超过房款的 70%,购买二手房自住的,最高贷款额度为45万元。

（四）贷款利率

个人住房公积金贷款利率按中国人民银行公布的利率标准执行。贷款期间如遇人民银行有关住房公积金贷款利率调整时，新发放的贷款从发放之日起执行新的利率标准，利率调整日前发放的贷款合同期限在1年（含1年）以内的，执行合同利率，不分段计息；合同期限在1年以上的，从调整利率次年1月1日起，按相应利率档次执行新的利率标准。

**萍乡市住房公积金2011—2023年贷款利率**

**单位：年利率%**

| 调整日期 | 5年以内（含5年） | 5年以上 |
| --- | --- | --- |
| 2011年2月9日 | 4 | 4.5 |
| 2011年4月6日 | 4.2 | 4.7 |
| 2011年7月7日 | 4.45 | 4.9 |
| 2012年6月8日 | 4.2 | 4.7 |
| 2012年7月6日 | 4 | 4.5 |
| 2014年11月22日 | 3.75 | 4.25 |
| 2015年3月1日 | 3.5 | 4 |
| 2015年5月11日 | 3.25 | 3.75 |
| 2015年6月28日 | 3 | 3.5 |
| 2015年8月26日 | 2.75 | 3.25 |
| 2022年10月1日—2023年12月31日 | 2.6 | 3.1 |

（五）贷款期限

借款人最终还贷期原则上不得超出法定退休年龄；用房产作抵押的，其房产竣工时间至贷款合同约定到期日的期限不得超出国家规定的房产有效期限；贷款最长期限由管委会确定并公布。萍乡市历年住房公积金贷款最长期限调整情况：1999年1月1日，市住房公积金管委会确定住房公积金贷款，最长期限20年；2009年4月27日，市住房公积金管委会将住房公积金贷款最长期限调整至30年，后又调整到35年。

（六）还贷方式

贷款期限在1年（含1年）以内的，实行到期一次还本付息，利随本清。贷款期限在1年以上的，实行月均等额本息还款方式偿还贷款本息。借款人应按贷款合同约定按时偿还贷款本息；对冲还贷方式：符合公积金对冲还贷相关条件的借款人，可每月提取本人及配偶的住房公积金直接抵还贷款月还款额；柜面还款方式：借款人直接到受委托银行还款。偿还方式由管理中心根据借款人实际情况确定。

（七）征信审查

2007 年 4 月，市中心接入人民银行个人信用信息基础数据库，并开始在职工贷款申办过程中查询职工个人信用报告以防范贷款风险。

**萍乡市 2005—2023 年住房公积金个人信用报告查询情况**

| 年份 | 查询笔数 | 拒贷笔数 | 拒贷金额（万元） | 年份 | 查询笔数 | 拒贷笔数 | 拒贷金额（万元） |
|---|---|---|---|---|---|---|---|
| 2005 | 699 | 12 | 84 | 2015 | 2745 | 220 | 5720 |
| 2006 | 1151 | 132 | 1188 | 2016 | 3667 | 310 | 9610 |
| 2007 | 1166 | 130 | 1170 | 2017 | 3363 | 281 | 9554 |
| 2008 | 1066 | 96 | 960 | 2018 | 4691 | 358 | 12888 |
| 2009 | 1260 | 152 | 2128 | 2019 | 5199 | 360 | 12240 |
| 2010 | 1577 | 220 | 3300 | 2020 | 5896 | 371 | 11501 |
| 2011 | 757 | 65 | 975 | 2021 | 3164 | 125 | 4125 |
| 2012 | 893 | 78 | 1326 | 2022 | 2029 | 89 | 2848 |
| 2013 | 1043 | 82 | 1722 | 2023 | 2753 | 96 | 3168 |
| 2014 | 1045 | 85 | 1870 | | | | |

（八）贷款流程

市本级贷款业务流程：营业部受理、初审→稽核科复审→中心主任审批→与客户签订合同，抵押到位后→营业部主任签署放款意见→发放贷款。

## 二、保障房建设

重视保障房建设是民生工程的重要内容，也是市中心的重要工作职责。市中心在成立之初，便投入房改资金做这一工作，并在实践中逐步加大力度，资金投入也不断增加。至 2010 年底，市中心累计为 9 万多名职工开设公积金专户，是 2005 年的 252. 3% ，2010 年归集余额是 2005 年的三倍多。“十一五”期间，共提取廉租房补充资金 1654. 65 万元，到 2010 年底，累计提取 700. 65 万元。2010 年上缴市财政廉租房建设补充资金 531 万元，超计划 200 万元，在全省同等规模地市名列第一。2011 年，廉租房建设补充资金达 725 万元。

2012 年 9 月，根据住房和城乡建设部《关于扩大利用住房公积金贷款支持保障性住房建设试点范围的通知》（建金〔2012〕130 号），市中心根据相关文件精神，加大这方面工作力度，这一年上缴市财政廉租房建设补充资金 728. 06 万元，累计上缴市财政廉租房建设补充资金 2428. 71 万元。2016 年上缴市廉租房建设补充资金 6000 万元。2017 年，上缴财政廉租房建设补充资金 4752. 24 万元。2021 年，上缴财政城市廉租房（公共租赁住房）建设补充资金 6838 万元。2022 年，提取并上缴市财政廉租房建设补充资金 8670 万元,累计上缴市财政廉租房建设补充资金 59388.52 万元。

2023 年,市中心积极响应"保交楼、保民生、保稳定"工作部署,抓好配套融资工作。市中心主动与市住建局、人民银行、各住房公积金受托银行对接,对保交楼项目配套融资情况进行摸底,研究制定《关于引导住房公积金受托银行做好保交楼融资配套的工作措施》,引导住房公积金受托银行做好保交楼配套融资工作。截至目前,共退付 15 个保交楼项目贷款保证金 7005.11 万元。2023 年,市中心在推动资金营运中出台《萍乡市灵活就业人员缴存和使用住房公积金暂行管理办法》。面向萍乡行政区域内所有灵活就业人员全面开展住房公积金建缴工作,解决灵活就业人员购房融资需求问题;同时,加大政策宣传力度,重点针对非公企业建立住房公积金制度采取"低门槛、先进入、后调整、广覆盖"的办法进行催建催缴,指导督促非公企业依法履行缴存义务,必要时下达《履行住房公积金账户设立、缴存登记通知函》督促建立住房公积金缴存制度。截至 2023 年 12 月底,新增缴存单位 435 个,新增缴存人数 12559 人。这一年,市中心还全面规范住房公积金缴存基数工作。2023 年 8 月,出台《关于规范机关事业单位和国有企业住房公积金缴存基数的通知》(萍公积金委字〔2023〕7 号),对全市机关事业单位和国有企业工作人员的工资计提基数进行明确界定,进一步加强缴交住房公积金基数的真实性、合规性管理。2023 年,上缴市财政廉租房保障金 1.12 亿元。

## 三、定期存款

2010 年开始,为提高资金营运效益,在保证职工提取和使用住房公积金后,中心将市本级住房公积金沉淀资金安排转存定期存款。2012 年 1 月起,市中心将管理部归集户资金逐月上划,管理部仅保留日常支取、贷款所需资金,由市中心统一安排资金调度,转存定期。2022 年末,住房公积金存款 13.21 亿元,其中,活期 0.02 亿元,1 年(含 1 年以下定期)0 亿元,1 年以上定期 5 亿元,其他(协定、通知存款等)8.19 亿元。

萍乡市 2010—2023 年住房公积金定期存款余额

单位:万元

| 年份 | 余额 | 年份 | 余额 |
|---|---|---|---|
| 2010 | 54480 | 2017 | 80670 |
| 2011 | 84132 | 2018 | 37810 |
| 2012 | 113312 | 2019 | 11700 |
| 2013 | 142770 | 2020 | 0 |
| 2014 | 169020 | 2021 | 0 |
| 2015 | 152620 | 2022 | 50000 |
| 2016 | 117190 | 2023 | 111600 |

## 第三节　贷款发放与催收

### 一、贷款发放

1998 年 7 月，市政府印发《萍乡市政策性住房资金个人住房抵押贷款试行办法》（萍府发〔1998〕15 号），市中心按照这一文件要求，自 1999 年 6 月开始，市中心安排资金用于安居工程安排住宅建设。市中心制定并实施《安居工程使用公积金贷款管理办法》。是年，全市住房公积金贷款达 1224.37 万元。为推动安居工作建设进一步发展，市房改办、市住房公积金管理中心、市人民银行等单位制发《萍乡市区职工购买自住住房低息贷款试行办法》，治理房地产市场，加快城市化建设进程。2000 年全市住房公积金贷款增加到 1760.23 万元。

2001 年，加强抵押贷款管理，制定《萍乡市住房资金管理中心贷款操作程序及审批制度》和《个人住房抵押贷款审批规程》。是年，全市住房公积金贷款增加到 3135.98 万元。市本级贷款涉及文教卫、行政司法、企业等部门单位。2002 年，为严格住房公积金贷款安全发放，防范风险，市中心要求贷款对象要首选经济效益好、还贷能力强的集团客户，对散户贷款严加把关，切实做好贷前审批和贷后管理。是年，全市发放住房公积金贷款 2101.07 万元。2002 年，市中心将人、户均贷款最高限额分别提至 6 万元和 10 万元，期限延长至 15 年，但须办理保险及公证手续，以规避贷款风险同步增加。市中心面对放贷规模扩大和贷款余额增多，回收手段依托银行、结算信息滞后等情况，要求尽量避免贷款逾期。这一年为 570 户发放贷款 2049 万元。

2003 年，市住房公积金贷款受贷款市场日趋饱和、机构调整等因素影响，市中心本着“谨慎、稳健、安全”原则，保证资金安全运行，加大对优质客户群体陆续放贷，当年全市住房公积金贷款 3939.95 万元，比上年大幅增长。

2007 年 7 月，市住房公积金管理委员会行文规定，住房公积金贷款额度最高不得超过 25 万元，贷款期限最长不得超过 20 年。12 月，根据《中华人民共和国担保法》等法律法规规定，明确 2008 年 1 月起，办理房产贷款抵押时，土地性质为集体土地一律不得受理；土地性质为划拨的，应办理相关批准手续，转为出让后才予办理。2008 年，中心整合贷款合同，简化贷款手续，拓宽贷款渠道，不断完善贷款调查、审查、审批和贷后跟踪管制制度和对逾期贷款的预警及催收机制，做到“贷前审查、贷中检查、贷后监督、逾期即催”。规定购买商品房现房、期房、二手房等各类普通住房均可申请住房公积金贷款，全市全年住房公积金贷款 1036 户，贷款金额 8177.80 万元。

2009 年，市住房公积金管理中心加大放贷力度，调优住房公积金贷款政策，降低贷款门槛。贷款最高额度由 20 万元调整至 25 万元，后又根据市人民政府文件要求调整为 30 万元，最长期限由 20 年调整至 30 年。职工购同一套住房可以先取后供，同时职工家庭首购房面积在 144 平方米以下，首付款由以前的 30% 调到 20%。2010 年，共发放贷款户数 1357 户，比 2008 年增加 240 多户，增长 29%。发放个人住房贷款 84990.92 万元。2010 年到 2012 年，进一步推行住房公积金按揭贷款，这三年为 27 家住房公积金找按揭签约楼盘,发放按揭贷款2864户45143.55万元。2015年起至2020年,市中心共与65家楼盘签约,为23661户干部职工发放约77.97亿元住房公积金贷款。为优化贷款办事流程,市中心再次升级贷款管理软件,完善贷款业务操作系统的基础上,狠抓贷款流程的优化。2016年,对首次购买住房且购房面积在90平方米以下的购房职工,实行可提可贷可对冲还贷政策;继续实施差别化贷款政策,按照"保一限二禁三"原则,支持自主需求,抑制投资、投机性购房。做大按揭贷款规模,在风险可控的情况下放宽按揭贷款楼盘的准入门槛。全年发放住房公积金个人贷款107321.39万元。市中心及时与各受托银行进行沟通、研讨与协商,优化贷款流程,简化办事手续。推出人性化贷款模式,针对全市近两年职工团购商品房较多的情况,中心经常上门服务,现场面签,共上门620余次,为1685名干部职工提供现场签约服务。仅2020年这一年,市中心通过住房公积金贷款5552笔,共计17.56亿元,为3.42万缴存职工提取住房公积金金额12.40亿元,支持4万户职工改善住房条件,推动市房地产市场消费120亿元,为政府增加税费收入近13亿元,帮助5525户职工家庭发放个人贷款17.65亿元,完成年计划147.08%,同比增长7.23%,收回住房公积金贷款本息5.56亿元,同比增长18.55%。全市逾期贷款47.55万元,逾期率为0.07‰,低于省住建厅0.04%的考核指标。2021年至2022年,萍乡市共推出6批32家按揭贷款楼盘,分别发放个人住房贷款3039笔10.09亿元和2120笔6.82亿元,发放按揭贷款近5200户共近17亿元。2022年,支持职工购建房28.03万平方米(含公转商贴息贷款)。年末,个人住房贷款市场占有率(含公转商贴息贷款)为27.85%。通过申请住房公积金个人住房贷款,可节约职工购房利息支出11593万元。

**萍乡市2010—2023年住房公积金贷款情况**

单位:万元

| 年度 | 全市合计 | 市本级 | 县区级 | | | | |
|---|---|---|---|---|---|---|---|
| | | | 小计 | 莲花县 | 上栗县 | 芦溪县 | 湘东区 |
| 2010 | 20336.10 | 15848.20 | 4851.90 | 1957.50 | 824.60 | 1563.50 | 506.30 |
| 2011 | 10719.65 | 7384.70 | 3334.95 | 1136.00 | 790.00 | 1005.20 | 403.15 |
| 2012 | 13987.80 | 11073.50 | 2914.30 | 1232.00 | 716.80 | 696.50 | 269.00 |
| 2013 | 20247.40 | 14304.70 | 5942.70 | 1828.20 | 1672.50 | 1546.50 | 895.50 |
| 2014 | 21563.40 | 16141.80 | 5421.60 | 1502.80 | 1397.40 | 1504.40 | 1017.00 |
| 2015 | 66468.76 | 55760.33 | 10708.43 | 4293.30 | 2009.40 | 2548.60 | 1857.13 |
| 2016 | 107321.39 | 90475.90 | 16845.49 | 6121.90 | 3389.40 | 5377.80 | 1956.39 |
| 2017 | 105058.30 | 85679.30 | 19379.00 | 4402.00 | 4195.30 | 8991.70 | 1790.00 |
| 2018 | 159755.80 | 117888.10 | 41867.70 | 8365.40 | 8971.80 | 19826.50 | 4704.00 |
| 2019 | 164587.30 | 139320.10 | 25267.20 | 5625.10 | 7261.40 | 10137.70 | 2243.00 |
| 2020 | 176548.80 | 146682.40 | 29866.40 | 7224.80 | 6998.60 | 10591.00 | 5052.00 |
| 2021 | 100908.20 | 71971.70 | 28936.50 | 9460.50 | 7964.00 | 7828.00 | 3684.00 |
| 2022 | 68151.80 | 49715.50 | 18436.30 | 5213.30 | 4636.00 | 5519.00 | 3068.00 |
| 2023 | 87939.20 | 61540.40 | 26398.80 | 4681.41 | 6567.00 | 11778.40 | 3372.00 |

## 二、贷款逾期催收

借款人未按照贷款合同约定的时间偿还贷款本息的，应承担违约责任，逾期的贷款本息按中国人民银行规定计收罚息。借款人不能履行贷款合同，出现下列情况的，管理中心有权通过提前行使担保权或其他方式收回贷款本息：借款人连续 6 个月或累计 12 个月未按时偿还贷款本息的；借款人死亡、被宣告死亡或丧失民事行为能力且无继承人或受遗赠人以及离婚的，还款义务人拒绝履行借款人偿还贷款本息义务的；借款人提供虚假证明资料的；借款人擅自改变贷款用途的；借款人违反《个人住房公积金担保贷款合同》规定的任何条款，经管理中心或受委托银行指出，不予纠正的；借款人发生其他足以影响其偿债能力或缺乏偿债诚意行为的。

借款人不能履行《个人住房公积金担保贷款合同》，管理中心依法处置抵（质）押物，所得价款按下列顺序分配：诉讼（仲裁）及处置抵（质）押物等有关费用；偿还借款人所欠贷款本息和支付违约金。处置抵（质）押物所得价款在支付上述款项后，剩余部分退还抵押人。若所得价款不足以支付上述款项时，管理中心有权向借款人和保证人追偿。2019 年末，个人住房贷款逾期额 63.81 万元，逾期率为 0.12‰；2022 年末，个人住房贷款逾期额 47.55 万元，逾期率为 0.07‰。

## 2009—2023年市中心住房公积金业务指标情况表

单位：万元

| 年度 | 公积金归集 | | | | 公积金提取 | | | | 公积金余额 | 公积金贷款 | | | | | | | | |
|---|---|---|---|---|---|---|---|---|---|---|---|---|---|---|---|---|---|---|
| | 本年 | | 累计 | | 本年 | | 累计 | | | 发放贷款 | | | | 回收贷款 | | 贷款余额 | 逾期贷款 | |
| | | | | | | | | | | 本年 | | 累计 | | | | | | |
| | 归集金额 | 结息金额 | 归集金额 | 结息金额 | 金额 | 人数 | 金额 | 人数 | | 金额 | 户数 | 金额 | 户数 | 本年金额 | 累计金额 | | 金额 | 户数 |
| 2009 | 27973.95 | 973.34 | 111660.36 | 3399.41 | 8366.96 | 4412 | 28215.28 | 38426 | 86844.49 | 16317.10 | 1108 | 64654.82 | 9040 | 5952.66 | 27315.53 | 37339.29 | 41.63 | 24 |
| 2010 | 30297.33 | 1304.65 | 141957.69 | 4704.06 | 10827.45 | 5447 | 39042.73 | 43873 | 107619.02 | 20336.10 | 1357 | 84990.92 | 10397 | 7535.57 | 34851.10 | 50139.82 | 17.11 | 28 |
| 2011 | 39582.26 | 2724.84 | 181539.95 | 7428.90 | 9289.20 | 4224 | 48331.93 | 48097 | 140636.92 | 10719.65 | 692 | 95710.57 | 11089 | 8424.05 | 43275.15 | 52435.42 | 13.79 | 13 |
| 2012 | 47140.53 | 3525.08 | 228680.48 | 10953.98 | 11472.13 | 4500 | 59804.06 | 52597 | 179830.40 | 13987.80 | 815 | 109698.37 | 11904 | 9141.75 | 52416.90 | 57281.47 | 22.02 | 20 |
| 2013 | 56807.57 | 4110.17 | 285488.05 | 15064.15 | 19275.55 | 6123 | 79079.61 | 58720 | 221472.59 | 20247.40 | 961 | 129945.77 | 12865 | 9936.47 | 62353.37 | 67592.40 | 21.14 | 15 |
| 2014 | 65979.84 | 5109.30 | 351467.89 | 20173.45 | 28858.01 | 9943 | 107937.62 | 68663 | 263703.72 | 21563.40 | 960 | 151509.17 | 13825 | 10502.24 | 72855.61 | 78653.56 | 13.04 | 15 |
| 2015 | 85840.46 | 3810.87 | 437308.35 | 23984.32 | 47498.32 | 14890 | 155435.94 | 83553 | 305856.73 | 66468.76 | 2525 | 217977.93 | 16350 | 12120.51 | 84976.12 | 133001.81 | 13.24 | 13 |
| 2016 | 105311.11 | 4533.61 | 542619.46 | 28517.93 | 55512.04 | 16428 | 210948.24 | 99981 | 360189.15 | 107321.39 | 3357 | 325299.32 | 19707 | 16878.00 | 101854.12 | 223445.20 | 39.71 | 28 |
| 2017 | 130114.01 | 5343.87 | 672733.47 | 33861.80 | 67313.59 | 21073 | 278261.83 | 121054 | 428333.44 | 105058.30 | 3082 | 430357.62 | 22789 | 24049.77 | 125903.89 | 304453.73 | 199.21 | 58 |
| 2018 | 149781.06 | 6180.15 | 822514.53 | 40041.95 | 109871.06 | 105793 | 388132.89 | 226847 | 474423.59 | 159755.80 | 4333 | 590113.42 | 27122 | 34336.24 | 160240.13 | 429873.29 | 97.75 | 18 |
| 2019 | 175275.45 | 6960.40 | 997789.98 | 47002.35 | 140835.00 | 192179 | 528967.90 | 419026 | 515824.43 | 164587.30 | 4839 | 754700.72 | 31961 | 46854.19 | 207094.32 | 547606.40 | 63.81 | 14 |
| 2020 | 197705.92 | 7813.55 | 1195495.90 | 54815.90 | 124002.65 | 247505 | 652970.55 | 666531 | 597341.25 | 176548.80 | 5525 | 931249.52 | 37486 | 55580.40 | 262674.72 | 668574.80 | 47.55 | 13 |
| 2021 | 226661.27 | 8847.78 | 1422157.17 | 63663.68 | 119265.75 | 302432 | 772236.30 | 968963 | 713584.55 | 100908.20 | 3039 | 1032157.72 | 40525 | 61833.11 | 324507.83 | 707649.89 | 32.97 | 4 |
| 2022 | 239631.06 | 10442.75 | 1661788.23 | 74106.43 | 139287.31 | 332563 | 911523.61 | 1301526 | 824371.05 | 68151.80 | 2120 | 1100309.52 | 42645 | 69242.44 | 393750.27 | 706559.25 | 10.88 | 7 |
| 2023 | 258240.77 | 11950.81 | 1920029.00 | 86057.24 | 186290.74 | 349152 | 1097814.35 | 1650678 | 908271.89 | 87939.20 | 2657 | 1188248.72 | 45302 | 82777.21 | 476527.48 | 711721.24 | 8.40 | 6 |

## 2009—2023 年全市住房公积金业务收支情况表

单位:万元

| 年度 | 业务收入 | | | | | | | | | | 业务支出 | | | | | | | | 增值收益 | | 增值收益分配 | | | | | |
|---|---|---|---|---|---|---|---|---|---|---|---|---|---|---|---|---|---|---|---|---|---|---|---|---|---|---|
| | 存款利息收入 | | 贷款利息收入 | | 其他收入 | | 国债利息收入 | | 合计 | | 利息支出 | | 委托贷款手续费支出 | | 其他支出 | | 合计 | | | | 提取风险准备金 | | 上缴管理费用 | | 上缴公共租赁住房资金 | |
| | 本年 | 累计 | 本年 | 累计 | 本年 | 累计 | 本年 | 累计 | 本年 | 累计 | 本年 | 累计 | 本年 | 累计 | 本年 | 累计 | 本年 | 累计 | 本年 | 累计 | 本年 | 累计 | 本年 | 累计 | 本年 | 累计 |
| 2009 | 1353.18 | 4459.82 | 1203.98 | 6003.40 | 0.00 | 64.76 | 0.00 | 548.21 | 2557.16 | 11076.19 | 1134.91 | 5797.99 | 49.74 | 201.06 | 0.00 | 0.00 | 1184.65 | 5999.05 | 1391.00 | 5077.14 | 115.00 | 405.00 | 745.00 | 3512.14 | 531.00 | 1160.00 |
| 2010 | 1676.94 | 6136.76 | 1711.51 | 7714.91 | 0.47 | 65.23 | 0.00 | 548.21 | 3388.92 | 14465.11 | 1335.90 | 7133.89 | 43.02 | 244.08 | 0.00 | 0.00 | 1378.92 | 7377.97 | 2010.00 | 7087.14 | 100.00 | 505.00 | 1369.34 | 4881.48 | 540.65 | 1700.65 |
| 2011 | 3009.83 | 9146.59 | 2238.03 | 9952.94 | 1.43 | 66.66 | 0.00 | 548.21 | 5249.29 | 19714.40 | 3246.37 | 10380.26 | 112.92 | 357.00 | 0.00 | 0.00 | 3359.29 | 10737.26 | 1890.00 | 8979.20 | 100.00 | 605.00 | 1064.00 | 5945.48 | 728.06 | 2428.71 |
| 2012 | 4907.71 | 14054.30 | 2570.82 | 12523.76 | 2.55 | 69.21 | 0.00 | 548.21 | 7481.08 | 27195.48 | 4682.99 | 15063.25 | 127.09 | 484.09 | 0.00 | 0.00 | 4810.08 | 15547.34 | 2671.00 | 11650.20 | 100.00 | 705.00 | 1257.30 | 7202.78 | 1313.70 | 3742.41 |
| 2013 | 6032.02 | 20086.32 | 2809.63 | 15333.39 | 1.30 | 70.51 | 0.00 | 548.21 | 8842.95 | 36038.43 | 5302.30 | 20365.55 | 142.65 | 626.74 | 0.00 | 0.00 | 5444.95 | 20992.29 | 3398.00 | 15048.20 | 100.00 | 805.00 | 1270.60 | 8473.38 | 2027.40 | 5769.81 |
| 2014 | 7271.09 | 27357.41 | 3281.55 | 18614.94 | 1.39 | 71.90 | 0.00 | 548.21 | 10554.03 | 46592.46 | 5897.67 | 26263.22 | 160.36 | 787.10 | 0.00 | 0.00 | 6058.03 | 27050.32 | 4496.00 | 19544.20 | 0.00 | 805.00 | 1348.00 | 9821.38 | 3148.00 | 8917.81 |
| 2015 | 6587.43 | 33944.84 | 4055.47 | 22670.41 | 1.23 | 73.13 | 0.00 | 548.21 | 10644.13 | 57236.59 | 2344.63 | 28607.85 | 179.50 | 966.60 | 0.00 | 0.00 | 2524.13 | 29574.45 | 8120.00 | 27664.20 | 0.00 | 805.00 | 1310.53 | 11131.91 | 6809.47 | 15727.28 |
| 2016 | 7256.55 | 41201.39 | 5475.60 | 28146.01 | 1.01 | 74.14 | 0.00 | 548.21 | 12733.16 | 69969.75 | 4277.74 | 32885.59 | 136.12 | 1102.72 | 0.00 | 0.00 | 4413.86 | 33988.31 | 8319.30 | 35983.50 | 600.00 | 1405.00 | 1381.07 | 12512.98 | 6000.00 | 21727.28 |
| 2017 | 4771.00 | 45972.39 | 8576.67 | 36722.68 | 1.09 | 75.23 | 0.00 | 548.21 | 13348.76 | 83318.51 | 6054.55 | 38940.14 | 584.21 | 1686.93 | 0.00 | 0.00 | 6638.76 | 40627.07 | 6710.00 | 42693.50 | 600.00 | 2005.00 | 1458.00 | 13970.98 | 4752.24 | 26479.52 |
| 2018 | 3566.10 | 49538.49 | 11860.47 | 48583.15 | 1.79 | 77.02 | 0.00 | 548.21 | 15428.36 | 98746.87 | 7247.47 | 46187.61 | 590.06 | 2276.99 | 4.83 | 4.83 | 7842.36 | 48469.43 | 7586.00 | 50279.50 | 600.00 | 2605.00 | 1300.00 | 15270.98 | 5838.00 | 32317.52 |
| 2019 | 2915.79 | 52454.28 | 15567.55 | 64150.70 | 0.92 | 77.94 | 0.00 | 548.21 | 18484.26 | 117231.13 | 8545.33 | 54732.94 | 778.25 | 3055.24 | 895.68 | 900.51 | 10219.26 | 58688.69 | 8265.00 | 58544.50 | 1693.00 | 4298.00 | 1565.00 | 16835.98 | 5093.00 | 37410.52 |
| 2020 | 2436.24 | 54890.52 | 19659.71 | 83810.42 | 0.81 | 78.75 | 0.00 | 548.21 | 22096.76 | 139327.90 | 7338.01 | 62070.95 | 982.89 | 4038.13 | 4275.86 | 5176.37 | 12596.76 | 71285.45 | 9500.00 | 68044.50 | 1178.00 | 5476.00 | 1852.00 | 18687.98 | 6470.00 | 43880.52 |
| 2021 | 1471.57 | 56362.09 | 22532.44 | 106342.86 | 1.29 | 80.04 | 0.00 | 548.21 | 24005.30 | 163333.20 | 9117.71 | 71188.66 | 1126.38 | 5164.51 | 3761.21 | 8937.58 | 14005.30 | 85290.75 | 10000.00 | 78044.50 | 1170.00 | 6646.00 | 1992.00 | 20679.98 | 6838.00 | 50718.52 |
| 2022 | 2382.66 | 58744.75 | 23066.14 | 129409.00 | 2.79 | 82.83 | 0.00 | 548.21 | 25451.59 | 188784.79 | 11917.66 | 83106.32 | 1153.59 | 6318.10 | 930.34 | 9867.92 | 14001.59 | 99292.34 | 11450.00 | 89494.50 | 454.00 | 7100.00 | 2326.00 | 23005.98 | 8670.00 | 59388.52 |
| 2023 | 4763.58 | 63508.33 | 22082.25 | 151491.25 | 1.44 | 84.27 | 0.00 | 548.21 | 26847.27 | 215632.06 | 12208.31 | 95314.63 | 1104.56 | 7422.66 | 34.40 | 9902.32 | 13347.27 | 112639.61 | 13500.00 | 102994.50 | 0.00 | 7100.00 | 2348.00 | 25353.98 | 11152.00 | 70540.52 |

## 2009—2023年市本级住房公积金业务指标情况表

单位：万元

| 年度 | 公积金归集 | | | | 公积金提取 | | | | 公积金余额 | 公积金贷款 | | | | | | 贷款余额 | 逾期贷款 | |
|---|---|---|---|---|---|---|---|---|---|---|---|---|---|---|---|---|---|---|
| | 本年 | | 累计 | | 本年 | | 累计 | | | 发放贷款 | | | | 回收贷款 | | | | |
| | | | | | | | | | | 本年 | | 累计 | | | | | | |
| | 归集金额 | 结息金额 | 归集金额 | 结息金额 | 金额 | 人数 | 金额 | 人数 | | 金额 | 户数 | 金额 | 户数 | 本年金额 | 累计金额 | | 金额 | 户数 |
| 2009 | 22875.20 | 798.98 | 93915.99 | 2849.76 | 6913.30 | 3616 | 24709.28 | 31607 | 70724.80 | 13116.60 | 854 | 54267.35 | 7589 | 4980.73 | 23555.06 | 30712.29 | 41.63 | 24 |
| 2010 | 23547.74 | 1063.37 | 117463.73 | 3913.13 | 8730.91 | 4420 | 33440.19 | 36027 | 86625.10 | 15484.20 | 961 | 69751.55 | 8550 | 6219.95 | 29775.01 | 39976.54 | 14.71 | 27 |
| 2011 | 31608.42 | 2198.65 | 149072.15 | 6111.78 | 7419.11 | 3234 | 40859.30 | 39261 | 113163.97 | 7384.70 | 438 | 77136.25 | 8988 | 6949.76 | 36724.77 | 40411.48 | 13.79 | 13 |
| 2012 | 36983.27 | 2848.35 | 186055.42 | 8960.13 | 9304.90 | 3468 | 50164.20 | 42729 | 143898.09 | 11073.50 | 645 | 88209.75 | 9633 | 7270.30 | 43995.07 | 44214.68 | 22.02 | 20 |
| 2013 | 43316.32 | 3310.03 | 229372.24 | 12270.16 | 15503.26 | 4549 | 65667.46 | 47278 | 175196.46 | 14304.70 | 639 | 102514.45 | 10272 | 7642.77 | 51637.84 | 50876.61 | 21.14 | 15 |
| 2014 | 48904.23 | 4066.89 | 278276.47 | 16337.05 | 23971.71 | 7901 | 89639.17 | 55179 | 203753.83 | 16141.80 | 706 | 118656.25 | 10978 | 8124.00 | 59761.84 | 58894.41 | 13.04 | 15 |
| 2015 | 62574.91 | 2975.26 | 340851.38 | 19312.31 | 38388.23 | 11445 | 128027.40 | 66624 | 231198.64 | 55760.33 | 2063 | 174416.58 | 13041 | 9327.61 | 69089.45 | 105327.13 | 13.24 | 13 |
| 2016 | 67149.78 | 3427.58 | 408001.16 | 22739.89 | 41213.99 | 11621 | 169241.39 | 78245 | 247817.90 | 90475.90 | 2734 | 264892.48 | 15775 | 13264.83 | 82354.28 | 182538.20 | 31.47 | 26 |
| 2017 | 78400.43 | 3685.45 | 486401.59 | 26425.34 | 47243.75 | 14071 | 216485.14 | 92316 | 284869.32 | 85679.30 | 2379 | 350571.78 | 18154 | 19427.05 | 101781.33 | 248790.45 | 199.21 | 58 |
| 2018 | 94650.57 | 4108.65 | 581052.16 | 30533.99 | 46114.43 | 65738 | 262599.57 | 158054 | 306544.17 | 117888.10 | 3037 | 468459.88 | 21191 | 27091.82 | 128873.15 | 339586.73 | 70.69 | 15 |
| 2019 | 107609.74 | 4482.07 | 688661.90 | 35016.06 | 101011.09 | 114691 | 363610.66 | 272745 | 318089.11 | 139320.10 | 4052 | 607779.98 | 25243 | 37815.12 | 166688.27 | 441091.71 | 63.81 | 14 |
| 2020 | 117345.61 | 4849.08 | 806007.51 | 39865.14 | 80029.68 | 149990 | 443640.34 | 422735 | 360743.77 | 146682.40 | 4631 | 754462.38 | 29874 | 44354.97 | 211043.24 | 543419.14 | 47.55 | 13 |
| 2021 | 132536.87 | 5317.92 | 938544.38 | 45183.06 | 73461.90 | 182399 | 517102.24 | 605134 | 425370.10 | 71971.70 | 2179 | 826434.08 | 32053 | 49288.81 | 260332.05 | 566102.03 | 32.43 | 3 |
| 2022 | 139311.51 | 6201.10 | 1077855.89 | 51384.16 | 85123.17 | 197992 | 602225.41 | 803126 | 486464.14 | 49715.50 | 1541 | 876149.58 | 33594 | 54930.51 | 315262.56 | 560887.02 | 10.88 | 7 |
| 2023 | 149750.24 | 7025.56 | 1227606.13 | 58409.72 | 113844.70 | 208264 | 716070.11 | 1011390 | 530455.37 | 61540.40 | 1808 | 937689.98 | 35402 | 64978.91 | 380241.47 | 557448.51 | 8.40 | 6 |

2009—2023 年湘东区住房公积金业务指标情况表

单位:万元

| 年度 | 公积金归集 | | | | 公积金提取 | | | | 公积金余额 | 公积金贷款 | | | | | | | | |
|---|---|---|---|---|---|---|---|---|---|---|---|---|---|---|---|---|---|---|
| | 本年 | | 累计 | | 本年 | | 累计 | | | 发放贷款 | | | | 回收贷款 | | 贷款余额 | 逾期贷款 | |
| | | | | | | | | | | 本年 | | 累计 | | | | | | |
| | 归集金额 | 结息金额 | 归集金额 | 结息金额 | 金额 | 人数 | 金额 | 人数 | | 金额 | 户数 | 金额 | 户数 | 本年金额 | 累计金额 | | 金额 | 户数 |
| 2009 | 656.31 | 26.24 | 1511.58 | 65.57 | 304.27 | 122 | 483.79 | 256 | 2155.26 | 402.60 | 23 | 645.40 | 40 | 26.96 | 32.09 | 613.31 | 0.00 | 0 |
| 2010 | 786.60 | 32.56 | 2298.18 | 98.13 | 279.37 | 121 | 763.16 | 377 | 2705.68 | 506.30 | 37 | 1151.70 | 77 | 74.83 | 106.92 | 1044.78 | 0.00 | 0 |
| 2011 | 1104.38 | 66.63 | 3402.56 | 164.76 | 255.68 | 100 | 1018.84 | 477 | 3620.00 | 403.15 | 26 | 1554.85 | 103 | 143.24 | 250.16 | 1304.69 | 0.00 | 0 |
| 2012 | 1761.53 | 88.23 | 5164.09 | 252.99 | 264.21 | 143 | 1283.05 | 620 | 5198.78 | 269.00 | 16 | 1823.85 | 119 | 182.93 | 433.09 | 1390.76 | 0.00 | 0 |
| 2013 | 2132.90 | 106.98 | 7296.99 | 359.97 | 529.46 | 290 | 1812.51 | 910 | 6918.08 | 895.50 | 48 | 2719.35 | 167 | 219.49 | 652.58 | 2066.77 | 0.00 | 0 |
| 2014 | 2877.20 | 155.73 | 10174.19 | 515.70 | 716.81 | 374 | 2529.32 | 1284 | 9299.45 | 1017.00 | 48 | 3736.35 | 215 | 321.23 | 973.81 | 2762.54 | 0.00 | 0 |
| 2015 | 4257.12 | 130.78 | 14431.31 | 646.48 | 1318.83 | 642 | 3848.15 | 1926 | 12299.89 | 1857.13 | 81 | 5593.48 | 296 | 382.31 | 1356.12 | 4237.36 | 0.00 | 0 |
| 2016 | 10311.12 | 186.16 | 24742.43 | 832.54 | 2389.52 | 971 | 6237.67 | 2897 | 21045.79 | 1956.39 | 84 | 7549.87 | 380 | 581.58 | 1937.70 | 5612.17 | 0.00 | 0 |
| 2017 | 11495.35 | 306.56 | 36237.78 | 1139.20 | 3804.54 | 1463 | 10042.21 | 4360 | 28754.71 | 1790.00 | 80 | 9339.87 | 460 | 663.39 | 2601.09 | 6738.78 | 0.00 | 0 |
| 2018 | 13406.63 | 417.76 | 49644.41 | 1556.96 | 15646.05 | 9315 | 25688.26 | 13675 | 35309.04 | 4704.00 | 181 | 14043.87 | 641 | 900.74 | 3501.83 | 10542.04 | 26.68 | 1 |
| 2019 | 16830.51 | 526.74 | 66474.92 | 2083.70 | 10149.32 | 18585 | 35837.58 | 32260 | 42525.99 | 2243.00 | 89 | 16286.87 | 730 | 1147.17 | 4649.00 | 11637.87 | 0.00 | 0 |
| 2020 | 19805.71 | 635.94 | 86280.63 | 2719.64 | 10644.54 | 24153 | 46482.12 | 56413 | 52346.55 | 5052.00 | 176 | 21338.87 | 906 | 1314.50 | 5963.50 | 15375.37 | 0.00 | 0 |
| 2021 | 21835.66 | 775.62 | 108116.29 | 3495.26 | 10547.92 | 29704 | 57030.04 | 86117 | 64344.87 | 3684.00 | 119 | 25022.87 | 1025 | 1534.92 | 7498.42 | 17524.45 | 0.00 | 0 |
| 2022 | 22188.36 | 944.79 | 130304.65 | 4440.05 | 12862.91 | 33572 | 69892.95 | 119689 | 74249.92 | 3068.00 | 114 | 28090.87 | 1139 | 1873.33 | 9371.75 | 18719.12 | 0.00 | 0 |
| 2023 | 22764.15 | 1090.11 | 153068.80 | 5530.16 | 15904.75 | 35656 | 85797.70 | 155345 | 81977.14 | 3372.00 | 123 | 31462.87 | 1262 | 2206.28 | 11578.03 | 19884.84 | 0.00 | 0 |

2009—2023 年芦溪县住房公积金业务指标情况表

单位:万元

| 年度 | 公积金归集 | | | | 公积金提取 | | | | 公积金余额 | 公积金贷款 | | | | | | | | |
|---|---|---|---|---|---|---|---|---|---|---|---|---|---|---|---|---|---|---|
| | 本年 | | 累计 | | 本年 | | 累计 | | | 发放贷款 | | | | 回收贷款 | | 贷款余额 | 逾期贷款 | |
| | | | | | | | | | | 本年 | | 累计 | | | | | | |
| | 归集金额 | 结息金额 | 归集金额 | 结息金额 | 金额 | 人数 | 金额 | 人数 | | 金额 | 户数 | 金额 | 户数 | 本年金额 | 累计金额 | | 金额 | 户数 |
| 2009 | 1373.94 | 35.28 | 4071.89 | 113.31 | 294.62 | 189 | 705.64 | 774 | 3662.03 | 1159.90 | 97 | 2987.40 | 319 | 283.59 | 717.12 | 2270.28 | 0.00 | 0 |
| 2010 | 1703.35 | 52.30 | 5775.24 | 165.61 | 505.12 | 283 | 1210.76 | 1057 | 4900.75 | 1563.50 | 136 | 4550.90 | 455 | 481.80 | 1198.92 | 3351.98 | 0.00 | 0 |
| 2011 | 2026.26 | 118.55 | 7801.50 | 284.16 | 434.32 | 279 | 1645.08 | 1336 | 6584.02 | 1005.20 | 84 | 5556.10 | 539 | 472.05 | 1670.97 | 3885.13 | 0.00 | 0 |
| 2012 | 2754.40 | 161.19 | 10555.90 | 445.35 | 542.78 | 280 | 2187.86 | 1616 | 8899.62 | 696.50 | 47 | 6252.60 | 586 | 576.85 | 2247.82 | 4004.78 | 0.00 | 0 |
| 2013 | 3870.27 | 191.47 | 14426.17 | 636.82 | 1110.84 | 512 | 3298.70 | 2128 | 11806.22 | 1546.50 | 94 | 7799.10 | 680 | 741.85 | 2989.67 | 4809.43 | 0.00 | 0 |
| 2014 | 4852.10 | 265.17 | 19278.27 | 901.99 | 1441.52 | 670 | 4740.22 | 2798 | 15955.03 | 1504.40 | 75 | 9303.50 | 755 | 730.54 | 3720.21 | 5583.29 | 0.00 | 0 |
| 2015 | 6823.24 | 221.85 | 26106.51 | 1123.84 | 2697.63 | 1098 | 7437.85 | 3896 | 20249.62 | 2548.60 | 126 | 11852.10 | 881 | 852.06 | 4572.27 | 7279.83 | 0.00 | 0 |
| 2016 | 11162.94 | 300.23 | 37269.45 | 1424.07 | 5085.62 | 1613 | 12523.47 | 5509 | 38713.47 | 5377.80 | 222 | 17229.90 | 1103 | 1053.92 | 5626.19 | 11603.71 | 0.00 | 0 |
| 2017 | 18053.29 | 574.14 | 55332.74 | 1998.21 | 8393.12 | 2663 | 20916.59 | 8172 | 48137.73 | 8991.70 | 332 | 26221.60 | 1435 | 1623.06 | 7249.25 | 18972.35 | 0.00 | 0 |
| 2018 | 18650.73 | 691.10 | 73983.47 | 2689.31 | 23254.58 | 14640 | 44171.17 | 22812 | 55023.31 | 19826.50 | 571 | 46048.10 | 2006 | 2668.88 | 9918.13 | 36129.97 | 0.18 | 1 |
| 2019 | 21488.06 | 803.99 | 95471.53 | 3493.30 | 13995.04 | 27213 | 58166.21 | 50025 | 63166.31 | 10137.70 | 305 | 56185.80 | 2311 | 3504.39 | 13422.52 | 42763.28 | 0.00 | 0 |
| 2020 | 24715.86 | 947.99 | 120187.39 | 4441.29 | 15362.49 | 33218 | 73528.70 | 83243 | 73269.13 | 10591.00 | 322 | 66776.80 | 2633 | 4359.03 | 17781.55 | 48995.25 | 0.00 | 0 |
| 2021 | 30575.76 | 1109.06 | 150763.15 | 5550.35 | 14466.59 | 38712 | 87995.29 | 121955 | 90394.17 | 7828.00 | 241 | 74604.80 | 2874 | 5190.73 | 22972.28 | 51632.52 | 0.00 | 0 |
| 2022 | 31292.86 | 1326.02 | 182056.01 | 6876.37 | 17711.45 | 41759 | 105706.74 | 163714 | 105089.94 | 5519.00 | 175 | 80123.80 | 3049 | 5570.05 | 28542.33 | 51581.47 | 0.00 | 0 |
| 2023 | 33431.39 | 1520.34 | 215487.40 | 8396.71 | 26876.25 | 44163 | 132582.99 | 207877 | 113435.35 | 11778.40 | 395 | 91902.20 | 3444 | 7033.55 | 35575.88 | 56326.32 | 0.00 | 0 |

## 2009—2023 年上栗县住房公积金业务指标情况表

单位:万元

| 年度 | 公积金归集 | | | | 公积金提取 | | | | 公积金余额 | 公积金贷款 | | | | | | | | |
|---|---|---|---|---|---|---|---|---|---|---|---|---|---|---|---|---|---|---|
| | 本年 | | 累计 | | 本年 | | 累计 | | | 发放贷款 | | | | 回收贷款 | | 贷款余额 | 逾期贷款 | |
| | | | | | | | | | | 本年 | | 累计 | | | | | | |
| | 归集金额 | 结息金额 | 归集金额 | 结息金额 | 金额 | 人数 | 金额 | 人数 | | 金额 | 户数 | 金额 | 户数 | 本年金额 | 累计金额 | | 金额 | 户数 |
| 2009 | 1112.31 | 40.64 | 4521.22 | 142.70 | 345.76 | 198 | 849.33 | 4394 | 3839.57 | 891.40 | 65 | 3315.50 | 539 | 275.18 | 1430.71 | 1884.79 | 0.00 | 0 |
| 2010 | 1929.08 | 58.45 | 6450.30 | 201.15 | 469.72 | 204 | 1319.05 | 4598 | 5355.82 | 824.60 | 62 | 4140.10 | 601 | 339.68 | 1770.39 | 2369.71 | 0.00 | 0 |
| 2011 | 2123.41 | 135.97 | 8573.71 | 337.12 | 413.04 | 240 | 1732.09 | 4838 | 7156.75 | 790.60 | 61 | 4930.70 | 662 | 296.18 | 2066.57 | 2864.13 | 0.00 | 0 |
| 2012 | 2466.94 | 169.09 | 11040.65 | 506.21 | 601.42 | 285 | 2333.51 | 5123 | 9120.05 | 716.80 | 39 | 5647.50 | 701 | 412.49 | 2479.06 | 3168.44 | 0.00 | 0 |
| 2013 | 3628.82 | 204.91 | 14669.47 | 711.12 | 891.21 | 365 | 3224.72 | 5488 | 12003.84 | 1672.50 | 92 | 7320.00 | 793 | 527.13 | 3006.19 | 4313.81 | 0.00 | 0 |
| 2014 | 4477.97 | 261.40 | 19147.44 | 972.52 | 1248.51 | 469 | 4473.23 | 5957 | 15460.82 | 1397.40 | 64 | 8717.40 | 857 | 521.90 | 3528.09 | 5189.31 | 0.00 | 0 |
| 2015 | 5255.88 | 209.74 | 24403.32 | 1182.25 | 2299.93 | 792 | 6773.16 | 6749 | 18583.35 | 2009.40 | 88 | 10726.80 | 945 | 573.55 | 4101.64 | 6625.16 | 0.00 | 0 |
| 2016 | 8463.67 | 268.09 | 32866.99 | 1450.35 | 3208.86 | 1055 | 9982.02 | 7804 | 24069.37 | 3389.40 | 121 | 14116.20 | 1066 | 887.74 | 4989.38 | 9126.82 | 0.00 | 0 |
| 2017 | 11606.24 | 358.19 | 44473.23 | 1808.54 | 3615.81 | 1469 | 13597.83 | 9273 | 31836.45 | 4195.30 | 154 | 18311.50 | 1220 | 996.69 | 5986.07 | 12325.43 | 0.00 | 0 |
| 2018 | 12195.70 | 460.34 | 56668.93 | 2268.85 | 12967.00 | 8665 | 26564.83 | 17938 | 37976.72 | 8971.80 | 302 | 27283.30 | 1522 | 1614.57 | 7600.64 | 19682.66 | 0.00 | 0 |
| 2019 | 16348.84 | 562.77 | 73017.77 | 2831.62 | 8468.14 | 17765 | 35032.97 | 35703 | 46381.21 | 7261.40 | 232 | 34544.70 | 1754 | 2146.35 | 9746.99 | 24797.71 | 0.00 | 0 |
| 2020 | 20780.10 | 702.89 | 93797.87 | 3534.5[illegible] | 9017.93 | 23018 | 44050.90 | 58721 | 58689.07 | 6998.60 | 207 | 41543.30 | 1961 | 2672.57 | 12419.56 | 29123.74 | 0.00 | 0 |
| 2021 | 24719.33 | 871.33 | 118517.20 | 4405.84 | 10412.44 | 29966 | 54463.34 | 88687 | 73857.68 | 7964.00 | 242 | 49507.30 | 2203 | 2987.50 | 15407.06 | 34100.24 | 0.54 | 1 |
| 2022 | 27853.58 | 1090.55 | 146370.78 | 5496.39 | 12432.74 | 34468 | 66896.08 | 123155 | 90107.53 | 4636.00 | 146 | 54143.30 | 2349 | 3519.82 | 18926.88 | 35216.42 | 0.00 | 0 |
| 2023 | 31058.62 | 1310.21 | 177429.40 | 6806.60 | 17661.84 | 36024 | 84557.92 | 159179 | 103846.09 | 6567.00 | 194 | 60710.30 | 2543 | 4279.18 | 23206.06 | 37504.24 | 0.00 | 0 |

## 2009—2023 年莲花县住房公积金业务指标情况表

单位：万元

| 年度 | 公积金归集 | | | | 公积金提取 | | | | 公积金余额 | 公积金贷款 | | | | | | | | | |
|---|---|---|---|---|---|---|---|---|---|---|---|---|---|---|---|---|---|---|---|
| | 本年 | | 累计 | | 本年 | | 累计 | | | 发放贷款 | | | | 回收贷款 | | 贷款余额 | 逾期贷款 | |
| | | | | | | | | | | 本年 | | 累计 | | 本年金额 | 累计金额 | | 金额 | 户数 |
| | 归集金额 | 结息金额 | 归集金额 | 结息金额 | 金额 | 人数 | 金额 | 人数 | | 金额 | 户数 | 金额 | 户数 | | | | | |
| 2009 | 1956. 19 | 72. 20 | 7639. 67 | 228. 07 | 509. 02 | 287 | 1467. 25 | 1395 | 6462. 83 | 746. 60 | 69 | 3439. 17 | 553 | 386. 19 | 1580. 54 | 1858. 63 | 0. 00 | 0 |
| 2010 | 2330. 57 | 97. 97 | 9970. 24 | 326. 04 | 842. 33 | 419 | 2309. 58 | 1814 | 8031. 67 | 1957. 50 | 161 | 5396. 67 | 714 | 419. 31 | 1999. 85 | 3396. 82 | 2. 40 | 1 |
| 2011 | 2719. 79 | 205. 04 | 12690. 03 | 531. 08 | 767. 03 | 371 | 3076. 61 | 2185 | 10112. 18 | 1136. 00 | 83 | 6532. 67 | 797 | 562. 82 | 2562. 67 | 3970. 00 | 0. 00 | 0 |
| 2012 | 3174. 39 | 258. 22 | 15864. 42 | 789. 30 | 758. 82 | 324 | 3835. 43 | 2509 | 12713. 87 | 1232. 00 | 68 | 7764. 67 | 865 | 699. 19 | 3261. 86 | 4502. 81 | 0. 00 | 0 |
| 2013 | 3858. 75 | 296. 77 | 19723. 17 | 1086. 07 | 1240. 78 | 407 | 5076. 21 | 2916 | 15548. 00 | 1828. 20 | 88 | 9592. 87 | 953 | 805. 24 | 4067. 10 | 5525. 77 | 0. 00 | 0 |
| 2014 | 4868. 34 | 360. 11 | 24591. 51 | 1446. 18 | 1479. 45 | 529 | 6555. 66 | 3445 | 19234. 60 | 1502. 80 | 67 | 11095. 67 | 1020 | 804. 57 | 4871. 67 | 6224. 00 | 0. 00 | 0 |
| 2015 | 6924. 30 | 273. 23 | 31515. 81 | 1719. 41 | 2793. 70 | 913 | 9349. 36 | 4358 | 23525. 23 | 4293. 30 | 167 | 15388. 97 | 1187 | 984. 97 | 5856. 64 | 9532. 33 | 0. 00 | 0 |
| 2016 | 8223. 61 | 351. 56 | 39739. 42 | 2070. 97 | 3614. 32 | 1168 | 12963. 68 | 5526 | 28542. 62 | 6121. 90 | 196 | 21510. 87 | 1383 | 1089. 93 | 6946. 57 | 14564. 30 | 8. 24 | 2 |
| 2017 | 10548. 72 | 419. 53 | 50288. 14 | 2490. 50 | 4256. 36 | 1407 | 17220. 04 | 6933 | 34735. 24 | 4402. 00 | 137 | 25912. 87 | 1520 | 1339. 59 | 8286. 16 | 17626. 71 | 0. 00 | 0 |
| 2018 | 10877. 43 | 502. 30 | 61165. 57 | 2992. 80 | 11889. 02 | 7435 | 29109. 06 | 14368 | 39570. 35 | 8365. 40 | 242 | 34278. 27 | 1762 | 2060. 23 | 10346. 39 | 23931. 88 | 0. 20 | 1 |
| 2019 | 12998. 29 | 584. 87 | 74163. 86 | 3577. 67 | 7211. 41 | 13925 | 36320. 47 | 28293 | 45661. 81 | 5625. 10 | 161 | 39903. 37 | 1923 | 2241. 15 | 12587. 54 | 27315. 83 | 0. 00 | 0 |
| 2020 | 15058. 64 | 677. 65 | 89222. 50 | 4255. 32 | 8948. 01 | 17126 | 45268. 48 | 45419 | 52292. 74 | 7224. 80 | 189 | 47128. 17 | 2112 | 2879. 34 | 15466. 88 | 31661. 29 | 0. 00 | 0 |
| 2021 | 16993. 64 | 773. 85 | 106216. 14 | 5029. 17 | 10376. 91 | 21651 | 55645. 39 | 67070 | 59617. 73 | 9460. 50 | 258 | 56588. 67 | 2370 | 2831. 15 | 18298. 03 | 38290. 64 | 0. 00 | 0 |
| 2022 | 18984. 75 | 880. 29 | 125200. 89 | 5909. 46 | 11157. 05 | 24772 | 66802. 44 | 91842 | 68459. 52 | 5213. 30 | 144 | 61801. 97 | 2514 | 3348. 74 | 21646. 77 | 40155. 20 | 0. 00 | 0 |
| 2023 | 21236. 37 | 1004. 59 | 146437. 26 | 6914. 05 | 12003. 20 | 25045 | 78805. 64 | 116887 | 78557. 95 | 4681. 40 | 137 | 66483. 37 | 2651 | 4279. 28 | 25926. 05 | 40557. 32 | 0. 00 | 0 |

# 第四章　资金监督与管理

1996年11月,市中心依据市政府相关文件要求,明确萍乡市住房公积金核算运作模式,即市中心直接开户进行运营核算,银行协助中心核算的体制,市中心为住房公积金归集、核算和管理的主体。1996年12月,市中心在萍乡市建行、工行房地产信贷部开设专户,分七个专户分类核算。1997年初,住房公积金制度在全市推行。市中心依据《萍乡市职工住房公积金制度实施细则》和财务会计制度规定,按照“专业储存、专款专用”的原则,陆续开始为各缴存住房公积金单位建立单位明细账。1998年2月,市人民政府下发萍府发〔1998〕9号文件,对住房公积金的归集、管理提出进一步要求,市住房、财政、审计等职能部门也加强对住房基金、住房公积金的行政监督。市中心也制定相关制度,加强内部管理,实行收支两条线的管理方式。1999年,国务院颁布《住房公积金管理条例》后,市住房制度改革领导小组、市财政、市审计等部门进一步加强对住房公积金全过程的监督,萍乡市财政局转发省财政厅《转发财政部〈关于印发“住房公积金财务管理办法”〉的通知》的通知,要求加强住房公积金财务管理,维护住房公积金所有者的合法利益,规范住房公积金管理中的财务行为,促使全市住房公积金行政监督和管理逐步走上规范化、制度化轨道。1999年8月1日,市中心开始实行贷款审批终身追究制度,进一步修改完善、制定一系列管理制度,以防范风险,确保住房公积金健康安全运行。

2001年9月,市人民政府下发《关于进一步深化住房制度改革,加快住房建设实施方案》(萍府发〔2001〕28号),要求市中心继续执行市住房制度改革领导小组决策,按照“中心运作、银行专户、财政监督”的原则进行,强化对住房公积金的控制和管理。

2004年起,市住房、财政、审计、银监等部门根据建设部、财政部、中国人民银行、中国银行业监督管理委员会印发的《住房公积金行政监督办法》文件,进一步加强对住房公积金法规、政策执行情况实施的监督。

2005年7月,省建设厅下发《关于加强住房公积金行政监督日常工作的通知》(赣建金〔2005〕3号),从加强文件备案管理、完善监督机制;完善工作报告制度、确保信息渠道畅通;加大检查考核力度、防范资金风险等方面提出要求。

2006年以来,市中心对接上级文件要求,强化风险管理和内部控制管理。市财政、审计等部门采取现场和非现场监督方式,定期和不定期对萍乡市住房公积金运行进行检查,同时,也加大对通过报送的文件数据、资料审核和查询信息资料进行非现场监督。市中心主动接受并积极配合检查和监督,对在检查和审计发现的问题和提出的整改意见并逐一进行整改，并将整改的情况如实予以报告。同时，市住房公积金管理委员会通过每年会议审议住房公积金年度预结算及每年财政执行情况。

2022 年至 2023 年，市中心坚持管控结合，抓严抓实资金安全保障。一是加强信贷风险防范。继续完善楼盘动态监管、贷款三级审批等多种信贷风险防范制度。同时，进一步做好逾期贷款催缴工作，力保逾期不跨月，降低公积金贷款逾期率。截至 2023 年底，全市公积金逾期率始终保持在 0.04‰以下。二是加大内部稽核力度。每月做好电子化稽查工作，及时跟进住建部数据平台反馈的数据问题，抓好数据核查治理，通过溯查问题原因，对确实存在的问题提出针对性的措施并严格加以整改落实。三是开展骗提骗取整治。进一步深化骗提套取住房公积金行为整治工作，建立骗提联合惩戒机制，切实维护公积金使用正常秩序，不断净化住房公积金使用环境。

总之，市住房公积金管理中心自成立以来，由于各监督部门有效监督和中心加强对住房公积金运行的风险管理、内部控制管理，确保这些年来全市住房公积金的平稳安全运行，市中心也多次受到上级部门的表彰，连续多年被评为全省建设系统住房公积金管理工作优秀单位。

## 第一节　资金监督

### 一、管理委员会监督

2002 年 6 月，萍乡市住房公积金管理委员会成立，履行监督管理职责，并依据国务院《住房公积金管理条例》等法律法规和政策，制定和调整住房公积金的具体管理措施并监督实施的要求，陆续制定相关制度，加强住房公积金的管理和监督。

2005 年 6 月，萍乡市住房公积金管理委员会制定印发《萍乡市住房公积金管理委员萍乡市住房公积金归集管理实施细则》。2007 年 12 月，出台《萍乡市住房公积金个人住房贷款审查委员会制度》。2011 年 6 月以后，陆续出台《关于调整萍乡市住房公积金贷款相关政策》等一系列文件，加强对全市住房公积金相关政策的调整，以适应形势发展要求。

从 2003 年至 2023 年底，市住房公积金管理委员会共召开 24 次会议，分析研究解决全市住房公积金发展中的重大问题，审议住房公积金管理中心年度预算、决算；审议住房公积金管理中心增值收益分配方案；听取财政部门对住房公积金监督情况的通报、市住房公积金管理中心根据审计报告进行整改的汇报，并做出相应的决议或处理意见；审议市住房公积金中心拟向社会公布的住房公积金年度公报。管理委员会除召开委员会审议决定外，还通过听取住房公积金管理中心专题汇报，深入中心开展调研以实施监督。

### 二、财政监督

1997 年，萍乡市财政局开始对市住房资金管理中心年度收支预算、财务收支报表和管理费用开支报表等方面实施监督管理。

1999 年 5 月，财政部出台《住房公积金财务管理办法》（财综字〔1999〕59 号）。同年 12 月，财政部又印发《住房公积金会计核算办法》（财会字〔1999〕33 号）。1999 年 8 月，省财政厅下发《转发财政部〈关于印发住房公积金财务管理办法的通知〉的通知》（赣财综字〔1999〕100 号），明确各级财政部门是本级公积金中心的财务主管部门，各级财政部门必须加强本级公积金中心的财务管理。文件要求住房公积金、住房公积金增值收益和公积金中心管理费用应严格实行分立账户，单独核算。住房公积金、住房公积金增值收益账户和公积金中心管理费用支出账户的开设须经同级财政部门批准。住房公积金增值收益除国家另有规定外，都应严格按照要求备好住房公积金贷款风险准备金、上缴财政的公积金中心管理费用、城市廉租住房建设补充资金，并按先后顺序进行分配。

市财政局按照文件精神，严格履行管理监督职责，要求市中心严格执行财政部的相关规定。市财政每一年都以文件的形式，下发市住房公积金管理中心增值收益收支预算的批复，对每一年待分配增值收益、预算和管理费预算安排进行审核，在优先保障工作运转情况下，按平均进度拨付相关费用。市中心每一年都按要求及时向市财政部门报送住房公积金财务收支预算和管理费用预算，并严格按财政部门批复的预算执行。同时，按时向财政部门报送会计报表，年终编制住房公积金财务收支决算和管理费用决算，报财政部门审批后执行。

2001 年 6 月，省财政厅、建设厅联合检查组对市中心住房公积金管理情况进行执法检查。检查组肯定萍乡市住房公积金管理中心的管理工作，并对萍乡市住房公积金经营状况不平衡，部分县区管理处经费入不敷出、收支倒挂、有些投资风险隐患大等问题提出整改意见。

2008 年 7 月 23 日，市财政局下发《关于开展住房公积金管理专项治理工作》的文件，开展为期四个半月的整改工作，重点查处违纪违规行为，堵塞漏洞，维护资金安全，取得明显效果。

2008 年，市中心接受省审计厅、省建设厅监管处的督查，接受市纪检监察、财政调查。经审计部门审计检查表明，萍乡市的住房公积金管理符合国家法规、政策和公积金制度宗旨，资金管理安全，发挥住房公积金的积极作用。

2022 年 3 月 9 日，市财政局下发《关于下达 2022 年市住房公积金管理中心增值收益收支预算的批复》（萍财综〔2022〕2 号），明确待分配增值收益预算如下：公积金存款利息收 1600 万元；委托贷款利息收入 22800 万元；公积金存款利息支出 10650 万元；委托贷款手续费支出 1140 万元；流动性借款利息支出 1160 万元；并作出预算安排表。

**2022 年市住房公积金中心管理费用预算安排表**

单位：万元

| 项目 | 纳入经费挂钩口径费用 | | 不纳入费用挂钩口径的费用 | 备注 |
|---|---|---|---|---|
| | 优先保障并按平均进度拨付的费用 | 预估并按总额的 70% 分月拨付的费用 | | |
| 一、人员经费 | 681 | | | |
| 1. 基本工资 | 293 | | | 按在职 62 人计发（单位编制 34 人） |

**续表**

| 项目 | 纳入经费挂钩口径费用 | | 不纳入费用挂钩口径的费用 | 备注 |
|---|---|---|---|---|
| | 优先保障并按平均进度拨付的费用 | 预估并按总额的70%分月拨付的费用 | | |
| 2. 绩效工资 | 175 | | | 参照公务员现有津贴水平核定 |
| 3. 社会保障缴费 | 213 | | | 医保、社保、公积金、职业年金、失业、残疾人就业保障金分别按预算口径（基本工资+绩效工资）的7%、16%、12%、8%、1.5%、1%确定 |
| 二、公用经费 | 44 | | | 人均7200 |
| 三、其他 | | 1232 | | |
| 四、业务发展专项费用 | | | 369 | |
| 1. 公积金系统维护（驻场服务） | | | 45 | |
| 2. 系统软件升级 | | | 100 | 1. 根据国务院关于“跨省通办”等放管服改革要求，增加系统的移动办公功能，完善系统安全机制，增加时间戳及电子签名功能；2. 完成国务院、省政府要求的好差评系统对接；3. 完成企业一张表一次性办理公积金开户系统对接；系统升级通过公开招标确定，并分两年实施，2021年已安排100万元，2022年再安排100万元 |
| 3. 三级等保二期整改 | | | 51 | 根据省公安部门提出的整改要求，并分两年实施，2021年已安排80万元，2022年再安排51万元 |
| 4. 三级等保测评 | | | 10 | |
| 5. 硬件维护 | | | 15 | |
| 6. 微信小程序 | | | 30 | 根据住建部要求，微信中的公积金小程序需要与住建部对接接口 |
| 7. 核心设备维保 | | | 15 | 负责对中心机房核心业务设备维保，任何硬件故障免费提供配件更换 |
| 8. 数字证书（Ukey） | | | 20 | 1000个满足国密要求的数字证书，200元一个 |

**续表**

| 项目 | 纳入经费挂钩口径费用 | | 不纳入费用挂钩口径的费用 | 备注 |
| --- | --- | --- | --- | --- |
| | 优先保障并按平均进度拨付的费用 | 预估并按总额的70%分月拨付的费用 | | |
| 9. 网络专线租赁费 | | | 20 | |
| 10. 信息系统及门户网站风险评估 | | | 10 | |
| 11. 购买安可相关产品 | | | 30 | |
| 12. 12329 专线 | | | 23 | |
| 合计 | 725 | 1232 | 369 | 2326 |

2022年11月3日，市中心向市财政局报送《关于2023年度增值收益预算及分配计划的请示》（萍公积金字〔2022〕31号）。请示中对市中心截至2022年10月底，已实现增值收益1.04亿元，上缴市财政保障房资金8670万元，累计上缴市财政保障房资金5.94亿元，预计全年目标任务完全可以实现完成。同时，将市中心2023年度增值收益预算及分配计划予以上报，予以审批，从而把财政监督落实落细。

**2023年市住房公积金中心管理费用预算安排表**

**单位：万元**

| 项目 | 纳入经费挂钩口径费用 | | 不纳入费用挂钩口径的费用 | 备注 |
| --- | --- | --- | --- | --- |
| | 优先保障并按平均进度拨付的费用 | 预估并按总额的70%分月拨付的费用 | | |
| 一、人员经费 | 739.0 | | | |
| 1. 基本工资 | 303.0 | | | 按在职62人计发（单位编制34人） |
| 2. 绩效工资 | 205.0 | | | |
| 3. 社会保障缴费 | 231.0 | | | 医保、社保、公积金、职业年金、失业、残疾人就业保障金分别按预算口径（基本工资+绩效工资）的7%、16%、12%、8%、1.5%、1%确定 |
| 二、公用经费 | 44.0 | | | 人均7200 |
| 三、其他 | | 1174.0 | | |

续表

| 项目 | 纳入经费挂钩口径费用 | | 不纳入费用挂钩口径的费用 | 备注 |
|---|---|---|---|---|
| | 优先保障并按平均进度拨付的费用 | 预估并按总额的70%分月拨付的费用 | | |
| 四、业务发展专项费用 | | | 446.6 | |
| 1.接入省厅监管系统 | | | 45.0 | 根据江西省住建厅下发的全省公积金中心接入省厅公积金监管项目通知,接入省监管平台 |
| 2.住建部二代征信对接 | | | 35.0 | 通过住建部和人民银行征信信息共享,征信信息的查询 |
| 3.免证办 | | | 45.0 | 通过大数据电子证照库,实现业务系统网上平台可获取相关证件的电子证照,进一步推进业务无纸化,并简化业务办理流程 |
| 4.政务数据互联互通 | | | 60.0 | 实现至少80%业务零材料,在业务中办理依托于相关部门数据共享,将原有人工审核、提交材料等环节进行优化,变成系统自动化办理,实现流程精简,提高便民服务能力和办事效率 |
| 5.信创设备采购 | | | 60.0 | 采购信创设备,包含安全设备、服务器、电脑终端、打印终端、输入设备终端等 |
| 6.住房公积金综合服务系统运维 | | | 65.0 | 驻场服务 |
| 7.核心设备维保 | | | 15.0 | 负责对中心机房核心业务设备维保,任何硬件故障免费提供配件更换 |
| 8.CA数字证书年服务费 | | | 20.0 | 1000个满足国密要求的数字证书,200元一个 |
| 9.门户网站IPV6改造升级 | | | 1.0 | 强化互联网应用安全,提升网络安全环境 |
| 10.信息系统及门户网站等级保护测评 | | | 15.0 | 1.网络安全去除每年进行督察;2.意识形态考核内容;3.中心网络安全需要 |
| 11.信息系统及门户网站风险评估 | | | 10.0 | 1.《萍乡市网络安全工作责任制落实考核办法》;2.省委网信办每年督查 |
| 12.网络安全工作经费 | | | 5.0 | 网络安全教育培训、网络安全宣传、专业技术人员获取网络安全专业资质等 |

续表

| 项目 | 纳入经费挂钩口径费用 | | 不纳入费用挂钩口径的费用 | 备注 |
|---|---|---|---|---|
| | 优先保障并按平均进度拨付的费用 | 预估并按总额的70%分月拨付的费用 | | |
| 13. 12329服务短信 | | | 20.0 | 缴存职工账户变动、通知,短信通知 |
| 14. 12329热线 | | | 23.0 | 12329热线人员工作经费 |
| 15. 公积金业务内网电信电路网 | | | 17.0 | 中心到个业务网点、中心各科室及办事处业务专线、办公电话总费用 |
| 16. 政务外网上网费 | | | 0.6 | 中心各科室政务外网办公及公文收发(6000元/年) |
| 17. 大数据服务托管 | | | 15.0 | 中心在市政府大数据机房的机柜租赁托管费 |
| 合计 | 783.0 | 1174.0 | 446.6 | 2403.6 |

## 三、审计监督

对住房公积金加强审计监督是政府部门履职尽责的应有之义,也是确保住房公积金安全的运行有效保障。从1999年国务院颁布《住房公积金管理条例》以来,国务院相关职能部门先后陆续下发过几十个文件予以指导,同时,明确省级审计部门要加强审计督导。

### (一)根据省厅的专项布置开展的重大审计监督

2004年9月6日,江西省建设厅下发赣建金〔2004〕5号文件,对全省使用住房公积金购买国债情况的进行通报。省建设厅按照建设部《关于对使用住房公积金购买国债情况进行自查自纠的通知》要求,7月底至8月初,江西省各市住房公积金管理中心(含省直、铁路分中心)对使用住房公积金购买国债情况进行全面的自查。在此基础上,省厅公积金监管处对萍乡市购买国债情况进行抽查。抽查方式采取听汇报、查凭证、对实物 、通过账户查询等方式进行。从抽查的情况来看,凭证式国债增多能做到账物相符,记账式国债能通过网上或语音查询系统核对。抽查中发现萍乡市住房公积金管理中心国债余额占其归集余额比例较高,为28%。萍乡市住房公积金管理中心在证券市场购买国债,将所购国债进行托管,还与证券机构签订托管协议,接受托管机构的收益承诺,由此产生资金风险的情况进行通报。通报要求各地要按照建设部和省厅要求,针对此次国债清查中发现的问题,进一步规范住房公积金买卖国债行为,保证住房公积金的安全运作,防范风险,切实维护住房公积金所有者的合法权益。

2008年9月17日,为市调查了解江西省住房公积金制度建设及有关政策落实和执行情况,省审计厅对赣州、吉安、新余、抚州、鹰潭、萍乡六个设区市(以下简称“六地市”)住房公积金的归集、使用和管理情况进行审计，并下发赣审投发〔2008〕10号文件，对江西省“六地市”住房公积金归集、使用和管理情况的审计向省政府作出报告。省审计厅于2008年5月至7月，采取“上审下”的形式先后对“六地市”及所辖28个县(区)办事处2007年度住房公积金归集、使用和管理情况进行审计。本次审计共查出违纪违规等有问题资金3.93亿元，占当年归集资金15.058亿元的26%，其中违规发放贷款，占当年发放贷款12.35亿元的总额的7.6%。在审计中，“六地市”基本上遵守《住房公积金管理条例》，市本级住房公积金财务管理和贷款管理较规范，但部分县(区)存在违规贷款、财政配套资金到位不足、逾期贷款清理不及时 、贷款手续不完善等问题。审计报告中对在贷款管理上萍乡等三市采取期房贷款的模式，发放的贷款转入房地产开发商的账户，保证贷款的真实、有效的做法予以肯定。审计中发现“六地市”住房公积金管委会均未在人民银行规定的工、农、中、建、交等国有五大商业银行中确立两家以下银行负责委托办理住房公积金账户的设立、缴存、归还等手续的情况，要求改正。审计报告对萍乡等地委托商业银行、农村信用合作社负责办理住房公积金账户的设立、缴存等业务进行点名批评；对2007年财政配套资金不足的萍乡市莲花县、上栗县、芦溪县也点名批评。

审计中还发现部分设区市住房公积金覆盖面窄，且一些单位未归集住房公积金。萍乡市仍有239个行政事业单位、23个乡镇、47个规上非公有制企业共计18587人未缴纳住房公积金，特别是芦溪县应缴存单位208个，实际只有70个单位缴纳住房公积金，其中124个行政事业单位、8个乡镇共4280人尚未缴纳，全县缴存率仅为32%。

对此次审计查出的问题，省审计厅均已按审计程序下达审计报告，各设区市、县政府应高度重视，责成和督促各级住房公积金管理中心按照审计报告的要求，认真纠正和整改，并将整改情况用书面材料报省厅。

2011年12月20日，江西省住房和城乡建设厅下发赣建金〔2012〕2号，对全省住房公积金业务和服务工作督查情况的进行通报。江西省住建厅于2011年10—12月对全省13家住房公积金管理中心及部分住房公积金办事处开展现场督查，重点督查2010年以来住房公积金业务及服务工作、风险排查整改等情况。督查通报中，对萍乡等中心优化办事流程，缩短办事时间，提高服务效率的服务工作予以肯定。对萍乡管理中心选派职工到中国银行萍乡支行跟班，学习金融机构服务礼仪，收到较好的效果等做法，进行表扬。对萍乡等落实住房公积金账户设置及专户存储制度、住房公积金存款和购买国债符合规定、落实住房公积金个人贷款逾期催收制度做法予以肯定。对萍乡市中心把对逾期率的控制纳入到信贷工作管理，对6期以上逾期贷款户制定备案制度，建立明细台账，对逾期的原因进行分析，对还款的情况进行动态跟踪的做法；对萍乡等中心制定专门的印鉴管理制度和相关岗位责任制，明确规范，严格实施，相互制约，相互监督的做法均予以肯定。对萍乡等通过电话回访、上门走访等形式，全面准确了解对象对住房公积金的评价，指导办事处做好业务管理和服务工作予以表扬。通报对萍乡等地缴存开户银行较多均在四家以上，账户多，增加管理难度，不利于资金管理；萍乡存在职工已到新单位工作账户还在原单位的情况未及时清理等问题，要求必须尽快整改到位。

2011年12月，住房和城乡建设部下发《关于进一步加强住房公积金统计工作的通知》(建金督函〔2011〕133号），要求进一步加强住房公积金的统计工作。为进一步提高住房公积金统计工作质量，住建部对住房公积金缴存使用情况报表进行修订，并于2011年11月2日经国家统计局批准，新的统计报表于2012年1月1日起实施。通知要求各省、自治区住房和城乡建设厅住房公积金监管处（办）及时和本单位计财处联络，及时报备新的统计制度指定专人负责本辖区内住房公积金统计数据的催报、检查和管理工作。其中，住房公积金缴存提取分类情况统计表（季报）先作为试填报表，2012年7月1日起正式填报。各设区城市（直辖市除外）住房公积金管理中心应于每月10日前通过全国住房公积金信息上报系统完成规定填报的统计报表，其中增值收益分配表（年报）于每年3月15日前填报。各省、自治区住房和城乡建设厅于每月15日前（增值收益分配表于每年3月20日前）完成本行政区域内各设区城市住房公积金管理中心填报数据的审核、汇总和报送工作。住建部将对连续两个月、累计三个月迟报、漏报、错报统计数据的省区和公积金中心进行通报。这一举措对加强审计监督提供基础数字统计依据。

（二）对市中心主要负责人人事变动而开展的专项审计监督

根据《审计法》第58条和《党政主要领导干部和国有企业事业单位主要领导人员经济责任审计规定》，领导干部在任职期间，对其管辖范围内贯彻执行党和国家经济方针政策、决策部署，推动经济和社会事业发展，管理公共资金、国有资产、国有资源，防控重大经济风险等有关经济活动应当履行的职责。领导干部履行经济责任的情况，应当依规依法接受审计监督。经济责任审计可以在领导干部任职期间进行，也可以在领导干部离任后进行，以任职期间审计为主。自市中心1996年成立以来，每一次主要负责人人事变动，市中心都按照有关文件要求接受离任审计。

2007年3月6日至10日，市审计局派出审计组对王裕萍同志任市住房公积金管理中心主任期间履行经济责任的情况进行审计。此次审计范围为王裕萍同志自2004年1月1日至2006年12月31日止履行经济责任情况，包括公积金中心机关资产、负债和净资产及全市住房公积金保值增值情况。市审计局下发萍审发〔2007〕13号文件，并出具审计报告。审计报告认为，王裕萍同志从1996年起一直在萍乡市住房公积金管理中心主持工作（2003年该中心由正科级单位升格为副县级单位），其间，为萍乡市住房公积金筹集、管理、使用做了大量的工作，使萍乡市住房公积金发展上了一定的规模，特别是近两年中积极协调有关部门将住房公积金管理中存在的一些历史遗留问题逐步得到解决，促使全市住房公积金走上一条规范发展的轨道。2006年该单位被省建设厅评为全省先进单位。但在其任职期间，在管理、决策等方面也存在一些问题。审计报告提出要加强固定资产的管理、要严格执行国家财经纪律和相关会计制度和法规，控制招待费用的开支等审计建议。

2011年12月6日，萍乡市审计局下发《关于林济湘同志任萍乡市住房公积金主任职务期间经济责任审计涉及财务收支问题的审计决定》（萍审社决〔2011〕7号），根据《中华人民共和国审计法》第二十四条的规定，市审计局派出审计组于2011年5月30日至6月28日，对林济湘同志任市住房公积金管理中心主任职务期间的经济责任履行情况进行审计。对其在任职期间的主要工作予以充分肯定。在审计报告中，对市中心贷款保证金账户历年来分别以定期存款形式存入银行，以便获取最大而稳定的增值收益，但又不能清晰地反映保证金所产生的增值收益的问题，提出整改要求。

市审计局派出审计组于2018年3月13日至4月12日，对廖海荣同志2011年7月至2017年9月任市住房公积金管理中心主任职务期间经济责任履行情况进行审计。主要审计市中心2011年8月至2017年8月财务收支情况。2018年12月19日，萍乡市审计局下发《关于送达市住房公积金管理中心原主任廖海荣同志经济责任审计结果报告的函》（萍审经责函〔2018〕11号）。审计报告认为，廖海荣同志任职期间，各项业务持续发展，信贷管理工作不断加强，风险防控机制不断完善，惠民新政不断推出；对审计发现的主要问题进行责任界定。审计结果表明，廖海荣同志任职期间认真履行职责，积极推进本职工作和其他各项工作，带领全体干部职工，围绕管理目标，开拓进取求实效，创先争优谋发展，积极推进萍乡市住房公积金事业的发展，较好地完成各项目标任务。但审计也发现，市中心在财务管理、经费支出、人员超编和缴纳税款等方面还存在一些问题。

经萍乡市委审计委员会批准，市审计局于2022年3月28日至4月20日，对市公积金管理中心主任廖洪元同志2017年10月至2021年任职期间经济责任履行情况进行审计。2022年5月，中共萍乡市委审计委员会办公室、市审计局印发《经济责任审计结果报告》（萍审委办经责结报〔2022〕4号）。审计报告认为廖洪元同志任职期间，在履行经济责任方面做了以下工作，一是住房公积金各项业务持续快速健康发展；二是政务服务水平持续提升；三是营商环境进一步优化；四是信息化建设水平跃上新台阶；五是住房公积金惠民新政不断推出；六是持续发力，专项工作顺利推进。同时，对审计发现的主要问题和责任进行认定。对存在的违规和管理方面的问题，市审计局依法进行处理处罚，并针对性提出可操作的审计建议。

（三）对市中心财务进行日常监管的审计监督

1997年4月，萍乡市审计局审计萍乡住房资金管理中心1997年至1998年财务收入情况。审计中发现中心固定资产投资方向调节税未提未缴，住房贷款未专款专用、贷款本息拖欠严重、委托贷款逾期等问题。市审计局6月出具审计意见，肯定市中心没有出现侵占、挪用住房资金等违法违纪问题，但审计要求对逾期贷款和未收利息要加大清收力度，对未用于住房建设的贷款要采取措施，尽快收回。

1998年4月，市审计局根据江西省审计厅《关于开展全省住房资金审计的通知》要求，组织对市住房资金管理中心市本级近年来住房资金收取、归集、管理、支用、结存经营情况进行审计。9月，出具审计意见，对违反国家规定的问题作出审计决定。12月，市中心整改完毕，并向江西省住房制度改革领导小组办公室呈交《关于萍乡市（本级）住房资金审计决定的处理情况汇报》。

2001年12月，萍乡市审计局下发萍审发〔2001〕18号《关于市住房公积金管理中心2000年10月到2001年10月财务收支及住房基金的审计意见》。审计表明，市中心领导重视财务工作，财会人员尽职尽责，财务账目清楚，数据真实，并对加强资产会计核算和对单位到期委托贷款的催收力度，确保住房基金的及时偿还提出整改意见。

2002年11月，萍乡市审计局下发萍审发〔2002〕47号《关于萍乡市住房公积金管理中心机构调整清理的审计报告》，对住房公积金管理中心的资产、负债和管理贷款进行审计，对市中心总体经营运行较好予以充分的肯定。

2004年9月,市审计局对市中心2004年7月30日之前资产负债损益情况进行审计,重点对资产的真实性、安全性、完整性进行审计,并对资产的风险进行评估。审计报告中提出要加强国债投资的管理和监督;加紧做好市中心在亚洲证券所购2000万元国债的维权工作;积极主动盘活资产,充分发挥住房资金的效益,进一步规范贷款抵押担保,防范贷款风险,进一步加强财务管理,规范财务工作,严格把握住房公积金管理权限,切实加强住房公积金的管理6条审计建议。

2005年5月至6月,市审计局对近年来萍乡市住房公积金增收增值收入归集、管理、使用情况进行专项审计。审计认为归集有据,归集额逐年增加;财务核算、资金储存规范,支用合法,余额存放安全有效,没有发现违规征收、挤占挪用等违纪问题。

萍乡市审计局2005年8月15日下发《关于萍乡市住房公积金管理中心2004年至2005年6月止财务收支情况及住房基金管理使用情况的审计报告》(萍审发〔2005〕27号),根据市人大常委会办公室通知要求,市审计局派出审计组对市住房公积金管理中心2004年至2005年6月止财务收支及住房基金的管理使用情况进行就地审计。

审计内容主要是:一是住房基金的管理使用情况及存在的问题:住房基金的管理使用情况,市中心截至2005年6月底,账面反映归集的住房基金为219249644.75元。存入银行的基金存款余额为96099217.50元。委托银行贷款82203653.70元,均为个人住房贷款。市中心账面反映购买国家债券4026万元,其中,五年期凭证式国债为农行500万元、工行1500万元,15年期记账式国债中行2000万元,亚洲证券26万元。二是住房公积金管理使用存在的问题:2004年4月20日,市中心通过亚洲证券有限责任公司在上海证券交易所购买国债2000万元。后由于亚洲证券公司违反托管政策及托管协议,将该国债在中央证券登记公司上海分公司擅自质押,给这一国债带来风险,2005年4月7日,在市公、检、法协助下,将此笔款项收回1974万元。

审计报告中,对将住房公积金存款以及所购买的凭证式、记账式国家债券存放于银信营业部和非委托的商业银行,违反《住房公积金管理条例》和《中华人民共和国国债托管管理暂行办法》,要求整改。审计报告中对拨付给个人的住房公积金由于一部分单位没有及时对变动人员进行变更,造成一部分资金未及时分配到个人户头,要求尽快通知有关单位办理,落实到人。审计报告建议,进一步完善好贷款手续,防止不良贷款的产生,对现有的逾期贷款应加大催收力度。

2008年9月,市审计局审计市中心所属三个县区办事处自2007年以来的住房公积金收支情况。审计发现存在违规支取现金、贷款发放不规范等问题,审计报告中建议加大全市住房公积金缴存力度,加强发放贷款资料审核,尽可能降低放贷风险,减少逾期率。同时,要加大逾期贷款催收力度。市中心整改后向市审计局提交整改报告。

2009年,市审计局对市中心2008年住房公积金收支情况进行审计。审计结果表明:市中心建立健全一系列住房公积金管理制度,采取措施解决部分历史遗留问题,资金管理较为规范。同时,审计中也发现对支取管理、贷款发放、缴存管理上存在一些不规范问题。审计报告中提出要加大财政供养人员的住房公积金补贴的宣传力度、要做好国债变现,采取有效催贷措施、降低逾期率,防范放贷风险和做好以物抵贷的固定资产变现工作等审计建议。

2010年至2023年底，审计监督还通过参与市住房公积金管理委员会的相关会议，履行好审计监督职能。2018年，在住房公积金管委会上，对《萍乡市住房公积金2017年年度报告》《关于调整萍乡市住房公积金2018年度缴存基数标准的方案》《萍乡市住房公积金缴存管理办法（讨论稿）》《萍乡市住房公积金提取实施办法（讨论稿）》《关于萍乡市职工个人住房公积金贷款实施办法（讨论稿）》《关于住房公积金银行存款实行利率招标的请示》《有关银行申请承办住房公积金委托贷款资格的请示》《萍乡市住房公积金管理中心关于调整萍乡职工2018年度住房公积金缴存限额的请示》《萍乡市住房公积金中心关于向商业银行申请流动资金贷款授信的请示》等议题进行审议。2022年，在市住房公积金管委会上，审计部门对《萍乡市住房公积金管理中心关于2021年住房公积金归集使用情况和2022年住房公积金归集使用及增值收益分配计划的报告》《萍乡市住房公积金2021年年度报告》《关于调整萍乡市住房公积金贷款、提取政策的建议》等开展现场审计监督。

### 四、社会和公众监督

1999年4月，国务院《住房公积金管理条例》颁布实施后，萍乡市住房公积金管理中心按照条例的规定，每年定期按时向财政部门和住房公积金管理委员会报送财务报告，接受监督。每年定期将财务报告通过市中心相关网站向社会公布，接受社会和公众监督。

2005年起，经市住房公积金管理委员会审议的住公积金年度预决算及每月财务执行情况均通过萍乡市住房公积金网站向社会公告，通过政务公开和中心负责人做客《政风行风热线》在线访谈节目等接受公开监督。

## 第二节　资金管理

### 一、风险管理

1999年8月1日，市中心印发《关于实行贷款审批终身责任追究制度通知》（萍公金字〔1999〕10号），指出：为进一步加强住房资金贷款的规范管理，最大限度防范风险，提高住房资金的增值效益，经中心办公会研究决定，从1999年8月1日起，对市中心贷款审批委员会成员实行贷款审批终身责任追究制度。文件明确审贷原则是：实行审委会成员签名审批，对每一项贷款按通过票数超过一半达到三分之二（含）以上方为通过，通过后，审贷委成员均要签字。中心法人代表只能实行一票否决制，不能实行一票通过制。其适用范围是：适用于中心发放的单位和个人的各种委托贷款（包括政策性和经营性）。其审贷要求是：审委会既要积极提高资金运作效益，又要谨慎决策防范各种风险，做到该贷的就积极贷，不能贷的一分不贷。同年，市中心为加强风险防范意识，实行指标到人、责任到人，针对还贷不及时或拖欠的个人，各专管员加大催收力度，采取及时跟踪、随时催收的办法，对累计拖欠较多的客户，加强联系，及时定性，尽快处理。在科室内部管理上，通过强化细化岗位分工，充分调动管户信贷员的工作积极性和主动性。

2002年，市中心进行机构调整，由正科级单位升格为副县级单位，为市政府直属自收自支部门。市中心领导班子狠抓制度建设，陆续出台《萍乡市住房公积金支取操作规程》《萍乡市住房公积金个人抵押贷款管理办法及操作细则》《萍乡市住房公积金管理操作规定》《责任追究制度》等。规范各项业务工作，下大力气清理逾期贷款，将个贷逾期率控制在0.1%之内。翌年，根据《住房公积金管理条例》的相关规定，对这些制度进一步修订完善。经市住房公积金管理委员会批准，并下发执行。

2005年，市公安、市法院、市检察院有效介入，成功化解亚洲证券有限公司违反托管协议，将2000万元国债擅自质押的重大金融风险。

2005年，市中心下发萍公金字〔2005〕15号文件，明确监察科主要工作职能，其中包括负责对同级及同级以下违反公积金政策、法规等违纪违规行为的监督查处工作，牵头组织对各县(区)办事处住房公积金管理情况的稽查。2005年，全市住房公积金覆盖率为50%，归集增长率为47.2%。2005年度向全市职工发放借款4612万元，贷款职工546人。2005年来，全市累计向职工发放贷款总额20924万元，累计发放职工4410人，2005末贷款余额10959.2万元。其中，逾期贷款97.63万元，贷款逾期率0.089%，在国家规定0.1%的控制范围。

2006年到2011年，市中心把强化管理，防范风险作为住房公积金贷款工作的关键环节来抓。2006年，市中心将防范个人贷款风险，确保资金安全作为重要环节来抓。坚持“三级审批制”，市中心个人贷款严格层级审批制，切实把好贷款审核关，保证贷款的质量。2007年，市中心出台《萍乡市住房公积金管理中心财务报账制度》《现金管理暂行办法》《固定资产管理办法》《关于加强资金管理的紧急通知》《票据管理办法》《业务人员聘用和管理办法》等规章制度，进一步规范内部管理。此后，市中心还通过建立“四项机制”来建立贷款风险评估机制，对个人贷款借款人建立详细的档案，将经贷审核人员确认后的所有相关信息以及经办人员的风险评估报告记录存档；通过建立高效贷款审批机制，中心个人贷款严格实行经办人、分管负责人、稽核人员、稽核负责人及主要负责人逐级审批的五次“三级审批制”，进一步规范住房公积金贷款业务。同时，合理下放贷款审批权限，优化审批流程，提高审批效率；通过建立激励约束机制，坚持“谁发放，谁回收”的原则，每笔逾期贷款都有专人负责；建立贷款催收机制，通过调整逾期贷款罚息利率、采用电话联系、发催还通知书、面谈及银行督促等措施加大贷款催收力度，有效降低风险。

2012年9月，市中心成立稽核科，出台《萍乡市住房公积金管理中心稽核制度》等。为防范风险，严格个人贷款审批程序，完善个人贷款内部管理，对贷款实行审贷分离。信贷科负责对贷款人的条件、资金用途、收状况、还贷能力、信用程度信及抵押物的勘查评估和抵押担保落实，逐一调查核实。稽核科负责对个贷资料的完整性、合理性依法依规进行审核，贷款客户只与个贷业务员衔接，不与稽核审查人员见面，实行背靠背审贷管理。对每一笔贷款严格按照“调查、审查、审批”三个环节进行，杜绝违规借款的发放。市中心对每一笔贷款实行全程跟踪管理，对逾期客户进行电话催收、函件催收、上门催收，甚至发放律师函，以法律手段催收，确保贷款及时回收。

2013年至2015年，市中心为加强贷后管理，控制信用风险，不断完善贷款调查、审查、审批和贷后跟踪管理制度和逾期贷款的预警及催收机制，做到“贷前审查、贷中检查、贷后监督、逾期即催”，坚持“杜绝长期、消灭二期、监控一期”;建立贷款责任追究制度,明确相关责任人在贷款过程中应承担的责任。

2016年起,市中心逐步建立和完善内审监督机制,将稽核审查植入贷款审批的中间环节,实行个人信贷资料的“权证分离”和日常业务的追踪审核,强化事前和事中风险控制,防范和化解资金风险,保证中心安全稳健运行,市中心在原有基础上加大业务监督力度,有效防止贷款风险。

2016年,市中心对贷款逾期率不稳定的情况,加强贷后管理,对逾期贷款进行及时通报,重点跟踪,加大催收力度。市中心组织专项治理组奔赴现场调研,严格督办,采取协助催收等措施催收贷款,促使逾期率降至0.05%以下,有效防范贷后风险。

2018—2019年,市中心实行内部精细化管理,加强贷款业务,提高业务水平,确保资金安全运行。按照住房和城乡建设部文件要求,加强业务管理系统的数据规范,重点加强对县区管理处各项业务的规范化管理,保证购房贷款和提取的真实,有效地防止违规套取和骗贷风险。

## 二、内部控制管理

1997年是萍乡市全面推行住房公积金制度的起步之年。市中心针对全市住房公积金制度起步较晚,宣传力度尚待加强,企业经济状况不佳,公积金上交难度大等问题,充分挖掘内部潜力,合理调配人员,实行责、权到人,形成齐抓共管格局。2001年,市中心为加强内部控制管理,印发《萍乡市住房资金管理中心内部管理制度》,共48项内容。2002年,市中心在科室内部管理上,通过强化细化岗位分工,实行指标到人,责任到人,提高风险防范意识。2003年,市辖各县管理处移交市中心统一管理。市中心根据《建设部、财政部、中国人民银行公积金管理中心职责和内部授权管理的指导意见》的精神,在管理费用上实行“收支两条线”管理,各办事处和业务经办网点的日常办公经费,由管理中心统一管理、拨付和核算。2004年11月,根据市住房公积金管委会2004年2月17日第一次会议要求,市中心与市住房办签订售房资金移交协议,市中心于2004年11月14日向市住房办共移交售房资金余额1842.90万元。

2005年,市中心加强内部管理和控制制度建设,出台《萍乡市住房公积金管理操作规定》《萍乡市住房公积金支取操作规程》《萍乡市住房公积金贷款操作规程》等一系列管理制度。建立岗位责任、档案管理、稽核和内部审计、考核、奖惩等制度。制定日常业务、费用收支等管理办法,统一业务操作规程、加强账户、现金和报账管理,防范风险。2007年,市中心内部控制管理主要围绕加强制度建设、搞好财务管理和强化稽核督查进行,并把2007年成立的湘东区住房公积金管理处纳入其中。对《萍乡市住房公积金管理办法》《萍乡市住房公积金个人贷款实施细则》《萍乡市住房公积金归集管理实施细则》和《萍乡市住房公积金提取管理实施细则》等重新进行修订,加强内部稽核和内控管理工作。

2008年至2009年,市中心根据江西省建设厅《江西省住房公积金管理中心内部控制暂行办法》的精神,明确市中心内部控制目标,加强组织机构控制,缴存、支取等柜台业务的内部控制,贷款业务的内部控制,资金调动和国债业务的内部控制等项工作,并以内控机制建设为重点,进一步完善内部各项规章制度。市中心牢固树立以“制度抓管理”的理念,用制度约束管理行为,逐步建立重大事件报告制度等一系列制度。

2010年起，市中心按照省建设厅《江西省住房公积金管理中心内部控制暂行办法》的精神，进一步强化内部控制管理，完善内部控制体系，健全内部控制机制。

2011年，市中心为加强内部控制管理，完善内部控制体系，健全内部控制机制，防范和化解资金风险，保证中心安全稳健运行。根据《住房公积金管理条例》和《江西省住房公积金管理中心内部控制暂行办法》的要求，市中心各业务科室和各办事处按照规定贯彻落实各项控制措施，确保全市住房公积金的安全运行。2012年，市中心制订《关于核定借贷人个贷款能力的相关规定》《关于借贷人单位缴存住房公积金的相关规定》《关于借款人个人信用审核的相关规定》《资金调度使用暂行办法》《关于简化住房公积金提取手续、增加提取条款的实施意见》等。2013年至2015年，市中心不断对住房公积金各项规章制度进行清理、修改、完善，对《萍乡市住房公积金管理中心责任追究制度》《萍乡市住房公积金管理中心绩效考核管理办法》进行修订，出台《萍乡市住房公积金管理中心首问负责制》《萍乡市住房公积金管理中心一次性告知制度》《萍乡市住房公积金管理中心限时办结制度》《萍乡市住房公积金管理中心服务承诺制度》，使相关制度进一步完善。2016年至2017年，市中心在前面已有相关文件的基础上，修改完善下发《关于进一步调整我市住房公积金贷款相关政策的通知》《贷款保证金管理暂行办法》《萍乡市住房公积金中心稽核制度》等，2018年开始招标，对资金存放实施招投标，确保资金安全、高效、公平、合理使用，有力地强化内部控制管理，确保资金安全运行。2019年至2020年，为使住房公积金管理的各项监督措施更加到位，市中心进一步修改和完善《萍乡市住房公积金管理中心责任追究制度》《萍乡市住房公积金管理中心绩效考核管理办法》《萍乡市住房公积金管理中心廉政风险防控制度》《萍乡市住房公积金管理中心重大事项备案制度》等，先后有多项制度修改、完善后重新颁布。

2021年至2022年，市中心相继又出台《萍乡市住房公积金管理中心内审稽核管理制度》《萍乡市住房公积金管理中心业务操作（服务）指南》《萍乡市住房公积金管理中心个人住房按揭楼盘准入操作规程（试行）》。2021年，查处骗提公积金12笔，骗贷公积金4笔，实地勘察楼盘20个，审批楼盘准入申请12个。2022年，市中心根据《江西省人民政府印发贯彻国务院关于进一步加强住房公积金管理实施意见的通知》以及《萍乡市财政局关于进一步加强财政部门和预算单位资金存放管理的实施意见》。市中心加强对资金运行情况分析，合理制定资金使用计划，每月初召开班子会确定资金使用安排情况。强化公积金贷款标杆的调控功能，提升资金的社会公益效能，加强资金运行风险研判和管控，确保资金运行零风险。市中心还主动及时发送职工公积金账户余额变动信息，切实维护缴存职工知情权，同时，对公积金管理起到监督作用。

## 三、会计核算与财务管理

### （一）会计核算

1996年5月，成立萍乡市住房资金管理中心，管理的资金仅为城市住房资金，即公有住房出售的3%统筹款，由相关单位进行会计核算。1996年11月，市中心成立计划财务科，所有的会计核算集中到计划财务科。1997年,开始建立住房公积金制度,归集住房公积金,所归集的住房公积金开始进入中心专户,市中心为缴存单位设立单位明细账,个人明细账设在委托银行,由归集科负责会计核算。1998年,对已出售的公有住房进行价格衔接,其衔接款全部进入住房资金管理中心所设的专户,中心为售房单位设立单位明细账,仍由经营科负责会计核算。

2001年,市中心购买电脑硬件及清华同方软件开发公司的"住房公积金"专用软件,5月进行试运行,7月1日起正式运行,将住房公积金、住房补贴个人明细账从银行接管由市中心自行核算,实现归集业务的自主核算。

2004年10月11日,建设部《关于印发〈全国住房公积金监督管理信息系统管理暂行办法〉的通知》(建金管〔2004〕173号)要求加强这方面的管理。萍乡市三县公积金办事处也纳入市中心统一管理。2005年,市中心更新使用深圳恒泰丰软件公司开发的具有当时先进水平的C/S结构的网络版系统软件,管理水平得到很大的提高。2008年,市中心投资30万元对中心信息系统进行全面升级改造,使用北京金天鹏软件公司开发的新一代基于B/S结构的业务软件系统,实现贷款的自主核算;2009年,完成全中心电脑设备升级换代,实现"数据集中、程序统一、中心核算、银行结算"的目标。

2019年5月,市中心全力推进信息系统升级改造。通过优化业务流程,增加线上业务办理服务项目等方式,升级改造公积金信息系统。2021年以来,市中心直属服务大厅搬迁到城市大厦市政务服务中心后,在不断改进服务上下功夫。至2022年底,已实现公积金缴存信息查询、个人信息更改、正常退休提取、离职提取、一次性结清住房公积金贷款及异地转移接续业务"跨省通办",购房提取、租房提取、离职提取、退休提取、异地转移接续、一次结清贷款等业务"手机公积金"APP在线办。

(二)财务管理

1997年,为保证财务工作准确、及时、完整,市中心支持职工参加各种形式的考核、考试,支持财务人员参加专业技术职务考试、考核,以提高素质,持证上岗。同时,加强硬件建设,电脑、操作软件、复印机、传真机等设施设备配备齐全,对财务工作进行全面微机、科学化管理,出现信息传递快捷,数据生成准确,提高工作效率。2000年,全面实施个人住房公积金明细账,实行微机化管理,开通住房公积金语音查询电话。全面实施撤户并账工作,此项工作于11月完成。市中心为节减各类经费开支,合理调度资金购买国债,保证住房基金的增值。同时,降低支付银行归集手续费的标准。严格按照房改政策和财务会计制度、法规进行操作,资金的支出按照"专户储存、专款专用"的原则进行财务处理,归集的住房资金均按规定的方向、范围办理,并建立有严格的审核、审批制度,提高财务管理效率。

2001年,市中心严格按照财政法规、财务管理办法,正确地进行账务处理和收益分配,建立严格的内部控制制度。既一手抓业务收和增值收益,通过适度放大贷款规模、加大购买国债的投入、新增单位住房资金定期存款,增加财会效益,又一手抓节约。在财务管理中,严格按要求和规定报账,节省不必要开支。为不断提高业务技能。市中心抓财务人员的上岗培训。同时,市中心还对财会管理硬件进行提升,通过对原公积金管理系统进行补充和完善,新开发住房公积金存折打印程序和个人住房委托贷款程序;开通内部局域网,使各业务科能随时掌握单位住房公积金建制、缴存、个人贷款、支取等详细信息,进一步方便内部账务管理与衔接。

2003年,三县住房公积金办事处移交市中心统一管理,市中心加强业务指导,提高各管理处的会计核算水平。设置各类适用的会计报表和统计报表。是年7月,实现全市住房公积金核算电算化,从总账到个人明细账,全部实行微机管理。此项工作位居全省前列。

2005年4月,市中心为加强住房资金的财务管理,维护住房资金所有者的合法权益,规范单位财务行为,根据《住房公积金管理条例》,制订《萍乡市住房公积金管理中心财务管理办法》,为市中心财务管理制度化、规范化奠定良好的基础。财务科每年均编制住房公积金和管理中心费用年度预决算;归集售房收入和住房补贴资金,建立售房收入单位明细账和住房资金个人明细账;建立职工住房公积金明细账;依法办理住房公积金委托贷款业务;核算住房公积金的增值收益;严格执行财政部门批准的管理费用预算,控制管理费用支出。市中心对住房公积金财务管理实行统一核算,分账考核的管理模式。各管理处发生的住房公积金业务按中心会计核算程序,分别进行会计账户处理。对各管理处住房公积金会计核算内容进行监督、汇总,并对各管理处财务指标完成情况进行考核等。2007年4月,新成立的湘东区住房公积金办事处的财务一并纳入市中心统一财会管理之中。

从2008年以来,市中心进一步完善修订出台《萍乡市住房公积金管理中心财务报账制度》《现金管理暂行办法》《固定资产管理办法》《关于加强资金管理的紧急通知》《票据管理办法》《业务人员聘用和管理办法》等规章制度,进一步规范内部管理,做到每项工作有法可依,每笔业务有章可循,形成事事有人管、人人有事做的工作格局。

2010年以后,市中心不断继续深化改革,调动干部职工工作积极性。同时,实行“责权利挂钩、自负盈亏”的财务激励机制,将市本级和各县区处的工作业绩与干部职工个人利益挂钩,调动干部职工的工作积极性。市中心合理并高度盘活沉淀资金,提高资金规模使用效率,挖掘资金增值空间,填完管理漏洞,做到“统一报账、统一核算、统一管理”,防范资金分散管理的风险。

2012年以来,市中心为提高财务管理水平,从业务、资金、成本、经费4个方面强化财务预算管理,按月监控成本,实行预警;出台业务经费考核办法,加强费用管理,资金统筹运作。加强对大额资金高度的跟踪管理。规范资金调拨、使用程序,杜绝非正常业务跨行及跨网点调动资金,在保证职工贷款和提取的刚性需求的基础上,合理调配存量资金定存期限结构,合理控制贷存比。同时,在三个县一个区办事处加强银行账户管理,不定期开展清理银行账户,减少归集银行数量,加强财务管理与会计核算,减少银行往来挂账,使增值收益大幅提升。

2018年,市中心积极稳妥化解资金流动性困难,切实保障缴存职工权益。市中心通过对房地产市场的分析、研判,市中心在2018年底进行银行授信招标,共获得银行授信8亿元。同时,市中心提升资金预测水平,跟踪分析每月住房公积金收支数据,科学预测资金形势和业务发展,合理制定资金调配使用计划,实现资金流动性与收益性的有机统一。

2019年通过银行贷款5个亿,确保广大缴存职工改善性住房的提取和贷款资金及时到位。2019年,发放异地贷款两笔87万元。自市中心实行异地贷款政策以来,共发放异地贷款总额

13373万元，异地贷款余额10612.82万元。2019年10月，市中心出台多项举措提升服务质量。首先，深化“一站式”改革，服务效能实现新提升。县(区)办事处已全部进驻行政服务中心，其次，市中心开展全面延时服务，开启“5+2”服务新模式，在双休日针对贷款受理等业务提供预约服务，推进简化办，深化优质办。再次，为方便(以翠湖花园等项目为主)干部职工办理公积金业务，市中心在行政服务中心安装查询机，设立公积金代办点，同时，市中心与建设银行萍乡分行在安源支行设立公积金代办点(试运行)，方便群众就近办理公积金业务，在取得良好效果后，再向有关银行推广，此项举措，开创先河，得到省住建厅的肯定和表扬。最后，以专项治理为契机，提升防范资金风险能力。

2019年，市中心出台《关于对骗提、套取住房公积金违法违规行为处理的通知》和《关于对骗提、套取住房公积金违法违规行为处理补充意见的通知》，对8000余份职工提取资料进行稽查，经核实，发现29名职工利用虚假购房合同、虚假结婚证、虚假不动产证、虚假发票骗取个人的住房公积金。市中心按规定禁止这29名职工5年内使用住房公积金，并通过服务大厅显示屏滚动播放，起到良好的警示作用，有力震慑违法违规提取、使用公积金人员，遏制违法违规违纪现象蔓延。

2020年，为提高财务管理绩效，市中心进一步规范业务办理流程，精简要件资料和审批环节，提高办事效率和服务质量。创新政务服务供给模式，建立政务服务“跨省通办”机制。2021年底，又实现8个“跨省通办”事项：“住房公积金单位登记开户”“住房公积金单位及个人缴存信息变更”“购房提取住房公积金”“开具住房公积金个人住房贷款全部还清证明”“个人住房公积金缴存贷款等信息查询”“正常退休提取住房公积金”。在市本级办事大厅配备个人征信查询服务终端。

2022年继续优化流程，服务保障提质提效。一是纵深推进“放管服”改革。结合“六减一优”服务举措，全力推进公积金服务优化工程。2022年，市中心32项服务事项的申请材料由原来的171项精简为111项，办理时限由160天缩减为15天。二是积极推动湘赣边区域合作进程。市中心与赣州、九江、宜春、吉安，以及湖南省直、长沙、株洲、湘潭、岳阳、郴州10地签订《湘赣边区域合作示范区住房公积金协同发展合作公约》，建立联席会议机制、信息协查机制、跨区通办机制和异地公积金互认互贷。到2022年底，已有29人次办理湘赣边区域合作公积金互认互贷业务，贷款金额1008万元。三是加大助企纾困力度。出台《关于应对疫情实施企业住房公积金阶段性缓缴工作的通知》和《萍乡市实施住房公积金阶段性支持政策的通知》，加强对困难企业的帮助扶持，确保缴存职工的合法权益。至2022年10月底，已有9家企业因受疫情影响，生产经营困难，提交缓交住房公积金的申请，缓缴人数2861人，缓缴金额323.217万元。2022年全年新增开户单位150家新增开户人数3448人，比上年同期增加426人。2022年完成增值收益1.145亿元，同比增长14.5%，增值收益率1.49%。

2023年，市中心继续做好管控结合，抓严抓实资金安全保障。一是加强信贷风险防范。继续完善楼盘动态监管、贷款三级审批等多种信贷风险防范制度。同时，进一步做好逾期贷款催缴工作，力保逾期不跨月，降低公积金贷款逾期率。截至2023年底，萍乡市住房公积金逾期率始终保持在0.04‰以下。二是加大内部稽核力度。每月做好电子化稽查工作，及时跟进住建部数据平台反馈的数据问题，抓好数据核查治理，通过溯查问题原因，对确实存在的问题提出针对性的措施并严格加以整改落实。三是开展骗提骗取整治。进一步深化骗提套取住房公积金行为整治，建立骗提惩戒机制，切实维护公积金使用正常秩序，不断净化住房公积金使用环境。

## 四、业务稽核

1999 年 7 月，市中心增设"萍乡市住房公积金管理中心房产资金经营科"，负责经营性房产资金的归集和支付、会计统筹和管理。2002 年 7 月 30 日，又下发《委托经营科岗位责任制度》的通知，明确其有关内部业务稽核的工作事项，负责实施内部业务稽核工作。2004 年 8 月，市中心又制定《萍乡市住房公积金管理中心稽核制度》，主要以审贷分离工作为主，并将 1997 年以来的贷款权证进行清理，即审核贷款人资格和还款来源的真实性、可靠性，使贷款合同文本及资料完整、齐全。

2006 年到 2008 年，市中心强化内部稽核和内控管理工作，完善内部稽核工作办法和程序，把资金结算、核算、执行利率政策以及住房公积金支取、个贷审批等关键业务环节作为监督检查的重点，市中心业务稽核小组对市本级和县区管理处进行全面稽核，并将稽核结果在全中心通报，做到及时发现及时纠正。建立较为完善的全程监控和问责机制，促进市中心业务工作健康发展。

2012 年 8 月，市中心印发实施《萍乡市住房公积金管理中心稽核制度》。明确稽核范围为：对县区管理处和市本级住房公积金归集、支取、贷款会计核算、档案管理竺业务工作以及费用开支等进行稽核、费用开支及报销业务稽核、档案管理稽核等 5 大项。稽核职责主要是：对住房公积金政策法规、内部控制制度执行情况，对住房公积金的归集业务，对住房公积金的提取业务，住房公积金的贷款发放、回收业务，对住房公积金定期存款、资金调度等业务，对委托贷款保证金退付办理情况及抵押办证情况等进行稽核；对增值收益分配程序是否合规，划拨渠道是否合规，是否专户存储，贷款风险准备金、管理费用、城市廉租住房建设补充资金的提取使用是否按规定程序办理等进行稽核；对国债、定期存款保管是否安全，手续是否规范进行稽核；对各种业务管理活动的档案资料是否完备，是否分类、按时间专人管理等进行稽核。

2013 年，为加强业务稽核工作的针对性、有效性，市中心印发《萍乡市住房公积金管理中心审贷分离稽核操作规程（试行）》《萍乡市本级审贷分离稽核操作规程》和《萍乡市住房公积金管理中心责任追究制度》，使整个稽核工作有章可循。同时，又配套下发《萍乡市住房公积金管理办法》《萍乡市住房公积金归集管理实施细则》《萍乡市住房公积金提取管理实施细则》《萍乡市住房公积金个人住房贷款管理实施细则》，使之操作性更强。

2014 年至 2015 年，市中心对市本级支取业务进行事前稽核，对合同购房支取住房公积金的，通过网上查询购房合同备案登记情况，核实购房行为真实性，有效防范骗取情况；对贷款资料的合法合规性进行事前、事中稽核，减少违规操作风险；对各县区的业务资料实行事后季度现场稽核，发现问题，严抓整改落实；严格按照不相容岗位相互分离和回避原则，实行权证分离监管。2015 年，市中心加大力度打击利用虚假材料骗取住房公积金贷款行为，追回一单位职工通过虚假资料套取的住房公积金 10 万元；加强对逾期率偏高的县区重点关注，帮助分析逾期形成的原因，督促整改，强化其贷款风险控制意识。2016 年，通过行政和司法诉讼等方式追回黄爱生等人以虚假资料诈骗的住房公积金本金 80 万元。

2016年,市中心又出台《萍乡市住房公积金管理中心内部控制实施细则》,对各科室制定的涉及法律事务的文件及规范性文件开始进一步完善,并对与现行制度不符的进行清理、修改,进一步加强稽核审查,强化风险控制。市中心将稽查岗位前置窗口,将稽查审查工作植入贷款审批的中间环节,将日常稽核与专项稽核相结合,按季组织季度稽核。为有效控制贷款逾期率,2017年至2018年,市中心加强住房公积金政策法规知识宣传力度,举办政策、法规培训,深入单位宣传住房公积金政策,增强法规意识。2020年全年共审核通过贷款2120笔,金额6.82亿元,全市逾期率控制在0.02%以下。

2021年至2023年,市中心严格规范资金管理,防范公积金资金风险,主要从两个方面加大工作力度:

一是从严从实规范内部管理。制定或修订出台《中共萍乡市住房公积金管理中心党组工作规则》《中共萍乡市住房公积金管理中心党组“三重一大”集体决策制度实施细则》等制度,规范重大事项的决策过程。每月做好电子化稽查工作,及时跟进住建部数据平台反馈的数据问题,抓好数据核查治理工作。严厉打击骗提骗贷行为,以实际行动维护单位、职工权益,努力营造风清气正的住房公积金管理使用环境。2023年,全市多渠道、多维度打击惩处骗提骗贷行为,共发现并制止35起骗取公积金问题,涉及金额464.16万元,在受理业务中及时发现并阻止的骗取行为有6户,涉及金额90.7万元,骗取成功的有29户,涉及金额373.46万元。目前,已追缴回并全额退款的有10户,金额128.23万元,部分退款的有12户,金额64.1万元。未退款的有7户,金额61.95万元。

二是多管齐下防范资金风险。强化个贷逾期监管,严格落实贷前调查、贷款审核、贷后管理全流程的个贷风险防控,确保风险管控规范有效;加强资金使用规模跟踪分析,统筹资金规模分配和调剂管理,动态做好资金测算、分析预警、缺口调剂等工作,防范资金流动性风险;启动住房公积金资金存放招标工作,采取招投标方式选择资金存放银行,增强资金存放的安全性和透明度,防范资金风险,提高资金存放综合效益。

# 第五章　信息化建设与客户服务

萍乡市住房公积金信息化建设起步于2001年。这一年，市中心购置HP-unix服务器、办公电脑，组建小型局域网，使用由市建行提供的SCO Unix自主归集公积金核算系统。市中心对信贷管理软件自行编制，完善增加报表等功能，使电算办公自动化得到进一步完善。同年7月，从四家委托银行接管公积金归集业务数据，实现归集业务的自主核算。2002年3月24日，国务院下发《关于修改〈住房公积金管理条例〉的决定》（国务院令第350号），全国上下进一步重视对住房公积金的管理。2004年10月11日，建设部《关于印发〈全国住房公积金监督管理信息系统管理暂行办法〉的通知》（建金管〔2004〕173号）要求加强这方面的管理。萍乡市三县公积金办事处也纳入市中心统一管理。原有管理的大量数据与资金需要统一到市中心归属管理，一下子增加许多用户量、吞吐量，原有信息软件已无法满足应用需求。2005年，市中心更新使用深圳恒泰丰软件公司开发的具有当时先进水平的C/S结构的网络版系统软件，管理水平得到很大的提高。2008年，为适应公积金业务快速发展的要求，解决信息化建设瓶颈问题，经市住房公积金管委会同意，市中心投资30万元对中心信息系统进行全面升级改造，使用北京金天鹏软件公司开发的新一代基于B/S结构的业务软件系统，实现贷款的自主核算；2009年，完成全中心电脑设备升级换代、中心主机房及市本级综合布线改造、容灾备份机房建设；在公积金业务系统建设方面完成公积金业务系统软件的更新改造，实现“数据集中、程序统一、中心核算、银行结算”的目标；客户服务方面，开发贷款联机批扣、数据同步、短信平台等功能模块；2015年，开通12329热线电话语音查询、公积金联名卡查询、触摸屏查询以及网上实时查询等公共服务系统，使全市公积金核算管理硬件设施达到省内先进水平；2015年，市中心对服务大厅进行改造，对中心机构进行改革，设立公积金中心分中心，原来的单一柜员制改变为综合柜员制，服务大厅设立咨询台，开通网上查询，提供服务。“12329”24小时服务热线，排队叫号办理服务，实现职工个人住房公积金汇款提取贷款等，账号资金变动，实时告知服务项目。

2017年，根据住建部“双贯标”（贯彻落实《住房公积金基础数据标准》《住房公积金银行结算数据应用系统与公积金中心接口标准》）要求，市中心更新北京安泰伟奥信息技术有限公司的第四代业务系统。2017年7月，市中心印发《萍乡市住房公积金管理中心异地转移接续业务操作规程》（萍公积金字〔2017〕15号）文件，要求办理此类业务的，应遵照本操作流程。2018年5月，市中心经国家住房城乡建设部、省住建厅公积金“贯标”工作联合验收组对萍乡市新一代住房公积金综合管理信息系统“双贯标”工作进行联合检查验收。经检查测试，萍乡市顺利通过验收，成为全省第一批通过验收单位。

2019 年 5 月，萍乡市住房公积金管理中心自助服务大厅正式启用。大厅面积 30 平方米，设有 8 个自助机位（PC 终端），一个人工咨询台，可自助办理信息查询、变更、贷款人申请材料录入等 20 余项业务。同时，市中心全力推进信息系统升级改造。以“让数据多跑路，让群众少跑腿”为目标，通过优化业务流程，增加线上业务办理服务项目等方式，升级改造公积金信息系统。同时，在“手机公积金”APP、网上服务大厅在（个人版、单位版、开发商版）以及微信、支付宝、赣服通、12329 热线等渠道，为广大市提供业务预约、信息查询和业务办理等服务。

2021 年以来，市中心直属服务大厅搬迁到城市大厦市政务服务中心后，在不断改进服务上下功夫：一是扩大“通办”范围，出台《关于调整住房公积金政策的补充通知》（萍公积金字〔2022〕9 号），及时完善公积金有关政策落地。在各个办事处设立住房公积金业务“跨省通办”窗口，专人专办。二是积极推进区域协同发展。与长沙、湖南省直中心、株洲、湘潭、岳阳、郴州和九江、赣州、吉安、宜春等湘赣 10 个市签订《湘赣边区域合作示范区住房公积金协同发展合作公约》。三是扩大“跨省通办”事项范围。至 2022 年底，已实现公积金缴存信息查询、个人信息更改、正常退休提取、离职提取、一次性结清住房公积金贷款及异地转移接续业务“跨省通办”，购房提取、租房提取、离职提取、退休提取、异地转移接续、一次结清贷款等业务“手机公积金”APP 在线办。四是充分利用信息共享。通过“住建云”系统核实办理业务的缴存职工婚姻状况，通过不动产部门的配合获取查询不动产登记情况的权限，有力地减少群众异地办事存在的“多地跑、折返跑”现象。

2023 年，市中心继续扎实推进信息化建设，提升信息化服务水平。市中心不断完善综合服务平台建设。中心已通过市政府共享平台完成与公安、民政、人社、不动产等部门信息共享。人民银行征信接口、省监管服务平台对接、市数据共享接口对接、电子证照应用等项目建设已全部落实到位，进一步推动减证便民工作的落实。市中心持续深化“一件事一次办”。加强横向、纵向部门联系，整合部门资源，进一步完善“企业开办一件事”，开展公民“一件事一次办”，积极打造政务服务升级版，更好满足企业和群众办事需求。市中心推动公积金个人证明事项“亮码可办”。2022 年 8 月以来，依托全国住房公积金小程序和全国住房公积金监管服务平台，住房公积金缴存人可以在线申请开具职工缴存证明、异地贷款缴存使用证明、贷款结清证明等个人证明，并以统一“电子码”代替原有 3 项纸质证明，实现住房公积金个人证明事项“跨省通办”“亮码可办”，为广大缴存职工提供更加快速便捷、好办易办的服务体验。2023 年，市中心已实现 13 项服务事项“跨省通办”、全程网办，持续提升公积金服务普惠化、便捷化水平。截止到 12 月底，“跨省通办”共受理业务 3492 笔，其中转入业务 1664 笔，合计金额 3133 万元，转出业务 1828 笔，合计金额 7072.03 万元；湘赣边区域合作已办理提取 289 户，合计金额 3382.73 万元，207 户家庭享受贷款政策优惠，合计金额 8021 万元。

# 第一节　信息化建设

## 一、住房公积金网络建设

（一）广域网建设与应用

2001年1月，萍乡市公积金监管系统网络建设项目由政府采购办组织公开招标，采购机柜、服务器、路由器、防火墙、入侵检测等专业网络设备，提升网络应用建设；2005年，市中心与中国电信公司签订协议，租用该公司的2M光纤，与下属三个县的个管理处实现专线联网；2007年又与新建立的湘东区住房公积金管理处联网；2010年后，又陆续与住房公积金承办银行实现光纤专线联网；2012年与市电子政务办实现专网联通。

（二）局域网建设与应用

2008年，市中心对市本级办公楼全面进行综合布线，升级改造，每个工作岗位部署一条业务网线和一条互联网线，安装LED屏幕、投影仪、电子叫号机、监控等设备。2010年以后，又陆续对莲花、上栗、芦溪和湘东四个县区管理处新装修办公楼实施综合布线，并参照市本级标准安装LED屏幕、投影仪、电子叫号机、监控、电信全球眼等设备。

（三）中心机房建设

2008年，市中心完成中心核心机房和网络机房的建设。萍乡市住房公积金信息化建设框架就是以中心机房为枢纽，连接互联网、省监管办专网、四个县区管理处、4家住房公积金承办银行，在网络上建设三个平台，在平台上建设相应的应用系统。市中心机房部署有UPS、IBMP720小机、路由器、交换机、防火墙、服务器、入侵检测等硬件，Windows 2000、Windows 2003、AIX6.0、DB2、WebSphere等软件。2012年，市中心又建立农业银行备份机房，部署IBM P5小机、交换机、防火墙、存储服务器等设备，使条件得到进一步完善和提高。2021年，搬迁到市大数据托管机房。在信息化建设中，不断加大力度，升级优化业务系统。对住房公积金综合管理信息系统进行多次功能更新，完善中心手机APP与网上营业厅大厅（单位版）功能，手机APP办理业务种类增加购房提取、住房提取、缴存证明、异地贷款证明、贷款结清证明5个事项，完善业务线的电子签单功能，完善电子档案系统，每一笔业务完成后都生成具有电子签单的业务审批流程电子档案，方便事后核查每笔业务审批流程。2022年，市中心又加强中心数据安全和网络安全工作。市中心数据机房新增一套网络安全态势感知系统和三台信创网络安全设备，参加省市组织的2次网络安全实战演练，通过设备升级与攻防演练有效消除系统漏洞和网络安全隐患，进一步提高中心信息系统安全防护能力。同时完成市中心住房公积金综合服务平台系统信息安全等级保护三级测评工作，完善中心网络安全防护措施，建立较为完备的网络信息安全保护体系，严格落实网络安全法和网络安全等级保护等相关要求，切实保障公积金系统安全、高效、稳定运行。

## 二、住房公积金业务信息系统建设

### (一)业务信息系统建设

1. 第一代住房公积金业务信息系统建设

在1998年7月以前,市中心住房公积金业务基本上都是全权委托银行管理,市中心只对公积金缴存单位手工记台账,每月对总账,从不核对明细账,至于账目准确与否无法确认,也无从核对,对资金安全控制乏力,安全性更无从谈起,管理手段严重滞后,管理缺乏主动性,处于被动和依附地位,汇缴业务全部交由银行做,市中心也不核定,暂存款长期挂账,金额很大,无法分配至个人账户;银行计息存在很大的问题;账户管理不规范,一人多账户、一个单位多账户普遍存在,重复账户涉及上万人;账户信息严重缺失,个人账户没有身份证号,缺乏判断的唯一性,给账户管理带来很多的麻烦;支取业务没有操作规范和细则,随意性很大;住房公积金个人贷款业务还没有开展,只有项目贷款,大量资金沉淀在银行难以发挥作用;财务管理全凭手工记账,缺乏最基本的监督和业务办理规程,资金监管存在严重缺陷和风险隐患。

2000年,市中心购置一台HP服务器及5台PC机,服务器操作系统为SCO unix,PC机操作系统为Windosws 95,使用萍乡建行提供的住房公积金业务管理软件。同时,市中心财务科带领相关同志到工、农、中、建四家银行及十多家支行上门收集住房公积金业务数据,经整理、校对后,再由科技人员导入数据库。市中心第一代住房公积金业务系统于2000年7月正式上线使用,结束住房公积金业务完全依靠银行的历史,实现归集、支取业务的自主核算。

2. 第二代住房公积金业务信息系统建设

2005年7月在本市住房公积金管理业务系统正式上线。该系统采用当时先进的C/S结构,数据库为Microsoft SQL Server 7.0,程序用Power-Builder 6.5开发,市中心采购两台联想万全服务器作为该系统运行服务器。系统启用后,市中心业务系统由单机版变成网络版,在市本级范围内实现数据集中,程序统一。同年,全市住房公积金核算全面实现电算化,从总账到明细账,全部实现微机管理。该软件整体功能尽管比原来的软件有很大的提高,但也存在很多的问题,尤其在贷款业务方面,设计简陋,功能不全,以至中心的贷款业务还是要依靠银行的程序进行核算。

从2003年开始,县区住房公积金改由市属管理,县区一级设办事处。机构调整后,只有上栗办事处使用住房公积金业务系统,其他办事处都是手工记账。针对这一情况,中心组织电脑人员,到三个县区办事处进行程序安装、数据整理、导入工作,经过几个月的艰苦努力,到2007年底,全市四个办事处统一安装恒泰丰业务系统软件,从此告别手工记账。

3. 第三代住房公积金业务信息系统建设

2009年,市中心从立足长远与解决现实相结合的着眼点出发,以结构优先、硬件跟进、集约投入、预留空间的原则发展住房公积金管理系统。通过反复对比,选择北京金天鹏软件公司开发的具有终端可灵活变更,较低成本、无限扩展性和灵活性的B/S结构住房公积金业务系统软件,有效避开C/B版软件结构过时、终端维护人工成本高、操作麻烦等问题,新系统运行硬件环境为一台

IBM P5小机，操作系统为 AIX6.0，数据库为 db2，中间键为 WebSphere，程序用 Java 开发。

2010 年 10 月 1 日，北京金天鹏软件公司开发出新一代住房公积金业务系统 B/S 建设启动，在市本级及四个县区办事处同时上线运行。此后几个月，市中心科技人员对市本级及四个县区办事处 4 家支行的贷款数据进行接收、整理与校对，并自行开发一个导数软件，将数据分批导入业务系统数据库，使市中心彻底摆脱对银行核算程序的依赖。通过 2M 光纤连接每个业务经办网点，各网点每办理一笔业务都必须登录市中心管理系统，并在管理系统中实时显现、存贮，住房公积金业务管理实时、可控，业务流程、权限分配全面由市中心统一控制，实现“数据集中、程序统一、中心核算、银行结算”的目标。

第三代住房公积金业务信息系统建成使用，后市中心各项业务发生质的变化。归集业务实现“先核定、后汇缴”。汇缴业务办理中普遍存在的大批量数据导入的问题，如大的单位公积金缴存基数调整，新职工开户，以前程序无法实现前台导入，全靠人工在后台导入，严重影响效率，也给科技科工作人员增加艰巨的额外工作。新系统彻底解决这一问题，通过前台操作界面，操作人员可以自行把单位的各种资料导入业务系统，贷款业务实现贷款自主核算。管理系统启用后，在原来靠人工控制和纸质管理的基础上，实现电子审批和信息网络化管理，通过合理设定岗位、权限，依靠流程控制实现对业务的有效监督，优化资源配置，节省职工办理时间，提高工作效率。此后，从贷款申请、受理审批、签订合同、到银行放款等所有手续，职工在管理中心服务大厅一次性即可办结，方便快捷，而走完所有流程也只需要数个工作日，大大缩短办理时间；通过与银行合作开发的通信接口，在建行、工行实现还款资金的自动扣划。扣款方式采用每日扣划，在下一月的月初，针对上月没有还款的职工再发出一次扣款，给职工一次还款的机会，既减少职工非故意逾期带来的违约，又减少贷款逾期，充分体现人本服务的思想，也反映出逾期贷款的真实情况。建成短信发布平台，将贷款扣款情况以短信方式及时发送给贷款客户，在扣款的前几天或遇有贷款利率调整时还对贷款客户发送提醒短信，起到温馨提示的作用。支取工作更加严密，利用系统身份证自动识别和信息读取，减少原来办理支取业务主要靠人工判断，随意性大、差错率高等人为因素的影响，提高工作效率。财务管理更加规范严谨，通过系统建设，实现账务的日清日结。每天业务结束，业务经办部门将当日资料传至财务部门核对生成财务凭证，当日资料当日清。由于数据集中，全市联网，财务科可以随时把住房公积金运行情况汇总分类，将业务完成情况及时传送到主管领导和相关业务科室。市中心办事效率、服务水平得以大幅提高。前台业务逐渐弱化，业务办理的方式更加灵活，渠道更加多样化。

4. 第四代公积金综合服务平台建设

2016 年，为达到全国住房公积金“双贯标”要求，市中心启动第四代住房公积金综合服务平台建设。住房公积金“双贯标”（贯彻落实住房公积金基础数据标准、接入全国住房公积金银行结算应用系统）是住建部针对全国住房公积金系统部署的一项信息化建设工作任务，目标是建立科学、合理、规范、实用的住房公积金业务数据体系，提升住房公积金整体服务能力。这一信息系统建设项目启动后，经过前期准备、方案认证、招标采购、设计开发和现场实施等工作，于 2017 年 10 月 3 日正式上线运行，整体运行良好。新系统严格按照住建部《住房公积金基础数据标准》设计数据库，建立实体存储数据并得到充分应用;接入住建部银行结算应用系统,同萍乡市4家受托银行(中国银行、建设银行、农业银行、工商银行)全部进行联网支付结算,实时获得银行结算数据,实现资金、业务和财务信息的自动平衡匹配。市中心在完成“双贯标”工作的同时,将服务和管理理念融入信息系统建设中,进一步优化业务流程,完善系统功能,增强风险防控能力,提高工作效率和服务水平。

2018年5月、2019年12月,住建部、省住建厅联合检查验收组一行两次来萍乡市开展住房公积金“双贯标”验收工作。检查验收组听取萍乡市关于“双贯标”工作情况汇报,观看技术人员PPT业务演示,审阅业务办理情况。经过现场检查、质询答疑和讨论,专家一致认为,萍乡市住房公积金综合服务平台系统的数据库结构符合住房和城乡建设部发布的相关标准,业务系统通过住房公积金结算应用系统,与委托银行实现实时结算,相关功能完整,“双贯标”工作成效明显,达到验收的要求和标准。检查验收组一致同意萍乡市住房公积金管理中心通过“双贯标”验收。

根据住房和城乡建设部办公厅《关于做好全国住房公积金数据平台接入工作的通知》要求,市中心于2019年6月完成全国住房公积金数据平台接入工作,实现与税务总局总对总的数据交换,使符合条件的公积金贷款职工能享受个税抵扣的优惠政策,有效维护萍乡市缴存职工的合法权益。2021年,市中心对住房公积金综合服务平台系统(简称系统)的功能升级,实现“平台化运营、数字化管理、移动化服务”的主要目标,夯实市中心的数字化发展基础。目前,市中心提供网上业务大厅(个人版、单位版、开发商版)、手机公积金APP、微信公众号、赣服通、支付宝城市服务、全国住房公积金微信小程序等线上服务渠道,实现大部分业务7×24小时线上业务服务,业务可网办率达到87.5%。

2023年,市中心信息化平台建设主要体现在提升系统国产化率上。围绕国家信息安全的建设要求,利用先进技术,将自主可控、安全可靠落到实处,保障中心资产安全,市中心于2022年开始不再采购非信创目录内设备。至2022年安全设备、服务器操作系统80%为中标麒麟Linux操作系统,中心80%普通台式机电脑使用的是Windos 10神州网信正版,国产化设备得到进一步提升。

(二)信息化制度建设和管理

信息化制度建设是指市住房公积金管理中心及县区办事处在住房公积金管理过程中的有关业务系统、会计电算化系统、监管信息系统及相应的硬件网络设施的建设。1997年市中心成立以来,在推进信息化进程的实践中,也在不断加强信息化制度建设。

在购买环节上,从制度上明确住房公积金中心购买业务、财务软件、硬件设备,应当对供应商的资格条件进行严格审查,在使用前进行试用性安全测试,明确产品供应商对产品在使用期间应当承担的责任,确保产品的正常使用和有效维护。

在硬件建设上,从制度上明确确保硬件系统的无故障运行。做到:计算机信息系统机房必须按照有关标准配置防火、防水、防盗、防尘设施;计算机信息系统机房内重要设备必须有可靠接地,接地电阻不大于相应设备的技术要求,并装置必要的防雷电设施;机房主服务器备有UPS电源,停电后维持供电2~4个小时,做好业务保存系统备份工作,以防数据丢失;硬件设备配备应符合计算机信息系统的需要；严格机房的出入管理，对进出人员进行登记。对计算机信息系统安全保护实行预防为主，谁主管谁负责原则，做到人员防范和技术防范相结合：其一，计算机信息系统软件应按规定手续由专业软件公司提供安装，系统管理员在场并做好安装日志记；其二，计算机信息系统进行定期的软件备份，每周末做好相关数据库备份，异地保存，并采取严密的数据存放措施，数据的修改须经有关业务科长的书面批准方才有效；其三，计算机信息系统的业务数据需要修改，应履行规定的审批手续，同时做好相应文档资料的修改备案和日志登记工作；其四，加强业务信息系统维护管理，除日常维护外，要定期对计算机系统进行专项维护，并有书面记录；其五，计算机信息系统运行过程中出现异常现象时，应由系统管理员确定和处理，处理方法和结果都应有所记载，重大故障按规定登记外，拟定处理措施，报告主管领导同意后方可实施。处理重大问题应及时向有关部门报告。

在计算机系统操作环节上，从制度上明确要确保安全、完整。做到重要的数据建立数据备份，长期异地保存；系统管理员除实施维护等需要打开系统数据库进行操作外，应履行有关报批手续。实施维修时，不得修改数据库结构，禁止其他人员实施数据库操作；设置管理日志，实施信息系统留痕管理，建立系统远程操作登记簿，详细记录登录人员起止时间、批准人等内容。每一项业务处理、运行、运用都在系统中留有痕迹，并报主管领导；如有重要数据的故障设备交外单位人员修理时，本单位必须派专人在场监督。

在信息系统应用管理上，从制度上明确做到计算机信息系统的主机不得用于软件开发，不得含有源程序、编译工具、连接工具等软件。不得使用与业务无关的任何存储介质；在计算机信息系统管理中应明确相关人员职责，合理分配人员管理权限；信息系统管理员要切实履行职责，维护系统安全运行。数据完整及系统的稳定，对整个系统负责；操作人员职责，负责具体业务操作，保证相关的业务数据的安全、完整及数据的正确，对发现的业务问题及时解决，无法解决的要及时报告系统管理员；对业务信息系统管理中的不相容的职责需要分开设置，操作人员和系统管理员不得混岗，不得相互代替工作；对系统操作、数据库使用、管理人员身份认证等环节应实行授权管理，非授权人人员和非授权职责范围的人员不得操作和访问；对业务信息系统的网络设备、操作系统、数据库系统、应用程序、系统维护等相关信息建立管理档案；对计算机信息系统的管理人员和操作人员的用户管理及密码口令实施分类管理，严格控制操作权限。定期督促业务操作人员更换使用密码口令，有关岗位人员调动，调动后及时更改操作权限及相应密码。业务系统管理人员调离时必须移交全部技术资料，并更换相关口令和密钥，保证系统安全，确认不会危害业务信息系统后方可调离。

在信息化建设实践中，对加强网络通信安全管理上坚持做到：一是定期检测网络安全，及时发现并修正存在的弱点和漏洞，增强网络安全；二是对重要线路应当采用专线连接方式或者虚拟专线连接，数据库等系统的数据传输需设置相应的信息加密防火墙和隔离设备；三是对业务信息系统的敏感设备和数据库要建立必要的物理隔离等保护措施。在没有安全措施的情况下，业务系统的计算机不得以任何方式与互联网连接。要加强业务信息系统的病毒防治，保障系统运行安全，数据完整；要建立应急机制，发现计算机信息系统发生重大事故或计算机犯罪案件，实施应急方案，采取应急措施，保障业务和各项管理工作正常运转；要完善业务操作系统，在系统中设定对缴存比例、缴存基数调整等业务的控制和预警程序，设置提取条件、提取额度等要素；要提高信息化防控能力，加快与房地产交易系统、人民银行征信系统、个人身份核查系统联网，实现信息共享，减少操作风险，确保市中心信息系统安全，健康平稳运行。2021 年，市中心建立公积金业务电子档案系统。2022 年底，市中心依据最新颁布的《住房公积金业务档案管理标准》JGJ/T495 - 2022，对电子档案系统进行升级优化，进一步强化档案管理能力，实现档案管理数字化、信息化、规范化。

在信息化建设实践中，不断提高数智赋能。2021 年以来，市中心以高质量标准打造服务环境和水平，对“一件事一次办”政务服务事项进行标准化流程再造，优化公积金贷款办理流程、压缩审批时间、精简申报资料、精编服务指南。同时，推广使用 U 盾办理对公业务，做到“对公业务一次不跑”。通过 U 盾的使用，缴存单位经办人可以独立在本单位操作信息查询和业务办理通过萍乡市信息中心政府内网（财务专网）远程办理住房公积金缴存、综合查询等业务，全市有 200 多家单位启用。在提高数智赋能上，完善手机 APP 和赣服通功能，做到提前还本、部分还本、提前结清和异地接续转移等业务在手机上自行办理，电子证明文件自行下载打印。争取达到业务办理离柜率 70% 以上。

2022 年，市中心多渠道打通便民服务通道。首先，积极对接“一网通办”“跨省通办”。积极与市政务服务中心和市政府信息中心就“一网通办”（一窗办）系统建设开发事项进行联系，设立跨省通办窗口及业务联系人，顺利完成两地联办异地购房提取跨省通办等 12 个服务事项，全年共办理 1516 笔，金额 4173.6 万元。其次，打通信息壁垒。全面落实政务服务“一次不跑”“只跑一次”改革要求，大力推进“四化建设”和“一网通办”，拓宽线上办理提取的业务范围；强化与省一体化在线政务服务平台、数据共享交换平台、“一窗式”综合服务平台、“赣服通”政务服务平台、电子证照库平台的对接。再次，拓展线上服务。以“数据多跑路、群众少跑腿”为目标，积极打造“互联网 + 公积金”，门户网站、网厅、手机 APP、微信公众号、微信小程序、自助查询办理终端、支付宝、12329 服务热线及短信等服务渠道同时上线服务，缴存人随时随地办理住房缴存、提取等各项业务，降低缴存单位及职工办事时间成本，切实提升住房签名便民服务水平，用实际行动换取办事群众的“幸福指数”。2022 年，12329 客户服务平台回复咨询 10700 条，电话回访 158 个，处理预约件 174 件，领导信箱 88 条。

## 第二节　客户服务

### 一、前台咨询服务

2003 年 10 月，市中心设立专门的“值班经理”柜台，安排专人负责为客户提供住房公积金政策和业务办理程序答疑服务。市中心对住房公积金的缴存、提取与贷款，实行政策公开、程序公开、时限公开。业务办理全部集中到一楼大厅，实行“一站式”服务。

2008 年，市中心按照新总体形象设计方案，对办事大厅进行全新理念改造，增设查询系统身份证识别仪、语音叫号机、滚动式电子显示屏，改多年的封闭式服务为敞开式服务，客户只需轻轻刷一下身份证，就可以查询到本人住房公积金的缴存比例、缴存时间、金额和贷款情况等各项信息。孕妇、伤残人员等行动不便的客户，可免排号优先办理。在实践中，积极落实“放管服”改革，加快推进政务服务“一网通办”。先后取消提供贷款人及配偶的身份证、户口本、结婚证等证件的复印件，以及贷款人与配偶的工资证明及单位承诺，同时取消二手房评估报告。工、农、中、建、交等各大银行已全面进驻市中心营业大厅。2018 年 9 月 21 日，市不动产登记中心在市中心开通公积金业务受理窗口，使缴存职工在办理住房公积金支取或贷款时，只需在一个窗口一次性提交材料，便可完成开具几套房证明、贷款申请、贷款合同签订、不动产抵押登记申请等多个事项，在以后的实践中不断深化，加强完善。

## 二、首问负责制

2002 年 7 月，市中心为树立良好形象，建立责任、有序、高效的工作机制，确定实施首问责任制。其要求是：凡市中心第一个接触服务对象的工作人员，不论其职责与服务对象办理的事项是否有关，均为首问责任人。首问责任人对服务对象必须热情接待，服务周到，回答问题细致明确，解决问题耐心周全。属于首问责任人所在科室职责范围内的事情，要按照有关规定及时办理。对于手续不全不能当场办理的，要按照一次性告知的要求详细、耐心地向对方说明需要补充的材料、要求以及如何办理等；对一时难以答复或需要统一研究的事项，应告知对方需要研究后答复，并作为记录，约时间接待；对不符合规定条件不能办理的，应做好详细的说明解释工作；对经说明解释后，当事人仍提出异议的，应及时向有关科室、中心领导报告。首问责任人对来访人员的咨询，要百问不厌，详细解答，态度要热情、语言要文明、处理要得当、服务要彻底。在首问接待中，要求一律使用文明用语，严禁出现“不知道”“我不管”“没办法”“找别人”等服务忌语。首问责任人如不履行职责，或态度恶劣，办事推诿，或造成服务对象投诉、上访等不良影响的，将视情节轻重给予相应的行政处分和经济处罚。这一制度一直坚持执行。

## 三、一次性告知制

2006 年 7 月 1 日，市中心为增强全体干部职工的责任意识，提高工作效率和服务水平，推行一次性告知制度，即规定：凡市中心所属科室（管理处）或服务窗口在接待申请人办理有关事项时，受理经办人必须一次性告知其所办理事项的申报材料、办事流程、承诺时限等。对符合条件、材料齐全并能当场办理的要及时办理；手续、材料不齐全或不符合规定的要一次性告知其所需补充的全部手续和资料，并告知不予受理的政策或法律依据。申请人申办事项涉及多个科室，或手续、材料不清楚，或法律、法规和规范性文件未作明确规定，经办人要及时向上级请示，并将结果告知申请人。各部门要将各业务办理的申请材料、办理流程、承诺时限等印制成服务告知单，方便申请人索取或参照。凡需一次告知申请人的审批事项，除电话咨询一次性告知外，均须以书面形式告知申请人。对不认真执行这一制度的相关人员，视情节轻重给予相应的处分。

## 四、限时办结制

2006 年 7 月，市中心为强化效能建设，提高服务质量，出台限时办结制。凡法律、法规、规章有明确时限要求的，必须在规定时限内完成。法律、法规、规章没有规定时限的，必须根据住房公积金管理中心领导决策意图，在要求时限内完成。对市人大、市政协转办的方案和提案，必须按市人大和市政协的规定时限完成。对服务对象或办事群众提出的有关申请，责任科室（办事处）或责任人必须按《服务承诺制》在规定时限内给予答复；承诺时限内没有完成的，必须向当事人说明理由；无正当理由的，除责令在规定的时间内给予答复外，还应追究责任科室（办事处）及责任人的责任。对中心不予受理的事项，应向当事人说明理由，并提供指导性意见。对业务审批事项，缴存登记、资料齐全，1 个工作日内办理完结；降低缴存比例的，管委会批准后，5 个工作日内完成审批；转移或者封存账户业务的，资料齐全，3 个工作日内办结；对销户性提取，符合条件、资料齐全的，即时办结；对不符合销户条件的即时告知并说明原因；部分提取，符合条件、资料齐全的，即时办结；对不符合部分提取条件的，即时告知并说明原因；贷款申请，资料齐全，审核时限不超过 10 个工作日，符合发放条件的，待抵押登记到位后放款时限不超过 5 个工作日。

## 五、服务承诺制

2008 年 6 月，市中心制定《服务承诺制度》，主要有两个方面的承诺：第一，行为规范与服务质量承诺。住房公积金工作人员的行为规范和服务守则是：爱岗敬业、诚实守信、服务群众、奉献社会；文明服务、礼貌待人、服务规范、共创和谐；简化手续、方便群众、办事公开、信守承诺。第二，信息服务承诺。在萍乡市住房公积金管理中心网站上提供及时、准确的住房公积金信息服务；通过触摸屏查询机、住房公积金联名卡等多种方式向缴存职工提供住房公积金信息；在各住房公积金服务网点免费提供简明、实用的公积金宣传资料。对缴存、提取、贷款等业务服务，在手续齐全的情况下，承诺办结时限。

## 六、公积金短信服务平台建设

一是打造短信服务平台。2015 年 6 月起，市中心打造短信服务平台。为使住房公积金缴存职工能够及时、快捷地通过手机了解个人账户情况及住房公积金有关政策，市中心研发并推出短信平台服务，每月将客户账户变动情况以短信形式发送到客户手机。二是开展网络查询服务。2009 年 10 月起，市中心开展网络查询服务。萍乡市住房公积金管理中心网站建立，网站开通住房公积金查询服务；2013 年元月，网站进行全面改版，新增“按揭楼盘简介”“中心园地”“网上客服”。三是打造综合平台服务。从 2017 年到 2023 年市中心严格按照住建部、省市要求打造符合萍乡市市情和住房公积金实际的综合服务平台。这一平台已涵盖手机 APP、网上办事大厅等服务渠道，对接住建部公积金数据共享、支付宝城市服务等平台。实现微信及支付宝“刷脸”认证和全天候网上查询，公积金账户异地转移“免跑腿”。个人版网厅已开通离职、退休自助办理，职工无需再到公积金营业大厅办理，单位缴存业务实现“网上办”。引进人民银行征信查询机，使广大职工办理公积金业务不再多头跑，实现公积金业务“只跑一次”，窗口服务中午“不打烊”，休息日“延时服务”便民措施受到办事群众的广泛赞誉。至 2023 年底，网站共发布信息 23618 条，注册会员达到 16847 人，网站访问量 12036178 次。

## 七、评选服务明星

2007 年,为提升服务能力和水平,市中心制定《“服务明星”评选办法》,在市本级营业部、个人贷款科和县区管理处从事住房公积金汇缴、支取、转移、贷款业务的工作人员中,开展“比服务、比质量、比效率”的服务明星评选活动。通过客户电子评价系统、工作人员自评互评、部门负责人测评、综合测评、中心主任办公会意见进行考核评选。采取客户评价 30 分、自评互评 20 分、部门负责人测评 30 分、综合测评 10 分、中心主任办公会意见 10 分的百分制确定。每月评比一次,全年获评 4 次以上的当选年度服务明星。《办法》明确遵规守纪、服务态度、服务质量、客户评议满意率等内容和不同岗位的考核标准,以及评选的操作程序。同时,规定当选季度明星奖励 200 元,当选年度明星奖励 1000 元,并优先参评年度先进个人。评选工作由综合科负责组织,法规稽核科监督。从 2007 年起,连续开展五年,每季评选季度明星 2 人。已评选出 48 人次进行表彰,营造好的服务环境,提升服务水平,受到群众好评。

# 第六章　队伍建设

市住房公积金管理中心在队伍建设上从以下几方面着力：加强党政班子建设，发挥好领导班子的核心作用和领导干部的示范效应；加强党的建设，发挥好基层党组织的战斗堡垒作用和党员的先锋模范作用；加强群众组织建设，发挥工会的桥梁纽带作用和共青团的助手作用；加强员工队伍建设，发扬全体员工的主人翁精神，为发展全市住房公积金事业贡献公积金人的聪明才智。

## 第一节　领导班子建设

### 一、调查研究

调查研究是党的优良传统，也是做好各项工作的重要方法。市住房公积金管理中心自成立以来，一直高度重视调查研究工作。这些年，主要开展以下三个方面的调研：

（一）政策调研

1996年，市住房公积金管理中心成立后，就如何把全市住房公积金事业开展起来，采取哪一种运作模式，市中心筹备组采取调查摸底、外出调研的方式考察、深入基层走访相关单位，掌握第一手情况，作出科学分析、综合判断，提出对策建议，为全面推出这一制度建设和采用何种方式运作打下基础。2000年以来，市中心配合上级文件要求，组织开展以政策性住房资金管理情况为主要内容的执法检查、调研活动，并形成调研材料上报。2001年，市中心配合建设部检查，进行以政策性住房资金管理情况为主题的调研，提交调研报告，市中心“工作严谨，管理规范”的工作亮点得到上级的肯定和好评。

2003年，市中心协同市人大环境委、市政府法制办、市房管局、市房改办开展联合调研，走访40个机关、事业企业单位，就其贯彻《住房公积金管理条例》情况进行检查，对4个单位未提供检查资料、8个单位有能力缴存但未建制、8个建制单位未及时办理缓缴手续等问题，均发出限期整改意见书。2004年至2007年，市中心配合省财政厅检查调研市本级和县区政策性住房资金管理情况，对县区政策性住房资金管理情况进行检查、调研，针对挤占挪用、违规支出、归集人员业务素质偏低等问题，提出限期整改的意见。2008 年，市中心对上年检查、调研整改不到位的单位，进行执法复查，分别提出整改方案，确保检查、调研不走过场。

从 2009 年到 2022 年，市中心根据上级文件精神和市委、市政府重大工作部署及市中心发展中遇到的重大问题，定期和不定期开展专项开展政策调研，每次重大调研活动均形成调研材料或报告，上报市公积金管理委员会，为做好全市住房公积金事业重大工作的部署安排提供决策参考。2009 年，市中心曾以萍公积金字〔2009〕2 号文件上报“关于部分兄弟地市公积金管理中心经费预算情况的调研报告”，为解决此类问题提出对策参考。2017 年 3 月，市中心为贯彻全市城建口调研工作座谈会议精神，开展专题调研，形成调研报告后，并以萍公积金字〔2017〕26 号文件形式向市政府作汇报。

2023 年，在开展的学习贯彻习近平新时代中国特色社会主义思想主题教育中，根据中央的部署，按照省、市委的文件要求，市中心扎扎实实开展好调查研究。市中心领导带头深入实际，问计基层，在调查研究基础上形成较高的质量调研报告和文章。

市中心党组书记、主任廖洪元深入基层，围绕住房公积金数字发展情况开展调研，在对掌握大量的第一手资料的基础上进行分析研判，认为市中心数字化建设主要成效体现在全面贯彻落实住建部“双贯标”和“住房综合服务平台”建设工作、完成与全国住房公积金数据平台对接上；体现在不断扩展服务渠道上；体现在持续推进政务服务一体化上；体现在加大数据共享和电子证照应用上；体现在建立数字化档案管理上。调查报告分析深入，概括精炼，很有实践价值。

市中心党组成员、副主任陈昌结就奋力推动萍乡住房公积金事业健康有序发展开展调研。他围绕市中心推进“放管服”改革、全面提升服务水平、促进萍乡住房公积金事业健康有序发展这一课题，先后走访市住建局，并深入直属办事处、莲花办事处等地进行专题调研，调研报告认真剖析当前萍乡市房地产市场发展现状，就破解当前公积金发展难题提出建议。特别针对当前萍乡市房地产行业发展现状，用数据分析比对后认为：萍乡为作中西部欠发达地区，房市的发展正经历着严冬，要正确引导、鼓励房地产行业走上健康有序的发展轨道。市中心在履职尽责上，就要坚定不移执行国家楼市新政、坚定不移服务百姓民生、坚定不移助力地方发展，助推公积金事业健康有序发展。

市中心党组成员、副主任谭洪斌就创建“四强”党支部进行调研，提出对策思考。谭洪斌副主任分析研判市中心基层党组织的基本情况后，聚焦于“学”，全面提升政治能力，把党性素养“强”起来；聚焦于“能”，夯实支部建设内容，把党员力量“聚”起来；聚焦于“干”，打造党员先锋队伍，把工作责任“挑”起来；聚焦于“效”，落实党建全面引领，把工作质量“提”起来四个方面提出对策思考，很有现实针对性。

市中心党组成员、副主任陈彰宏从有效提升市中心从业人员能力素质角度，对市中心从业人员的基本情况进行分析，在此基础上提出要从“定、学、管、考、用”五个方面下功夫的对策建议。这对推动市中心从业人员能力素质不断提升明确途径。

这次大调研中，市中心领导干部形成的调研报告，有力度、有广度、有深度，从而也把市中心调研工作推进到一个新高度。

（二）法规调研

在市公积金事业发展20多年的实践中，2008年的法规调研影响重大。2008年7月，市中心围绕市人大常委会就市政府贯彻实施《住房公积金管理条例》情况的审议工作，配合市人大环境委进行执法检查、调研，并向市人大环资委汇报全市住房公积金管理的基本情况和存在的主要问题，并召集建制和未建制单位代表45人参加座谈会议，听取意见和建议。接着又分两组对三县一区进行督察座谈，互相交流贯彻实施《条例》的情况，借鉴各相关经验。8月，市相关部门和单位召开会议，听取和审计关于贯彻实施《条例》的报告。会议认为，市政府及职能部门做了大量扎实有效的工作，住房公积金事业得到快速发展，在为解决广大职工住房困难，维护社会稳定和谐上起到积极作用。同时，对进一步贯彻实施《条例》，完善住房公积金制度提出加强法规宣传、确保资金安全、狠抓扩面工作、加大执法力度、加强队伍建设等意见。

（三）业务调研

1996年，市中心成立以来，一直重视业务交流和调查研究，并把其作为调研工作的重要内容。2010年6月9日，由北京金天鹏软件有限公司主办的“伟奥软件2010年住房公积金网上业务大厅暨电子档案管理研讨会”在常州召开，市中心领导及业务人员参加会议。2015年1月8日—9日，由党组书记、主任廖海荣带队、各业务线上分管领导和科长组成考察学习组到益阳市住房公积金管理中心考察学习公积金综合柜员制办理工作。2017年5月9日，全省住房公积金“双贯标”工作推进会在萍乡市住房公积金管理中心召开，省住建厅、省住房公积金监管处相关领导出席并讲话。2021年3月2日至3日，由市住房公积金管理中心党组成员、副主任何维一行6人赴九江、景德镇住房公积金管理中心学习，重点对对方单位在公积金贷款政策、稽核制度建设及运行情况进行考察调研。同年，9月22日，抚州市住房公积金管理中心副主任李世林一行来中心进行业务学习交流。中心党组书记、主任廖洪元、党组成员副主任彭宗平及相关业务科室负责人参加交流会。2022年7月8日，由市中心主任廖洪元带队一行3人，在长沙参加湘赣边区域合作示范区住房公积金协同发展合作的签字仪式，湘赣两省共有10个市参加签约，并就深入开展合作进行调查研究，提出对策思考。

## 二、团结协作

市住房公积金管理中心自1996年成立以来，历经由正科级到副处级机构再到正处级机构的发展历程，在这一过程中，市中心一直重视本单位的凝聚力、号召力和战斗力建设。在近40年的发展历程中，市中心经历四位主要负责人的调动和变动，但领导班子和领导干部始终在贯彻执行民主集中制上都发挥带头作用。历届领导班子在重大问题和决策中都做到在民主基础上集中，在集中指导下民主相统一。决策前，做到充分酝酿；决策中，会议决定；决策后，认真执行。这既搞好领导班子的建设，又加强班子的团结协作。在多年的实践中，几任领导班子和领导干部都在工作中注意正确处理好正职与副职的关系，正职尊重和相信副职，副职服从正职领导，维护正职威信；正确处理好少数与多数的关系，讨论决策问题时集思广益，个人服从集体，少数服从多数，一旦形成决定，执行集体决议维护班子形象；正确处理好分工与合作的关系，在合理分工的基础上，各司其职，各负其责，搞好搞活本职工作；同时，在带全局性、有关联性的工作中，服从大局，密切配合，形成团结协作的工作氛围；正确处理好权力和利益的关系，领导班子和领导干部在实践中能正确看待权力，把权力看成是党和人民赋予的，是根据岗位职责任命的，因而在实际工作中，不争权、不越权、不滥用权力。

## 三、廉洁自律

### （一）规范权力运行

2008 年 5 月，市中心根据《国务院全面推行依法行政实施纲要》《江西省行政程序规定》，制定规范权力运行制度实施方案，成立规范权力运行制度领导小组。市中心还印发《重大行政决策程序规定》通知，要求在行政决策时必须遵循科学决策、民主决策、依法决策的原则。同时对重大行政决策的范围作出界定：包括贯彻落实上级重要指示、决定和工作部署的实施意见和措施；研究制定住房公积金发展中长期规划和年度计划；审定中心重要政策性文件、重大建设项目、基本建设预算内资金安排计划；审定涉及全中心的政务工作和重大活动事项；研究和决定中心党的建设、思想政治工作、纪检监察等方面的重大问题；研究内部机构设置、调整和人员编制事项以及中层干部的职务任免、调动和奖惩事项；审定中心财务管理、固定资产管理及大额度经费开支等方面的有关重大事项；研究确定突发性事件应急预案、重大突发性事件应急处置措施；其他需要集体决策的重大事项。这些内容涵盖市中心重大工作、重要事项、重要人事诸多方面，使之在实践中有章可循。这一文件对决策前期的准备程序、决策程序、决策执行、决策公开作了规定。同时，对决策会议人数比例、决策会议主持人、遇紧急情况来不及集体决策作出具体规定。

随着全市住房公积金事业的不断发展，工作的范围涉及面越来越宽，牵涉的相关部门和单位也越来越多，为加强管理，市中心在原有制度的基础上，又修订下发一系列规章制度。2011 年 10 月，市中心下发《内部授权管理制度》和《工作规则》。之后，又陆续修改完善这方面的规章制度，加强权力的规范运行。市中心领导班子和领导干部在重大决策建议中，涉及各科室职责的，会提前协商；涉及其他部门的，会事先沟通协调；涉及人民群众重大利益的，会事先征询市人大、市政协等部门的意见；涉及人民群众最关心、最直接、最现实的利益问题，会通过社会公示或召开听证会等形式听取意见和建议。

党的十八大以来，根据中央的要求和省、市委的政策规定，市中心对上述内容予以完善和补充。市中心同时对推进依法行政、提高工作效能、加强行政监督、严肃作风纪律、加强业务学习、落实党风廉政建设责任制、保守国家秘密和工作秘密等方面作出更明确的具体规定，使制度的针对性、操作性更强。

2000 年到 2023 年间，在上级部门的考核验收中，市中心的各项工作均得到上级部门的好评和肯定，获得江西省政府颁发的文明单位奖项，多次获评省建设厅的先进单位、工作一等奖，连续三届被中共萍乡市委、萍乡市人民政府评为全市文明单位等荣誉称号。

（二）廉政风险防控

2011 年 11 月 13 日，住建部、财政部、监察部、审计署、纠风办等七个部委联合下发《关于加强住房公积金廉政风险防控工作的通知》。2012 年，市中心据此通知精神，制订《萍乡市住房公积金管理中心廉政风险防控制度》。2013 年以后又陆续对此制度作了修改完善。本制度着重对防范措施，落实责任作出明确规定。明确市中心主要负责人在业务工作和廉政建设方面实行“一岗双责”，建立全员岗位责任制；明确防范挪用，截留，违规确定缴存比例、基数，违规购买国债等 12 类别 32 个风险点。明确每项防控措施的责任部门和责任人员，建立廉政考核与责任追究制度。同时，进一步完善管委会决策、加强中心内部管理，提高信息化防控能力，建立相关部门协调机制，接受省监管办监管等措施，有效地防控廉政风险。

（三）接受廉政监督

从 2003 年到 2023 年，市中心领导班子和领导干部每年在一年一度的考核中都要述职述廉，接受监督。

2011 年开始，市中心领导班子和领导干部每年都要接受市纪律廉政建设专项考评，按要求填报有关廉政建设的表格。经核查后的《纠风工作统计表》显示，市中心不存在行业不正之风问题；《公务用车配备使用情况汇总统计表》显示，市中心配备车辆在车辆编制数以内；党的十八大以后，没有违规用公车情况发生；《党政领导干部问责案件情况》显示，市中心没有出现问责案件；《领导干部执行党风廉政建设责任制情况报告表》显示，市中心领导干部均能廉洁自律。

（四）筑反腐防变长城

领导班子和领导干部在接受党内党外监督、市中心内外监督时，做到警钟长鸣。历届历任领导班子和领导干部都较好地坚持民主生活会议制度，认真开展批评和自我批评，自觉筑起防微杜渐，拒腐防变的思想长城。1999 年，领导班子民主生活会针对 1998 年民主考评提出的主要问题，研究整改措施。2000 年，领导班子召开“三讲”教育主题民主生活会，保持思想端正，廉洁从政。2003 年后，市中心领导班子和领导干部廉政建设走上规定化、制度化发展轨道。每年定期看廉政电教片，召开专题民主生活会，查找廉政等方面的不足之处，接受党员代表的建议，提出整改问题的措施。党的十八大以来，市中心在领导班子和领导干部廉政建设又上新台阶。根据中央八项规定、省委“八条禁令”和市委“十条规定”，在群众路线教育实践专题民主生活会上，主动查找问题，制定整改措施。在“三严三实”、“两学一做”、“不忘初心、牢记使命”、党史学习教育、习近平新时代中国特色社会主义思想主题教育中，都把廉政建设摆在重要位置抓紧抓好，取得实践成果。

2021 年，市中心探索廉政教育工作新做法。市中心党组着力打造学习型党组织，严格落实“三会一课”、民主评议等基本制度。结合党史学习教育，开展党组中心且学习（扩大）会议 15 次，邀请专家专题讲座 4 次，每天坚持在中心微信工作群推送“党史百年天天读”学习内容，举办党史学习教育专题培训班 1 次，“讲好党史故事”主题演讲比赛 1 次，“永远跟党走，一切献给党”文艺汇演 1 次，提高运用党的创新理论指导实践、推动工作的能力。

2022 年，市中心党组始终坚持把落实全面从严治党主体责任作为首要政治任务，全面落实党风廉政建设主体责任，不断强化廉政教育，依法规范权力运行，健全完善规章制度，强化压力传导，推动管党治党主体责任落到实处。在工作中实践不断理清完善工作思路，抓好“一岗双责”。将责任体系再健全、责任清单再细化、目标管理再具体，与各分管领导和科室层层签订廉洁责任承诺书，逐级传导主体责任。班子成员根据职责分工，逐级分解责任认真履行“一岗双责”。同时，扎实开展思想教育，严肃党内政治生活，增强党组织的战斗力。全面落实“三会一课”、组织生活会、民主评议党员、谈心谈话和双重组织生活等制度，筑牢廉政思想防线、筑牢反腐守廉和遵规守纪思想防线。

2023 年，市中心党组充分发挥好把方向、管大局、保落实的领导作用，持续压实党风廉政建设反腐责任，把作风建设贯穿新形势下市中心自身建设始终，不断推动“政治生态修复深化年”的部署要求落地落实。市中心制定《关于作风建设有关问题的整改方案》，做到时限明确、职责明确、标准明确、阶段明确。按照“九个聚集、九个着力”要求进行自查自纠，取得实效，改变工作作风，增强服务意识，提高工作效率，机关作风进一步改善，各项工作迈上新台阶。

## 四、政务公开

### （一）政务公开制度

2001 年 9 月，市中心印发《政务公开民主监督实施方案》，建立市中心正副主任为正副组长、各科室负责人为成员的政务公开领导小组，采取完善职工大会制度、坚持主任办公会制度，建立定期或不定期政务公开栏等多种形式，公开公积金归集、政策性贷款和工作人员工资、奖金、福利发放、民主评议干部等多项内容，使政务公开逐步走向制度化。

2002 年以后，市中心根据上级要求和工作部署，不断拓宽信息公开渠道，制定工作方案，明确信息公开的指导思想、基本原则、工作目标、工作要求、实施范围、内容、步骤和组织领导。规定信息公开要坚持依法实施、全面真实、注重实施、便于监督、统筹规划等五项原则；明确市中心在政府信息公开内容主要包括职责和权限公开；经济建设和社会发展重大政策与总体规划等信息公开；行政许可（审批）、非行政许可（审批）等事项办理的依据、程序、要求、时限、结果等公开；廉政规定、监察督办和责任追究公开。

党的十八大以来，市中心加强对信息公开工作的组织领导，明确成立政府信息公开领导小组，统一部署和协调督办；下设办公室，负责日常工作；各科室、办事处都实行科长、主任负责制和首办责任制，并建立通讯员信息上报制度。2022 年，市中心通过政府网站、中心网站及新闻媒体公开信息 162 条，接受公民、法人及其他组织有关政府信息公开的咨询 260 人次，未收到公民、法人及其他组织有关政府信息的申请、行政复议申请，未出现行政诉讼案件。市住房公积金自创办以来还编发《住房公积金简报》，发布工作动态、热点关注、重要政策、重大活动等信息。

### （二）市级媒体公开

从 1999 年起，市中心借助市级媒体向缴存职工公开住房公积金建制、缴存、提取、贷款年度情况和政策法规、基本常识与操作流程，2003 年起，《萍乡日报》共刊发 56 篇住房公积金相关报道和文章。2008 年，市中心负责人参加萍乡电视台在线访谈节目，现场解答观众提问。或作客由市纠风办、市广电局主办,萍乡人民广播电台承办的《政风行风热线》专栏节目,与听众直接对话,进行在线交流。2019 年,在市新闻媒体报道中心举行新闻发布会,就市中心一些重大活动通过相关媒体进行对外宣传。

(三)面向社会大众公开

市中心历任班子和领导干部利用参加市委、市政府和相关部门会议的机会,以及市中心召开的会议、主办的活动,广泛宣传住房公积金的政策法规。在历届召开的萍乡房地产交易展示会及新闻发布会上,市中心负责人都会就推动商品住房公积金按揭贷款、银行贷款转住房公积金贷款、住房公积金对冲还贷业务等问题,接受萍乡电视台都市频道记者的采访、问答。在每次住房公积金按揭贷款楼盘签约仪式上都会宣传按揭贷款的政策、方法和好处。这些年,市中心分别在秋收广场、玉湖广场、翠湖公园小区等地举行多场面向公众宣传、公开住房公积金政策法规的宣传,不定期在市民中心等群众聚焦场所散发宣传资料,公开惠民政策,辅导业务知识。市中心领导常与业务人员深入到社区、街道宣传住房公积金惠民政策,接受业务咨询。2017 年后,市中心创办公积金微信公众服务号,定期发布信息,反映全市公积金重大活动和政策,宣传党的路线方针政策,共发布公共服务号信息 500 多条。

(四)多方监督

自觉接受各类机构的监督是市中心的好传统。不管是 1997 年市中心成立时还是正科级单位,还是 2003 年市中心机构升格为副县级单位或是 2021 年升格为正县级单位。多年来,市中心在内务与业务工作中自觉接受监督机关和社会各方面的监督有:一是接受市管委会委员及内设监督委员的监督;二是接受纪检、纠风、监督机关的监督;三是接受财政、审计部门的监管,及时整改存在的问题;四是接受省监管办的监管,执行重大事项备案制度;五是接受人大、政协监督。这些年来,人大、政协相关部委和市直有关单位多次视察住房公积金管理工作,加强对住房公积金管理的监督指导作用。

## 第二节　党群组织建设

### 一、党组织建设

党组。2003 年 12 月 26 日,中共萍乡市委以萍字〔2003〕100 号印发文件,设立中共萍乡市住房公积金管理中心党组。2003 年 1 月,王裕萍任党组书记;2007 年 2 月,林济湘任党组书记;2011 年 6 月 30 日,廖海荣任党组书记;2017 年 8 月,廖洪元任党组书记。2021 年 1 月,市中心升格为正县级后,仍由廖洪元任党组书记。

党总支。2005 年 2 月 21 日,中共萍乡市直机关工作委员会下发《关于中共萍乡市住房公积金管理中心机关党支部及驻莲花办事处党支部选举结果的批复》,同意成立中共萍乡市住房公积金管理中心党支部，周冬萍同志任机关党支部书记，周崇开任莲花办事处机关党支部书记。2015 年 4 月换届，刘克维担任机关党支部书记；2018 年 3 月换届，易利云担任机关党支部书记；2022 年 6 月换届，刘一顺担任机关党总支书记。

2003 年 2 月，市中心党组成员配齐。根据党章规定，党组发挥领导作用，其主要任务是贯彻执行党的路线、方针、政策；加强本单位党的建设的领导，履行全面治党责任；讨论和决定本单位的重大问题；做好干部管理工作；讨论和决定基层党组织设置调整和发展党员、处分党员等重要事项；团结党外干部群众，完成党和国家交办的任务；领导机关和直属单位党组织的工作。市中心党组充分履行好职责，发挥好核心领导作用。

在工作实践中，市中心党组以强化学习教育为主线，以党性教育为抓手，狠抓学习，开展一系列活动。从 1997 年以来，先后开展以邓小平理论、“三个代表”重要思想为主要内容的理论学习；2006 年开展保持共产党员先进性教育活动。2007 年，市中心以加强党员领导干部作风建设，保持和发扬党的先进性为主线，深入开展“讲正气、树新风、建绩效”为主题的教育活动。2008 年，市中心狠抓作风建设，以深入学习贯彻落实党的十七大精神为主线，以“新解放、新跨越、新崛起”为主题，立足于更新观念，致力于解决问题，落脚于促进发展，掀起解放思想的热潮。2009 年，市中心扎实开展深入学习实践科学发展观活动，整个活动历经“学习调研、启动整改”“分析检查、促进整改”“完善措施、落实整改”三个阶段，并取得实效。2010 年，市中心在党员干部开展“干部下基层，群众评机关”活动，活动扎实有效，达到精神大振奋、作风大转变、环境大改善、发展大提速的目标要求。2011 年，市中心围绕政治学习、为民意识、制度建设、发展意识、机关作风、廉洁自律、工作效率等方面，扎实开展“环境创优年”活动，紧密结合市中心实际，提高服务意识和水平。2012 年，市中心坚持以贯彻落实科学发展观为主题，以“作风转变年”为主线，以提升市中心服务能力为根本，深入学习贯彻落实党的十七届六中全会、省市党代会精神学习。2013 年，市中心以深入学习宣传贯彻党的十八大精神为主题，以开展“狠抓落实年”活动为主线，重点学习党的十八大精神、新党章、习近平总书记重要讲话精神，在新征程上，切实用新思想武装头脑。2014 年，市中心组织机关中层干部学习党的十八届三中全会精神，用改革精神推动各项工作的开展。按照中央、省委、市委要求，认真组织开展党的群众路线教育实践活动。历经半年的学习教育，找准问题，整改提高，使单位面貌焕然一新。2015 年，市中心以党的十八大、十八届三中、四中全会精神为指导，认真学习习近平总书记系列重要讲话精神，紧紧围绕市委十届十三次全会暨经济工作会议提出的总体要求，按照“加强党建强自身，重点针对县处级干部开展‘三严三实’专题教育，落实制度守底线、强化责任促业务、转变作风提服务”的工作思路，以加强党建为抓手，强化责任和担当意识，持续转变工作作风，不断提升优质服务水平，努力推动公积金管理工作再上新台阶。

2016 年，市中心党组以“两学一做”学习教育为抓手，以转变工作作风、创立党建为品牌主线，围绕实现基层党组织战斗堡垒为目标，不断改进完善工作方式方法，大力推进全面从严治党的各项部署的落实，较好地完成党建工作任务。

2017 年，市中心以迎接党的十九大胜利召开和学习宣传贯彻党的十九大精神为主线，以严肃党内政治生活和强化党内监督为重点，坚持抓思想从严、管党从严、执纪从严、治吏从严、作风从严、反腐从严，把严的要求贯彻到管党治党全过程，落实到党的建设各方面，推动全面从严治党向纵深发展。

2018 年，市中心以习近平新时代中国特色社会主义思想为指导，全面贯彻落实党的十九大精神和省委、市委决策部署，认真履行管党治党政治责任，扎实落实新时代党的建设总要求，以党的政治建设为统领，全面推进党的政治建设、思想建设、组织建设、作风建设、纪律建设，把制度建设贯穿其中，深入推进反腐败斗争，坚持稳中求进工作总基调，锐意进取，以落实“五项机制”常态化、制度化、具体化为重点，不断提高机关党的建设质量。

2019 年，市中心党组以贯彻党的十九大和十九届二中、三中全会精神，扎实开展“不忘初心 牢记使命”主题教育，把全面从严治党引向深入，为高质量推进市公积金事业稳定发展提供坚强保障。

2020 年，市中心深化理论武装，持续深化“不忘初心 牢记使命”主题教育，依托市中心机关每月学习制度，把每月最后一个星期五作为主题党日，组织党员参加集中学习。重点学习《习近平谈治国理政（第三卷）》精选篇目、《中国共产党党和国家机关基层组织工作条例》《中国共产党基层组织选举工作条例》等相关读物、文件。

2021 年是中国共产党成立 100 周年。在这一年，市中心坚持党的政治建设统领，全面夯实机关党建工作基础，扎实开展党史学习教育，不断坚定党员干部理想信念，组织全体党员干部参观中国工农红军湘东独立师历史陈列馆，进行党史专题党课熏陶；到安源党性教育基地参观学习四个展馆和孔原故居，聆听红色党课。邀请市委宣讲团成员进行党史学习教育、“七一”重要讲话精神、十九届六中全会精神、省市党代会精神宣讲四次。市中心举办“讲好党史故事”主题演讲比赛，开展“永远跟党走、一切献给党”文艺会演。

2022 年是党的二十大胜利召开之年。机关党总支在市中心党组的有力领导下，坚定落实中央、省委、市委关于基层党建的各项工作部署，紧紧围绕建强党支部中心工作，始终坚持高标准、严要求，全面推进党的政治、思想、组织、作风和纪律建设，有力服务公积金事业高质量发展；聚焦“作示范、勇争先”的目标定位，以“敢为人先、争当标杆”的气魄担当，更加坚定的决心奋力为推进“五区”建设，打造“最美转型城市”贡献力量。推动“三会一课”主题党日、党员大会、谈心谈话等制度的深度融合，完成好主题教育组织生活会和民主评议党员活动，严肃党内各类政治生活，做到基层党建标准化、规范化、信息化。

2023 年，在学习贯彻习近平新时代中国特色社会主义思想主题教育中，市中心领导班子紧扣市委关于主题教育的工作部署，班子成员严格落实要求、突出行业特色，深入一线、深入实际、深入群众，聚焦扩面建制深化、民生服务提质、数字化改革创新、统一核算体系、文化建设提升等事关全市住房公积金事业高质量发展的重要问题，多层次、多方位、多渠道、多形式开展调研，形成一批高质量的调研成果，取得阶段性成效，达到学思想、强党性、重实践、建新功的这一目的。

纪检组。2012 年 9 月，中共萍乡市纪律检查委员会以萍纪字〔2012〕10 号文件任命陈彰宏为中心纪检组长，标志市住房公积金管理中心纪检组正式设立。

在市中心纪检组成立之前，党纪监督和政纪监察工作由中心党支部负责。这些年，根据市纪律和主管部门、纪检组织的要求抓好清房扫尾，控制公款宴请，严格小车、通讯费管理。2000 年以来，纪检工作围绕严格收受礼金、有价证券和贵重物品，组织观看《生死抉择》以及成克杰、胡长清腐败案件等电教片，认真组织学习教育，提高思想认识，筑牢防腐堤坝。在纪检组成立后，纪检组负责党风廉政建设和反腐败工作，抓好党纪监督和政纪监察，着重进行党风廉政教育，认真吸取全国住房公积金管理系统有关违纪违法典型安全的教训，预防和杜绝行业不正之风及腐败现象的发生。党的十八大以来，市中心加大党风廉政建设和反腐败工作力度，纠正各种不正之风，均取得明显成效。

### 二、群团组织

工会。2004 年 10 月 28 日，萍乡市直属机关工委工会下发文件《关于市住房公积金管理中心成立机关工会及选举结果的批复》，同意钟正义同志为工会主席，易晓同志为工会副主席，标志市住房公积金管理中心工会正式成立。2023 年年底，共有工会会员 61 人。

工会是在党组织领导下的干部职工自愿结合的群众组织。这些年，其依据《工会法》《工会章程》规定履行维护、参与、教育、建设的，服务住房公积金管理事业发展。工会内设女职工委员会，从事“四自”教育、“五期”保护等开展劳动竞赛，着重维护体现女职工生理特点的特殊权益，发挥“半边天”作用。这些年，市中心工会多次组织捐款帮困解危爱心基金；举办庆祝国庆、迎接香港澳门回归、党的生日等一系列重大文艺演出。这些年，市中心工会坚持定期开展评选岗位标兵的活动，先后产生本单位岗位标兵 48 人，先后共评选先进工作者 236 人。这些年，工会多次看望慰问住院职工及亲属；在中秋、元旦等节日组织捐款捐物，送去温暖；组织捐款助贫帮困资金，总计 23000 元。

共青团。2004 年 7 月 13 日，共青团萍乡市直属机关工作委员会下文，同意成立市住房公积金管理中心团支部委员选举结果，同意钟福圣同志任团支部书记。至 2003 年 6 月底，共有团员 28 人。

团支部根据《团章》履行职责，开展活动。2000 年 5 月，团支部创办“五四”专刊，举办“千年之行，始于足下”的主题演讲赛；组织团员、青年缅怀烈士；上街免费发放 8000 多份住房公积金政策宣传资料，解答 500 多人次的咨询。团支部根据青年职工逐步增加的情况，组织团员青年业务知识竞赛，使之尽快熟悉业务。2005 年，团支部组织以优质服务为主题的创先争优活动，资助 1 名贫困学生、2 名贫困大学生上学。举行“爱岗敬业、激扬青春”的主题演讲赛。2012 年 11 月 1 日，团支部组织团员青年和志愿者到社区和社会福利院，开展学雷锋爱老敬老慰问活动，送去奶粉、饼干、水果、毛巾、牙膏牙刷等生活用品、营养食品。2013 年 11 月起，每年组织团员青年参加“文明交通 青年先行”志愿服务活动。

## 第三节 员工队伍建设

### 一、提高素质

#### (一)政治理论学习

1996 年，市中心组织员工学习社会主义市场经济基本知识。

1997年至1998年，市中心组织员工学习邓小平理论。

1998年，输送1名干部进市委党校接受邓小平理论培训。

1999年至2000年，市中心组织员工参加“讲学习、讲政治、讲正气”教育活动。

2002年至2003年，市中心组织员工学习“三个代表”重要思想，同时开展“两个务必”的学习讨论。

2005年2月起，进行为期4个月的保持共产党员先进性教育活动，增强领导班子的向心和力凝聚力，党员队伍在工作中发挥先锋模范作用。

2008年，市中心开展“解放思想与萍乡发展”大讨论活动，查找不足，破解难题，促进住房公积金管理机制和措施创新。

2010年，组织学习实践科学发展观活动，与进一步加强和改进新形势下的群众工作结合起来，提出建立住房公积金归集激励机制，群众沟通机制，增设服务网点，改善营业部和个人贷款科办事大厅环境，简化办事流程，拓宽贷款渠道，改革贷款流程，完善绩效考核办法，优化信息服务软件，建立群众工作领导小组等10条措施。

2013年至2023年底，市中心党组根据中央、省委和市委的相关文件精神，组织开展一系列专题教育，改进作风，密切与住房公积金缴存者、使用者的联系，不断提升服务能力和水平。

（二）学习制度

为提升中心干部职工思想政治、业务操作水平，市中心成立以来一直高度重视干部职工的学习教育，陆续出台过多个关于加强学习的文件，制订出一系列制度。2019年3月12日，市中心印发《萍乡市住房公积金管理中心机关学习制度》（萍公积金字〔2019〕15号），明确学习内容、学习形式、学习要求和学习考核的内容。学习内容包括政治理论学习、业务知识学习、业务技能学习、鼓励学历层次升级、综合素质能力培训等。学习形式包括集中学习、倡导干部自学、抓好培训和学历教育等；学习要求要统一思想、提高认识；领导带头，率先垂范；完善制度，强化考核。学习考核要求每名机关干部职工每年理论学习笔记字数在1万字以上，心得体会或调研论文不少于1篇，每半年对干部职工学习情况进行检查通报；严格实行学习考核制度，每次集中学习、集中活动进行认真考勤，如有特殊情况需向中心主要领导请假。完成学习任务情况和出勤情况纳入科室绩效考核内容，作为年度评先选优的重要依据。同时建立对优秀文稿的奖励制度。对在国家、省、市级报刊刊发的各类优秀文稿，分别给予稿费的3倍、2倍、1倍的金额作为资金，同一时间的报道以最高级别奖励为准，不重复计奖。对中心工作人员拟定的工作宣传信息，在省住 建厅、萍乡政府网站（含纪检监察网、党建网等）或相关刊物上刊发的，每篇给予稿费50元，在中心网站上刊发的，每篇给予稿费20元。

## 二、业务培训

（一）业务培训内容

1997年至1999年，市中心支持职工补习文化，入学深造的同时，加强职业道德和职业技能训练。1998 年，进行一次职业意识教育，组织电算会计培训 43 人，支持金融会计专业自学考试，鼓励入学深造 16 人。

2000 年至 2004 年，着重学习《住房公积金管理条例》和住房公积金管理机构调整政策。2000 年 10 月至 11 月，分别举行市中心中层以上领导干部培训和县级中心业务人员培训，学习住房公积金管理的政策法规和基本知识，交流住房公积金管理的做法和经验。2003 年 3 月，在完成三个县办事处接收后，安排各管理处财会等人员来市中心跟班学习，改变业务不够熟练的状况。

2005 年，市中心将 2000 万元国债被非法质押等维权安全作为实战练兵教材，使工作人员特别是直接参与维权人员集中地学习、运用相关政策、法律，丰富诉讼基本常识，积累依法维权经验。

从 2006 年起，每年举行两次以上的业务培训，业务素质教育逐步常态化。工作人员的政策法规水平和业务操作能力得到提升，形成能干事、会干事、干成事、不出事的格局。

2006 年 2 月 10 日至 11 日，市中心全体人员参加住房公积金政策法规培训。12 月 1 日至 3 日，举办县区管理处工作人员及市中心相关科室人员参加的计算机网络培训班。

2007 年 8 月，举办住房公积金政策法规培训，市中心全体人员及 500 多家缴存单位的经办人员参加培训。

2008 年 5 月，由市管委会主办，市中心承办，举办全市《住房公积金管理条例》知识抢答赛，纪念《住房公积金管理条例》颁布 10 周年。

2009 年 6 月，市中心举办业务软件学习班，中层以上干部、业务人员及工、农、中、建银行业务人员参加培训。

2010 年 3 月，市中心全体工作人员集中时间学习办公自动化知识（OA），实行公文处理、人事管理、行政办公信息及个人事务自动化。8 月 7 日，市中心在召开改进工作作风，提升服务质量动员会议后，举行职场礼仪电教培训。

2015 年 1 月 8 日至 9 日，由党组书记、主任廖海荣带队，各业务线上分管领导和科长组成考察学习组，到益阳市住房公积金管理中心考察学习公积金综合柜员制办理工作经验。

2018 年 5 月 24 日，由市中心党组书记、主任廖洪元带队一行 5 人，赴西宁市住房公积金管理中心学习考察，主要学习“减政便民”和网上营业大厅开办业务等工作的先进经验。

2018 年 8 月，市中心举办业务规范培训，宣传贯彻培训，围绕“公积金缴存、提取、贷款新政和便民措施”“网络系统操作指南”“日常业务办理常见问题”进行辅导讲解。

2019 年 3 月，为确保各地住房公积金管理中心于 2019 年 4 月底前有序接入全国住房公积金数据平台工作，市中心主要负责人带队一行三人在江苏常州参加第三批数据平台接入工作培训会。

多年来，市中心举办网络人员技能培训班，邀请专家讲授电脑硬件及网络维护的基本知识和注意事项，并进行知识测试，巩固提高已学知识。举办住房公积金政策法规培训班，累计培训近 700 名住房公积金缴存单位协管员。

到 2023 年底，市中心先后组织各类政治和业务学习 130 多次；不定期组织财务管理、会计核算、政策法规、计算机应用培训 45 次；以计算机基础知识和业务管理软件操作为主要内容的定期培训 10 次，提高工作人员专业素质，打造一流团队。

（二）在职学习和外出培训管理

为加强中心工作人员参加在职学习及参加外出培训管理，市中心对此作出规定。市中心提倡、鼓励和支持干部职工参加各类学历班的学习，全面提高政治理论和业务素质。规定各类学历班以自考或函授方式报考，原则上不能脱岗学习。干部职工报考各类学习班，先由各科室、办事处申报，中心分管主任同意后，提交党组会议研究批准。凡参加学习的人员，待取得国家承认学历的正式文凭后，学费一次性全额报销。教材费、资料费、交通费、住宿费等自理。凡参加学习的人员，必须处理好工学矛盾，做到工作学习两不误，不能因为学习而影响正常工作。工作人员外出培训原则上要取得上级单位或业务主管部门的有关培训文件，经科室负责人同意，报分管领导批准后，才能外出参加培训。对于业务上确有必要参加其他部门或机构举行的培训，由科室负责人提出建议，报分管领导同意，经中心党组会议讨论批准通过。向财务部门报销有关培训经费、差旅费时，应补充提供有关会议记录复印件。工作人员外出培训差旅费报销标准执行萍财字〔2018〕59 号文件精神，差旅费报销时应当提供培训通知等相关材料，以及机票、车票、船票、住宿费发票等凭证。

## 三、服务社会

（一）招商引资

根据市委、市政府工作安排，从 2002 年起到 2012 年，积极开展招商引资工作，每年都按时按量完成上级交办的任务，仅在 2010 年，完成招商引资 1343.7 万元，占市政府年初下达指标的 100%。

（二）支持廉租房建设

从 2009 年起，每年上交市政府数千万元住房公积金增值收益，作为廉租房建设资金。截至 2023 年，累计上交廉租房建设资金 7.05 亿元，支持市政府建成廉租房 18 万多平方米，有效地解决相当一部分城市低收入人群住房困难问题。

（三）扶贫攻坚和帮扶企业

市中心作为市政府直属单位，也承担全市帮扶企业和扶贫攻坚的任务。从 2007 年起，市中心根据市委、市政府的工作安排，与帮扶企业新奇特电瓷厂积极对接，为企业排忧解难。

扶贫攻坚是全面建设小康社会的重大任务，也是市中心义不容辞的社会职责。自 1997 年以来，在市中心在市委、市政府统一安排部署下，市中心每年都在三县一区定点村落开展对口扶贫工作。对扶贫攻坚工作，市中心党组织高度重视，主要领导亲自抓，党支部多次前往送温暖。驻村干部克服困难，勇于担当，帮助帮扶村在党的基层组织建设、阵地建设、发展生产、改善民生、解决困难、筹集善款等做大量工作，前后投入资金数十万元，得到相关部门的好评和村民的交口称赞。党的二十大以来，扶贫工作纳入乡村振兴战略的行动计划，市中心认真按照文件的部署和要求，把各项工作落到实处。

（四）开展献爱心活动和支援灾区重建

2008 年 5 月，汶川地震后，组织单位工作人员捐款约 15 万元，共产党员交纳特殊党费 3 万元，支援四川汶川抗震救灾。根据相关文件要求，每年都开展“春蕾一日捐”“助残一日捐”等奉献爱心活动，累计捐款捐物达12万元。

## 第四节　专业技术人员队伍建设

### 一、政策引导

1997以年，市中心历任领导都非常重视专业技术人员队伍建设，组织员工学习科学技术是第一生产力的理论和相关政策，宣传专业技术人员的业绩和贡献，营造尊重知识，尊重人才的氛围，并经常组织专业技术人员业务培训和理论研讨。市中心下发文件规定，对在后续教育中获得高级、中级技术职称，且未报销学费或其他费用者，分别给予5000元、3000元的一次性奖励，鼓励专业技术人员不断提高专业技术水平。

### 二、内在激励

2001年12月，市中心成立职称改革领导小组，下设办公室，负责专业技术职称的资格考核、发动参评工作。至2023年12月底，市中心共有各类各级专业技术职称人员19人，其中，高中级职称13人，初级职称6人。

# 第七章　机关内部管理

1996年5月，市中心自成立以来，一直重视机关内部控制和管理，在实践中坚持以制度管人管事，不断加强制度建设，制度数量由少到多、由简略到详细、由单项向系统等转化，逐步走上科学化、规范化轨道。1998年，修订、新订8个制度。2000年，修订、新订17个制度。2002年，修订、新订48个制度；2004年，新订、修改、完善13个制度。随着全市住房公积金事业的不断发展，工作的范围涉及面越来越宽，牵涉的相关部门和单位也越来越多，为强化管理，2009年，《江西省住房公积金中心内部控制暂行办法的通知》（赣公积金字〔2009〕24号）发布，市中心在原有制度的基础上，又修订下发一系列规章制度，制度建设的质量也不断提高，从管车管物管资金到管人，制订工作人员严肃劳动纪律、考勤、着装、带薪休假，以及离岗人员、账务人员、驾驶人员管理制度，制订聘用业务人员、司机、缴存单位协管员管理制度等。从执行力度看由柔到刚，从突出管人到管人带动管事管物，使市中心各项工作有章可循。从制度的原则要求看，制度更加严明规范，2011年10月，市中心下发《内部授权管理制度》和《工作规则》。其中，《内部授权管理制度》就规定：市中心对各管理处实行法人内部授权管理，按年度签订书面授权书。授权范围包括执行、完成住房公积金的归集和使用计划等七项基本管理权限，以及在市中心委托的商业银行开设住房公积金专用账户，或在住房公积金账户下设立二级账户等六项特别管理权限。各县区办事处在授权范围内履行住房公积金管理职责，不得超越权限。越权或失职，对直接责任人和间接责任人视情节按照《责任追究制度》给予行政处分、经济处罚。

党的十八大以来，市中心在原有制度的基础上，不断修改补充、制定和完善相关制度。党的二十大以来，市中心为进一步规范中心的内部控制，提高中心管理水平和风险防范能力，同时全面贯彻执行财政部《行政事业单位内部控制规范（试行）》的文件精神，2023年，市中心特编制《萍乡市住房公积金管理中心内部控制制度汇编》（以下简称《制度汇编》）。旨在通过制度管理，进一步规范中心各个部门管理职能，明晰具体工作流程，分解和落实各部门责任，确保中心各项工作规范高效。《制度汇编》是规范中心业务流程的载体，是中心实施控制的依据，是内部控制检查、评价和审计的依据。《制度汇编》包括七个方面制度，包括内控稽核审计制度、议事决策机制制度和科室工作职责、行政管理制度、财务管理制度、信息系统管理制度、住房公积金业务制度、考核和责任追究制度。同时，这些制度也根据外部环境、中心内部组织架构及实际业务管理需求的改变而适时更新。因而，这些制度的实施，使中心管理做到宏观性与微观性、原则性与灵活性、强制性与自觉性相结合，也逐步实现内部管理制度化、规范化和科学化。

## 第一节　议事决策机制

### 一、会议管理制度

会议管理制度是形成科学的议事决策机制的重要内容。2002 年，市中心印发《萍乡市住房公积金工作管理制度》（萍公积金字〔2002〕11 号），共 48 项内容，其中包括会议制度。对会议管理在拟发会议的通知、确定参会对象、开好会议要求等提出八条管理规定。同时，要求每次会议由办公室做好会前准备工作，作好会议记录，形成必要的总结材料；员工大会要求全体员工要以严肃认真的态度参加会议，不得迟到、遵守纪律，注重效果，参会不准看与会议内容无关的资料，不准开“小会”，要做好记录等。明确主任办公会由主任或主任委托的副主任负责召集，不定期召开，会议主要讨论安排中心的重要工作和重大事务。办公会参加人员为中心副科长（副主任）以上人员。会前由办公室征询各科室办公会上需要提出的事宜，由办公室整理报中心主任同意后实施。

### 二、议事规则

2018 年 3 月 16 日，市中心印发《萍乡市住房公积金管理中心主任办公会议议事规则》（萍公积金字〔2018〕13 号），进一步完善会议管理制度。文件对出席人员作出明确规定：由中心主任、副主任及班子成员参加。综合科科长和与议题有关的科室负责人列席会议。其他列席会议人员由会议主持人确定。这一文件在以往相关文件基础上，重点修改更好地贯彻执行民主集中制，充分发挥领导班子集体领导作用，实行科学决策、民主决策、依法决策等要求。文件明确市中心的议事原则是：市中心主任办公会讨论决定重大事项，实行主任负责制，要求中心主任办公会要严格遵循“集体领导、民主集中、充分讨论、会议决定”的原则，实行集体议事，并以会议决定形式体现。会议的议事范围包括学习讨论上级有关文件、会议精神、研究贯彻落实意见和措施；研究制定重要文件、政策措施，审议报请上级部门审定的重大事项；汇报交流行政日常工作，对阶段性工作进行检查、督促和部署；研究处置重大突发性事件等。同时，文件中对会议决策、会后落实提出具体要求，使召开会议的管理制度有更强的可操作性。

### 三、例会制度

2020 年 11 月 10 日，市中心又印发《关于建立萍乡市住房公积金管理中心工作例会制度的通知》（萍公积金字〔2020〕22 号），强调该制度的出台是为加强工作协调，督促工作落实，提高工作效率，全面完成各项工作任务。该制度明确例会时间原则上每月召开一次，时间为每月第一个星期一上午，参加人员为中心领导班子成员，各部门负责人，明确例会内容为学习传达近期重要会议和文件精神，初步讨论贯彻落实意见；听取各部门重点工作完成情况汇报和下月重点工作安排，并提出需要协调解决和其他部门协同配合的事项；拟定需要提交中心党组会、中心主任办公会议议定的事项。召开例会要精心准备，严格按要求准时参加例会，无故不得缺席。这一文件的出台更强调抓好会议决策部署工作任务的落实，明确凡会议决定的事项，均应按分工职责抓紧落实，综合科要加强跟踪督办。

## 四、集体决策制度

（一）制度制定。2023年2月28日，市中心印发《中共萍乡市住房公积金管理中心党组贯彻落实“三重一大”事项集体决策制度实施细则（试行）》（萍金党字〔2023〕2号）。文件明确贯彻落实“三重一大”事项集体决策制度的总则、“三重一大”主要内容、决策规则和程序、决策执行、决策监督和责任追究等事项。文件总则明确该《实施细则（试行）》是根据《中国共产党章程》《中国共产党党内监督条例》《中国共产党党组工作条例》《中国共产党纪律处分条例》以及廉洁萍乡建设等要求，结合中心实际而制定的，目的是坚持以习近平新时代中国特色社会主义思想为指导，增强“四个意识”，坚定“四个自信”，做到“两个维护”。进一步健全完善中心重大事项决策制度，规范领导班子决策行为，实现领导班子决策民主化、科学化、规范化。

（二）明确事项。文件明确凡属中心重大决策、重要人事任免、重大项目安排和大额度资金使用（以下简称“三重一大”）事项必须召开党组会议集体作出决定。任何班子成员不得擅自作出决定，不得小范围决策；紧急情况下由个人或少数人临时决定的，应当在事后24小时内向中心党组会作出报告，临时决定人应当对决策情况负责。“三重一大”事项决策必须遵循的原则是坚持依法决策、民主决策、科学决策、规范决策。领导班子和领导干部要按照议事规则和各自职责、权限进行决策。研究“三重一大”事项须邀请驻市住建局纪检监察组参与会议，进行监督，并记录明确意见。会议要执行党政主要领导末位表态，杜绝未议先定现象发生。文件规范市中心“三重一大”的主要内容，包括贯彻落实党和国家路线、方针、政策及省、市重要会议和文件精神；住房公积金管理事业发展方向、发展规划；住房公积金体制和机制改革等重要事项；中心年度重要工作部署、重大活动安排；中心内部机构设置、人员编制以及对机构、人员的调整方案；党的建设、意识形态、精神文明建设、领导班子自身建设等重要事项；中心资产处置、资产重组、产权重大变更、重大责任事故处理以及事关干部职工切身利益的重要事项，包括重要人事任免、重大项目安排、大额度资金使用等内容。

（三）程序和要求。文件明确决策规则及程序：凡属“三重一大”事项，应按规定程序进行决策，不得以会前酝酿、传阅会签、碰头会、班子联席会或个别征求意见等方式代替集体决策。与议题相关的材料原则上要提前一天以上送达参会人员，以保证其有充足时间了解相关情况。讨论重大问题时，必须有三分之二及以上班子成员到会，并保证与会人员有足够的时间听取情况介绍，充分发表意见。对讨论的问题，必须有应到会半数以上的班子成员同意，方可通过。集体讨论决定“三重一大”事项，应采取口头、举手、无记名投票或记名投票等方式进行表决，表决结果和表决方式应记录在案。这一文件的制定实施，使市中心重大事项的议事决策过程更加民主科学。

## 五、党组工作规则

2023年10月24日，市中心印发《中共萍乡市住房公积金管理中心党组工作规则(试行)》(萍金党字〔2023〕23号)，明确党组工作要求和规则，包括总则、职责、组织原则、决策与执行、责任追究等。总则明确该《工作规则》是根据《中国共产党章程》《中国共产党党组工作条例》和党内有关法规，结合实际而制定，目的是为进一步规范和改进市中心党组工作，坚持和加强党的全面领导，充分发挥党组的集体领导作用，不断提高党组议事决策水平，发挥党组在市中心的领导作用。

(一)明确职责。党组发挥把方向、管大局、保落实的领导作用，加强对全市住房公积金管理业务工作和党的建设的领导，推动党的主张和重大决策转化为政策政令和社会共识，确保党的理论和路线方针政策的贯彻落实。明确党组讨论和决定的重大问题有，传达学习习近平总书记重要指示批示精神，传达学习党中央、国务院，省委、省政府和市委、市政府决策部署，研究提出贯彻落实的意见和措施；研究审定向市委、市政府请示报告等重大事项；研究中心中长期发展规划、年度计划、重大工作部署和拟出台的有关政策措施；研究中心各部门职能配置、机构设置、人员编制事项，研究部署中心干部队伍建设重大问题，讨论决定党组管理干部的任免等事项，研究干部培养等；研究确定中心重大项目安排、大额资金使用、大额资产处置、预算安排等事项；研究中心党的建设重大问题，领导基层党组织和党员队伍建设方面的重要事项；制订修改中心重大事项议事规则、重大资金调拨、财务开支审批管理等工作制度。文件强调党组必须坚持党建工作与业务工作同谋划、同部署、同推进、同考核，加强对中心党的建设的领导，落实好新时代党的建设总要求，履行全面从严治党责任，提高党的建设质量。

(二)组织原则。党组及其成员必须始终在政治立场、政治方向、政治原则、政治道路上同以习近平同志为核心的党中央保持高度一致，坚决执行党中央决策部署以及上级党组织决定，党组任何工作部署都必须以贯彻党中央精神为前提，坚决维护习近平总书记核心地位，坚决维护党中央权威和集中统一领导。市中心党组应当按照《中国共产党重大事项请示报告条例》等有关规定，向市委请示报告工作。党组对有关重要问题作出决定时，应当根据需要充分征求中心机关和基层党组织以及党员群众的意见。文件明确重要情况应当及时进行通报。

(三)集体领导制度。凡属党组织职责范围内的事项，必须执行少数服从多数原则，由党组成员集体讨论和决定。任何个人或者少数人无权擅自决定。党组书记应当带头执行民主集中制，及时与班子成员沟通，坚持平等议事，善于集中正确意见，不得凌驾于组织之上，不得独断专行。

党组应当按照集体领导、民主集中、个别酝酿、会议决定原则作出决策，实行科学决策、民主决策、依法决策。党组作出的重大决策，一般应当经过调查研究、征求意见、充分酝酿等程序，按照规则由集体讨论和决定。党组决策一般采用党组会议形式。党组会议一般每月召开一次，遇有重要情况可以随时召开。根据工作需要，必要时可召开党组扩大会议。党组会议议题由党组书记提出，或者由其他党组成员提出建议、党组书记综合考虑后确定。综合科根据议题准备情况，按照“成熟一个、安排一个”的原则，提出召开党组会议的建议，报经党组书记同意后召开会议。党组会议严格按照事先确定的会议议题进行。列入党组会议的议题由综合科负责协调、督促有关部门在会前充分准备工作，会议材料在报党组审核把关后，由综合科组织印制。讨论决定干部任免、处分党员事项，必须有三分之二以上党组成员到会，并保证与会成员有足够时间听取情况介绍，充分发表意见。与会人员应当发表同意、不同意或者缓议等明确意见。党组会议议题提交表决前，应当进行充分讨论。表决实行一人一票制，表决可以采用口头、举手、无记名投票或者记名投票等方式进行，赞成票超过应到党组成员的半数为通过。表决实行会议主持人末位表态制，会议研究决定多个事项时，应逐项表决。文件明确责任追究等十二项内容。这一制度的制定和执行，更加使市中心领导班子和领导干部在履职尽责中有章可循。

## 第二节　行政事务管理

近30年来，萍乡市公积金管理中心的行政事务管理逐步走上制度化、规范化。

### 一、固定资产管理

为提高资产利用效率，根据行政事业单位财务管理制度和内部管理制度等制定规定，结合本单位实际情况，市中心对固定资产管理作出规定。制度明确固定资产是指使用期限超过一年，一般设备单位价值在500元以上，专用设备单位价值在800元以上，并在使用过程中基本保持原有物质形态的资产，包括房屋建筑物、专用设备、一般设备、文物和陈列品、图书和其他固定资产。单位价值不足规定标准，但使用时间在一年以上的大批同类物品，按固定资产进行管理。明确固定资产管理实行统一领导、账物分管、分级负责、责任到人的管理办法。其中，中心综合科为固定资产的账务管理部门，负责固定资产的采购、验收、调用、报废报损申报、计划编报、经费预算、账务核算、统计报表等工作。各科室、办事处负责本部门固定资产的年度清查及日常管理工作，配合综合科定期盘点和不定期抽查，并按中心的财务制度做好其他固定资产的管理工作。固定资产的购置，必须从实际需要出发，本着厉行节约、精打细算、合理布局、轻重缓急的原则，按照中心业务发展的需要和财力情况进行规划，逐步解决。

对固定资产的购置、调出、处置、注销等作出规定。购置固定资产由综合科负责组织各科室、办事处编报年度采购计划，由中心账务人员做好资金预算，提交中心主任办公会议审定后，上报财政部门实行政府统一采购。固定资产采购后，由综合科负责对资产品名、型号、规格、数量、质量进行验收，并填写验收报告。会议人员依据固定资产《采购合同书》《中标通知书》《验收报告单》办理资产入账手续。固定资产使用部门在申请使用前，应向中心综合科提出固定资产使用申请书面材料，由综合科报送中心主任办公会议审定后，方可领取使用。市中心对固定资产的管理及维护作出规定。固定资产管理人员负责中心固定资产管理，应建立固定资产台账，实行资产造册登记、责任到人的管理制度。任何人未经综合科资产管理人员同意，不得将资产随意调换、出借、私自带走。资产使用人员应模范遵守各项规章制度，积极维护和支持资产管理人员的工作。中心对固定资产原则上每年进行一次清理清查，确保账、物相符。对盘盈盘亏的固定资产应及时查明原因，分清责任，按规定进行处理。对固定资产的处置明确职责。固定资产处置包括借用、调拨、报损、报废等。对闲置、多余的固定资产，各科室、办事处应及时报告综合科并移交综合科，由综合科统一调剂使用。对暂时调剂不了的固定资产，要注意保管，保证其完好无损。调出、变卖、正常盘亏、正常报废的固定资产，由综合科全同相关部门进行技术鉴定，综合科资产管理人员根据相关部门的鉴定意见，提出具体建议，报中心主任办公会议批准，再报财政部门，根据财政部门的处理决定，办理相应的固定资产调出、变卖、盘亏、注销手续。中心财务人员负责中心资产的计价和相关账务处理，建立健全固定资产明细账，对固定资产的购入、出售、清理、报废等都要办理相应手续，并协助中心资产管理员每年年底对中心资产进行全面盘点，使账物、账卡、账账保持一致。

## 二、项目管理

所称项目是指使用财政性资金（或其他资金），单项合同估算价超过 10 万元人民币的建造、改造工程，或电子政务网络及业务应用、数据库的全保障等系统的新建、扩建和改建工程。中心项目由各科室（办事处）制定项目规划，报综合科审核，经中心党组集体研究决定后执行；属于重大的经济事项，经专家认证和技术咨询后，由中心党组集体研究决定，形成会议纪要或书面文件存档。所有项目应按照《招标投标法》和萍乡市有关规定，通过公开招标或政府采购的方式确定承建单位或主要设备、软件和设备等供应商，在同等条件下，优先采购具有自主知识产权的国产产品。项目承建单位（或供应商）应具有相应资质和能力。项目实行科室领导负责制。科长对项目实施进度、建设质量及资金管理等工作总负责。科室应确定项目负责人。中心应与承建单位签订项目建设合同，合同包括建设要求、功能要求、工程标准规范，设备型号、数量配置与价格，设备到货和安装调试时间、软件要求、工程进度要求、测试方法、验收要求、培训计划、付款方式、技术文档要求、保修和售后服务、违约责任等内容。重大建设项目实行工程监理制度。监理费用须纳入项目预算，监理服务应按照有关规定进行招标确定，监理单位须具有相应资质。工程项目结束后，科室（办事处）及综合科应及时组织有关部门进行验收，并办理项目资产移交工作，财务人员及时将资产入账。

## 三、合同内部管理

为加强风险防范，保证依法签订、履行、变更和解除合同，根据《中华人民共和国民法典》《行政事业单位内部控制规范（试行）》（财政部财会〔2012〕21 号），结合中心实际情况，市中心对合同管理制定专门制度。该制度所称合同管理是指本单位在公积金管理过程中与法人、自然人或其他经济组织之间发生的所有书面合同。合同的授权审批和签署必须是法定责任人，一切合同必须由法定责任人签署的方可视为有效合同。妥善保管和使用合同专用章，严禁任何人未经授权擅自以单位名义对外签订合同。对合同实施归口管理，建立财务部门与合同归口管理部门的沟通协调机制，实现合同管理与预算管理、收支管理相结合。明确合同管理部门及职责。中心对合同实行综合归口、分类专项管理。综合科是合同管理的综合归口部门，其主要职责是：宣传、贯彻执行国家有关合同及合同管理的法律法规和规章；承担直接管理的有关业务工作；审查合同，防止不完善或不合法的合同出现;统一管理本单位合同专用章;制定本单位合同管理实施办法,完善合同管理制度,并定期向中心领导汇报。市中心成立合同审查小组,对重大合同进行审查。审查小组成员由中心综合科、财务科、稽核科、业务科负责人和单位法律顾问组成,综合科科长任审查小组组长。对合同归档提出要求,要定期对合同进行统计、分类和归档,详细登记合同的订立、履行和变更情况,实行合同全的过程管理。与中心经济活动相关的合同应当时提交财会部门作为账务处理的依据。建立合同管理档案,对已签订的合同要逐份进行分类、编号、登记,并装订成册。合同签订完毕,合同承办人要在三个工作日内及时将合同材料(如合同文本及分合同文件、合同评审记录、审批文件、合同纠纷仲裁结果、合同变更等与合同相关的资料)交给合同管理员进行统一管理。对已执行完毕的合同要注明“存档”标记,并注明日期,按本中心档案管理规定进行归档。

## 四、业务印章使用管理

为确保印章的安全和规范使用,避免法律纠纷和经济损失,根据《国务院关于国家行政机关和企业、事业单位印章的规定》《印章治安管理办法》和《内部会计控制规范——基本规范(试行)和货币资金(试行)》等有关规定,结合中心实际,市中心对业务印鉴管理明确制度和要求。其所称业务印鉴是冠以市中心法定名称的财务专用章和办理公积金业务的业务印章与其配套使用的具有法律效力的个人名章(中心法定代表人及财务部门负责人的名章等)。明确印鉴的使用范围和用途是:严格限定于国家法律、法规 、规章等有关制度规定的范围,不得超出;严禁将中心业务专用章用于对外担保;严禁出借中心业务专用章供外单位使用;严禁将中心业务专用章用于私人事务。明确中心财务印章业务印章主要用于办理的财务会计及业务事项是:开立银行账户、支取现金、转账划转资金、资金往来结算、出具业务凭证和符合国家规定的其他用途。明确中心业务印章实行的是“谁领取谁保管谁负责”的原则。领取时,领用人应在“业务印章领用保管登记表”上签名登记。中心财务专用章由财务部门负责人征得中心领导同意后,指定专人领取并保管;业务专用章由业务部门负责人征得中心领导同意后指定专人领取并保管。原则上不允许由同一人同时保管所有中心财务印章和业务专用章。中心财务印章的保管人不得同时经管空白支票和有价凭证等。中心业务印章必须妥善保管,不得随意乱放。其中,中心财务专用章用后必须放入保险柜存放。中心业务印章管理人员因工作调动或者因故离职等原因,其工作需要接替或者代理的,应按规定办理书面交接手续。明确中心业务印章必须在相关审批手续完备的情况下使用,严禁先使用后补办相关审批手续的行为。按规定需要中心领导和各科室、办事处负责人等签字的业务,必须严格办理签字手续后才能用印章。中心业务印章保管人必须对有关用印事项以及需加盖业务印章等载体严格审核,审核无误后才能用印章。明确业务印章遗失、被抢、被盗及因毁损无法继续使用时,应当及时报告中心领导,并向备案或批准刻制的公安机关报告,采取公告形式声明作废。中心业务印章停止使用时,应交回办公室封存、销毁。

## 五、公文处理管理

为使市中心公文处理进一步做到规范化、制度化、科学化,根据国务院发布的《国家行政机关公文处理办法》等有关法规,结合本单位实际,市中心建立公文处理制度。公文处理包括公文拟制、办理、管理、立卷归档等一系列衔接有序的工作,具体由综合科和各办事处承办。各单位发、送、报到中心和领导的公文(包括机要信件、电传、电报等),统一由综合科签收。一般性公文自签收之日起24小时内报中心领导阅批,紧急公文签收后1小时内报中心领导阅批。12小时之内将领导指示的公文转交责任科室、办事处办理。以中心名义发出的公文,须经综合科审核后,报主任或分管主任签发;以中心党总支名义发出的公文,须经综合科审核后,报总支书记或书记委托副书记签发。中心紧急报发送的公文,可由综合科请示中心主任同意后编号登记打印,随后补签。文件材料谁起草、谁打印、谁校对,差错率应为零,由综合科统一发送。公文办理完毕后,一律交综合科进行分类整理、立卷归档,保证齐全、完整,便于保管、查找使用。公文处理必须做到准确、及时、安全、保密,严防公文遗失和泄密。

## 六、考勤销假管理

为进一步提高中心管理、服务水平,严肃工作纪律,市中心制定考勤销假制度。考勤实行值周领导、值周人员制度。工作人员上班实行签到制,签到表由综合科、办事处按月、年度汇总公布。工作人员不得以外出办事为由不签到。特殊原因须向考勤人员说明。因病、因事请假,严格履行请假手续,按审批权限报批。各科室工作人员请病假、事假1天以内,由科室负责人批准;1天以上、3天以内,由科室负责人签注意见,报中心分管主任批准;3天以上逐级签注意见后报中心主任审批。各办事处工作人员请病假、事假3天以内,由办事处负责人批准;3天以上、5天以内,由办事处负责人签注意见报中心分管主任批准;5天以上逐级签注意见后报中心主任审批。各科室、办事处负责人请病假、事假3天以内,由中心分管主任审批;3天以上由中心分管主任签注意见后报中心主任审批。中心主任、副主任请假程序严格按照市委、市政府的有关规定执行。未履行请假审批手续者,视为旷工。职工休假按照《职工带薪年休假条例》执行。每月迟到(早退)4次,按旷工处理。考勤和请销假制度的执行情况作为年度评先选优的条件之一。不执行上述制度者,视情节轻重,给予当事人批评教育、经济处罚、调离,直至开除公职等各种行政处分。

## 七、编外聘用人员管理

根据《中华人民共和国劳动法》《中华人民共和国劳动合同法》等有关规定,结合市政府有关加强编外人员管理规定及本单位实际,市中心制定编外聘用人员管理暂行办法,明确编外聘用人员是指从事公共服务岗位的不列入正式编制的聘用工作人员。编外聘用人员原则上采用劳务派遣方式,由依法设立的劳务派遣机构组织实施。聘用人员的管理遵循总量控制、统一管理、合理使用的原则,坚持公开、公正原则,实行公开招聘、择优录用。在招聘中严把政治关,明确符合下列基本条件的才能被录用:一是拥护中国共产党的领导,热爱住房公积金事业;二是遵纪守法,作风正派,工作踏实,责任心强;大专及以上学历;身体健康,能胜任聘用岗位的工作;年满18周岁,年龄原则上不超过35周岁。每年12月,需要用人的机关科室、办事处经分管领导同意后提出书面申请报中心综合科(行政管理、行政执法、财务管理、人事管理、涉密等方面的岗位不得使用编外聘用人员)。中心综合科根据机关科室、办事处的用人实际情况和总量控制的原则进行审核，审核汇总后报中心研究批准。中心综合科拟制编外聘用人员年度使用计划报市委编办，经市委编办核准后组织实施。劳务派遣机构与拟录用编外聘用人员签订劳动合同。

市中心与劳务派遣机构签订劳务派遣协议后，劳务派遣机构向本单位派遣编外聘用人员，并按照《劳务派遣条例》按月支付聘用人员工资。编外聘用人员入职5个工作日内，中心综合科到市委编办办理人员登记手续，将编外聘用人员录入机构编制实名制管理系统并进行动态管理。聘用人薪酬待遇由基本工资、工龄补助、绩效工资、奖励工资、岗位津贴、职称津贴、五险一金等组成。聘用人员薪酬待遇经中心综合科初核、中心分管领导审核、中心主任办公会议研究同意后，由综合科通知财务科调整执行。聘用人员薪酬待遇不低于全市最低工资水平。编外聘用人员享有与在职人员相同的休假权利、工作餐标准，加入工会组织成为工会会员后享受相应的工会福利。编外聘用人员带薪休假参照本单位在编人员执行，按其进入住房公积金系统的累计工作时间计算工作年限。编外聘用人员因病、因事需要请假的，应履行请假手续，需要续假的，应在假期未满前办理续假手续，经批准后方可有效。

编外聘用人员实行年度综合考核制度，考核实行平时考核和年度综合考核相结合方式进行。平时考核由各用人部门根据实际情况自行安排。考核内容与岗位的实际需要相结合，编外聘用人员与在编人员同等考核。年度综合考核结果分为优秀、合格、基本合格和不合格四个等次。年度综合考核结果作为对编外聘用人员发放年度考核奖励和是否续用的主要依据。对第一年考核结果为基本合格的编外聘用人员，进行诫勉谈话，扣发年度考核奖励20%，连续两年考核结果为基本合格的编外聘用人员不予续用。编外聘用人员男职工年满55周岁、女职工年满50周岁的，用工关系自然解除。

## 八、干部职工家访制度

为进一步密切党群干群关系，增进感情，凝聚合力，促进中心党员干部家风和作风建设，塑造中心良好形象，2019年3月12日，市中心印发《萍乡市住房公积金管理中心干部职工家访工作制度》（萍公积金字〔2019〕14号），明确家访工作由中心党总支牵头组织实施，综合科等相关科室及机关工会共同参与，确保中心家访工作常态化。《家访工作制度》明确参加家访领导为中心领导班子成员，中心中层干部；家访对象为中心全体在职干部职工。家访采取定期和不定期两种方式进行。定期家访时间定于每年春节和“七一”前后两个星期左右开展；不定期家访时间，根据工作实际需要或家访对象因病住院、家庭出现重大变故等特殊情况随时确定。开展家访工作原则按照管理权限和班子成员分工，设立家访小组，家访小组成员一般应不少于2人。对科室负责人的家访，一般由中心主要领导或分管领导带队，分管领导或相关科室人员陪同参与；对其他干部职工的家访，由分管领导或科室负责人带队，所在科室负责人、相关科室人员陪同参与。家访过程中，应该根据家访对象实际情况，确定采取不同家访方式和侧重不同家访交流对象进行。每次家访内容都围绕着代表组织对家访对象及其家人支持理解中心工作表示感谢；对家访对象了解其家庭主要社会关系，父母及配偶子女生活、身体健康状况、工作就业就学等基本情况，重点关注其家庭实际困难；了解家访对象思想、工作、生活状况，重点关注八小时以外活动及家风情况；听取家访对象及其家人对中心工作有关意见和建议等。机关党总支每年都建立家访工作台账，统筹安排每年家访工作。在家访工作中落实好“分类处置”原则，对家访中发现了解的一些思想上苗头性、倾向性问题，及时做好思想引导工作，把问题解决在萌芽状态；对发现了解的一些干部重大事项及异常情况要及时向领导并报，提出解决措施办法并抓好落实，不得隐瞒不报或擅作处置。领导每次走访家访对象工作结束都指定专人填写《萍乡市住房公积金管理中心家访对象情况记录表》，及时将家访收集到的意见建议、家庭实际困难及解决问题的措施办法等有关信息情况记录在案，并在5个工作日内送中心机关总支备案，使这项工作落到实处。

## 九、政务公开管理

（一）政务信息制作、发布。为进一步提高处置政务信息制作、发布的准确性、权威性，市中心对政务信息制作、发布作出明确规定。明确制作类信息主动公开流程。公文类政务信息特指由机关各科室、办事处按照有关规定拟稿的，以萍乡市住房公积金管理中心名义发布的公文。公文的公开属性分为“主动公开”“依法申请公开”“不公开”三种。由相关科室、办事处拟稿的，相关科室、办事处须选择并审核公文的公开类型。选择“不公开”的，要在“理由”栏标明理由。公文的审核由主办科室、办事处负责人核稿，并审核公开属性。中心综合科复核公开属性，编制索引目录，并予以登记备案。对不能确定是否可以公开的政府信息，中心综合科启动保密审查机制，提出审查意见，反馈主办科室、办事处按程序继续办理。签发领导不再对文件公开属性进行审核。

（二）发布公开信息渠道。中心综合科分别将主动公开信息进行登记汇总，经整理生成主动公开信息相关要素，并在发文之日起20个工作日内在政府门户网站的“信息公开”专栏上发布，进行网上公布。其他公开渠道有萍乡市住房公积金官方微信平台、萍乡电视台、萍乡日报等官方媒体公开；对利益相关群休，采用手机短信群发公开；电子、实体公告栏上公开；宣传手册上刊登、分发。非公文类的政府信息特指机关各科室、办事处在履职过程中制作的非公文类的政府信息。同时，制度管理对获取保存类信息主动公开流程作出明确规定。此类信息特指机关各科室、办事处从公民、法人或其他组织获取并保存的政府信息。

## 十、工会工作管理

为切实维护职工的合法权益，认真履行工会职能，根据《中华人民共和国工会法》与有关法律法规，结合中心实际，市中心对工会管理明确相关制度。明确工会是职工自愿结合的群众组织，是单位的重要组成部分。工会要以宪法为活动准则，按照《工会法》《中国工会章程》的规定建立，独立自主地开展工作。中心依法建立工会组织，组织职工加入工会，并接受上级工会组织监督与领导。设立工会主席职位一人，主持工会日常工作。同时，按有关规定建立工会经费审查委员会、工会女职工委员会。工会主席、工会委员经费审查委员会由委员代表大会民主选举产生，人选需报上报上级工会组织批准。经费审查委员会主任由工会副主席担任，委员由会员代表大会选举产生。女职工委员会主任由女工委员担任委员，由工会委员会推荐。工会主席任期5年，任期未满，不得随意调离或撤换，确需调整其他工作，应事先征得中心机关党支部同意与书面征得上级工会同意，按程序免去其职务。工会必须遵守宪法，认真贯彻执行有关工会法律、法规、规章与政策，坚持党的领导，依照工会法与工会章程独立自主地开展工作。通过委员代表大会或其他形式组织职工参与单位的民主决策、民主管理与主民监督。通过组织职工培训，开展职工教育活动，不断提高职工的思想道德素质和科学文化素质，建设有理想、有道德、有文化、有纪律的职工队伍。做好服务职工工作，倾听职工意见，反映职工诉求，协助党政办好职工集体福利事业，开展困难职工帮扶，组织职工参加疗养、休养及健康体检，为职工办实事、做好事、解难事。同时，该制度对收好、管好、用好工会经费、管理使用好工会资产、加强工会经费和工会资产审查审计监督工作作出规定。对做好女职工工作提出一系列要求，要把保障女职工权益能依法落到实处。

### 十一、办公用品管理

为控制办公用品规格及节约经费开支，提高资产使用效率，市中心对办公用品采购工作的管理作出规定。明确所有办公设备设施及用品统一由综合科限量规范购买，综合科根据办公用品库存情况及以往消耗水平确定购买数量，进行定期购买，既要保证正常储备，又要防止积压。采购办公用品等设备、设施应根据批准的年度预算执行，年初无预算而临时急需的财产，应做追加预算，报中心主任办公会审批后方可购买。采购原则上应有两人以上，购买要时货比三家，保证质量。涉及政府采购的业务应严格按照年度政府集中采购目录及标准的规定执行。承办科室（办事处）按批复的政府采购预算和计划填制《政府采购申请书》，由承办科室（办事处）负责人进行复核，并在市财政局指定的政府采购信息发布平台上进行发布，市中心财务部门根据政府采购申请书、合同（协议）审批表、合同书、验收报告、费用支出审批表办理款项支付业务，各承办科室（办事处）应建立政府采购业务工作档案并妥善保管。采购用品及设备等必须有保管人员验收，并根据发票填写入库单，一式二联，第一联由保管员留存入库账；第二联及发票送会计报销登账，并对用品的使用作出要求。

## 第三节　财务工作管理

### 一、财务报账工作管理

为规范财务行为，加强财务管理，提高经费使用效益，保证中心各项公务活动的有效开展，根据国家有关财经制度的规定，结合本单位实际，市中心在以往已制定相关规定文件的基础上进一步完善财务报账有关规定，2013 年 3 月 26 日，市中心出台《萍乡市住房公积金管理中心管理经费报账办法》（萍公积金字〔2013〕7 号）明确中心管理经费报账的基本原则是：预算管理、集中核算、统一报账、统一审批、总额包干、超支自负。明确其主要内容是：除人员经费以外的公用经费，包括办公费、差旅费、执行费、培训费、车辆运行维护费、邮电费、水费、电费等。明确该制度适用于全市住房公积金系统所属市中心机关、驻县（区）办事处。在经费管理上，明确人员经费由市中心统一标准，统一核算,统一发放。公用经费实行年初预算,每月集中报账。即中心机关每月按预算进度报账。各县(区)办事处,年初由市中心核定全年公用经费计划数,按月平均预算进度核报各县(区)办事处当月实际发生数。中心机关和各县(区)办事处要严格按照年初预算月平均进度做好当月管理经费支出计划。对超进度的各县(区)办事处必须事先向市中心财务管理领导作出说明,分管领导同意后方可报账。县(区)办事处对按月预算经费有结余的,由市中心统一转入该办事处下月经费使用计划中,年终有经费结余的不再结转到该办事处下年使用。专项经费由各县(区)办事处申请,中心主任办公会议研究审批,实行专项申报、专项审批、专项拨付、专款专用。比如,对大额维修费、党务活动经费等必须先报具体方案和预算并经批准后实施。经费管理实行"三分离"环节控制和"三人"签字制度,即会计与出纳岗位彻底分离、经办与审批彻底分离、使用与监管彻底分离。发生的公用经费由两人签字确认,报中心综合科科长(县区办事处由办事处主任)签字审核、中心财务分管领导审批。

文件中还明确报销发票的标准及要求。所有发生业务需要报销的票据,必须有税务机关统一监制章或财政统一监制章,否则不予报销。凡购买办公用品、耗材、劳保用品、印刷品、修理修配以及付出劳务费用,在原始发票凭证上应显示项目明细,不能显示的应附清单并加盖和原始发票凭证相同印章,否则不予报销。根据有关规定,同以下几个行业发生的各种业务,应开具各行业的专用发票。如服务业、交通运输业、金融保险业、邮电、通信、文化体育、娱乐业以及转让无形资产、销售不动产、汽车维修、汽油等。明确对不合格发票的处理规定,如对不真实、不合法的原始凭证不予受理,对记载不准确、不完整的原始凭证予以退还,对更换确实有困难的,在不违反国家相关法律法规规定且不损害中心经济利益的情况下由经办人写出书面材料经中心财务分管领导批准后方可报销等。同时,对报账程序及时间作出规定。

## 二、公务卡使用管理

为适应国库集中支付制度改革,规范中心财务管理,减少现金支付结算,提高公务支出透明度,加强预算执行监控管理,推进预防和惩治腐败体系建设,根据萍乡市财政局、人民银行萍乡市中心支行《关于印发〈建立公务卡制度的实施方案〉的通知》(萍财库〔2008〕30 号)、《关于印发〈萍乡市市级预算单位公务卡管理暂行办法〉的通知》(萍财库〔2008〕31 号)及萍乡市财政局《关于实施预算单位公务卡强制结算目录的通知》(萍财库〔2012〕27 号)有关规定,市中心于 2012 年 12 月 27 日,印发《萍乡市住房公积金管理中心公务卡管理办法(试行)》(萍公积金字〔2012〕50 号),明确所称公务卡是指中心在职在编工作人员持有的具有一定透支额度和透支免息期,主要用于日常公务支出和财务报销业务的信用卡。公务卡发放对象是中心在职在编职工(以下简称职工)。公务卡实行实名制,由开卡的职工个人妥善保管并承担相应法律责任。要求市中心各部门应严格执行《萍乡市住房公积金管理中心公务卡管理办法(试行)》的有关规定,应该由公务卡消费结算的必须用公务卡结算,对违反规定的费用不予报销,发生的费用自理。

文件中明确公务卡的适用范围是,原使用现金结算的公务支出,包括差旅费、公务接待费、培训费、办公费、会议费、邮电费、咨询费、手续费、物业管理费、租赁费、维修(护)费、专用材料费、其他交通费用等。明确公务卡结算方式是，持卡职工在公务活动中使用公务卡消费后，在的规定期限内按中心财务制度规定的报销程序进行报销。明确公务卡的管理办法，强调要加强公务卡的日常管理。公务卡由中心财务部门统一组织本单位工作人员向发卡行申办。公务卡申办成功，后经中心确认核实，由发卡行将持卡人姓名和卡号等信息统一录入公务卡管理系统。公务卡用于中心公务支出的支付后，由持卡人及时向中心财务部门申请办理报销手续。公务卡的信用额度，原则上每张公务卡的信用额度不超过 5 万元、不少于 2 万元。发卡行根据持卡人的申请，核实持卡人资信情况后，可对其公务卡信用额度进行调整，并及时通知持卡人和财务科。其中，调增信用额度的，须事前由持卡人向财务科提出申请，中心领导审批后，由财务科出具书面同意意见后交发卡行。公务卡实行实名制。公务卡由在职职工个人申领、持有、保管和使用。持卡人应遵守国家关于银行卡使用管理的法律法规和本办法有关规定，规范使用公务卡。严禁持卡人违规使用公务卡、恶意透支、拖欠还款、利用公务卡套取现金或将非公务支出用于公务报销。文件中对公务卡的结算报销管理、实行公务卡结算方式后的现金管理等内容也作出明确规定。

## 三、有价单证及重要空白凭证管理

为完善内部控制制度，保证资金安全，根据《有价单证及重要空白凭证管理办法》《会计基础工作规范》《内部会议控制规范——基本规范（试行）和货币资金（试行）》等有关规定，结合中心实际，市中心对有价单证及重要空白凭证管理作出相关规定。

文件中所称的有价单证是指中心取得的由国家财政部门或金融机构依法定程序发行，约定在一定期限还本付息的各种随时能变现或可按规定转让的债权凭证，包括国库券及购买国债收款凭证、定期存款单等。本办法所称的重要空白凭证是指中心按规定在开户银行购买的本身无面额，需由中心填写金额并签单后即具有支付效力的空白凭证，包括转账支票、现金支票等。有价单证及重要空白凭证的和管理使用应严格遵守《票据法》《支付结算办法》《人民币银行结算账户管理办法》《现金管理暂行条例》等有关法律制度和政策规定。有价单证及重要空白凭证严禁移作他用，严禁出租、出借和质押给任何单位和个人。为严密手续，保证安全，有价单证及重要空白凭证的管理实行登记备案制度，即分别设立有价单证专用登记簿和重要空白凭证专用登记簿，由有关保管人员及时、详细、完整地登记有价单证及重要空白凭证的取得、领用、保管等情况。同时，管理办法对有价单证和重要空白凭证的取得与购买、保管、签发和领用、注销与销毁、会计核算等内容也作出明确规定。

文件中对其他管理也明确作出要求。有价单证到期后，应在预先安排好回收资金用途的前提下及时办理兑付手续，以免造成资金损失。有价单证及重要空白凭证遗失、被抢、被盗及因毁损无法使用时，应及时报告中心领导，并向公安机关报案，并尽快与有关金融机构等部门联系，采取公告形式声明作废、挂失等保证中心相关权益不受损害的应急补救措施。中心及外单位有关人员因工作需要要求查询、复印有价单证时，应办理相关的审批及登记手续，有价单证原件不得带出中心。有价单证及重要空白凭证的保管及领用登记簿、移交清册及销毁清单等应作出会计档案妥善保管。中心对有价单证及重要空白凭证的保管使用情况按规定实行内部监督。

## 第四节　综合考核工作

自1996年市中心成立以来，一直重视综合考核和管理，并以此促进工作目标的实现。

### 一、年终目标管理考核

1997年2月18日，市中心下发《关于实行分组目标管理考核方案的报告》（萍公金字〔1997〕第4号），决定从工行、建行两信贷部抽调骨干，与中心人员一起组成三个工作组，进行分片包干、目标管理、综合考核。明确全年确保完成住房公积金3000万元以上，即按归集额的1%提取目标管理奖，超额5000万元部分可按5%实行超额奖；对未完成保底指标3000万元，则取消年终奖励，并扣除各组中心人员1～2个月的工资。对其他各项工作进行百分考核，年终综合评奖。在中心全部完成考核目标的前提下对办公室、计财科等后勤服务的各项工作进行按月百分考核，将考核的实际得分平均数，乘以中心综合考核平均奖，对考核得分未达60分者，即取消年终奖励，并扣除1～2个月的工资。

### 二、贷款审批终身考核

市中心自每年综合考核工作推出以来，考核工作在实践中不断完善，并扩大范围，使综合考核工作针对性更加精准。1999年8月1日，为进一步加强住房资金贷款的规范管理，最大限度防范风险，提高住房资金的增值效益，经中心办公会研究决定，对中心贷款审批委员会成员实行贷款审批终身责任追究制度，市中心印发《关于实行贷款审批终身责任追究制度的通知》（萍公金字〔1999〕10号），明确审贷工作要求，审委会成员既要本着积极提高资金运作效益，又要谨慎决策防范各种风险，做到该贷的就积极贷，不能贷的一分不贷，并把这一要求纳入年终考核内容。

### 三、行政执法责任考核

2006年8月13日，为推动建立权责明确、行为规范、监督有效、保障有力的行政执法体制，全面推进依法行政工作，根据萍乡市推行行政执法责任制工作要求，结合中心工作性质和特点，市中心印发《关于印发萍乡市住房公积金管理中心推进行政执法责任制实施方案的通知》（萍公金字〔2006〕34号），明确建立行政执法评议考核机制、评议考核内容、评议考核方法、考核步骤和落实行政执法责任等内容。

### 四、年终绩效考核

2006年12月22日，为进一步提高市中心绩效和服务水平，促进全市住房公积金事业又好又快发展，根据赣建金〔2005〕4号和赣建办〔2006〕9号文件相关规定和市人民政府有关加强目标管理考核的要求，市中心印发《关于报送萍乡市住房公积金管理中心 2007 年度目标考核初步方案的报告》（萍公金字〔2006〕47 号），围绕进一步规范住房公积金管理，提高工作绩效和风险防范能力，确保住房公积金的安全、有效，圆满完成 2007 年度各项工作指标制定目标要求，并在年终进行考核。

## 五、绩效管理和奖励考核

2010 年 1 月，为进一步规范管理，防范风险，高效动作，最大限度地保障住房公积金者缴存的合法权益，充分调动全体工作人员的积极性，市中心印发《绩效管理与绩效奖励办法》，绩效管理强调管理者与员工围绕市中心的发展目标，通过自身努力，在工作内容、任务要求以及努力方向上达成共识，并根据一定的方法和标准对员工（部门）绩效进行考核和评价，指导和激励员工（部门）改进作风，高效服务，以高效完成市中心年终工作目标任务。市中心绩效管理领导小组通过定期召开经营绩效检查会议，有效地指导、监督部门和员工两个层次的绩效管理工作。考核原则是：坚持客观、公平、公正；坚持业绩与效益挂钩；坚持个人收入增加与全局效益同步；坚持单位管理水平提升与员工能力综合发展双赢。考核内容：严格依照中心各科室、各管理处职责，对各科室、各管理处全年工作任务按综合和业务两大类实行目标管理和量化考核，有力地推动各项工作。

## 六、履职问责考核

党的十八大以来，市中心综合考核的目标和要求，根据中央和省市委的文件精神也在不断完善改进。2016 年 5 月 24 日，根据《萍乡市影响机关效能和损害发展环境行为问责暂行办法》《萍乡市党和国家工作人员履职不力行为问责暂行办法》等有关规定，市中心印发《关于印发〈萍乡市住房公积金管理中心工作人员作风和效能问责暂行办法〉的通知》（萍公积金字〔2016〕14 号），该文件围绕加强对中心工作人员的管理和监督，促进中心办事高效、运转协调、行为规范、服务优良等内容展开，以对违反中心效能建设规定的中心工作人员开展批评教育和警示告诫的责任追究方式进行。文件自公布实施以来，取得较好的实践效果。

## 七、年度综合考核

2023 年 6 月 30 日，为使市中心各项工作得到高质量发展和提升，进一步加强综合考核工作的管理，市中心下发《关于印发〈萍乡市住房公积金管理中心 2023 年度综合考核办法（试行）〉的通知》（萍公积金字〔2023〕12 号）。明确年终考核的总体要求是坚持以习近平新时代中国特色社会主义思想为指导，围绕市委、市政府确定的工作目标和工作任务，发挥综合考核的指挥棒、评判器、识别仪作用，坚持考人与考事、平时考核与集中考核、领导评价与群众评议相结合，加强分析研判，注重结果运用，突出效果导向，积极营造比学赶超、敢为人先、争当标杆的浓厚氛围，以务实的举措，优异的成绩，奋力推进“五区”建设、打造“最美转型城市”。

文件明确综合考核对象是中心各部门（各科、办事处、机关党总支）和部门工作人员。综合考核内容是围绕“服务中心高质量发展成效”“加强部门建设成效”“满意度评价”等三个方面进行考核；对各部门工作人员考核，主要考核履行岗位职责情况，包括德、能、勤、绩、廉等方面。综合考核采取计分方法，部门考核按百分制计分，主要依据综合考核得分、民主测评、领导评价等情况。部门得分＝年度综合考核得分×80%＋民主测评得分×10%＋党组书记评价得分×10%。综合考核程序包括平时监测、半年评估、年终考核。年终考核成立综合考核组，对被考核对象进行年终集中考核。其程序是大会述职、民主测评、了解核实、梳理分析等。根据综合考核情况，对各部门分别评为第一、第二、第三、第四4个等次。对各部门工作人员年度考核等次评定分为优秀、称职、基本称职、不称职4个等次。优秀等次的比例原则上不超过参加考核工作人员的25%。文件坚持考用结合，并将年度综合考核结果与干部选拔任用、培养教育、管理监督、激励约束、问责追责等结合起来，鼓励先进、鞭策落后，推动能上能下，促进担当作为，严厉治庸治懒。中心党组决定在单位年度专项绩效工资总额中单列一定金额用于综合考核分配。

为全面客观评价各部门2023年度工作业绩，市中心下发有关做好考核工作的文件，并根据《中共江西省委组织部 江西省人力资源保障厅关于转发中共中央组织部印发〈事业单位工作人员奖励规定〉的通知》（赣人社发〔2020〕4号）、《萍乡市住房公积金管理中心工作人员奖励办法》（萍金党字〔2023〕3号）和《萍乡市住房公积金管理中心2023年度综合考核办法》（萍公积金字〔2023〕12号）等文件精神，经中心党组研究同意，市中心2024年2月印发《关于对2023年度优秀工作人员和集体给予嘉奖的决定》（萍公积金字〔2024〕4号），决定给予2023年度考核工作中成绩突出的综合科等3个部门集体嘉奖奖励，给予彭君等11名同志个人嘉奖奖励。这一系列举措把年度考核工作落地见实效。

## 第五节　档案管理工作

市中心自成立以来一直重视抓好档案工作的管理，先后出台多个文件加强这方面的工作。2010年12月10日，市中心专门下发《关于印发〈萍乡市住房公积金管理中心档案管理制度〉等五个档案规范管理制度的通知》（萍公积金字〔2010〕38号），明确《萍乡市住房公积金管理中心档案管理制度》《萍乡市住房公积金管理中心档案安全保密制度》《萍乡市住房公积金档案查（借）阅利用制度》《萍乡市住房公积金文件材料收集、归档制度》《萍乡市住房公积金管理中心档案人员岗位职责》，这些档案管理制度又在以后的实践中不断修改、补充和完善，使市中心档案工作走上规范化发展。

### 一、综合档案管理

根据综合性《档案管理制度》（以下简称《制度》）总则的要求，为加强中心档案管理，使档案管理更加标准化、规范化，不断提高档案管理水平，根据《档案法》有关规定，结合市中心实际情况，制订《档案管理办法》。本办法所称档案，是指在党务、人事、业务等活动中直接形成的、具有保存价值的各种文字、图表、声像等不同形式的历史记录，包括文书、干部人事、会计业务和贷款业务等档案。

明确综合科为各类档案的归口管理部门,文书档案干部人事档案由综合科保管,业务档案由业务科室保管。相关各部门内勤兼职档案管理员,岗位要相对固定。各部门档案自行编制分类目录及编号,市中心档案由综合科制订。明确文件点收与归档规定:文件的文本附件是否完整,处理手续是否完备,无关或不应随归的文件退回经办部门,有价证券或其他贵重物品退回经办部门归档处理。

《制度》提出归档文件的质量要求:遵循文件材料的形成规律,保持彼此之间的有机联系,区别不同价值,便于保管和利用;归档文件材料必须准确反映中心各项业务活动的真实内容,手续完备,且利于长期保存;专题性、成套性档案按阶段、结构、部件等分别归档。明确档案整理与分类规定:中文直写文件以右方装订,横定或外文以左方装订为原则,右方装订应对准右上角,左方装订应准左上角,理齐钉牢。文件如有皱折、破损、参差不齐等情形,应先补整、裁切、折叠,使其整齐划一。按部门、大类、小类三级分类,力求切合实用。如案件分类够应用时,增设第四级“细类”。如案件不多时使用“部门”及“大类”或“小类”二级。同一“小类”或“细类”的案件以装订一个档夹为限,不够用时可分为两个以上档夹装订,并于“小类”或“细类”之后增写“卷次”编号,以便查考。每一档档夹封面内首页应设“目次表”,依序编号、登录,以每一案一个“目次”编号为原则。明确档案名称与编号规定:档案各级分类统一名称,且简明扼要,以表达档案内容性质为原则,不能笼统含糊。各级分类、卷次、目次编号,均以十进位阿拉伯数字表示,其位数使用视案件多少及增长情形斟酌决定。档案分类各级名称确定后,应编制档案分类编号表,将所有分类各级名称及其代表数字编号,用一定顺序依次排列,以便查阅。

《制度》还明确档案修理与保存规定:归档文件应依目次号顺序以活页方式装订于相关类别的夹档内,并视需要使用“见出纸”注明目次号码,以便翻阅。档夹的背脊应标明档夹内案件的分类编号及名称,以便查档。档案保存依永久保存、保存十年、保存五年、保存一年的规定办理,各种规章制度由制定部门永久保存,使用部门视其有效期予以保存。同时,明确对档案的日常管理作严格规定。档案管理员要定期检查档案存放及安全情况,做好防火、防盗、防水等安全防范工作。档案移交必须填写移交清册,交接双方签名盖章。对到期档案提出销毁或延长保管期限的意见,经中心领导批准后方可实施。对有涂改、伪造档案的,擅自出卖或者转让档案的,倒卖档案牟利的,未按国家规定归档或按期移交档案的,明知档案面临危险而不采取保护措施造成损失的,玩忽职守造成损失的等行为之一的,根据情节轻重,给予责任部门及有关人员行政处分或罚款;造成损失的责令赔偿损失;构成犯罪的,依法追究刑事责任。

## 二、文书档案管理

《档案管理制度》要求文书要按问题、时间或重要程度排序。密不可分的材料批复在前、请示在后;正文在前、附件在后;正本在前、定稿在后;定稿在前、历次重要讨论稿在后;结论性材料在前、依据性材料在后。在不影响文件的有机联系情况下,同一内容的文件材料按永久、长期、短期分类。归档文件的文字材料在前、图样在后,图样按目录或图号排列。归档文件使用符合保护要求的装订材料按件装订,托裱破损文件、复制字迹模糊的文件放在原件之后。按分类方案和排列顺序逐件编目,归档章设置全宗号、年度、保管期限、件号等必备项。依据分类方案和编件号顺序编制归档文件目录,揭示归档文件的全貌。按照件号顺序装入档案盒。除有特殊要求外,所用各种表格、档案盒,内容规格应当统一。

## 三、干部人事档案管理

明确归档范围:履历材料,自传材料,鉴定、考核、考察材料,学历和评聘专业技术职称材料,政治历史审查材料,入党入团材料,奖励处分材料,工资、任免、退休材料,其他起重要依据作用的干部人事材料。明确归档要求:归档材料必须是办理完毕的正式材料原件,有承办单位或个人署名,有形成材料的日期,由组织审查的材料须有组织盖章,同本人的见面材料一般应有本人签字,本人见面后未签字的由组织注明;档案材料左边应留 2 ~2.5 厘米装订线,文字须是铅印、胶印、油印或用蓝墨水、黑色墨水书写,一般不得用复印件代替原件存档。

## 四、个贷业务档案管理

对归档材料包括身份证、结婚证、未婚证明,户口本;预付款收据;购房合同或协议,购二手房的完税、交易手续费发票;连带责任保证的保证人身份证、保证合同;个人借款申请书;借款通知书;借款合同;抵(质)押合同;个贷部门规定的其他材料等。明确归档要求是:借款专管员在个人借款发放后及时将借款人的完整档案送给个贷档案管理员。个贷档案管理及时对档案进行编号,将贷款信息输入电脑,并将档案移交档案室,做好移交记录。房屋产权证及抵(质)押相关证书专柜专夹,单独存放。归档材料实行一户一档,贷款还清三年后可按有关规定销毁,电子文档保存五年后销毁。未经许可,非档案管理员不得进入档案室查找。

## 五、会计档案管理

在会计年度终了后,会计档案暂由财务科保管一年。期满后,由财务科分门别类整理立卷,编制移交清册,送市中心档案室保管。保管期限:会计凭证类 15 年,贷款凭证类在贷款还清后 10 年;会计账簿类 15 年,银行日记账 25 年;会计移交清册 15 年,会计档案保管清册 25 年,会计档案销毁清册 25 年;账务报告类永久保管。会计档案专柜有序存放,确保安全和保密,一律不准外借。外单位调阅须持正式介绍信,经中心领导批准后办理调阅手续,应有专人在场陪同调阅。保管期满,由档案管理部门提出销毁意见,会同置备部门鉴定编制销毁清册,共同派人监督销毁。

在完善市中心档案管理制度中,不断加强档案管理工作。市中心从 2000 年办公楼搬迁新址后,不仅健全档案管理制度,而且建立主任负责、科室负责人协助、专职档案员具体负责、档案工作纳入目标管理的机制。同时,相继建立分类档案室,更新档案器材设备。根据市档案局规范档案管理相关文件要求,从 2005 年后,市中心档案分门别类统一归集市档案局保管存放。

## 第六节　文明创建工作

市中心自成立以来，一直高度重视文明创建工作。这些年来根据市委、市政府有关文明创建工作的部署和上级的相关文件精神，抓好每个阶段的工作，比较圆满地完成各项工作任务，得到上级的肯定和表彰。

从2005年开始，市中心持续开展创建省、市文明单位活动，在创建市先进文明单位的基础上，又创建省级文明单位、文明窗口单位、文明标兵单位，一步一个台阶。在创建过程中，坚持物质文明建设和精神文明同步进行、协调发展，实现两个文明建设双丰收。

2011年9月，市中心出台《创建市文明标兵单位工作方案》，成立中心领导为正副组长、科室负责人为成员的领导小组；明确巩固市级文明单位创建成果，创建省文明单位的目标任务；采取加强教育引导，不断提升干部队伍综合素质、加强内部管理，不断规范服务工作秩序、加强服务管理，努力打造一流品牌、加强典型引路，营造良好创建氛围、加强基础建设，丰富职工业余文化生活、加强环境改善，努力建设健康文明窗口等六条措施；提出切实加强领导，发动全员参与，与党的组织创先争优、绩效考核评先评优等活动相结合，抓好督察落实等创建要求。同时，各科室、各办事处分别联系实际制订具体的创建方案。整个创建工作中，市中心组织领导有力，思想教育深入扎实，单位道德风尚良好，非常重视学习培训，文体卫生民生工作不断进步。市中心还加强民主管理，严格遵纪守法；内外环境优美，环保工作达标；业务水平领先，工作实绩显著，2012年2月、2015年4月、2017年12月分别被市委、市政府授予十三届、十四届、十五届全市文明单位。

2017年以来，市中心多次被评为省建设系统住房公积金管理工作优秀单位等奖项。2021年11月，被中共江西省委、江西省人民政府授予十六届江西省文明单位称号。这些年来市中心还被连续评为市委、市政府目标绩效考核先进单位。市中心抓文明创建工作的主要做法是：首先，强化服务意识。一是邀请专家讲。开设道德讲堂，坚持党组中心组学习，先后邀请专家20多人次，专题讲座30多人次，参加学习的干部职工3000余人次。二是开展集中训。坚持利用每日早会、周一例会、周五学习日必须讲服务，紧扣“提升服务水平和能力”的主题，不定期举办财务、贷款、汇缴、提取培训2次，会计培训8次，信息化技术培训比武4次，与兄弟地市中心对口学习交流10次。三是组织活动学。组织党员干部、青年团员、工会会员参加建设学习型党组织、重温入党誓词、评选岗位能手、青年五四奖章、十佳青年、捐资助学、访贫问苦、爱岗敬业演讲赛、住房公积金缴存单位答谢会等活动，促使服务意识入脑入心。其次，改善服务环境。一是提质硬件环境。新购置的服务用房进行标准化改造，营造全新现代、舒适温馨的办事环境。二是提升软件环境。2008年以来推行《首问负责制》等规章制度，服务大厅工作人员实行统一着装，打卡上下班，要求“来有迎声，去有送声”和微笑服务，发挥明星示范作用，逐步树立为民标准化服务形象。三是提供政策环境。2009年以来，稳步推出住房公积金按揭贷款业务，解决无现房抵押贷款买房的中低收入家庭住有所居问题。通过上缴政府廉租房建设资金支持保障性住房建设，解决低收入家庭住有所居问题；推出按月对冲还贷和年度余额超过2万元一次提取对冲抵本金等新政策，减轻贷款职工还款压力；推出大病互助和租赁提取，帮助特困群体解决生活困难。再次，创新服务手段。一是简化办事流程，便捷服务。实行“一条龙”“一站式”服务，使原来三天办结的业务在两个小时内就能办结。二是增设服务窗口，贴心服务。对新建制单位、集团贷款客户提供上门服务。三是运用信息技术，高效报务。开通住房公积金网站，建立局域网系统，与省及县区的专网连接，在全国率先实现网上实时查询明细服务；开发对冲还贷业务、提取入卡、批量支付和贷款联机扣款系统，推出语音查询系统，引进身份证鉴别仪系统；启动住房公积金联名卡、短信平台等，使老百姓足不出户便可了解住房公积金相关信息，方便群众办事。

**市中心文明创建工作荣誉一览表**

| 序号 | 荣誉称号 | 授予时间 | 授予部门 |
|---|---|---|---|
| 1 | 全省建设系统目标管理优胜单位 | 2007年2月 | 江西省建设厅 |
| 2 | 全省建设系统目标管理达标单位 | 2008年3月 | 江西省建设厅 |
| 3 | 全省建设系统目标管理优胜单位 | 2009年2月 | 江西省建设厅 |
| 4 | 全市社会治安综合治理目标管理先进单位 | 2010年1月 | 萍乡市社会治安综合治理委员会 |
| 5 | 萍乡市第十三届（2010—2011年度）文明单位 | 2012年2月 | 中共萍乡市委<br>萍乡市人民政府 |
| 6 | 2010—2011年度萍乡市社会综合治理平安单位 | 2012年4月 | 萍乡市社会治安综合治理委员会 |
| 7 | 2012年度全省住房公积金管理工作先进集体二等奖 | 2013年1月 | 江西省住房和城乡建设厅 |
| 8 | 2011年度全省住房公积金业务目标考评达标单位 | 2012年4月 | 江西省住房和城乡建设厅 |
| 9 | 萍乡市第十四届（2012—2014年度）文明单位 | 2015年4月 | 中共萍乡市委<br>萍乡市人民政府 |
| 10 | 基层党组织“规范化、标准化、特色化”建设示范点 | 2017年6月 | 中共萍乡市直属机关工作委员会 |
| 11 | 萍乡市第十五届（2015—2016年度）文明单位 | 2017年12月 | 中共萍乡市委<br>萍乡市人民政府 |
| 12 | 2020年度先进基层党组织 | 2021年6月 | 中共萍乡市直属机关工作委员会 |
| 13 | 第十六届江西省文明单位 | 2021年11月 | 中共江西省委<br>江西省人民政府 |
| 14 | 2022年度先进集体 | 2023年1月 | 江西省住房和城乡建设厅 |

# 附　录

# 一、相关法规制度选辑

## （一）国务院文件

### 国务院关于深化城镇住房制度改革的决定

（国发〔1994〕43号）

各省、自治区、直辖市人民政府，国务院各部委、各直属机构：

为贯彻落实《中共中央关于建立社会主义市场经济体制若干问题的决定》，深化城镇住房制度改革，促进住房商品化和住房建设的发展，特作如下决定：

**一、城镇住房制度改革的根本目的和基本内容**

（一）城镇住房制度改革作为经济体制改革的重要组成部分，其根本目的是：建立与社会主义市场经济体制相适应的新的城镇住房制度，实现住房商品化、社会化；加快住房建设，改善居住条件，满足城镇居民不断增长的住房需求。

（二）城镇住房制度改革的基本内容是：把住房建设投资由国家、单位统包的体制改变为国家、单位、个人三者合理负担的体制；把各单位建设、分配、维修、管理住房的体制改变为社会化、专业化运行的体制；把住房实物福利分配的方式改变为以按劳分配为主的货币工资分配方式；建立以中低收入家庭为对象、具有社会保障性质的经济适用住房供应体系和以高收入家庭为对象的商品房供应体系；建立住房公积金制度；发展住房金融和住房保险，建立政策性和商业性并存的住房信贷体系；建立规范化的房地产交易市场和发展社会化的房屋维修、管理市场，逐步实现住房资金投入产出的良性循环，促进房地产业和相关产业的发展。

（三）城镇住房制度改革要坚持配套、分阶段推进。近期的任务是：全面推行住房公积金制度，积极推进租金改革，稳步出售公有住房，大力发展房地产交易市场和社会化的房屋维修、管理市场，加快经济适用住房建设，到本世纪末初步建立起新的城镇住房制度，使城镇居民住房达到小康水平。

**二、全面推行住房公积金制度**

（四）实行住房公积金制度有利于转变住房分配体制，有利于住房资金的积累、周转和政策性抵押贷款制度的建立，有利于提高职工购、建住房能力，促进住房建设。所有行政和企事业单位及其职工均应按照“个人存储、单位资助、统一管理、专项使用”的原则交纳住房公积金，建立住房公积金制度。

（五）住房公积金由在职职工个人及其所在单位，按职工个人工资和职工工资总额的一定比例逐月交纳，归个人所有，存入个人公积金账户，用于购、建、大修住房，职工离退休时，本息余额一次结清，退还职工本人。目前（1994年）单位和个人住房公积金的缴交率分别掌握在5%，已超过这个比例的可以不变。外商投资企业及其中方职工的住房公积金缴交率，由各省、自治区、直辖市人民政府确定。

（六）企业为职工交纳的住房公积金，从企业提取的住房折旧和其他划转资金中解决，不足部分经财政部门核定，在成本、费用中列支。行政事业单位为职工交纳的住房公积金，首先立足于原有住房资金的划转，不足部分，全额预算的行政事业单位由财政预算拨付；差额预算的事业单位按差额比例由财政预算拨付；自收自支事业单位比照企业开支渠道列支。职工的住房公积金本息免征个人所得税。

（七）按照责权利一致的原则，建立和完善住房公积金管理制度，加强住房公积金的管理。各市（县）人民政府负责制定住房公积金的归集、使用、管理等有关具体规定，审批住房公积金的使用计划和财务收支预决算。各市（县）人民政府可以设立专门的住房公积金管理机构，负责住房公积金的归集、支付、核算和编制使用计划等管理工作，住房公积金的存贷款等金融业务一律由当地人民政府委托指定的专业银行办理。受委托的专业银行根据当地人民政府批准的住房公积金使用计划，审定、发放和回收贷款。住房公积金要专款专用，严禁挪作他用。财政、审计、监察部门要加强监督管理。

**三、积极推进租金改革**

（八）要在职工家庭合理住房支出范围内加大租金改革力度。到2000年，住房租金原则上应达到占双职工家庭平均工资的15%。按上述办法测定，租金水平已达到或超过折旧费、维修费、管理费、贷款利息、房产税5项因素成本租金水平的，按成本租金或市场租金计租。

（九）各地要根据实际情况制定并公布2000年以前租金改革规划。租金提高的幅度和次数，要与当地居民的收入水平相适应，要根据物价指数控制目标统筹安排。有条件的市（县）或单位，应结合实际情况，较快实现向成本租金和市场租金的过渡。

（十）在租金水平达到成本租金以前，新建公有住房和腾空的旧住房租金标准可以高于同期现住房的租金标准。各市（县）人民政府还可以对职工承租新建公有住房和腾空的旧住房交纳租赁保证金和认购住房债券作出具体规定。

（十一）租金调整后，对离退休职工、政府民政部门确定的社会救济对象和非在职的优抚对象等，各省、自治区、直辖市人民政府可根据情况制定减、免、补的具体办法。

（十二）住房在规定标准之内的职工家庭，用规定的个人合理负担部分加上全部住房补贴，仍不足支付房租的，差额可由其所在单位适当给予补助。企业和自收自支事业单位的补助金在单位住房基金中列支；其他行政事业单位的补助金应先在单位住房基金中列支，不足部分经同级财政部门核定，在城市住房基金（未建立城市住房基金的，在同级财政预算）中列支。

（十三）加强对租金收入的管理。租金收入归产权单位所有，纳入单位住房基金，用于住房维修、管理、建设和城镇住房制度改革。

**四、稳步出售公有住房**

（十四）城镇公有住房，除市（县）以上人民政府认为不宜出售的外，均可向城镇职工出售。职工购买公有住房要坚持自愿的原则，新建公有住房和腾空的旧房实行先售后租，并优先出售给住房困难户。

（十五）向高收入职工家庭出售公有住房实行市场价，向中低收入职工家庭出售公有住房实行成本价，成本价应包括住房的征地和拆迁补偿费、勘察设计和前期工程费、建安工程费、住宅小区基础设施建设费（小区级非营业性配套公建费是否列入成本由各地自行确定）、管理费、贷款利息和税金等7项因素。旧房的成本价按售房当年新房的成本价成新折扣（折旧年限一般为50年）计算，使用年限超过30年的，以30年计算；经过大修或设备更新的旧房，按有关规定评估确定。目前（1994年）以成本价售房确有困难的市（县），可以实行标准价作为过渡。出售公有住房的成本价和标准价由市（县）人民政府逐年测定，报省、自治区、直辖市人民政府批准后公布执行。

现行售房价格已高于规定的标准价起步水平的，不应再降低价格。

公有住房的出售，应坚持先评估后出售的原则。住房的实际售价应根据所处地段、结构、层次、朝向、设施和装修标准等因素区别计价。

（十六）标准价按负担价和抵交价之和测定。一套56平方米建筑面积标准新房的负担价，1994年应为所在市（县）双职工年平均工资的3倍。经济发展水平较高的市（县）应高于3倍，具体倍数由省、自治区、直辖市人民政府确定。双职工年平均工资按当地统计部门公布的上年职工平均工资乘以2计算。抵交价按双职工65年（男职工35年，女职工30年）内积累的由单位资助的住房公积金贴现值的80%计算。

旧房的负担价按售房当年新房的负担价成新折扣（折旧年限一般为50年）计算，使用年限超过30年的，以30年计算；经过大修或设备更新的旧房，按有关规定评估确定。旧房的抵交价，可根据使用年限适当降低，但最多不能低于新房抵交价的80%。

（十七）职工购买现已住用的公有住房，可适当给予折扣，1994年折扣率为负担价的5%，今后要逐年减少，2000年前全部取消。

售房单位应根据购房职工建立住房公积金制度前的工龄给予工龄折扣。每年工龄折扣的数额，按抵交价除以65（男职工35年，女职工30年）计算。离退休职工购房计算工龄折扣的时间，按国家规定的离退休年龄计算。

（十八）职工按成本价或标准价购买公有住房，每个家庭只能享受一次，购房的数量必须严格按照国家和各级人民政府规定的分配住房的控制标准执行，超过标准部分一律执行市场价。

（十九）售房价格要逐步从标准价过渡到成本价。当年的标准价要根据各市（县）职工上年平均工资增长的水平、单位发给住房补贴和资助职工建立住房公积金年增长水平确定，一年一定；新房负担价与双职工家庭年平均工资的倍数，要逐步提高，2000年以前达到3.5倍。各市（县）要从本地实际出发，加快标准价向成本价的过渡。

（二十）付款方式。职工购房可以一次付款，也可以分期付款。售房单位可对一次付款的购房职工给予一次付款折扣，折扣率参考当地购房政策性贷款利率与银行储蓄存款利率的差额，以及分期付款的控制年限确定。实行分期付款的，首期付款不得低于实际售价的30%，分期付款的期限一般不超过10年，分期交付的部分要计收利息，单位不得贴息，利率按政策性抵押贷款利率确定。经办政策性住房金融业务的银行，应充分利用政策性住房资金，向购房职工提供政策性抵押贷款。

（二十一）明确产权。职工以市场价购买的住房，产权归个人所有，可以依法进入市场，按规定交纳有关税费后，收入归个人所有。

职工以成本价购买的住房，产权归个人所有，一般住用5年后可以依法进入市场，在补交土地使用权出让金或所含土地收益和按规定交纳有关税费后，收入归个人所有。

职工以标准价购买的住房，拥有部分产权，即占有权、使用权、有限的收益权和处分权，可以继承。产权比例按售房当年标准价占成本价的比重确定。职工以标准价购买的住房，一般住用5年后方可依法进入市场，在同等条件下，原售房单位有优先购买、租用权，原售房单位已撤销的，当地人民政府房产管理部门有优先购买、租用权。售、租房收入在补交土地使用权出让金或所含土地收益和按规定交纳有关税费后，单位和个人按各自的产权比例进行分配。

（二十二）发展房地产交易市场，规范住房交易行为。职工购买住房，都要由房产管理部门办理住房过户和产权转移登记手续，同时要办理相应的土地使用权变更登记手续，并领取统一制定的产权证书，产权证书应注明产权属性，按标准价购买的住房应注明产权比例。出租和出售、赠与、继承及以其他形式转让所购住房，应按国家规定交纳有关税费。要加强市场管理，规范交易程序，完善税收制度，坚决查处倒卖房产牟取暴利等违法行为。

（二十三）加强售后房屋维修、管理服务，发展社会化的房屋维修、管理市场。职工购买的住房，室内各项维修开支由购房人负担。楼房出售后应建立共用部位、共用设施的维修基金。改革现行城镇住房管理体制，发展多种所有制形式的物业管理企业和社会化的房屋维修、管理服务。

（二十四）加强售房款的管理。国有住房的出售收入按住房产权关系和一定比例上交同级财政和留归单位，分别纳入各级住房基金；其他公有住房出售收入，归单位所有，纳入单位住房基金。售房款要全部用于住房建设和城镇住房制度改革，严禁挪用。

**五、加快经济适用住房的开发建设**

（二十五）各地人民政府要十分重视经济适用住房的开发建设，加快解决中低收入家庭的住房问题。经济适用住房建设用地，经批准原则上采取行政划拨方式供应。对经济适用住房建设项目，要在计划、规划、拆迁、税费等方面予以政策扶持。各级建设行政主管部门要切实组织好经济适用住房建设的实施工作。金融单位在信贷等方面应予以支持。房地产开发公司每年的建房总量中，经济适用住房要占20%以上。在建房、售房等方面，对离退休职工、教师和住房困难户应予以优先安排，具体办法由各省、自治区、直辖市人民政府制定。

（二十六）鼓励集资合作建房，继续发展住房合作社，在统一规划的前提下，充分发挥各方面积极性，加快城镇危旧住房改造。

**六、做好原有政策同本决定的衔接工作**

（二十七）要做好与原有售房政策的衔接。已出售的公有住房均须按照售房当年的售价占成本价的比重明确个人拥有的产权比例；经购房人同意也可按成本价补足房价款及利息后，原购住房产权归个人所有。1994 年 1 月 1 日至本决定发布之前出售的公有住房,一律按本决定规定的售房政策进行规范。

(二十八)原有关文件规定出售公有住房的标准价和最低价一律停止执行。

(二十九)要继续做好原住房资金转入各级住房基金的核定、划转工作。划转的资金和原有的住房补贴,要逐步列入职工工资或用于列支公积金。

**七、加强领导,统筹安排,积极推进城镇住房制度改革**

(三十)加快住房建设和推进城镇住房制度改革是各级人民政府的重要职责。各地人民政府要加强领导,健全工作机构,全面规划,统筹安排,兼顾长期目标和阶段性目标,加快推进城镇住房制度改革。

(三十一)各省、自治区、直辖市人民政府要根据本决定规定的统一政策,结合本地区社会经济发展水平,因地制宜,不断完善城镇住房制度改革方案,并按年度报国务院住房制度改革领导小组备案;各市(县)的城镇住房制度改革实施方案需报省、自治区、直辖市人民政府批准后执行。要加强对各市(县)房改工作的检查督促,保证国家房改政策的贯彻落实和房改工作的健康推进。所有单位,不论隶属关系,都应执行所在市(县)人民政府对房改工作的统一部署和规定。

(三十二)企业房改是城镇住房制度改革的重点,各级人民政府要为企业房改创造条件。有条件的国有大中型企业,应结合企业经营机制转换和劳动工资制度改革,建立现代企业制度,把住房开发建设、分配、管理和维修服务等社会职能逐步从企业中分离出去,加快实现住房的商品化、社会化。

(三十三)国务院住房制度改革领导小组要分类指导,在全面推进城镇住房制度改革的基础上,注意抓好大城市的住房制度改革;要会同有关部门,及时总结经验,不断完善政策规定和配套措施,抓紧立法工作,协调解决深化改革中的矛盾和问题。有关房改工作的配套文件,要尽快制定,抓紧下发。国务院各有关部门要各司其职,各尽其责,相互配合,保证城镇住房制度改革的顺利实施。

(三十四)要认真做好房改的宣传工作。各级新闻单位要加强舆论引导,广泛宣传深化城镇住房制度改革的目的、意义、政策和实施步骤,引导广大干部、群众转变观念,提高认识,积极参与城镇住房制度改革。

(三十五)要严肃房改纪律,严格执行国务院的统一政策。各级监察部门要加强纪律监督、检查,对不执行国家统一政策、低价售房、变相增加优惠和以权谋私等违法、违纪行为要严肃查处。

(三十六)军队系统住房制度改革方案,由中央军委审批。

(三十七)本决定自发布之日起实行。原有的房改政策和规定,凡与本决定不一致的,一律以本决定为准。

国务院

一九九四年七月十八日

# 国务院关于进一步深化城镇住房制度改革加快住房建设的通知

（国发〔1998〕23 号）

各省、自治区、直辖市人民政府，国务院各部委、各直属机构：

为贯彻党的十五大精神，进一步深化城镇住房制度改革，加快住房建设，现就有关问题通知如下：

**一、指导思想、目标和基本原则**

（一）深化城镇住房制度改革的指导思想是：稳步推进住房商品化、社会化，逐步建立适应社会主义市场经济体制和我国国情的城镇住房新制度；加快住房建设，促使住宅业成为新的经济增长点，不断满足城镇居民日益增长的住房需求。

（二）深化城镇住房制度改革的目标是：停止住房实物分配，逐步实行住房分配货币化；建立和完善以经济适用住房为主的多层次城镇住房供应体系；发展住房金融，培育和规范住房交易市场。

（三）深化城镇住房制度改革工作的基本原则是：坚持在国家统一政策目标指导下，地方分别决策，因地制宜，量力而行；坚持国家、单位和个人合理负担；坚持“新房新制度、老房老办法”，平稳过渡，综合配套。

**二、停止住房实物分配，逐步实行住房分配货币化**

（四）1998 年下半年开始停止住房实物分配，逐步实行住房分配货币化，具体时间、步骤由各省、自治区、直辖市人民政府根据本地实际确定。停止住房实物分配后，新建经济适用住房原则上只售不租。职工购房资金来源主要有：职工工资，住房公积金，个人住房贷款，以及有的地方由财政、单位原有住房建设资金转化的住房补贴等。

（五）全面推行和不断完善住房公积金制度。到 1999 年底，职工个人和单位住房公积金的缴交率应不低于 5%，有条件的地区可适当提高。要建立健全职工个人住房公积金账户，进一步提高住房公积金的归集率，继续按照“房委会决策，中心运作，银行专户，财政监督”的原则，加强住房公积金管理工作。

（六）停止住房实物分配后，房价收入（即本地区一套建筑面积为 60 平方米的经济适用住房的平均价格与双职工家庭年平均工资之比）在 4 倍以上，且财政、单位原有住房建设资金可转化为住房补贴的地区，可以对无房和住房面积未达到规定标准的职工实行住房补贴。住房补贴的具体办法，由市（县）人民政府根据本地实际情况制订，报省、自治区、直辖市人民政府批准后执行。

**三、建立和完善以经济适用住房为主的住房供应体系**

（七）对不同收入家庭实行不同的住房供应政策。最低收入家庭租赁由政府或单位提供的廉租住房；中低收入家庭购买经济适用住房；其他收入高的家庭购买、租赁市场价商品住房。住房供应政策具体办法，由市（县）人民政府制定。

（八）调整住房投资结构，重点发展经济适用住房（安居工程），加快解决城镇住房困难居民的住房问题。新建的经济适用住房出售价格实行政府指导价，按保本微利原则确定。其中经济适用住房的成本包括征地和拆迁补偿费、勘察设计和前期工程费、建安工程费、住宅小区基础设施建设费（含小区非营业性配套公建费）、管理费、贷款利息和税金等7项因素，利润控制在3%以下。要采取有效措施，取消各种不合理收费，特别是降低征地和拆迁补偿费，切实降低经济适用住房建设成本，使经济适用住房价格与中低收入家庭的承受能力相适应，促进居民购买住房。

（九）廉租住房可以从腾退的旧公有住房中调剂解决，也可以由政府或单位出资兴建。廉租住房的租金实行政府定价。具体标准由市（县）人民政府制定。

（十）购买经济适用住房和承租廉租住房实行申请、审批制度。具体办法由市（县）人民政府制定。

**四、继续推进现有公有住房改革，培育和规范住房交易市场**

（十一）按照《国务院关于深化城镇住房制度改革的决定》（国发〔1994〕43号，以下简称《决定》）规定，继续推进租金改革。租金改革要考虑职工的承受能力，与提高职工工资相结合。租金提高后，对家庭确有困难的离退休职工、民政部门确定的社会救济对象和非在职的优抚对象等，各地可根据实际情况制定减、免政策。

（十二）按照《决定》规定，进一步搞好现有公有住房出售工作，规范出售价格。从1998年下半年起，出售现有公有住房，原则上实行成本价，并与经济适用住房房价相衔接。要保留足够的公有住房供最低收入家庭廉价租赁。

校园内不能分割及封闭管理的住房不能出售，教师公寓等周转用房不得出售。具体办法按教育部、建设部有关规定执行。

（十三）要在对城镇职工家庭住房状况进行认真普查，清查和纠正住房制度改革过程中的违纪违规行为，建立个人住房档案，制定办法，先行试点的基础上，并经省、自治区、直辖市人民政府批准，稳步开放已购公有住房和经济适用住房的交易市场。已购公有住房和经济适用住房上市交易实行准入制度，具体办法由建设部会同有关部门制定。

**五、采取扶持政策，加快经济适用住房建设**

（十四）经济适用住房建设应符合土地利用总体规划和城市总体规划，坚持合理利用土地、节约用地的原则。经济适用住房建设用地应在建设用地年度计划中统筹安排，并采取行政划拨方式供应。

（十五）各地可以从本地实际出发，制定对经济适用住房建设的扶持政策。要控制经济适用住房设计和建设标准，大力降低征地拆迁费用，理顺城市建设配套资金来源，控制开发建设利润。停止征收商业网点建设费，不再无偿划拨经营性公建设施。

（十六）经济适用住房的开发建设应实行招标投标制度，用竞争方式确定开发建设单位。要严格限制工程环节的不合理转包，加强对开发建设企业的成本管理和监控。

（十七）在符合城市总体规划和坚持节约用地的前提下，可以继续发展集资建房和合作建房，多渠道加快经济适用住房建设。

（十八）完善住宅小区的竣工验收制度，推行住房质量保证书制度、住房和设备及部件的质量赔偿制度和质量保险制度，提高住房工程质量。

（十九）经济适用住房建设要注重节约能源，节约原材料。应加快住宅产业现代化的步伐，大力推广性能好、价格合理的新材料和住宅部件，逐步建立标准化、集约化、系列化的住宅部件、配件生产供应方式。

**六、发展住房金融**

（二十）扩大个人住房贷款的发放范围，所有商业银行在所有城镇均可发放个人住房贷款。取消对个人住房贷款的规模限制，适当放宽个人住房贷款的贷款期限。

（二十一）对经济适用住房开发建设贷款，实行指导性计划管理，商业银行在资产负债比例管理要求内，优先发放经济适用住房开发建设贷款。

（二十二）完善住房产权抵押登记制度，发展住房贷款保险，防范贷款风险，保证贷款安全。

（二十三）调整住房公积金贷款方向，主要用于职工个人购买、建造、大修理自住住房贷款。

（二十四）发展住房公积金贷款与商业银行贷款相结合的组合住房贷款业务。住房资金管理机构和商业银行要简化手续，提高服务效率。

**七、加强住房物业管理**

（二十五）加快改革现行的住房维修、管理体制，建立业主自治与物业管理企业专业管理相结合的社会化、专业化、市场化的物业管理体制。

（二十六）加强住房售后的维修管理，建立住房共用部位、设备和小区公共设施专项维修资金，并健全业主对专项维修资金管理和使用的监督制度。

（二十七）物业管理企业要加强内部管理，努力提高服务质量，向用户提供质价相符的服务，不得只收费不服务或多收费少服务，切实减轻住户负担。物业管理要引入竞争机制，促进管理水平的提高。有关主管部门要加强对物业管理企业的监管。

**八、加强领导，统筹安排，保证改革的顺利实施**

（二十八）各级地方人民政府要切实加强对城镇住房制度改革工作的领导。各地可根据本通知精神，结合本地区实际制定具体的实施方案，报经省、自治区、直辖市人民政府批准后实施。建设部要会同有关部门根据本通知要求抓紧制定配套政策，并加强对地方工作的指导和监督。

（二十九）加强舆论引导，做好宣传工作，转变城镇居民住房观念，保证城镇住房制度改革的顺利实施。

（三十）严肃纪律，加强监督检查。对违反《决定》和本通知精神，继续实行无偿实物分配住房，低价出售公有住房，变相增加住房补贴，用成本价或低于成本价超标出售、购买公有住房，公房私租牟取暴利等行为，各级监察部门要认真查处，从严处理。国务院责成建设部会同监察部等有关部门监督检查本通知的贯彻执行情况。

本通知自发布之日起实行。原有的有关政策和规定，凡与本通知不一致的，一律以本通知为准。

国务院
一九九八年七月三日

# 中华人民共和国国务院令

（第350号）

现公布《国务院关于修改〈住房公积金管理条例〉的决定》，自公布之日起施行。

总理　朱镕基

二〇〇二年三月二十四日

## 国务院关于修改《住房公积金管理条例》的决定

国务院决定对《住房公积金管理条例》作如下修改：

一、第二条第二款修改为："本条例所称住房公积金，是指国家机关、国有企业、城镇集体企业、外商投资企业、城镇私营企业及其他城镇企业、事业单位、民办非企业单位、社会团体（以下统称单位）及其在职职工缴存的长期住房储金。"

二、第七条第二款修改为："省、自治区人民政府建设行政主管部门会同同级财政部门以及中国人民银行分支机构，负责本行政区域内住房公积金管理法规、政策执行情况的监督。"

三、第八条修改为："直辖市和省、自治区人民政府所在地的市以及其他设区的市（地、州、盟），应当设立住房公积金管理委员会，作为住房公积金管理的决策机构。住房公积金管理委员会的成员中，人民政府负责人和建设、财政、人民银行等有关部门负责人以及有关专家占1/3，工会代表和职工代表占1/3，单位代表占1/3。""住房公积金管理委员会主任应当由具有社会公信力的人士担任。"相应将第四条、第九条、第十一条、第十八条、第二十条、第二十八条、第三十一条、第三十二条中的"住房委员会"修改为"住房公积金管理委员会"。

四、在第九条中增加一项作为第五项："（五）审议住房公积金增值收益分配方案"。将第九条第五项改为第六项。

五、第十条修改为："直辖市和省、自治区人民政府所在地的市以及其他设区的市（地、州、盟）应当按照精简、效能的原则，设立一个住房公积金管理中心，负责住房公积金的管理运作。县（市）不设立住房公积金管理中心。""前款规定的住房公积金管理中心可以在有条件的县（市）设立分支机构。住房公积金管理中心与其分支机构应当实行统一的规章制度，进行统一核算。""住房公积金管理中心是直属城市人民政府的不以营利为目的的独立的事业单位。"

六、第十二条第一款修改为："住房公积金管理委员会应当按照中国人民银行的有关规定，指定受委托办理住房公积金金融业务的商业银行(以下简称受委托银行);住房公积金管理中心应当委托受委托银行办理住房公积金贷款、结算等金融业务和住房公积金账户的设立、缴存、归还等手续。”

七、第二十四条第一款第四项修改为:“(四)出境定居的。”

八、增加一条,作为第三十九条:“住房公积金管理委员会违反本条例规定审批住房公积金使用计划的,由国务院建设行政主管部门会同国务院财政部门或者由省、自治区人民政府建设行政主管部门会同同级财政部门,依据管理职权责令限期改正。”

九、增加一条,作为第四十条:“住房公积金管理中心违反本条例规定,有下列行为之一的,由国务院建设行政主管部门或者省、自治区人民政府建设行政主管部门依据管理职权,责令限期改正;对负有责任的主管人员和其他直接责任人员,依法给予行政处分:

(一)未按照规定设立住房公积金专户的;

(二)未按照规定审批职工提取、使用住房公积金的;

(三)未按照规定使用住房公积金增值收益的;

(四)委托住房公积金管理委员会指定的银行以外的机构办理住房公积金金融业务的;

(五)未建立职工住房公积金明细账的;

(六)未为缴存住房公积金的职工发放缴存住房公积金的有效凭证的;

(七)未按照规定用住房公积金购买国债的。”

十、第三十九条作为第四十一条,修改为:“违反本条例规定,挪用住房公积金的,由国务院建设行政主管部门或者省、自治区人民政府建设行政主管部门依据管理职权,追回挪用的住房公积金,没收违法所得;对挪用或者批准挪用住房公积金的人民政府负责人和政府有关部门负责人以及住房公积金管理中心负有责任的主管人员和其他直接责任人员,依照刑法关于挪用公款罪或者其他罪的规定,依法追究刑事责任;尚不够刑事处罚的,给予降级或者撤职的行政处分。”

十一、增加一条,作为第四十二条:“住房公积金管理中心违反财政法规的,由财政部门依法给予行政处罚。”

根据以上修改,对部分条文的顺序作相应调整。

本决定自公布之日起施行。

《住房公积金管理条例》根据本决定作相应的修改,重新公布。

# 住房公积金管理条例

(1999年4月3日中华人民共和国国务院令第262号发布,根据2002年3月24日《国务院关于修改〈住房公积金管理条例〉的决定》修订)

## 第一章 总 则

**第一条** 为了加强对住房公积金的管理,维护住房公积金所有者的合法权益,促进城镇住房建设,提高城镇居民的居住水平,制定本条例。

**第二条** 本条例适用于中华人民共和国境内住房公积金的缴存、提取、使用、管理和监督。

本条例所称住房公积金,是指国家机关、国有企业、城镇集体企业、外商投资企业、城镇私营企业及其他城镇企业、事业单位、民办非企业单位、社会团体(以下统称单位)及其在职职工缴存的长期住房储金。

**第三条** 职工个人缴存的住房公积金和职工所在单位为职工缴存的住房公积金,属于职工个人所有。

**第四条** 住房公积金的管理实行住房公积金管理委员会决策、住房公积金管理中心运作、银行专户存储、财政监督的原则。

**第五条** 住房公积金应当用于职工购买、建造、翻建、大修自住住房,任何单位和个人不得挪作他用。

**第六条** 住房公积金的存、贷利率由中国人民银行提出,经征求国务院建设行政主管部门的意见后,报国务院批准。

**第七条** 国务院建设行政主管部门会同国务院财政部门、中国人民银行拟定住房公积金政策,并监督执行。

省、自治区人民政府建设行政主管部门会同同级财政部门以及中国人民银行分支机构,负责本行政区域内住房公积金管理法规、政策执行情况的监督。

## 第二章 机构及其职责

**第八条** 直辖市和省、自治区人民政府所在地的市以及其他设区的市(地、州、盟),应当设立住房公积金管理委员会,作为住房公积金管理的决策机构。住房公积金管理委员会的成员中,人民政府负责人和建设、财政、人民银行等有关部门负责人以及有关专家占1/3,工会代表和职工代表占1/3,单位代表占1/3。

住房公积金管理委员会主任应当由具有社会公信力的人士担任。

**第九条** 住房公积金管理委员会在住房公积金管理方面履行下列职责:

(一)依据有关法律、法规和政策,制定和调整住房公积金的具体管理措施,并监督实施;

（二）根据本条例第十八条的规定，拟订住房公积金的具体缴存比例；

（三）确定住房公积金的最高贷款额度；

（四）审批住房公积金归集、使用计划；

（五）审议住房公积金增值收益分配方案；

（六）审批住房公积金归集、使用计划执行情况的报告。

**第十条** 直辖市和省、自治区人民政府所在地的市以及其他设区的市（地、州、盟）应当按照精简、效能的原则，设立一个住房公积金管理中心，负责住房公积金的管理运作。县（市）不设立住房公积金管理中心。

前款规定的住房公积金管理中心可以在有条件的县（市）设立分支机构。住房公积金管理中心与其分支机构应当实行统一的规章制度，进行统一核算。

住房公积金管理中心是直属城市人民政府的不以营利为目的的独立的事业单位。

**第十一条** 住房公积金管理中心履行下列职责：

（一）编制、执行住房公积金的归集、使用计划；

（二）负责记载职工住房公积金的缴存、提取、使用等情况；

（三）负责住房公积金的核算；

（四）审批住房公积金的提取、使用；

（五）负责住房公积金的保值和归还；

（六）编制住房公积金归集、使用计划执行情况的报告；

（七）承办住房公积金管理委员会决定的其他事项。

**第十二条** 住房公积金管理委员会应当按照中国人民银行的有关规定，指定受委托办理住房公积金金融业务的商业银行（以下简称受委托银行）；住房公积金管理中心应当委托受委托银行办理住房公积金贷款、结算等金融业务和住房公积金账户的设立、缴存、归还等手续。

住房公积金管理中心应当与受委托银行签订委托合同。

## 第三章 缴 存

**第十三条** 住房公积金管理中心应当在受委托银行设立住房公积金专户。

单位应当到住房公积金管理中心办理住房公积金缴存登记，经住房公积金管理中心审核后，到受委托银行为本单位职工办理住房公积金账户设立手续。每个职工只能有一个住房公积金账户。

住房公积金管理中心应当建立职工住房公积金明细账，记载职工个人住房公积金的缴存、提取等情况。

**第十四条** 新设立的单位应当自设立之日起30日内到住房公积金管理中心办理住房公积金缴存登记，并自登记之日起20日内持住房公积金管理中心的审核文件，到受委托银行为本单位职工办理住房公积金账户设立手续。

单位合并、分立、撤销、解散或者破产的，应当自发生上述情况之日起30日内由原单位或者清算组织到住房公积金管理中心办理变更登记或者注销登记，并自办妥变更登记或者注销登记之日起20日内持住房公积金管理中心的审核文件，到受委托银行为本单位职工办理住房公积金账户转移或者封存手续。

**第十五条** 单位录用职工的，应当自录用之日起30日内到住房公积金管理中心办理缴存登记，并持住房公积金管理中心的审核文件，到受委托银行办理职工住房公积金账户的设立或者转移手续。

单位与职工终止劳动关系的，单位应当自劳动关系终止之日起30日内到住房公积金管理中心办理变更登记，并持住房公积金管理中心的审核文件，到受委托银行办理职工住房公积金账户转移或者封存手续。

**第十六条** 职工住房公积金的月缴存额为职工本人上一年度月平均工资乘以职工住房公积金缴存比例。

单位为职工缴存的住房公积金的月缴存额为职工本人上一年度月平均工资乘以单位住房公积金缴存比例。

**第十七条** 新参加工作的职工从参加工作的第二个月开始缴存住房公积金，月缴存额为职工本人当月工资乘以职工住房公积金缴存比例。

单位新调入的职工从调入单位发放工资之日起缴存住房公积金，月缴存额为职工本人当月工资乘以职工住房公积金缴存比例。

**第十八条** 职工和单位住房公积金的缴存比例均不得低于职工上一年度月平均工资的5%；有条件的城市，可以适当提高缴存比例。具体缴存比例由住房公积金管理委员会拟订，经本级人民政府审核后，报省、自治区、直辖市人民政府批准。

**第十九条** 职工个人缴存的住房公积金，由所在单位每月从其工资中代扣代缴。

单位应当于每月发放职工工资之日起5日内将单位缴存的和为职工代缴的住房公积金汇缴到住房公积金专户内，由受委托银行计入职工住房公积金账户。

**第二十条** 单位应当按时、足额缴存住房公积金，不得逾期缴存或者少缴。

对缴存住房公积金确有困难的单位，经本单位职工代表大会或者工会讨论通过，并经住房公积金管理中心审核，报住房公积金管理委员会批准后，可以降低缴存比例或者缓缴；待单位经济效益好转后，再提高缴存比例或者补缴缓缴。

**第二十一条** 住房公积金自存入职工住房公积金账户之日起按照国家规定的利率计息。

**第二十二条** 住房公积金管理中心应当为缴存住房公积金的职工发放缴存住房公积金的有效凭证。

**第二十三条** 单位为职工缴存的住房公积金，按照下列规定列支：

（一）机关在预算中列支；

（二）事业单位由财政部门核定收支后，在预算或者费用中列支；

（三）企业在成本中列支。

## 第四章　提取和使用

**第二十四条** 职工有下列情形之一的，可以提取职工住房公积金账户内的存储余额：

（一）购买、建造、翻建、大修自住住房的；

（二）离休、退休的；

（三）完全丧失劳动能力，并与单位终止劳动关系的；

（四）出境定居的；

（五）偿还购房贷款本息的；

（六）房租超出家庭工资收入的规定比例的。

依照前款第（二）、（三）、（四）项规定，提取职工住房公积金的，应当同时注销职工住房公积金账户。

职工死亡或者被宣告死亡的，职工的继承人、受遗赠人可以提取职工住房公积金账户内的存储余额；无继承人也无受遗赠人的，职工住房公积金账户内的存储余额纳入住房公积金的增值收益。

**第二十五条**　职工提取住房公积金账户内的存储余额的，所在单位应当予以核实，并出具提取证明。

职工应当持提取证明向住房公积金管理中心申请提取住房公积金。住房公积金管理中心应当自受理申请之日起3日内作出准予提取或者不准提取的决定，并通知申请人；准予提取的，由受委托银行办理支付手续。

**第二十六条**　缴存住房公积金的职工，在购买、建造、翻建、大修自住住房时，可以向住房公积金管理中心申请住房公积金贷款。

住房公积金管理中心应当自受理申请之日起15日内作出准予贷款或者不准贷款的决定，并通知申请人；准予贷款的，由受委托银行办理贷款手续。

住房公积金贷款的风险，由住房公积金管理中心承担。

**第二十七条**　申请人申请住房公积金贷款的，应当提供担保。

**第二十八条**　住房公积金管理中心在保证住房公积金提取和贷款的前提下，经住房公积金管理委员会批准，可以将住房公积金用于购买国债。

住房公积金管理中心不得向他人提供担保。

**第二十九条**　住房公积金的增值收益应当存入住房公积金管理中心在受委托银行开立的住房公积金增值收益专户，用于建立住房公积金贷款风险准备金、住房公积金管理中心的管理费用和建设城市廉租住房的补充资金。

**第三十条**　住房公积金管理中心的管理费用，由住房公积金管理中心按照规定的标准编制全年预算支出总额，报本级人民政府财政部门批准后，从住房公积金增值收益中上交本级财政，由本级财政拨付。

住房公积金管理中心的管理费用标准，由省、自治区、直辖市人民政府建设行政主管部门会同同级财政部门按照略高于国家规定的事业单位费用标准制定。

## 第五章　监　督

**第三十一条**　地方有关人民政府财政部门应当加强对本行政区域内住房公积金归集、提取和使用情况的监督,并向本级人民政府的住房公积金管理委员会通报。

住房公积金管理中心在编制住房公积金归集、使用计划时,应当征求财政部门的意见。

住房公积金管理委员会在审批住房公积金归集、使用计划和计划执行情况的报告时,必须有财政部门参加。

**第三十二条** 住房公积金管理中心编制的住房公积金年度预算、决算,应当经财政部门审核后,提交住房公积金管理委员会审议。

住房公积金管理中心应当每年定期向财政部门和住房公积金管理委员会报送财务报告,并将财务报告向社会公布。

**第三十三条** 住房公积金管理中心应当依法接受审计部门的审计监督。

**第三十四条** 住房公积金管理中心和职工有权督促单位按时履行下列义务:

(一)住房公积金的缴存登记或者变更、注销登记;

(二)住房公积金账户的设立、转移或者封存;

(三)足额缴存住房公积金。

**第三十五条** 住房公积金管理中心应当督促受委托银行及时办理委托合同约定的业务。

受委托银行应当按照委托合同的约定,定期向住房公积金管理中心提供有关的业务资料。

**第三十六条** 职工、单位有权查询本人、本单位住房公积金的缴存、提取情况,住房公积金管理中心、受委托银行不得拒绝。

职工、单位对住房公积金账户内的存储余额有异议的,可以申请受委托银行复核;对复核结果有异议的,可以申请住房公积金管理中心重新复核。受委托银行、住房公积金管理中心应当自收到申请之日起 5 日内给予书面答复。

职工有权揭发、检举、控告挪用住房公积金的行为。

## 第六章 罚 则

**第三十七条** 违反本条例的规定,单位不办理住房公积金缴存登记或者不为本单位职工办理住房公积金账户设立手续的,由住房公积金管理中心责令限期办理;逾期不办理的,处 1 万元以上 5 万元以下的罚款。

**第三十八条** 违反本条例的规定,单位逾期不缴或者少缴住房公积金的,由住房公积金管理中心责令限期缴存;逾期仍不缴存的,可以申请人民法院强制执行。

**第三十九条** 住房公积金管理委员会违反本条例规定审批住房公积金使用计划的,由国务院建设行政主管部门会同国务院财政部门或者由省、自治区人民政府建设行政主管部门会同同级财政部门,依据管理职权责令限期改正。

**第四十条** 住房公积金管理中心违反本条例规定,有下列行为之一的,由国务院建设行政主管部门或者省、自治区人民政府建设行政主管部门依据管理职权,责令限期改正;对负有责任的主管人员和其他直接责任人员,依法给予行政处分:

(一)未按照规定设立住房公积金专户的;

（二）未按照规定审批职工提取、使用住房公积金的；

（三）未按照规定使用住房公积金增值收益的；

（四）委托住房公积金管理委员会指定的银行以外的机构办理住房公积金金融业务的；

（五）未建立职工住房公积金明细账的；

（六）未为缴存住房公积金的职工发放缴存住房公积金的有效凭证的；

（七）未按照规定用住房公积金购买国债的。

**第四十一条** 违反本条例规定，挪用住房公积金的，由国务院建设行政主管部门或者省、自治区人民政府建设行政主管部门依据管理职权，追回挪用的住房公积金，没收违法所得；对挪用或者批准挪用住房公积金的人民政府负责人和政府有关部门负责人以及住房公积金管理中心负有责任的主管人员和其他直接责任人员，依照刑法关于挪用公款罪或者其他罪的规定，依法追究刑事责任；尚不够刑事处罚的，给予降级或者撤职的行政处分。

**第四十二条** 住房公积金管理中心违反财政法规的，由财政部门依法给予行政处罚。

**第四十三条** 违反本条例规定，住房公积金管理中心向他人提供担保的，对直接负责的主管人员和其他直接责任人员依法给予行政处分。

**第四十四条** 国家机关工作人员在住房公积金监督管理工作中滥用职权、玩忽职守、徇私舞弊，构成犯罪的，依法追究刑事责任；尚不构成犯罪的，依法给予行政处分。

## 第七章 附 则

**第四十五条** 住房公积金财务管理和会计核算的办法，由国务院财政部门商国务院建设行政主管部门制定。

**第四十六条** 本条例施行前尚未办理住房公积金缴存登记和职工住房公积金账户设立手续的单位，应当自本条例施行之日起60日内到住房公积金管理中心办理缴存登记，并到受委托银行办理职工住房公积金账户设立手续。

**第四十七条** 本条例自发布之日起施行。

# 国务院关于进一步加强住房公积金管理的通知

（国发〔2002〕12号）

各省、自治区、直辖市人民政府，国务院各部委、各直属机构：

自住房公积金制度建立以来，特别是《国务院关于进一步深化城镇住房制度改革加快住房建设的通知》（国发〔1998〕23号）以及《住房公积金管理条例》（国务院令第262号，以下简称《条例》）印发后，各地按照“房委会决策、中心运作、银行专户、财政监督”的基本原则和要求，采取一系列措施，适时调整资金使用方向,加大个人住房贷款发放力度,进一步推动了住房公积金制度的发展。实践证明,实行住房公积金制度对加快城镇住房制度改革、完善住房供应体系,改善中低收入家庭居住条件等发挥了重要作用。但是,目前住房公积金管理和使用中还存在一些亟待解决的问题:一是一些地区住房委员会制度没有真正建立,"房委会决策"流于形式;二是住房公积金管理机构设置不规范,住房公积金管理中心未能真正作为"不以营利为目的的独立的事业单位"运行,一些城市甚至存在多个管理中心现象,资金管理分散;三是一些地方住房公积金监督机制不健全,住房公积金使用率低,挤占、挪用住房公积金等违法违规现象时有发生,住房公积金存在风险隐患。为了进一步完善住房公积金管理办法、健全住房公积金监督管理体系,从根本上解决目前住房公积金使用和管理中存在的问题,国务院已对《条例》进行了修改,并于 2002 年 3 月 24 日发布实施。为进一步贯彻落实《条例》,加强住房公积金管理,现就有关问题通知如下:

**一、调整和完善住房公积金决策体系**

各直辖市、省会城市以及其他设区的市、地、州、盟(以下统称设区城市)要按照《条例》规定,设立住房公积金管理委员会,作为住房公积金管理的决策机构。

每个设区城市只能设立一个住房公积金管理委员会。住房公积金管理委员会以住房公积金缴存人代表为主组成,其中:人民政府负责人和建设、财政、人民银行等有关部门负责人以及有关专家占 1/3,工会代表和职工代表占 1/3,单位代表占 1/3。住房公积金管理委员会委员由设区城市人民政府聘任,主任应当由具有社会公信力的人士担任。住房公积金管理委员会通过建立严格、规范的会议制度(每季度至少召开一次会议),实行民主决策。住房公积金管理委员会履行以下职责:依据有关法律、法规和政策,制定和调整住房公积金的具体管理办法,并监督实施;拟订住房公积金的具体缴存比例;确定住房公积金最高贷款额度;审批住房公积金归集、使用计划;审议住房公积金增值收益分配方案;审批住房公积金归集、使用计划执行情况的报告。此外,住房公积金购买国债比例的确定,以及住房公积金年度公报的公布事宜,也由住房公积金管理委员会审议批准。

**二、规范住房公积金管理机构设置**

每个设区城市应当按照精简、效能的原则,设立一个住房公积金管理中心,负责本行政区域内住房公积金的管理运作。县(市)不设立住房公积金管理中心。自本《通知》发布之日起,在保证住房公积金正常归集、转移、提取和发放个人住房委托贷款的前提下,现有住房公积金管理中心的资产、人员编制一律冻结。各地设区城市人民政府要对现有住房公积金管理中心资产、人员等状况进行清理,核实债权债务,经审计后逐一登记造册。在此基础上,将清理后的资产(包括债权、债务)一并转入新设立的住房公积金管理中心。根据业务和合理布局的需要,原住房公积金管理中心可改组为业务经办网点;少数资金数额大、管理工作较规范的,可改组为分支机构。原住房公积金管理中心编制取消,人员由新的住房公积金管理中心择优留用,未留用人员由原主管部门或挂靠单位负责,妥善安置。住房公积金管理中心与其分支机构实行统一的规章制度,进行统一核算。资金数额和业务量较小的县(市)的住房公积金归集管理业务,也可由受托银行办理。各省(区、市)要在 2002 年 10 月底之前,完成本行政区域内住房公积金管理机构的调整工作。在机构调整过程中,要保证住房公积金管理和使用工作正常进行,不断、不乱。

住房公积金管理中心是直属城市人民政府的不以营利为目的的独立的事业单位,不得挂靠任何部门或单位,不得与其他部门或单位合署办公,也不得兴办各类经济实体。住房公积金管理中心要建立岗位责任制度和内部审计制度,加强内部管理。住房公积金管理中心的管理费用实行收支两条线管理。住房公积金管理中心负责人由住房公积金管理委员会推荐,按照干部管理权限审批并办理任免手续,不得兼职。上级建设行政主管部门和住房公积金管理委员会要加强对住房公积金管理中心负责人的监督,发现问题及时向设区城市人民政府反映,必要时,可以提出撤换住房公积金管理中心负责人的建议。设区城市机构编制管理部门要根据当地住房公积金规模,合理核定住房公积金管理中心的编制,严格控制住房公积金管理中心人员。住房公积金管理中心工作人员实行竞争上岗、择优聘用。

**三、规范住房公积金银行专户和个人账户管理**

住房公积金管理委员会应在人民银行规定的工商银行、农业银行、中国银行、建设银行和交通银行等五家商业银行范围内,确定受委托银行,办理住房公积金贷款、结算等金融业务和住房公积金账户的设立、缴存、归还等手续。其中,受委托办理住房公积金账户设立、缴存、归还等手续的银行,一个城市不得超过两家。建设行政主管部门、财政部门、人民银行及其分支机构应依据管理职权,对住房公积金管理中心在受委托银行设立住房公积金账户进行监督。受委托银行对专户内住房公积金的使用行为负有监督责任,发现违规问题要及时向当地住房公积金管理委员会、上级建设行政主管部门和人民银行及其分支机构反映。凡不按规定设置账户的,有关部门要进行严肃处理。

住房公积金是在职职工及其所在单位缴存的长期住房储金,属于职工个人所有。受委托银行要为缴存住房公积金的职工建立个人账户;住房公积金管理中心要建立职工住房公积金明细账,记载职工个人住房公积金的缴存、提取等情况,并和受委托银行定期对账。对职工住房公积金的记账时间以住房公积金在受委托银行缴交入账时间为准。住房公积金管理中心对已办理缴存住房公积金的职工,要发放有效凭证。

**四、强化住房公积金归集,加大个人贷款发放力度**

各地要采取多种措施,加强住房公积金归集工作,提高归集率,依法督促有关单位按时足额缴存住房公积金。凡用人单位招聘职工,单位和职工个人都须承担缴存住房公积金的义务。要加强对住房公积金管理中心归集住房公积金和发放个人住房委托贷款工作的考核,落实责任。

住房公积金管理中心和受委托银行要简化个人住房委托贷款手续,提高办事效率,改进贷款服务工作。住房公积金管理中心要按规定确定住房公积金个人住房委托贷款发放范围,对于职工买房、集资合作建房,以及自建、翻建和大修住房的,均应提供住房公积金贷款。住房公积金管理中心要加强贷款风险管理,健全贷款档案管理制度。

**五、健全和完善住房公积金监督体系**

国务院各有关部门和各省(区、市)人民政府要加强对住房公积金管理和使用的监督。建设部会同财政部、人民银行负责直接对北京、天津、上海、重庆四个直辖市住房公积金管理和使用实施监督。省、自治区人民政府建设行政主管部门会同同级财政部门、人民银行分支机构,负责本行政区域内住房公积金管理法规、政策执行情况的监督。建设部要充分依托现有网络系统基础,建立健全全国住房公积金信息管理系统，与各省（区、市）住房公积金监管机构联网，对各地区住房公积金管理和使用实施监督。建设部要会同有关部门定期对各省（区、市）住房公积金管理和使用情况进行检查，对检查中发现的问题，要责成有关省（区、市）进行纠正，违规违纪的要及时组织查处，重大情况要及时报告国务院。

建立设区城市财政部门对住房公积金管理和使用的全过程监督机制。住房公积金管理中心应严格执行财政部《住房公积金财务管理办法》（财综字〔1999〕59 号）、《住房公积金会计核算办法》（财会字〔1999〕33 号）等规定，按时向财政部门报送住房公积金财务收支预算和管理费用预算，并严格按财政部门批复的预算执行。住房公积金管理委员会在审批住房公积金归集、使用计划和计划执行情况的报告时，必须有财政部门参加。住房公积金管理中心年终编制住房公积金财务收支决算和管理费用决算，要报同级财政部门审批并抄报同级审计部门。人民银行要加强对受委托银行承办住房公积金金融业务的监管。审计部门应对住房公积金管理和使用情况的真实性、合规性、效益性进行审计监督，对住房公积金管理中心负责人进行经济责任审计。住房公积金管理中心在结算年度终了后两个月内，将包括住房公积金资产负债表、损益表、增值收益分配表等内容的财务报告向社会公布，便于社会和公众监督。

**六、加强组织领导，严肃法纪，切实维护住房公积金缴存人的合法权益**

加强和改进住房公积金管理，关系到广大住房公积金缴存人合法权益的维护，关系到城镇住房建设和居民居住水平的提高。各省（区、市）人民政府要切实加强对住房公积金管理中心调整工作的领导，统一部署，精心组织，保证调整工作的顺利实施。有关部门要统一思想，各司其职，各负其责，密切配合，进一步加强对各地贯彻《条例》的指导和监督。

为了促进住房公积金制度的规范发展，由建设部、财政部、人民银行、国家经贸委、监察部、劳动保障部、审计署、法制办、中编办、全国总工会的负责同志以及中国社会科学院、国务院发展研究中心有关专家，组成住房公积金工作联席会议，定期召开会议，研究住房公积金发展规划、政策，协商解决住房公积金制度发展中的有关问题等。

各地要严格执行《条例》有关规定，对住房公积金管理和使用过程中出现的违法违纪行为，要坚决查处和纠正。对目前已被挤占、挪用的住房公积金，由原决策机构和决策人负责，于 2002 年 6 月底前全部收回；对违规发放的项目贷款，要在 2002 年底前全部收回。因违规使用住房公积金而造成资金损失的，要依法追究直接责任人及有关领导的责任；构成犯罪的，依法追究其刑事责任。在机构调整过程中，严禁借机私分钱物、侵吞国有资产、突击提职、挥霍浪费；违反规定的，一律从严查处。

建设部要会同有关部门督促检查《条例》和本通知的贯彻执行情况，并向国务院报告。

国务院

二〇〇二年五月十三日

# 国务院关于促进房地产市场持续健康发展的通知

（国发〔2003〕18号）

各省、自治区、直辖市人民政府，国务院各部委、各直属机构：

《国务院关于进一步深化城镇住房制度改革加快住房建设的通知》（国发〔1998〕23号）发布五年来，城镇住房制度改革深入推进，住房建设步伐加快，住房消费有效启动，居民住房条件有了较大改善。以住宅为主的房地产市场不断发展，对拉动经济增长和提高人民生活水平发挥了重要作用。同时应当看到，当前我国房地产市场发展还不平衡，一些地区住房供求的结构性矛盾较为突出，房地产价格和投资增长过快；房地产市场服务体系尚不健全，住房消费还需拓展；房地产开发和交易行为不够规范，对房地产市场的监管和调控有待完善。为促进房地产市场持续健康发展，现就有关问题通知如下：

**一、提高认识，明确指导思想**

（一）充分认识房地产市场持续健康发展的重要意义。房地产业关联度高，带动力强，已经成为国民经济的支柱产业。促进房地产市场持续健康发展，是提高居民住房水平，改善居住质量，满足人民群众物质文化生活需要的基本要求；是促进消费，扩大内需，拉动投资增长，保持国民经济持续快速健康发展的有力措施；是充分发挥人力资源优势，扩大社会就业的有效途径。实现房地产市场持续健康发展，对于全面建设小康社会，加快推进社会主义现代化具有十分重要的意义。

（二）进一步明确房地产市场发展的指导思想。要坚持住房市场化的基本方向，不断完善房地产市场体系，更大程度地发挥市场在资源配置中的基础性作用；坚持以需求为导向，调整供应结构，满足不同收入家庭的住房需要；坚持深化改革，不断消除影响居民住房消费的体制性和政策性障碍，加快建立和完善适合我国国情的住房保障制度；坚持加强宏观调控，努力实现房地产市场总量基本平衡，结构基本合理，价格基本稳定；坚持在国家统一政策指导下，各地区因地制宜，分别决策，使房地产业的发展与当地经济和社会发展相适应，与相关产业相协调，促进经济社会可持续发展。

**二、完善供应政策，调整供应结构**

（三）完善住房供应政策。各地要根据城镇住房制度改革进程、居民住房状况和收入水平的变化，完善住房供应政策，调整住房供应结构，逐步实现多数家庭购买或承租普通商品住房；同时，根据当地情况，合理确定经济适用住房和廉租住房供应对象的具体收入线标准和范围，并做好其住房供应保障工作。

（四）加强经济适用住房的建设和管理。经济适用住房是具有保障性质的政策性商品住房。要通过土地划拨、减免行政事业性收费、政府承担小区外基础设施建设、控制开发贷款利率、落实税收优惠政策等措施，切实降低经济适用住房建设成本。对经济适用住房，要严格控制在中小套型，严格审定销售价格，依法实行建设项目招投标。经济适用住房实行申请、审批和公示制度，具体办法由市(县)人民政府制定。集资、合作建房是经济适用住房建设的组成部分,其建设标准、参加对象和优惠政策,按照经济适用住房的有关规定执行。任何单位不得以集资、合作建房名义,变相搞实物分房或房地产开发经营。

(五)增加普通商品住房供应。要根据市场需求,采取有效措施加快普通商品住房发展,提高其在市场供应中的比例。对普通商品住房建设,要调控土地供应,控制土地价格,清理并逐步减少建设和消费的行政事业性收费项目,多渠道降低建设成本,努力使住房价格与大多数居民家庭的住房支付能力相适应。

(六)建立和完善廉租住房制度。要强化政府住房保障职能,切实保障城镇最低收入家庭基本住房需求。以财政预算资金为主,多渠道筹措资金,形成稳定规范的住房保障资金来源。要结合当地财政承受能力和居民住房的实际情况,合理确定保障水平。最低收入家庭住房保障原则上以发放租赁补贴为主,实物配租和租金核减为辅。

(七)控制高档商品房建设。各地要根据实际情况,合理确定高档商品住房和普通商品住房的划分标准。对高档、大户型商品住房以及高档写字楼、商业性用房积压较多的地区,要控制此类项目的建设用地供应量,或暂停审批此类项目。也可以适当提高高档商品房等开发项目资本金比例和预售条件。

**三、改革住房制度,健全市场体系**

(八)继续推进现有公房出售。对能够保证居住安全的非成套住房,可根据当地实际情况向职工出售。对权属有争议的公有住房,由目前房屋管理单位出具书面具结保证后,向职工出售。对因手续不全等历史遗留问题影响公有住房出售和权属登记发证的,由各地制定政策,明确界限,妥善处理。

(九)完善住房补贴制度。要严格执行停止住房实物分配的有关规定,认真核定住房补贴标准,并根据补贴资金需求和财力可能,加大住房补贴资金筹集力度,切实推动住房补贴发放工作。对直管公房和财政负担单位公房出售的净收入,要按照收支两条线管理的有关规定,统筹用于发放住房补贴。

(十)搞活住房二级市场。要认真清理影响已购公有住房上市交易的政策性障碍,鼓励居民换购住房。除法律、法规另有规定和原公房出售合同另有约定外,任何单位不得擅自对已购公有住房上市交易设置限制条件。各地可以适当降低已购公有住房上市出售土地收益缴纳标准;以房改成本价购买的公有住房上市出售时,原产权单位原则上不再参与所得收益分配。要依法加强房屋租赁合同登记备案管理,规范发展房屋租赁市场。

(十一)规范发展市场服务。要健全房地产中介服务市场规则,严格执行房地产经纪人、房地产估价师执(职)业资格制度,为居民提供准确的信息和便捷的服务。规范发展住房装饰装修市场,保证工程质量。贯彻落实《物业管理条例》,切实改善住房消费环境。

**四、发展住房信贷,强化管理服务**

(十二)加大住房公积金归集和贷款发放力度。要加强住房公积金归集工作,大力发展住房公积金委托贷款,简化手续,取消不合理收费,改进服务,方便职工贷款。

(十三)完善个人住房贷款担保机制。要加强对住房置业担保机构的监管,规范担保行为,建立健全风险准备金制度,鼓励其为中低收入家庭住房贷款提供担保。对无担保能力和担保行为不规范的担保机构，要加快清理，限期整改。加快完善住房置业担保管理办法，研究建立全国个人住房贷款担保体系。

（十四）加强房地产贷款监管。对符合条件的房地产开发企业和房地产项目，要继续加大信贷支持力度。同时要加强房地产开发项目贷款审核管理，严禁违规发放房地产贷款；加强对预售款和信贷资金使用方向的监督管理，防止挪作他用。要加快建立个人征信系统，完善房地产抵押登记制度，严厉打击各种骗贷骗资行为。要妥善处理过去违规发放或取得贷款的项目，控制和化解房地产信贷风险，维护金融稳定。

**五、改进规划管理，调控土地供应**

（十五）制定住房建设规划和住宅产业政策。各地要编制并及时修订完善房地产业和住房建设发展中长期规划，加强对房地产业发展的指导。要充分考虑城镇化进程所产生的住房需求，高度重视小城镇住房建设问题。制定和完善住宅产业的经济、技术政策，健全推进机制，鼓励企业研发和推广先进适用的建筑成套技术、产品和材料，促进住宅产业现代化。完善住宅性能认定和住宅部品认证、淘汰的制度。坚持高起点规划、高水平设计，注重住宅小区的生态环境建设和住宅内部功能设计。

（十六）充分发挥城乡规划的调控作用。在城市总体规划和近期建设规划中，要合理确定各类房地产用地的布局和比例，优先落实经济适用住房、普通商品住房、危旧房改造和城市基础设施建设中的拆迁安置用房建设项目，并合理配置市政配套设施。各类开发区以及撤市（县）改区后的土地，都要纳入城市规划统一管理。严禁下放规划审批权限，对房地产开发中各种违反城市规划法律法规的行为，要依法追究有关责任人的责任。

（十七）加强对土地市场的宏观调控。各地要健全房地产开发用地计划供应制度，房地产开发用地必须符合土地利用总体规划和年度计划，严格控制占用耕地，不得下放土地规划和审批权限。利用原划拨土地进行房地产开发的，必须纳入政府统一供地渠道，严禁私下交易。土地供应过量、闲置建设用地过多的地区，必须限制新的土地供应。普通商品住房和经济适用住房供不应求、房价涨幅过大的城市，可以按规定适当调剂增加土地供应量。

**六、加强市场监管，整顿市场秩序**

（十八）完善市场监管制度。加强对房地产企业的资质管理和房地产开发项目审批管理，严格执行房地产开发项目资本金制度、项目手册制度，积极推行业主工程款支付担保制度。支持具有资信和品牌优势的房地产企业通过兼并、收购和重组，形成一批实力雄厚、竞争力强的大型企业和企业集团。严格规范房地产项目转让行为。已批准的房地产项目，确需变更用地性质和规划指标的，必须按规定程序重新报批。

（十九）建立健全房地产市场信息系统和预警预报体系。要加强房地产市场统计工作，完善全国房地产市场信息系统，建立健全房地产市场预警预报体系。各地房地产市场信息系统和预警预报体系建设中需要政府承担的费用，由各地财政结合当地信息化系统和电子政务建设一并落实。

（二十）整顿和规范房地产市场秩序。要加大房地产市场秩序专项整治力度，重点查处房地产开发、交易、中介服务和物业管理中的各种违法违规行为。坚决制止一些单位和部门强制消费者接受中介服务以及指定中介服务机构的行为。加快完善房地产信用体系，强化社会监督。采取积极措施,加快消化积压商品房。对空置量大的房地产开发企业,要限制其参加土地拍卖和新项目申报。进一步整顿土地市场秩序,严禁以科技、教育等产业名义取得享受优惠政策的土地后用于房地产开发,严禁任何单位和个人与乡村签订协议圈占土地,使用农村集体土地进行房地产开发。切实加强源头管理,有效遏制并预防住房制度改革和房地产交易中的各种腐败行为。

地方各级人民政府要认真贯彻国家宏观调控政策,从实际出发,完善房地产市场调控办法,建立有效的协调机制,并对本地房地产市场的健康发展负责。省级人民政府要加强对市、县房地产发展工作的指导和监督管理。国务院有关部门要各司其职,分工协作,加强对各地特别是问题突出地区的指导和督查。国家发展改革、财政、国土、银行、税务等部门要调整和完善相关的政策措施。建设部要会同有关部门抓紧制定经济适用住房管理、住房补贴制度监督、健全房地产市场信息系统和预警预报体系、建立全国个人住房贷款担保体系等方面的实施办法,指导各地具体实施并负责对本通知贯彻落实情况的监督检查。

国务院

二〇〇三年八月十二日

## （二）部委文件

# 关于印发《住房公积金会计核算办法》的通知

（财会字〔1999〕33 号）

各省、自治区、直辖市、计划单列市财政厅（局）：

为了规范和加强住房公积金的会计核算，维护住房公积金所有者的合法权益，根据《中华人民共和国会计法》、《住房公积金管理条例》、《住房公积金财务管理办法》，我们制定了《住房公积金会计核算办法》，现印发给你们，请转发所属住房公积金管理中心，自 2000 年 1 月 1 日起执行。执行中有何问题，请及时函告我部。

中华人民共和国财政部
一九九九年十月十四日

# 住房公积金会计核算办法

（财会字〔1999〕33 号）

## 第一章 总 则

一、为了规范和加强住房公积金的会计核算，维护住房公积有者的合法权益，特制定本办法。

二、本办法适用于中华人民共和国境内住房公积金管理中心（以下简称“住房公积金中心”）管理的住房公积金。

住房公积金中心的自身业务应与住房公积金业务分账核算，公积金中心自身业务的会计核算，执行《事业单位会计制度》。

三、住房公积金的会计核算应当正确划分会计期间，分期结算账目和编制会计报表。会计年度自公历 1 月 1 起至 12 月 31 日止。年度、季度的起讫日期采用公历日期。

四、住房公积金的会计记账采用借贷记账法。

五、住房公积金的会计处理方法前后期应当一致，会计指标应当口径一致、不得随意变更。如确有必要变更，应当将变更的情况、变更的原因，在财务情况说明书中加以说明。

六、住房公积金中心应按以下规定运用住房公积金会计科目：

（一）本办法统一规定会计科目的编号，以便于编制会计凭证，登记账簿，查阅账目，实行会计电算化，各住房公积金中心不得随意改变或打乱重编。在某些会计科目之间留有空号，供增设会计科目之用。

（二）住房公积金中心在填制住房公积金的会计凭证、登记账簿时，应填列会计科目的名称，或同时填列会计科目的名称和编号；不应只填列会计科目编号，不填列会计科目名称。

七、住房公积金中心应按以下规定编制和提供住房公积金财务会计报告：

（一）住房公积金中心应当按照本办法的规定编制和提供合法、真实和公允的住房公积金财务会计报告。

（二）住房公积金财务会计报告由会计报表、会计报表附注和财务情况说明书组成。住房公积金中心对外提供的住房公积金财务会计报告的内容、会计报表种类和格式等，由本办法规定；住房公积金中心对住房公积金进行内部管理需要的会计报表由住房公积金中心自行规定。

（三）住房公积金中心对外提供的住房公积金会计报表包括：

1. 资产负债表；

2. 增值收益表；

3. 有关附表。

（四）住房公积金会计报表必须做到数字真实、内容完整、说明清楚、手续齐备、编报及时；并报送同级财政部门和住房委员会。

季度会计报表应于季度终了后10日内报出，年度会计报表应于年度终了后30日内报出。

（五）住房公积金会计报表的填列，以人民币“元”为金额单位，“元”以下填至“分”。

（六）对外报出的会计报表，应依次编定页数，加具封面，装订成册，加盖公章。封面应注明住房公积金中心名称、报表所属年度、月份、送出日期等，并由住房公积金中心负责人和主管工作的负责人、会计机构负责人（会计主管人员）签名和盖章；设置总会计师的单位，还须由总会计师签名和盖章。

八、住房公积金会计机构设置、会计人员配备、会计核算、监督、内部会计管理制度的要求，按照《会计基础工作规范》的规定执行。

九、本办法由中华人民共和国财政部负责解释，需要变更时，由财政部修订。

十、本办法自2000年1月1日起施行。

## 第二章　会计科目及使用说明

一、会计科目表

| 顺序号 | 编号 | 会计科目名称 |
|---|---|---|
| （一）资产类 | | |
| 1 | 101 | 住房公积金存款 |

续表

| 顺序号 | 编号 | 会计科目名称 |
| --- | --- | --- |
| (一)资产类 | | |
| 2 | 102 | 增值收益存款 |
| 3 | 111 | 应收利息 |
| 4 | 121 | 委托贷款 |
| 5 | 122 | 逾期贷款 |
| 6 | 124 | 国家债券 |
| (二)负债类 | | |
| 7 | 201 | 住房公积金 |
| 8 | 211 | 应付利息 |
| 9 | 214 | 专项应付款 |
| (三)净资产类 | | |
| 10 | 301 | 贷款风险准备 |
| 11 | 311 | 增值收益 |
| 12 | 321 | 增值收益分配 |
| | | (四)收支类 |
| 13 | 401 | 业务收入 |
| 14 | 411 | 业务支出 |

二、会计科目使用说明

第101号科目　住房公积金存款

(一)本科目核算按规定存入受委托银行住房公积金专户的款项。

(二)将款项存入受委托银行住房公积金专户,借记本科目,贷记有关科目;提取和支付住房公积金专户的款项,借记有关科目,贷记本科目。

收到银行转来的住房公积金专户利息收入,借记本科目,贷记“业务收入—住房公积金利息收入”科目。

(三)本科目应设置“住房公积金存款日记账”,由出纳人员根据收付款凭证,按照业务的发生顺序逐笔登记,每日终了应结出余额。“住房公积金存款日记账”,应定期与“银行对账单”核对,至少每月核对一次。月份终了,银行存款账面结余与银行对账单余额之间如有差额,必须逐笔查明原因进行处理,并应按月编制“住房公积金存款余额调节表”,调节相符。

(四)本科目期末借方余额,反映实际存在受委托银行住房公积金专户的款项。

第102号科目　增值收益存款

(一)本科目核算按规定存入受委托银行增值收益专户的款项。

(二)收到银行转来的住房公积金增值收益专户利息收入,借记本科目,贷记“业务收入—增值收益利息收入”科目。

实际上交财政部门的住房公积金中心管理费用、城市廉租住房建设补充资金,借记“专项应付款”科目,贷记本科目。

(三)期末(季末或年末,下同),按规定将除住房公积金增值收益专户利息收入之外的各项业务收入与业务支出的差额,自银行住房公积金专户转入增值收益专户,借记本科目,贷记“住房公积金存款”科目。

(四)本科目应设置“增值收益存款日记账”,由出纳人员根据收付款凭证,按照业务的发生顺序逐笔登记,每日终了应结出余额。“增值收益存款日记账”应定期与“银行对账单”核对,至少每月核对一次。月份终了,银行存款账面结余与银行对账单余额之间如有差额,必须逐笔查明原因进行处理,并应按月编制“增值收益存款余额调节表”,调节相符。

(五)本科目期末借方余额,反映实际存在受委托银行增值收益专户的款项。

第111号科目　应收利息

(一)本科目核算住房公积金运作过程中发生的各项应收未收的利息,如委托贷款发生的应收利息。

(二)期末,计算当期尚未收到的委托贷款利息,借记本科目,贷记“业务收入—委托贷款利息收入”科目;实际收回利息时,借记“住房公积金存款”科目,贷记本科目。

按规定程序经批准核销的住房公积金呆账贷款,冲销提取的贷款风险准备,借记“贷款风险准备”科目,贷记本科目和“逾期贷款”科目,同时,借记“住房公积金存款”科目,贷记“增值收益存款”科目;核销的贷款以后又收回,按收回的住房公积金贷款本金和利息,借记“住房公积金存款”科目,贷记“贷款风险准备”科目,同时,借记“增值收益存款”科目,贷记“住房公积金存款”科目。

(三)本科目应按债务人设置明细账。

(四)本科目期末借方余额,反映尚未收回的利息。

第121号科目　委托贷款

(一)本科目核算按规定在受委托银行办理职工住房公积金委托贷款的款项。

已超过借款合同约定期限尚未归还的委托贷款,不在本科目核算,应在“逾期贷款”科目核算。

(二)本科目核算内容如下:

1. 按规定向购买、建造、翻建、大修自住住房的职工发放住房公积金贷款,借记本科目,贷记“住房公积金存款”科目;收回住房公积金贷款,按本息合计,借记“住房公积金存款”科目,按本金,贷记本科目,按已计利息,贷记“应收利息”科目,按未计利息,贷记“业务收入—委托贷款利息收入”科目。

2. 对于借款合同约定到期(含展期后到期)未归还的委托贷款,应转作逾期贷款处理,自本科目转入“逾期贷款”科目,借记“逾期贷款”科目,贷记本科目。

3. 对借款人申请住房公积金贷款而提供的担保,应建立备查簿,详细登记担保的形式(抵押、质押等形式)、担保金额等情况。

(三)本科目按贷款职工名称设置明细账。

（四）本科目期末借方余额，反映实际发生的、在借款合同约定期限内尚未归还的住房公积金委托贷款。

第122号科目　逾期贷款

（一）本科目核算借款合同约定到期（含展期后到期）未归还的委托贷款。

（二）对于借款合同约定到期（含展期后到期）未归还的委托贷款，应转作逾期贷款处理，自“委托贷款”科目转入本科目，借记本科目，贷记“委托贷款”科目。收回逾期贷款，借记“住房公积金存款”科目，贷记本科目和“应收利息”科目。

按规定程序经批准核销的住房公积金呆账贷款，冲销提取的贷款风险准备，借记“贷款风险准备”科目，贷记本科目和“应收利息”科目，同时，借记“住房公积金存款”科目，贷记“增值收益存款”科目；核销的贷款以后又收回，按收回的住房公积金贷款本金和利息，借记“住房公积金存款”科目，贷记“贷款风险准备”科目，同时，借记“增值收益存款”科目，贷记“住房公积金存款”科目。

（三）本科目应按贷款职工名称设置明细账。

（四）本科目期末借方余额，反映已超过借款合同约定期限但尚未归还的住房公积金贷款。

第124号科目　国家债券

（一）本科目核算按规定用住房公积金购买的国家债券。

（二）按规定用住房公积金购买国家债券，按实际支付的价款，借记本科目，贷记“住房公积金存款”科目。

国家债券到期收回本息或按规定转让时，按实际收到的金额，借记“住房公积金存款”科目，按债券账面价值，贷记本科目，按其差额，贷记“业务收入—国家债券利息收入”科目。

购买的国家债券应视同货币资金妥善保管，并建立备查簿详细登记国家债券的金额、期限、利率、到期收回等情况。

（三）本科目应按国家债券的品种设置明细账。

（四）本科目期末借方余额，反映持有的国家债券价值。

第201号科目　住房公积金

（一）本科目核算住房公积金的归集、结息和支付等情况。

（二）本科目的贷方核算住房公积金的归集和结息情况，其核算内容如下：

1. 收到单位和职工个人缴存的住房公积金，借记“住房公积金存款”科目，贷记本科目。

2. 按规定给职工住房公积金账户进行年度结息，按已提利息，借记“应付利息”科目，按未提利息，借记“业务支出—住房公积金利息支出”科目，按应计利息，贷记本科目。

3. 职工在住房公积金中心管辖范围内调动工作，在本科目有关明细科目之间进行转账，借记本科目（调出单位），贷记本科目（调入单位）。

（三）本科目的借方核算职工住房公积金账户内存储余额的提取情况，其核算内容如下：

1. 职工因购买、建造、翻建、大修自住住房而提取职工住房公积金账户内的存储余额，借记本科目，贷记“住房公积金存款”科目。

2. 职工因偿还购房贷款本息、房租超出家庭工资收入的规定比例而提取职工住房公积金账户内的存储余额，借记本科目，贷记“住房公积金存款”科目。

3. 职工因离退休、完全丧失劳动能力并与单位终止劳动关系、户口迁出所在的市县或者出境定居等原因而提取职工住房公积金账户内的储存余额，根据委托银行转来的住房公积金支款凭证，办理注销职工住房公积金账户，按职工个人账户结余数额，借记本科目，按已提利息，借记“应付利息”科目，按未提利息，借记“业务支出—住房公积金利息支出”科目，按实际支付金额，贷记“住房公积金存款”科目。

4. 死亡或者被宣告死亡的职工，由其继承人、受遗赠人提取职工住房公积金账户内的存储余额，按职工个人账户结余数额，借记本科目，按已提利息，借记“应付利息”科目，按未提利息，借记“利息支出”科目，按实际支付金额，贷记“住房公积金存款”科目。死亡或者被宣告死亡的职工，无继承人也无受遗赠人的，应将职工住房公积金账户内的存储余额转入业务收入，借记本科目，贷记“业务收入—其他收入”科目。

（四）本科目有关辅助账户的设置：

1. 为了分析、掌握住房公积金的欠缴情况，住房公积金中心可设置“住房公积金应缴存额”备查簿，详细登记应缴存住房公积金的有关情况。

2. 为了了解、掌握职工住房公积金账户内存储余额的提取情况，住房公积金中心可设置“住房公积金账户提取情况”备查簿，详细登记因职工购买、建造、翻建、大修自住住房；离退休；完全丧失劳动能力，并与单位终止劳动关系；户口迁出所在的市、县或者出境定居；偿还购房贷款本息；房租超出家庭工资收入的规定比例等原因而提取职工住房公积金账户内存储余额的情况。

（五）住房公积金中心应向缴存单位及时提供单位住房公积金的存储余额，按期与缴存单位核对住房公积金账户内的余额。

（六）本科目应按缴存单位和职工个人设置明细账。

（七）本科目期末贷方余额，反映职工住房公积金账户存储余额。

第211号科目　应付利息

（一）本科目核算住房公积金运作过程中发生的应付未付的利息，如计提的职工住房公积金账户利息。

（二）期末计提职工住房公积金账户利息时，借记“业务支出—住房公积金利息支出”科目，贷记本科目；按规定给职工公积金账户进行年度结息时，按已提利息，借记本科目，按应计利息扣除已提利息的差额，借记“业务支出—住房公积金利息支出”科目，按应计利息，贷记“住房公积金”科目。

（三）本科目期末贷方余额，反映应付未付的利息。

第214号科目　专项应付款

（一）本科目核算应交财政部门的住房公积金中心管理费用和城市廉租住房建设补充资金。

（二）本科目应设置以下两个明细科目：

1. 住房公积金中心管理费用；2. 城市廉租住房建设补充资金。

（三）按规定从住房公积金增值收益中提取的住房公积金中心管理费用，借记“增值收益分配—提取公积金中心管理费用”科目，贷记本科目；住房公积金增值收益在扣除贷款风险准备金和公积金中心管理费用后的余额，作为城市廉租住房建设补充资金，借记“增值收益分配—城市廉租住房建设补充资金”科目，贷记本科目。实际上交财政部门的住房公积金中心管理费用、城市廉租住房建设补充资金，借记本科目，贷记“增值收益存款”科目。

（四）本科目期末贷方余额，反映尚未上交财政部门的住房公积金中心管理费用、城市廉租住房建设补充资金。

第301号科目　贷款风险准备

（一）本科目核算按规定提取的住房公积金贷款风险准备。

（二）对于委托贷款，应于年度终了按规定提取住房公积金贷款风险准备。提取贷款风险准备时，借记“增值收益分配—提取贷款风险准备”科目，贷记本科目。

对于不能收回的逾期贷款应查明原因，追究责任。对确实无法收回的，按规定程序经批准作为呆账贷款，冲销提取的贷款风险准备，借记本科目，贷记“逾期贷款”“应收利息”科目，同时，借记“住房公积金存款”科目，贷记“增值收益存款”科目；已确认并转销的呆账贷款，如果以后又收回，按实际收回的本金和利息，借记“住房公积金存款”科目，贷记本科目，同时，借记“增值收益存款”科目，贷记“住房公积金存款”科目。

（三）本科目期末贷方余额，反映已提取的住房公积金贷款风险准备。

第311号科目　增值收益

（一）本科目核算住房公积金各项收入与各项支出的差额，即实现的住房公积金增值收益。

（二）期末，结转下列业务收支科目：

1. 将“业务收入”科目贷方余额转入本科目，借记“业务收入”科目，贷记本科目。

2. 将“业务支出”科目借方余额转入本科目，借记本科目，贷记“业务支出”科目。

3. 同时，将各项业务收入与业务支出的差额，自银行住房公积金专户转入增值收益专户，借记“增值收益存款”科目，贷记“住房公积金存款”科目。

（三）年度终了，应将本科目贷方余额转入“增值收益分配”科目，借记本科目，贷记“增值收益分配　待分配增值收益”科目；如为借方余额作相反会计分录。结转后本科目应无余额。

第321号科目　增值收益分配

（一）本科目核算住房公积金增值收益的分配情况。

（二）本科目应设置以下四个明细科目：

1. 提取贷款风险准备；2. 提取公积金中心管理费用；3. 城市廉租住房建设补充资金；4. 待分配增值收益。

（三）年度终了，账务处理如下：

1. 将“增值收益”科目贷方余额转入本科目，借记“增值收益”科目，贷记本科目（待分配增值收益），“增值收益”科目如为借方余额，作相反会计分录。

2. 增值收益应按下列顺序进行分配：

(1)按规定从增值收益中提取住房公积金贷款风险准备，借记本科目（提取贷款风险准备），贷记“贷款风险准备”科目。

(2)按规定从增值收益中提取应上交财政部门的住房公积金中心管理费用，借记本科目（提取公积金中心管理费用），贷记“专项应付款”科目。

(3)增值收益扣除贷款风险准备和上交财政部门管理费用后的余额，作为城市廉租住房建设补充资金，借记本科目（城市廉租住房建设补充资金），贷记“专项应付款”科目。

3. 将本科目所属“提取贷款风险准备”“提取公积金中心管理费用”“城市廉租住房建设补充资金”明细科目的余额转入本科目所属“待分配增值收益”明细科目，借记本科目（待分配增值收益），贷记本科目（提取贷款风险准备、提取公积金中心管理费用、城市廉租住房建设补充资金）。

（四）本科目年末一般无余额，如有借方余额，反映未弥补的损失。

401 号科目　业务收入

（一）本科目核算住房公积金的业务收入。

（二）本科目应设置以下五个明细科目：

1. 住房公积金利息收入；2. 增值收益利息收入；3. 委托贷款利息收入；4. 国家债券利息收入；5. 其他收入。

（三）住房公积金运作过程中实现的各项业务收入，作如下账务处理：

1. 收到委托银行转来的住房公积金专户存款利息收入，借记“住房公积金存款”科目，贷记本科目（住房公积金利息收入）。

2. 收到银行转来的住房公积金增值收益专户存款利息收入，借记“增值收益存款”科目，贷记本科目（增值收益利息收入）。

3. 期末计算当期应收未收的委托贷款利息，借记“应收利息”科目，贷记本科目（委托贷款利息收入）。收回住房公积金委托贷款，按本息合计，借记“住房公积金存款”科目，按本金，贷记“委托贷款”科目，按已计利息，贷记“应收利息”科目，按未计利息，贷记本科目（委托贷款利息收入）。

4. 国家债券到期收回或按规定转让时，按实际收到的金额，借记“住房公积金存款”科目，按债券账面价值，贷记“国家债券”科目，按其差额，贷记本科目（国家债券利息收入）。

5. 收到住房公积金逾期贷款的罚息收入，以及逾期不办理住房公积金的罚款收入，借记“住房公积金存款”科目，贷记本科目（其他收入）。死亡或者被宣告死亡的职工，无继承人也无受遗赠人的，应将职工住房公积金账户内的存储余额转入本科目，借记“住房公积金”科目，贷记本科目（其他收入）。

（四）期末，应将本科目余额全部转入“增值收益”科目，借记本科目，贷记“增值收益”科目，结转后本科目应无余额。

第 411 号科目　业务支出

（一）本科目核算住房公积金的业务支出，包括按国家规定给职工住房公积金账户计算的利息、住房公积金中心按照规定支付给受委托银行的住房公积金归集手续费和委托贷款手续费。

（二）本科目应设置以下三个明细科目：

1. 住房公积金利息支出；2. 住房公积金归集手续费支出；3. 委托贷款手续费支出。

（三）住房公积金运作过程中发生的各项业务支出，作如下账务处理：

1. 期末，计提职工住房公积金账户利息时，借记本科目（住房公积金利息支出），贷记“应付利息”科目；按规定给职工住房公积金账户进行年度结息时，借记本科目（住房公积金利息支出）、“应付利息”科目，贷记“住房公积金”科目。

2. 按照规定支付给受委托银行的住房公积金归集手续费，借记本科目（住房公积金归集手续费支出），贷记“住房公积金存款”科目。

3. 按照规定支付给受委托银行的住房公积金委托贷款手续费，借记本科目（委托贷款手续费支出），贷记“住房公积金存款”科目。

（四）期末，应将本科目的借方余额全部转入“增值收益”科目，借记“增值收益”科目，贷记本科目，结转后本科目应无余额。

## 第三章　会计报表

### 一、会计报表种类和格式

（略）

### 二、会计报表编制说明

资产负债表

（一）本表反映住房公积金季末、年末全部资产、负债及净资产的构成情况。

（二）本表“年初数”栏各项数字，应根据上年末本表“期末数”所列数字填列。如果本年度资产负债表规定的各个项目名称和内容与上年度不相一致，应对上年年末资产负债表各项目的名称和数字按照本年度的规定进行调整，填入本表“年初数”栏内。

（三）本表各项目的内容和填列方法：

1. “住房公积金存款”项目，反映期末住房公积金存款余额。本项目应根据“住房公积金存款”科目期末余额填列。

2. “增值收益存款”项目，反映期末住房公积金增值收益存款余额。本项目应根据“增值收益存款”科目期末余额填列。

3. “应收利息”项目，反映期末应收未收的利息。本项目应根据“应收利息”科目期末余额填列。

4. “委托贷款”项目，反映期末住房公积金委托贷款的余额。本项目应根据“委托贷款”科目期末余额填列。

5. “逾期贷款”项目，反映期末住房公积金逾期贷款的余额。本项目应根据“逾期贷款”科目期末余额填列。

6. “国家债券”项目，反映期末持有的国家债券价值。本项目应根据“国家债券”科目期末余额填列。

7.“住房公积金”项目，反映期末职工住房公积金账户存储余额。本项目应根据“住房公积金”科目期末余额填列。

8.“应付利息”项目，反映期末应付未付的利息。本项目应根据“应付利息”科目期末余额填列。

9.“专项应付款”项目，反映期末尚未上交财政部门的住房公积金中心管理费用、城市廉租住房建设补充资金。本项目应根据“专项应付款”科目期末余额填列，其中“城市廉租住房建设补充资金”应在本项目下单独反映。

10.“贷款风险准备”项目，反映提取的住房公积金贷款风险准备余额。本项目应根据“贷款风险准备”科目期末余额填列。

11.“待分配增值收益”项目，反映年度中间形成的等待分配的住房公积金增值收益，以及以前年度未弥补的损失。本项目应根据“增值收益”“增值收益分配”科目的记录分析填列。

增值收益表

（一）本表反映住房公积金在季度、年度内实现的增值收益。

（二）本表“本期数”栏反映各项目的本期实际发生数，在编报年度会计报表时，将“本期数”栏改成“上年累计数”栏，填列上年全年累计实际发生数。本表“本年累计数”栏反映各项目自年初起至本月末止的累计实际发生数。

（三）本表“本期数”栏各项目的内容及填列方法：

1.“业务收入”项目，反映住房公积金运作过程中形成的各项业务收入。本项目应根据“业务收入”科目的贷方发生额填列。在本项目下的“住房公积金利息收入”“增值收益利息收入”“委托贷款利息收入”“国家债券利息收入”和“其他收入”项目，应根据“业务收入”科目所属有关明细科目的贷方发生额分别填列。

2.“业务支出”项目，反映住房公积金运作过程中的各项业务支出。本项目应根据“业务支出”科目借方发生额填列。在本项目下的“住房公积金利息支出”“住房公积金归集手续费支出”“委托贷款手续费支出”项目，应根据“业务支出”科目所属有关明细科目的借方发生额分别填列。

3.“增值收益”项目，反映住房公积金运作过程中各项业务收入与各项业务支出的差额。本项目等于“业务收入”项目的金额减去“业务支出”项目的金额后的差额。

增值收益分配表

（一）本表反映住房公积金增值收益的分配情况。

（二）本表“本年实际”栏，根据“增值收益”“增值收益分配”科目及其所属明细科目的记录分析填列。

“上年实际”栏，根据上年“增值收益分配表”填列。如果上年度增值收益分配表与本年度增值收益分配表的项目名称和内容不一致，应对上年度报表项目的名称和数字按本年度的规定进行调整，填入本表“上年实际”栏。

（三）本表各项目的内容及填列方法：

1.“增值收益”项目，反映住房公积金运作过程中实现的增值收益。如为损失以“ - ”号表示。本项目的数字应与“增值收益表”“本6年累计数”栏的“增值收益”项目一致。

2.“年初未弥补亏损”项目，反映住房公积金年初未弥补损失，应以“ - ”号表示。

3.“提取贷款风险准备”项目，反映按规定提取的住房公积金贷款风险准备。本项目应根据“增值收益分配—提取贷款风险准备”科目的记录分析填列。

4.“提取公积金中心管理费用”项目，反映按规定提取的住房公积金中心管理费用。本项目应根据“增值收益分配—提取公积金中心管理费用”科目的记录分析填列。

5.“城市廉租住房建设补充资金”项目，反映住房公积金增值收益在扣除贷款风险准备和公积金中心管理费用后形成的城市廉租住房建设补充资金。本项目应根据“增值收益分配—城市廉租住房建设补充资金”科目的记录分析填列。

6.“年末未弥补损失”项目，反映住房公积金年末未弥补的损失，应以“ - ”号表示。

## 关于印发《住房公积金财务管理办法》的通知

（财综字〔1999〕59 号）

各省、自治区、直辖市、计划单列市财政厅（局）：

为了加强住房公积金财务管理，维护住房公积金所有者的合法权益，规范住房公积金管理中心的财务行为，根据《住房公积金管理条例》，我们制定了《住房公积金财务管理办法》。现印发给你们，请遵照执行。

中华人民共和国财政部
一九九九年五月二十六日

## 住房公积金财务管理办法

（财综字〔1999〕59 号）

### 第一章　总　则

**第一条**　为了加强住房公积金的财务管理，维护住房公积金所有者的合法权益，规范住房公积金金管理中心的财务行为,根据《住房公积金管理条例》,制定本办法。

**第二条** 本办法适用于中华人民共和国境内住房公积金管理中心。

**第三条** 住房公积金管理中心(以下简称公积金中心)是不以营利为目的的独立的事业单位、具体负责住房公积金的归集、运作、保值、归还和核算。

**第四条** 住房公积金财务管理的基本原则是:执行国家有关法律、法规,规章和财政、财务制度;建立健全内部财务制度,做好财务管理基础工作;降低运作风险,保证住房公积金保值增值,确保住房公积金所有者的合法权益不受侵犯;厉行节约,制止奢侈浪费。

**第五条** 住房公积金财务管理的主要任务是:编制住房公积金和公积金中心管理费用年度预决算;建立职工住房公积金明细账,记载职工个人住房公积金的缴存、提取等情况;依法办理住房公积金委托贷款业务,防范风险;严格执行住房委员会批准的住房公积金归集、使用计划;核算住房公积金的增值收益;严格执行财政部门批准的管理费用预算,控制管理费用支出,努力降低住房公积金运作成本。

**第六条** 各级财政部门是本级公积金中心的财务主管部门;公积金中心的全部财务活动应在单位负责人的领导下,由财务部门统一管理。住房公积金、住房公积金增值收益和公积金中心管理费用应严格实行分立账户,单独核算。

## 第二章　预算管理

**第七条** 住房公积金预算是指经住房委员会批准的年度住房公积金归集使用的财务收支计划。

**第八条** 公积金中心应于年度终了前,根据本年度预算执行情况和下年度住房公积金收支预测,编制下一年度住房公积金收支预算。

**第九条** 住房公积金年度预算,应按照财政部门规定的表式、时间和要求编制。

**第十条** 公积金中心编制住房公积金年度预算建议,上报本级财政部门审核;由财政部门提出住房公积金年度预算草案,经住房委员会审议通过后,向公积金中心批复住房公积金年度预算,并报上级财政部门备案。

**第十一条** 公积金中心应严格按财政部门批复的预算执行,并定期向财政部门报送预算执行情况。预算一经批准,一般不予调整,如遇特殊情况需要调整时,由公积金中心编制预算调整方案,并说明情况,报本级财政部门批准后执行。

## 第三章　资产和负债

**第十二条** 资产是指公积金中心在住房公积金运作过程中形成的委托存款、委托贷款和国家债券。

**第十三条** 公积金中心应建立健全住房公积金缴存、运作、保值、归还和核算管理制度,保证住房公积金专款专用和安全、完整。

**第十四条** 公积金中心应按国家政策规定在受委托银行办理职工住房公积金委托存、贷款业务,建立健全委托贷款监控制度,严格执行国家的利率政策,按期回收贷款本金和利息。

**第十五条**　用住房公积金购买的国家债券按实际支付的金额计价入账。购买的国家债券应视同货币资金妥善保管,确保账实相符。

**第十六条**　负债是指公积金中心委托银行归集的住房公积金。公积金中心应及时为单位办理住房公积金缴存登记,建立职工住房公积金明细账,记载职工个人住房公积金的缴存、提取等情况。

**第十七条**　公积金中心应在受委托银行设住房公积金委托存款账户、委托贷款账户,加强住房公积金的核算与管理。

**第十八条**　公积金中心应建立住房公积金职工个人明细账、单位明细账和总账,定期与银行对账,保证账账相符。

**第十九条**　公积金中心应及时提供单位住房公积金的存储余额,按期与单位核对职工住房公积金账户内的余额。

## 第四章　业务收入和支出

**第二十条**　住房公积金的业务收入包括委托存款利息收入、委托贷款利息收入、国家债券利息收入和其他收入。

(一)委托存款利息收入是指公积金中心将住房公积金存入受委托银行取得的利息收入。

(二)委托贷款利息收入是指公积金中心委托银行向职工发放住房公积金贷款取得的利息收入。

委托存贷款利息按国家规定的利率和期限计算。

(三)国家债券利息收入是指公积金中心经住房委员会批准,用住房公积金购买国家债券取得的利息收入。

(四)其他收入是指住房公积金运作过程中产生的除上述收入外的收入,如:住房公积金逾期贷款的罚息收入、逾期不办理住房公积金的罚款收入等。

**第二十一条**　住房公积金的业务支出包括住房公积金利息支出和手续费支出。

(一)住房公积金利息支出是指按国家规定应支付职工个人的住房公积金利息。

(二)手续费支出是指公积金中心按照规定支付给受委托银行的住房公积金归集手续费和委托贷款手续费。

## 第五章　增值收益及其分配

**第二十二条**　住房公积金的增值收益是指住房公积金业务收入与业务支出的差额。住房公积金增值收益全额存入公积金中心在受委托银行开设的住房公积金增值收益专户。

住房公积金增值收益专户产生的利息收入全额计入住房公积金增值收益。

死亡或者被宣告死亡的职工,无继承人也无受遗赠人的,职工住房公积金账户内的存储余额纳入住房公积金增值收益。

**第二十三条**　住房公积金增值收益除国家另有规定外,应按下列顺序进行分配:

(一)住房公积金贷款风险准备金;

(二)上缴财政的公积金中心管理费用;

（三）城市廉租住房建设补充资金。

**第二十四条** 住房公积金增值收益用于建立住房公积金贷款风险准备金的比例不得低于60%，具体比例由各省、自治区、直辖市财政厅（局）确定。

**第二十五条** 住房公积金呆账贷款，由公积金中心提供翔实资料，经本级财政部门审核，报省、自治区、直辖市财政厅（局）批准核销。具体核销办法按财政部规定执行。

核销后又收回的住房公积金委托贷款本金和利息收入，应增加住房公积金贷款风险准备金。

**第二十六条** 上缴财政的公积金中心管理费用，由公积金中心按规定测定提出年度管理费用上缴额度，报本级财政部门批准后，从住房公积金增值收益中上交本级财政部门。

**第二十七条** 住房公积金增值收益在建立住房公积金贷款风险准备金和上交财政管理费用后的余额，作为城市廉租住房建设的补充资金。

城市廉租住房建设的补充资金，经住房委员会批准后，上缴本级财政部门，由财政部门拨给廉租住房建设主管部门，专项用于城市廉租住房建设。

## 第六章　管理费用

**第二十八条** 公积金中心应在本级财政部门指定的银行开设管理费用支出专户，专门用于接收本级财政拨付的管理费用，反映管理费用的财务收支。

**第二十九条** 管理费用收入包括本级财政拨款和管理费用支出专户产生的利息收入。

**第三十条** 管理费用支出包括基本工资、补助工资、职工福利费、社会保障费、助学金、公务费、业务费、设备购置费、修缮费、其他费用和专项资金。

专项资金是指公积金中心从财政部门取得的有指定项目和用途并且要求单独核算的资金。

公积金中心的管理费用财务收支，应执行《事业单位财务规则》的有关规定。

**第三十一条** 公积金中心当年结余的管理费用，应按国家规定结转下年继续使用。

**第三十二条** 公积金中心应按国家有关规定，加强固定资产的管理，做好固定资产的核算。

**第三十三条** 公积金中心应建立健全内部管理制度，加强现金和存款的管理，并按规定及时清理往来款项。

**第三十四条** 公积金中心管理费用应严格按照财政部门批准的支出预算执行。管理费用年度预算一经批准，一般不予调整，如遇特殊情况需要调整时，由公积金中心编制预算调整方案，并说明情况，报本极财政部门批准后执行。公积金中心不得办理无预算，超预算支出。

## 第七章　财务报告和财务分析

**第三十五条** 财务报告是反映住房公积金财务状况的总结性书面文件。

公积金中心应于年度终了后30日内，向本级财政部门报送住房公积金财务收支报告和管理费用财务收支报告，经财政部门审核，提交住房委员会审议后，于3月底以前向社会公布。

财务报告包括财务报表和财务情况说明书。

**第三十六条** 住房公积金财务收支报表包括资产负债表、住房公积金收支情况表、收益分配表以及财务情况说明书。

财务情况说明书主要说明住房公积金归集、运用情况，收益分配情况，对本期或下期财务状况发生重大影响的事项以及需要说明的其他财务事项。

财务分析的主要指标包括住房公积金归集率、住房公积金收益率、住房公积金管理费用率、住房公积金委托存贷款比率等。

**第三十七条** 管理费用财务收支报表包括资产负债表、管理费用支出明细表、有关附表以及财务情况说明书。

财务情况说明书主要说明管理费用收支结余及分配情况，各项财产物资的变动情况、财务分析情况，对本期或下期财务状况发生重大影响的事项以及需要说明的其他财务事项。

财务分析的指标主要包括资产负债比率、人员经费支出与公用经费支出分别占管理费用的比率。

## 第八章 财务监督

**第三十八条** 公积金中心应接受财政部门的财务监督检查。

**第三十九条** 公积金中心下列行为属违纪或违法行为：

（一）集中使用和运作住房公积金以外的住房资金；

（二）在指定委托银行以外的其他金融机构开户，并办理住房公积金存贷款等金融业务；

（三）直接办理住房公积金贷款或借款业务；

（四）直接或委托银行办理职工购买、建造、翻建、大修自用住房贷款以外的其他贷款或借款业务；

（五）不执行国家规定的住房公积金存贷款利率；

（六）转移、挪用住房公积金本金、职工住房公积金存款利息、住房公积金贷款风险准备金、城市廉租住房建设补充资金；

（七）截留、坐支业务收入或增值收益；

（八）在业务收入或住房公积金增值收益中坐支管理费用；

（九）列支公积金中心业务范围以外的其他费用，擅自扩大开支标准和范围；

（十）擅自设立项目乱收费；

（十一）超越规定标准和范围支付手续费；

（十二）向他人提供担保或抵押贷款；

（十三）不按规定与受托银行签定委托合同；

（十四）不按规定办理住房公积金账户的设立、缴存、归还等手续；

（十五）不按规定为职工建立住房公积金明细账，记载职工个人住房公积金的缴存、提取情况；

（十六）其他违反国家法律、法规和财政、财务制度的行为。

**第四十条** 有第三十九条所列行为的，除限期纠正外，应区别情况进行处理：

（一）有（一）至（六）条行为的，必须限期追回违纪资金；有违法所得的，要没收违法所得。

（二）有（七）至（十一）条行为的，按照《国务院关于违反财政法规处罚的暂行规定》进行处罚。

对第三十九条所列违纪违法行为，构成犯罪的，应依法追究刑事责任；尚不构成犯罪的，对直接负责的主管人员和其他责任人员依法给予行政处分。

**第四十一条** 对公积金中心以及直接负责的主管人员和其他责任人员处以的罚款和没收的非法所得，上缴本级财政。

**第四十二条** 公积金中心应当依法接受审计部门的审计监督。

## 第九章 附 则

**第四十三条** 公积金中心发生划转撤并时，应按有关规定进行清算，做好债权债务的处理。

**第四十四条** 各省、自治区、直辖市财政厅（局）可根据本办法制定实施细则，并报财政部备案。

**第四十五条** 本办法由财政部负责解释。

**第四十六条** 本办法自一九九九年七月一日起施行，以前凡与本办法有抵触的，一律以本办法为准。

附：财务分析指标

1. 住房公积金归集率 =（住房公积金实际缴存额 ÷ 住房公积金应缴存额）×100%

2. 住房公积金增值收益率 =（住房公积金增值收益 ÷ 住房公积金负债总额）×100%

3. 住房公积金管理费用率 =［当年管理费用支出额 ÷（住房公积金当年归集额 × 住房公积金增值收益率）］×100%

4. 资产负债比率 =（资产 ÷ 负债）×100%

5. 人员经费支出占管理费用的比率 =（人员经费支出额 ÷ 管理费用支出总额）×100%

公用经费支出占管理费用的比率 =（公用经费支出额 ÷ 管理费用支出总额）×100%

6. 住房公积金委托存贷款比率 =（当年委托贷款余额 ÷ 当年住房公积金委托存款余额）×100%

7. 住房公积金提取率 =［当年住房公积金提取额 ÷（当年住房公积金提取额 + 当年住房公积金余额）］×100%

# 住房公积金财务管理补充规定

（财综字〔1999〕149 号）

各省、自治区、直辖市、计划单列市财政厅（局）：

为了切实贯彻执行《住房公积金财务管理办法》（财综字〔1999〕59 号），认真做好住房公积金的财务管理，保证住房公积金的专款专用，经商建设部，现对住房公积金财务管理补充规定如下：

一、《住房公积金财务管理办法》适用于中华人民共和国境内住房公积金及住房公积金管理中心的财务收支活动。

二、住房公积金年度预算的编制和审批按以下具体操作程序办理:住房公积金管理中心(以下简称公积金中心)根据年度公积金收支计划,编制住房公积金年度预算建议,报财政部门审核;财政部门提出审核意见,报住房委员会审议批准后,再由财政部门按照住房委员会批准意见,向公积金中心批复住房公积金年度预算。

如遇特殊情况需调整预算,调整预算方案的编制和审批,亦比照上述程序执行。

三、建立住房公积金贷款风险准备金的比例,按不低于住房公积金增值收益60%核定。或按不低于年度住房公积金贷款余额的1%核定,从住房公积金增值收益中分配。按上述两种办法核定的各年度住房公积金贷款风险准备金,均不得累计列入住房公积金增值收益中分配。具体比例和办法由各省、自治区、直辖市财政厅(局)会同建委(建设厅),结合本地实际制定。

四、按规定分配的城市廉租住房建设补充资金在使用前必须在住房公积金增值收益专户统一管理。城市廉租住房建设主管部门需要使用城市廉租住房建设补充资金时,必须报经住房委员会审议批准后,由公积金中心将住房委员会批准的额度上缴本级财政部门,由本级财政部门拨给城市廉租住房建设主管部门,专项用于城市廉租住房建设。

五、财综字〔1999〕59号文第三十九条“直接或委托银行办理职工购买、建造、翻建、大修自用住房贷款以外的其他贷款或借款业务”属违纪或违法行为不包括《住房公积金管理条例》颁布前已经签定贷款合同或协议的经济适用住房建设项目。各地在严格执行贷款条件的前提下,对《住房公积金管理条例》颁布前已经签定贷款合同或协议的经济适用住房建设项目,经重新审查后,可以继续执行,并按贷款合同或协议约定期限回收。

六、公有住房出售收入管理在国务院未做出新规定前,仍按国办发〔1999〕34号文件规定执行。

中华人民共和国财政部
一九九九年十月九日

## 关于完善住房公积金决策制度的意见

(建房改〔2002〕149号)

各省、自治区、直辖市人民政府:

为加强住房公积金的管理,保障住房公积金的安全运作,充分发挥住房公积金制度的作用,维护住房公积金所有者的合法权益,依据《住房公积金管理条例》(国务院令第350号,以下简称《条例》)和《国务院关于进一步加强住房公积金管理的通知》(国发〔2002〕12号),经国务院同意,现就完善住房公积金决策制度提出如下意见:

一、住房公积金管理委员会是住房公积金管理的决策机构。

直辖市和省会城市以及其他设区的市、地、州、盟(以下统称设区城市),应当按照《条例》规定和本意见要求尽快设立住房公积金管理委员会,建立和完善住房公积金管理委员会决策制度。

二、住房公积金管理委员会委员的组成:

设区城市人民政府负责人和建设(房地产管理)、房改、财政、人民银行、审计等有关部门代表以及有关专家占三分之一;工会代表和职工代表占三分之一;单位代表占三分之一。职工代表名额,由设区城市根据缴存住房公积金的职工人数合理分配到有关单位,职工代表由职工代表大会或工会委员会推选产生。单位代表要兼顾企业、事业单位、社会团体等,在设区城市辖区内,合理分配名额。工会、职工、单位或专家代表中,应当有人大代表、政协委员。

北京地区的住房公积金管理委员会要有中央和国家机关事务管理部门及部分在京中央单位、职工代表参加,省会城市的住房公积金管理委员会要有省(区)直机关事务管理部门及部分省(区)直单位、职工代表参加。

石油、石化、煤炭等大型独立工矿区和铁路分局所在的设区城市,应根据独立工矿区和铁路分局缴存住房公积金的职工人数占该城市全体缴存职工人数的比例,分配单位代表、工会代表和职工代表名额。

住房公积金管理委员会日常的会议筹办和决策事项督办等工作,可以由房改办或建设(房地产管理)部门承担,不能由住房公积金管理中心承担。

三、住房公积金管理委员会委员实行任期制,每届任期5年,可以连任。

委员由设区城市人民政府聘任,总数原则上不超过25人,直辖市和省会城市可以适当增加,但原则上不超过30人。住房公积金管理委员会设主任委员1人,副主任委员1~3人,经全体委员推举产生,主任委员和副主任委员应由具有社会公信力的人士担任。

四、住房公积金管理委员会负责以下工作:

(一)依据有关法律、法规和政策,制定和调整住房公积金的具体管理措施,并监督实施;

(二)拟订住房公积金具体缴存比例;

(三)在中国人民银行确定的中国工商银行、中国农业银行、中国银行、中国建设银行和交通银行范围内,指定受委托办理住房公积金金融业务的银行;

(四)审批住房公积金归集、使用计划(包括购买国债的比例或金额)及计划执行情况的报告;

(五)确定住房公积金个人住房贷款最高额度;

(六)审批单位缓缴住房公积金或降低住房公积金缴存比例的申请;

(七)审议住房公积金年度预算、决算;

(八)审议住房公积金增值收益分配方案;

(九)听取财政部门对住房公积金监督情况的通报、人民银行对受委托银行办理的住房公积金金融业务监管的通报、住房公积金管理中心根据审计报告进行整改的汇报,并作出相应的决议或处理意见;

(十)审议住房公积金管理中心提出的住房公积金呆坏账核销申请;

(十一)审议住房公积金管理中心拟向社会公布的住房公积金年度公报;

（十二）推荐住房公积金管理中心主任、副主任人选，对不称职的主任、副主任提出更换建议；

（十三）需要决策的其他事项。

五、住房公积金管理委员会的会议制度：

（一）住房公积金管理委员会每季度至少召开一次会议；必要时，由主任委员或部分委员联合提议，或住房公积金管理中心提议，可临时召开会议；

（二）会议由主任委员主持，主任委员因故不能出席时，应委托一位副主任委员主持；

（三）会议须有四分之三以上的委员出席，委员因特殊情况不能出席会议时，可以委托熟悉情况的有关人员携其书面意见参加会议，受委托人不享有表决权；

（四）住房公积金管理委员会实行民主决策，委员要充分发表意见，对有关事项的决策实行表决制，决议须住房公积金管理委员会全体委员三分之二多数通过；

（五）住房公积金管理委员会对有关事项的审议情况、表决结果和决议要形成会议纪要；

（六）住房公积金管理委员会决议应当报设区城市人民政府及上级建设、财政、人民银行等部门备案。

六、住房公积金管理委员会拟订的章程或议事规则，应当报设区城市人民政府备案后执行。

七、住房公积金管理委员会依法自主决策，任何部门、单位和个人不得干涉。

有关部门和单位应严格执行住房公积金管理委员会决议。住房公积金管理委员会决议违反法律、法规和有关规定的，住房公积金管理委员会委员、执行决议的部门或单位均有权向上级建设行政主管部门报告，上级建设行政主管部门会同同级财政部门，依据管理职权责令住房公积金管理委员会限期改正。

八、住房公积金管理委员会委员应当恪尽职守，不得滥用职权、徇私舞弊。

对不称职的委员，由住房公积金管理委员会提出建议，设区城市人民政府予以解聘，并按本意见规定更换新的委员。

中华人民共和国建设部<br>中华人民共和国财政部<br>中国人民银行<br>中央机构编制委员会办公室<br>中华人民共和国国家经济贸易委员会<br>中华人民共和国监察部<br>中华人民共和国劳动和社会保障部<br>中华人民共和国审计署<br>国务院法制办公室<br>中华全国总工会<br>二〇〇二年六月十九日

# 建设部、财政部、中国人民银行
# 关于住房公积金管理中心职责和内部授权管理的指导意见

（建金管〔2003〕70号）

各省、自治区建设厅，直辖市、计划单列市、新疆生产建设兵团住房公积金管理委员会、住房公积金管理中心：

为规范住房公积金管理中心（以下简称管理中心）与其分支机构、业务经办网点的职责权限，根据《住房公积金管理条例》（国务院令第350号，以下简称《条例》）、《国务院关于进一步加强住房公积金管理的通知》（国发〔2002〕12号，以下简称《通知》）以及《关于完善住房公积金决策制度的意见》（建房改〔2002〕149号）、《关于住房公积金管理机构调整工作的实施意见》（建房改〔2002〕150号，以下简称《机构调整意见》）等有关规定，制定本指导意见。

**一、基本准则**

（一）管理中心是依照《条例》规定设立的直属设区城市（直辖市、省会城市以及其他设区的市、地、州、盟）人民政府的不以营利为目的的独立事业单位，按照有关规定登记为事业单位法人，依法独立享有民事权利和承担民事责任。

（二）管理中心根据住房公积金管理委员会（以下简称管委会）的统一决策，统一负责其管辖范围内住房公积金的管理运作，实行统一规章制度、统一核算。

（三）管理中心设立分支机构和业务经办网点，应当符合《条例》、《通知》和《机构调整意见》等规定。

（四）分支机构和业务经办网点不是独立的事业法人，在管理中心授权范围内履行相应的住房公积金管理职责。

**二、管理中心的职责**

（一）编制住房公积金的归集、使用计划，并组织执行，编报计划执行情况的报告；

（二）编制住房公积金的年度预决算，经设区城市财政部门审核，提交管委会审议后组织执行；

（三）委托由管委会按中国人民银行规定指定的商业银行办理住房公积金贷款、结算等金融业务和住房公积金账户的设立、缴存、归还等手续，与受委托银行签订委托协议，按规定支付手续费；

（四）负责住房公积金的统一核算，指导、监督分支机构的内部核算；

（五）拟订住房公积金具体管理办法，经管委会审议通过后实施；

（六）审批个人住房公积金的提取和个人住房委托贷款的发放，按照管委会审议批准的比例购买国债；

（七）负责住房公积金的保值和归还；

（八）提出住房公积金增值收益分配方案，经设区城市财政部门审核，报管委会审议后执行；

（九）审核单位降低住房公积金缴存比例或者缓缴的申请，报管委会批准后执行；

（十）与职工、单位和受委托银行定期对账；

（十一）建立职工住房公积金个人明细账，向职工发放缴存住房公积金的有效凭证；

（十二）组织建立管理中心及其所属机构的业务管理信息系统，并与上级住房公积金行政监管部门联网，纳入全国住房公积金监督管理信息系统；

（十三）向设区城市财政部门和管委会报送住房公积金财务报告，经管委会审议通过后定期向社会公布；

（十四）向设区城市财政部门提出住房公积金呆账核销申请，经管委会审议通过后，根据省级财政部门的审批意见办理呆账核销，并报上级住房公积金行政监管部门备案；

（十五）承办管委会决定的其他事项。

**三、建立和完善法人内部授权管理制度**

（一）根据管理水平、工作业绩、风险控制能力以及业务管理工作的需要等，管理中心对分支机构、业务经办网点实行法人内部授权管理。分支机构和业务经办网点应在授权范围内履行住房公积金管理职责，不得超越权限。

（二）法人内部授权分为基本授权和特别授权。基本授权是指管理中心授予分支机构和业务经办网点对其管理范围内住房公积金的基本管理权限。特别授权是指管理中心授予分支机构对其管理范围内住房公积金基本管理权限以外的权限。

（三）基本授权包括以下事项：

1. 执行、完成住房公积金的归集和使用计划；

2. 记载职工住房公积金的缴存、提取、贷款等情况；

3. 审核住房公积金的提取和转移；

4. 受理职工个人住房委托贷款的申请，负责贷款审核和贷后管理；

5. 负责住房公积金的催建和催缴；

6. 办理住房公积金的对账和查询；

7. 提供住房公积金政策咨询。

（四）特别授权包括以下事项：

1. 在管理中心委托的商业银行开设住房公积金专用账户，或者在管理中心住房公积金账户下设立二级账户；

2. 编制并向管理中心报送分支机构住房公积金归集和使用计划、年度预决算及计划执行情况的报告；

3. 按照统一的财务和会计制度实行内部核算，对管理范围内的住房公积金管理业务进行会计处理和成本核算，增值收益单独列账；

4. 提出分支机构增值收益分配方案，报管理中心统一按规定办理审批手续后执行；

5. 按规定提取风险准备金。发生呆坏账时，通过管理中心按规定程序审批后，办理呆账核销；

6. 经管委会同意，承办管理中心授权的其他事项。

建设部会同有关部门调整分支机构有关政策后，将对特别授权的内容进行相应调整。

（五）管理中心对分支机构、业务经办网点授权，应按年度签订书面授权书。授权书应包括：授权人全称和法定代表人姓名、受权人全称和主要负责人姓名、授权范围和期限、越权责任追究以及授权人认为需要明确的其他事项等内容。授权人与受权人应当在授权书上签字和盖章。

（六）管理中心实行法人内部授权管理的有关规定应经管委会审议后实施；授权书签订后报管委会和上级住房公积金行政监管部门备案。

**四、加强内部控制和监督管理**

（一）管理中心根据设区城市编制管理部门核准的人员编制和业务需要，择优聘用工作人员。业务经办网点的工作人员由管理中心委派。分支机构在核定的编制内择优聘用工作人员，办理有关录用手续。分支机构负责人由管理中心聘任，经管委会提名，可兼任管理中心副主任。

（二）管理中心的管理费用按照有关规定实行“收支两条线”管理。业务经办网点的日常办公经费由管理中心统一管理、拨付和核算。分支机构按年度编制管理费用预算，由管理中心汇总报设区城市财政部门统一批复。分支机构按照批准的数额从其增值收益中通过管理中心上交财政部门，管理中心将财政部门拨付的相应的管理费用如数拨付到分支机构的管理费用账户内，由分支机构按规定使用并进行核算。

（三）管理中心要加强内部管理和控制制度建设，建立岗位责任、档案管理、稽核和内部审计、考核、奖惩等制度，制定日常业务、费用收支等管理办法，统一业务操作规程，加强账户、现金和报账管理，防范资金风险。

（四）管理中心要加强对分支机构和业务经办网点授权管理执行情况的检查，定期进行业绩考核，根据考核和检查的结果，按规定及时调整授权范围。

（五）管理中心应通过网络管理系统，对分支机构和业务经办网点的日常业务活动进行监督。

（六）分支机构和业务经办网点应在授权范围内依法从事各项业务活动，超出授权范围从事业务活动的，管理中心要予以纠正；造成经济损失的，应追究其主要负责人和直接责任人的行政责任与经济责任，构成犯罪，应移送司法机关追究有关人员的刑事责任。

**五、其他**

（一）各地可根据本意见，结合实际制定具体办法贯彻执行。

（二）本意见自发布之日起施行。

中华人民共和国建设部

中华人民共和国财政部

中国人民银行

二〇〇三年四月三日

# 关于住房公积金管理若干具体问题的指导意见

（建金管〔2005〕5号）

各省、自治区建设厅、财政厅、人民银行各分支机构，直辖市、新疆生产建设兵团住房公积金管理委员会、住房公积金管理中心：

为进一步完善住房公积金管理，规范归集使用业务，健全风险防范机制，维护缴存人的合法权益，发挥住房公积金制度的作用，现就住房公积金管理若干具体问题提出如下意见：

一、国家机关、国有企业、城镇集体企业、外商投资企业、城镇私营企业及其他城镇企业、事业单位、民办非企业单位、社会团体（以下统称单位）及其在职职工，应当按《住房公积金管理条例》（国务院令第350号，以下简称《条例》）的规定缴存住房公积金。有条件的地方，城镇单位聘用进城务工人员，单位和职工可缴存住房公积金；城镇个体工商户、自由职业人员可申请缴存住房公积金，月缴存额的工资基数按照缴存人上一年度月平均纳税收入计算。

二、设区城市（含地、州、盟，下同）应当结合当地经济、社会发展情况，统筹兼顾各方面承受能力，严格按照《条例》规定程序，合理确定住房公积金缴存比例。单位和职工缴存比例不应低于5%，原则上不高于12%。采取提高单位住房公积金缴存比例方式发放职工住房补贴的，应当在个人账户中予以注明。未按照规定程序报省、自治区、直辖市人民政府批准的住房公积金缴存比例，应予以纠正。

三、缴存住房公积金的月工资基数，原则上不应超过职工工作地所在设区城市统计部门公布的上一年度职工月平均工资的2倍或3倍。具体标准由各地根据实际情况确定。职工月平均工资应按国家统计局规定列入工资总额统计的项目计算。

四、各地要按照《条例》规定，建立健全单位降低缴存比例或者缓缴住房公积金的审批制度，明确具体条件、需要提供的文件和办理程序。未经本单位职工代表大会或者工会讨论通过的，住房公积金管理委员会和住房公积金管理中心（以下简称管理中心）不得同意降低缴存比例或者缓缴。

五、单位发生合并、分立、撤销、破产、解散或者改制等情形的，应当为职工补缴以前欠缴（包括未缴和少缴）的住房公积金。单位合并、分立和改制时无力补缴住房公积金的，应当明确住房公积金缴存责任主体，才能办理合并、分立和改制等有关事项。新设立的单位，应当按照规定及时办理住房公积金缴存手续。

六、单位补缴住房公积金（包括单位自行补缴和人民法院强制补缴）的数额，可根据实际采取不同方式确定：单位从未缴存住房公积金的，原则上应当补缴自《条例》（国务院令第262号）发布之月起欠缴职工的住房公积金。单位未按照规定的职工范围和标准缴存住房公积金的，应当为职工补缴。单位不提供职工工资情况或者职工对提供的工资情况有异议的，管理中心可依据当地劳动部门、司法部门核定的工资，或所在设区城市统计部门公布的上年职工平均工资计算。

七、职工符合规定情形，申请提取本人住房公积金账户内存储余额的，所在单位核实后，应出具提取证明。单位不为职工出具住房公积金提取证明的，职工可以凭规定的有效证明材料，直接到管理中心或者受委托银行申请提取住房公积金。

八、职工购买、建造、翻建、大修自住住房，未申请个人住房公积金贷款的，原则上职工本人及其配偶在购建和大修住房一年内，可以凭有效证明材料，一次或者分次提取住房公积金账户内的存储余额。夫妻双方累计提取总额不能超过实际发生的住房支出。

九、进城务工人员、城镇个体工商户、自由职业人员购买自住住房或者在户口所在地购建自住住房的，可以凭购房合同、用地证明及其他有效证明材料，提取本人及其配偶住房公积金账户内的存储余额。

十、职工享受城镇最低生活保障；与单位终止劳动关系未再就业、部分或者全部丧失劳动能力以及遇到其他突发事件，造成家庭生活严重困难的，提供有效证明材料，经管理中心审核，可以提取本人住房公积金账户内的存储余额。

十一、职工调动工作，原工作单位不按规定为职工办理住房公积金变更登记和账户转移手续的，职工可以向管理中心投诉，或者凭有效证明材料，直接向管理中心申请办理账户转移手续。

十二、职工调动工作到另一设区城市的，调入单位为职工办理住房公积金账户设立手续后，新工作地的管理中心应当向原工作地管理中心出具新账户证明及个人要求转账的申请。原工作地管理中心向调出单位核实后，办理变更登记和账户转移手续；原账户已经封存的，可直接办理转移手续。账户转移原则上采取转账方式，不能转账的，也可以电汇或者信汇到新工作地的管理中心。调入单位未建立住房公积金制度的，原工作地管理中心可将职工账户暂时封存。

十三、职工购买、建造、翻建和大修自住住房需申请个人住房贷款的，受委托银行应当首先提供住房公积金贷款。管理中心或者受委托银行要一次性告知职工需要提交的文件和资料，职工按要求提交文件资料后，应当在15个工作日内办完贷款手续。15日内未办完手续的，经管理中心负责人批准，可以延长5个工作日，并应当将延长期限的理由告知申请人。职工没有还清贷款前，不得再次申请住房公积金贷款。

十四、进城务工人员、城镇个体工商户和自由职业人员购买自住住房时，可按规定申请住房公积金贷款。

十五、管理中心和受委托银行应按照委托贷款协议的规定，严格审核借款人身份、还款能力和个人信用，以及购建住房的合法性和真实性，加强对抵押物和保证人担保能力审查。要逐笔审批贷款，逐笔委托银行办理贷款手续。

十六、贷款资金应当划入售房单位（售房人）或者建房、修房承担方在银行开设的账户内，不得直接划入借款人账户或者支付现金给借款人。

十七、借款人委托他人或者中介机构代办手续的，应当签订书面委托书。管理中心要建立借款人面谈制度，核实有关情况，指导借款人在借款合同、担保合同等有关文件上当面签字。

十八、各地要根据当地经济适用住房或者普通商品住房平均价格和居民家庭平均住房水平，拟订住房公积金贷款最高额度。职工个人贷款具体额度的确定，要综合考虑购建住房价格、借款人还款能力及其住房公积金账户存储余额等因素。

十九、职工使用个人住房贷款(包括商业性贷款和住房公积金贷款)的,职工本人及其配偶可按规定提取住房公积金账户内的余额,用于偿还贷款本息。每次提取额不得超过当期应还款付息额,提前还款的提取额不得超过住房公积金贷款余额。

二十、职工在缴存住房公积金所在地以外的设区城市购买自住住房的,可以向住房所在地管理中心申请住房公积金贷款,缴存住房公积金所在地管理中心要积极协助提供职工缴存住房公积金证明,协助调查还款能力和个人信用等情况。

本意见自发布之日起实施。各地可以结合实际制订具体办法。

中华人民共和国建设部
中华人民共和国财政部
中国人民银行
二〇〇五年一月十日

## 关于住房公积金管理几个具体问题的通知

(建金管〔2006〕52 号)

各省、自治区建设厅、财政厅、人民银行分支机构,直辖市、新疆生产建设兵团财政(财务)局、住房公积金管理委员会、住房公积金管理中心:

近来,一些部门和地方就《住房公积金管理条例》(以下简称《条例》)中"在职职工"的范围、企业"离岗退养"职工和企业破产中有关住房公积金问题,请建设部、财政部等部门明确政策。经研究,现就有关问题通知如下:

**一、关于《条例》中"在职职工"的范围**

根据《条例》、国家统计局有关统计指标解释和劳动保障部有关规定,《条例》所称在职职工,是指在国家机关、国有企业、城镇集体企业、外商投资企业、城镇私营企业及其他城镇企业、事业单位、民办非企业单位,社会团体(以下统称单位)中工作,并由单位支付工资的各类人员(不包括外方及港、澳、台人员)以及有工作岗位,但由于学习、病伤产假(六个月以内)等原因暂未工作,仍由单位支付工资的人员。包括与单位签定劳动合同或符合劳动保障部门认定的形成事实劳动关系的在岗职工,不包括已离开本单位仍保留劳动关系的离岗职工。

**二、关于国有企业"离岗退养"职工住房公积金问题**

国有企业职工退出工作岗位休养(简称"离岗退养")是企业处理与职工劳动关系的一种形式,属于企业行为。符合《国有企业富余职工安置规定》(国务院令第 111 号)规定"离岗退养"的职工,在未办理正式退休手续前，住房公积金问题自其劳动关系所在企业在确定“离岗退养”期间生活费时，根据具体情况予以考虑；办理正式退休手续后，按照退休人员相关规定执行。

**三、关于破产企业为职工补缴住房公积金的资金来源问题**

按照《条例》规定，企业应当为其在职职工缴存住房公积金。符合国家政策性破产条件的企业，经批准实施破产的，企业为职工补缴的住房公积金，应当由企业在破产清算资金中解决。破产清算资金不足的，可参照《中共中央办公厅、国务院办公厅关于进一步做好资源枯竭矿山关闭破产工作的通知》（中办发〔2000〕11 号）和《国务院办公厅转发国家经贸委等部门关于解决国有困难企业和关闭破产企业职工基本生活问题若干意见的通知》（国办发〔2003〕2 号）等文件规定执行。

中华人民共和国建设部
中华人民共和国财政部
中国人民银行
二〇〇六年三月十三日

## （三）市级文件

# 萍乡市人民政府关于印发《萍乡市深化城镇住房制度改革的若干规定》的通知

（萍府发〔1996〕50号）

各县区、镇人民政府，各街道办事处，市政府各部门，市属各企事业单位，驻萍中央、省属各单位：

我市深化城镇住房制度改革若干规定经市委、市政府讨论通过，并经省房改领导小组批准，决定从1997年1月1日起开始实施。

现将《萍乡市深化城镇住房制度改革的若干规定》及七个实施细则一并印发给你们，请遵照执行。

深化住房制度改革，是深化经济体制改革的重要组成部分，是一项复杂的系统工程。希望你们切实加强领导，认真做好宣传发动工作，使广大干部群众对深化城镇住房制度改革有比较深刻的理解，继续积极参与这项改革。各部门要密切配合，通力协作。对实施过程中出现的情况和问题，要及时报市房改办，以确保城镇住房制度改革顺利进行。

一九九六年十二月二十五日

## 萍乡市深化城镇住房制度改革的若干规定

为进一步深化我市城镇住房制度改革，促进住房商品化和住房建设，根据国发〔1994〕43号《国务院关于深化城镇住房制度改革的决定》（以下简称决定）和赣府发〔1995〕77号《江西省人民政府贯彻国务院关于深化城镇住房制度改革决定的实施办法》（以下简称《实施办法》），结合萍乡实际，制定本规定。

**一、我市城镇住房制度改革基本内容和近期任务**

（一）改革的根本目的

建立与社会主义市场经济体制相适应的新的城镇住房制度，实现住房商品化、社会化；加快住房建设，改善居民居住条件，满足城镇居民不断增长的住房需求。

（二）改革的基本内容

把住房建设投资由国家、单位统包的体制改变为国家、单位、个人三者合理负担的体制；把各单位建设、分配、维修、管理住房的体制改变为社会化、专业化运行的体制，把住房实物福利分配的方式改变为以按劳分配为主的货币工资分配方式；建立以中低收入家庭为对象、具有社会保障性质的经济适用住房体系；建立住房公积金制度；发展住房金融和住房保险，建立政策性和商业性并存的住房信贷体系；建立规范化的房地产交易市场和发展社会化的房屋维修、管理市场，逐步实现住房资金投入产出的良性循环，促进房地产业和相关产业的发展。

（三）改革的近期任务

全面推行住房公积金制度，建立稳定的资金渠道；积极推进租金改革，到本世纪末租金水平分步达到占双职工家庭平均工资收入的12%，力争达到15%，稳步出售公有住房，做好与原有房改政策的衔接工作，发展房地产交易市场和社会化的房屋维修管理市场；加快经济适用住历建设。到本世纪末建立起新的城镇住房制度，使城镇居民人均居住面积达到12平方米以上。

**二、全面推行住房公积金制度**

（四）住房公积金是一种长期性住房储金实行住房公积金制度，有利于形成稳定的住房资金来源，有利于转换住房分配体制，有利于住房资金的积累、周转和政策性抵押贷款制度的建立，有利于促进住房建设。

（五）中央、省驻萍单位和市、区（县）、镇所有行政、事业和企业（合国营、集体）单位的固定职工、劳动合同制职工和外商投资企业中的中方合同制职工，均应按照“个人存储、单位资助、统一管理、专项使用”的原则建立住房公积金制度。离退休职工、临时工、外商投资企业中的外方职工不实行住房公积金制度。

（六）住房公积金由在职职工个人及其所在单位逐月交纳。

缴交方法按职工本人上年末月工资计算（月工资计算方法按国家统计局的规定办理）。职工个人交纳的住房公积金由所在单位从其工资中代扣，并连同单位应为职工交纳的部分，在每月发放工资后7天内，由单位统一存入市住房公积金管理中心在银行设立的专户。

单位和个人交纳的住房公积金均归职工个人所有，在职工离退休或调离本市时，本金和利惠余额一次结清，退还职工本人。

职工的住房公积金本息免征个人所得税。

（七）1997年单位和职工个人公积金的缴交率各为5%，外商投资企业及其中方职工各为7%。今后公积金的缴交率将随着经济发展和职工收入提高适时调整。

对1996年6月30日以前已按规定购买公房（含已集资建房和购置安居工程住房的职工、下同）的职工，经市房改办批准，单位资助公积金的缴交率可暂降低到3%～4%，个人仍按5%缴交。经市、区财政、税务和市住房公积金管理中心核定为严重亏损的国营企业或集体企业，经职工代表大会通过后，提出申请，报市房改领导小组批准，可分步达到规定的公积金比例。

家庭人均收入低于全市最低生活水平线的职工，经本人申请，所在单位签证，市公和金管理中心批准，可以缓交公积金。

（八）未经批准不实行或不按规定实行公积金制度的单位，不得按房改规定出售公有住房和集资建房，不得享受政策性住房专项贷款。

（九）住房公积金核定后，单位不按规定代扣交纳的，逾期七天后，市住房公积金管理中心可委托银行划拨。

（十）住房公积金实行银行专户存储，专款专用，严禁挪作他用。

（十一）企业为职工交纳的住房公积金，从企业提取的住房折旧和其他划转资金中解决，不足部分经财政、税务和市住房公积金管理中心核定，在成本中列支；全额预算的行政、事业单位由财政预算拨付；差额预算的事业单位按差额比例在财政预算和单位自有资金中解决；自收自支事业单位比照企业开支渠道列支。

（十二）职工的公积金存款，年度内逐月交存的，按法定活期储蓄利率计息；跨年度结存的，按法定三个月定期储蓄利率计息。

（十三）建立和完善住房公积金管理制度，加强住房公积金的管理。市人民政府制定住房公积金的归集、使用、管理等有关政策。市房改领导小组负责审批住房公积金的年度使用计划和财务收支预决算。成立市住房公积金管理中心，接受市房改领导小组领导，挂靠市房改办。

（十四）住房公积金金融业务，市人民政府暂时委托建行、工行两家专业银行代理。具体委托代理范围以市人民政府萍府办发〔1995〕50 号通知精神办理。市住房公积金管理中心要在委托银行开设住房公积金专户等。市住房公积金管理中心要与受委托的专业银行签订委托协议。

（十五）各家专业银行要大力支持住房公积金的划转，不得压票或拒办。凡借故拖延汇转或压票拒办的，由市人民银行和市监察、审计、房改等部门按违反银行结算纪律组织查处。

**三、分步推进租金改革**

（十六）要在职工家庭合理住房支出范围内加大租金改革力度，根据国务院《决定》和省政府《实施办法》对住房租金改革的总体要求，我市租金改革规划为：1997 年住房租金为双职工家庭平均工资的 4%，今后每年提高 2%，到 2000 年，达到 12%，力争达到 15%。

按照上述规划要求，我市 1997 年住房租金标准由现行的平均 0.254 元/平方米调整为平均 0.53 元/平方米，各类住房提租的具体标准，按《附件二》规定执行。

从 1998 年起，住房租金标准每年调整一次，由市物价、房改等部门根据上年职工家庭工资收入增长水平综合测定，报市政府批准后公布执行。

（十七）有条件的企事业单位，可以加大租金改革力度，由单位根据租金改革规划，确定租金标准，报市房改领导小组批准后执行。

（十八）按《江西省人民政府关于颁发城镇住房制度改革三个单项暂行办法的通知》（赣府发〔1991〕19 号）和《萍乡市城镇住房制度改革试行方案》（萍府发〔1991〕44 号）规定，继续实行超标加租办法。

（十九）租金调整后，对住房在规定面积标准内的下列人员，在一定时期内按以下标准分别给予减免。

1. 1937 年 7 月 6 日前参加革命工作的离休干部、政府民政部门确定的社会救济对象和非在职的优抚对象，提租后净增支部分免交。

2. 1945 年 9 月 2 日前和 1949 年 9 月 30 日前参加革命工作的离休人员。提租后净增支部分，分别减收75%和50%;退休职工提租后净增支部分,减收25%。

3. 已故离休干部的配偶,提租后净增支部分,按离休干部同等比例减免。1949年9月30日前参加工作,实行离休制度前故去的老干部,其配偶与已故离休干部的配偶享受同等减免待遇。

4. 凡市、县以上人民政府规定不得出售的公房,承租人又未参加集资建房和未享受房改购房优惠政策的职工,新增租金可按双职工工龄之和乘以每年工龄0.6%由产权单位折扣减收。

5. 家庭人均收入低于全市人均最低生活水平线的职工,提租后净增支部分免交。

**四、积极出售公有住房**

(二十)凡符合出售条件的城镇公有住房,除省、市政府规定不予出售的以外,均可向现居住的城镇职工、居民(以下简称职工)出售。职工购买住房坚持自愿的原则。新建住房和腾空的旧住房实行先售后租,并优先出售给住房困难户。

(二十一)售房价格。向高收入职工家庭出售公房实行市场价,向中低收入职工家庭出售公房实行成本价。成本价包括住房的征地和拆迁补偿费、勘案设计和前期工程费、建安工程费、基础设施配套费、管理费、贷款利惠和税费等7项因素。

根据国务院《决定》要求测算,我市1997年出售公房每平方米建筑面积的成本价格平均为680元。

住房的实际售价应根据所处位置、地段,结合层次、朝向、设施和装修标准等因素区别计价。

(二十二)政府为鼓励职工按成本价购买公有住房,对按成本价购房的,一次性给予以下折扣。

1. 住房折旧折扣,每年2%,折旧年限最多不超过30年。

2. 工龄折扣,根据建立公积金制度前购房人夫妇两人工龄和计算,每一年工龄给予0.6%的房价折扣。职工工龄计算按劳动人事部门有关规定执行。

3. 一次性付款折扣,1997年为20%。

4. 现住房折扣5%,以后逐年递减1%。

5. 地段朝向等折扣标准。按《附件二》执行。

6. 契税由6%降低为2%。

(二十三)职工按成本价购买公房,每个家庭只能享受一次,购房面积必须严格按照市政府规定的标准执行,超过标准的面积按成本价全额计价,不予优惠。

(二十四)售房价格要逐步提高。向职工出售公房的成本价和市场价,根据实际情况每年由物价、房改有关部门测定,报市房改领导小组批准后执行。

(二十五)付款方式

1. 职工以成本价购房原则上应一次付清购房款。确有困难的,职工首期支付的购房款应不低于30%,其余部分可申请住房抵押贷款。

2. 职工申请住房抵押贷款,由其所在单位担保并负责办理其房屋他项权证交银行抵押。按成本价购房的其贷款期限新房不超过10年,旧房不超过5年。

购房的贷款利息,由职工个人支付,单位不得贴息。

3. 购房抵押贷款的利率,按人民银行有关规定执行。

(二十六)明确产权

1. 职工以市场价购买的住房,产权归个人所有,可以依法进入市场,按规定并缴纳有关税费后,收入归个人所有。

2. 职工以成本价购买的住房,产权也归个人所有,一般住用5年后,可以依法进入市场,按规定交纳有关税费后,收入归个人所有。

3. 1993年12月30日前,经市房改办批准出售的单位公有住房,仍按原规定的部分产权执行。但明确其产权比例:(1)以原标准价购房的,个人与单位产权比例为6:4,即个人拥有60%的产权,原产权单位拥有40%的产权。(2)1996年6月30日前,单位集资建房后将产权转售给职工的,个人与单位的产权比例按购房款占购房当时成本价的比例确定。

明确界定产权比例后,鼓励个人购买原产权单位拥有的部分产权,个人付清房款后,重新填报《购买公有住房全部产权审批表》,经市房改办审批后,换发产权证书,个人拥有全部产权。

(二十七)凡按房改政策购买的公有住房,本方案出台后未购买全部户权的。职工因工作需要调离本市的,所购住房如退交售房单位,原售房单位退还实际购房款及利息,但要按规定扣交房租。利率按银行一年定期利率连年计算。

(二十八)公房出售后,室内维修由购房者个人负责,费用自理。共用部位和共用设施的维修养护,由业主或其委托的物业管理机构负责。住房出售单位和购房个人在售房时应各按售房款总额缴纳5%的公共部分维修基金,存入市住房公积金管理中心在银行设立的专户,本金不动,利息用于共用部位设施维修开支,不足部分由产权单位按有关规定分摊。

本规定发布前已出售的公有住房,单位和个人也应按上述规定补交公共部分维修基金。

改革现行住房管理体制,发展各种所有制形式的物业管理企业和推进社会化的房屋维修管理服务。

(二十九)国有住房资金全部留归原产权单位,仍属国有资产,但必须加强管理,专项用于单位住房建设,不准挪作他用。

**五、加快经济适用住房的开发建设**

(三十)经济适用住房系指利用政府的优惠政策,按成本价出售的无利或微利住房工程。主要包括安居工程、集资建房、合作建房。

经济适用住房要在统一规划前提下,由市人民政府委托的房地产开发企业或单位实行综合开发、配套建设,并与城镇危旧住房改造和住宅小区建设结合起来。

(三十一)经济适用住房审批办法,按原集资建房审批规定办理,房屋竣工后由市物价、房改部门按国务院决定中规定的七项因素共同核定售价。

(三十二)经济适用住房建设经市房改办会同有关部门批准后,其建设用地原则上采用行政划拨方式供应。并按国务院《决定》和省政府《实施办法》规定给予政策扶植。

(三十三)全市各级房地产开发企业,在每年的建房总量中,经济适用住房要占20%以上。在建房、售房等方面,对离退休职工、教师、军属和住房特困户应予以优先安排。

(三十四)单位建设或购置经济适用住房后,将产权转售给职工个人,其审批程序及政策与公房出售规定相同。

**六、其他**

（三十五）为提高城市建设的综合效益，职工和居民个人不得在城市规划中心区内建造私房。土地、城市建设主管部门不准为职工和居民办理建私房征地及准建手续。原有私房确需拆迁改造的，必须报经城市建设主管部门批准。

户口不在市区五街和安源经济开发区的农户，不准到该范围内建造私房。

不在城市规划中心区内的乡、镇，不准到城市规划中心区内建造私房。

（三十六）按照属地管理原则，包括萍矿在内的全市城镇所有单位（铁路系统和军队系统例外），不论隶属关系，都必须执行本规定。

（三十七）本规定由市城镇住房制度改革办公室负责解释。

（三十八）本规定发布前我市原有房改政策和规定，凡与本规定不一致的，一律以本规定为准。

（三十九）本规定自一九九七年元月一日起实施。

# 萍乡市住房公积金制度实施细则

## 第一章　总　则

**第一条**　根据《萍乡市深化城镇住房制度改革的若干规定》，特制定本实施细则。

**第二条**　住房公积金（以下简称公积金）是一种政策性、义务性、长期性住房储金。职工在工作期间其个人和所在单位均应按工资总额的一定比例逐月交纳，归职工个人所有，作为职工个人住房基金。

**第三条**　实行住房公积金制度，有利于形成稳定的住房资金来源，有利于转换任房分配体制，有利于住房资金的积累、周转和政策性抵押贷款制度的建立，有利于促进住房建设。

## 第二章　范围和对象

**第四条**　凡在本市范围内的所有中央、省驻萍单位和市、区、镇、街党政机关、群众团体、事业单位和企业单位（包括国营、大集体、小集体企业）的固定职工、劳动合同制职工和外商投资企业中的中方合同制职工，均需按照“个人存储、单位资助、统一管理、专项使用”的原则建立住房公积金制度。

离退休职工、临时工及外商投资企业中的外籍职工不建立公积金。

## 第三章　住房公积金的缴存

**第五条**　职工个人和所在单位公积金缴交额，按上年末职工月平均工资额乘以公积金缴交率。

1997 年单位和个人公积金缴交率各为 5% ,三资企业及其中方职工为 7% 。公积金缴交率随着经济发展和个人收入的变化适时调整,由市房改办测定,报市政府批准后公布执行。

对 1996 年 6 月 30 日以前已购买公房(含已集资建房和购安居工程住房)的职工,经市房改办批准,单位资助公积金的缴交率为 3% ~4% ,职工个人缴交率仍按 5% 交纳。

职工个人与所在单位每月应交存的公积金的实际数额每年由单位申报,经市住房公积金管理中心(以下简称"中心")审定后执行。单位和个人缴存的公积金一律以元为单位上交,不足 1 元的按尾数进 1 的原则交存。

经市、区财政、税务和"中心"核定为严重亏损的企业,经企业职工代表大会通过,由企业申请,报市房改办批准,可分步达到规定的公积金汇缴比例。家庭人均收入低于当地最低生活水平线的职工,经本人申请,所在单位签证,"中心"核准,可以缓交公积金。对未经批准不实行或不按规定实行公积金制度的单位,不得按房改规定出售公有住房和集资建房(含购置安居工程住宅),不得享受政策性住房专项贷款;对未经批准不参加缴交住房公积金的个人,不得享受优惠购房、集资建房和政策性住房贷款。

**第六条** 公积金的缴交基数,按职工上年年末月平均工资总额计算。

企业职工工资总额按国家统计局统制字〔1990〕1 号《关于工资总额组成的规定》文件规定的范围计算。即工资总额由下列六个部分组成:(一)计时工资;(二)计件工资;(三)奖金;(四)津贴和补贴;(五)加班加点工资;(六)特殊情况下支付的工资。

行政、事业单位工资总额按国家统计局统制字〔1990〕1 号文件和国统字〔1994〕37 号《关于机关和事业单位工作人员工资制度改革后劳动统计若干问题的通知》文件规定的范围计算,即工资总额由下列四个部分组成:(一)计时工资;(二)奖金;(三)津贴和补贴;(四)其他工资。

**第七条** 职工个人交纳的住房公积金,在职工个人工资中支付。

**第八条** 单位缴存的住房公积金按下列渠道列支:

(一)企业为职工交纳的住房公积金,从企业提取的住房折旧和其他划转资金(如售房资金等住房基金)中解决;不足部分,在成本费用中列支;

(二)全额预算的行政、事业单位列入财政预算拨付;

(三)差额预算的行政、事业单位按差额比例分别在财政预算中拨付和单位自有资金中解决;

(四)自收自支事业单位比照企业开支渠道列支。

**第九条** 职工个人交纳的住房公积金由所在单位发工资时代扣,连同单位为职工交纳的公积金,在每月发工资后 7 天内一并缴交到"中心",由"中心"统存到银行专户。受委托银行每月应向"中心"填报《住房资金平衡月报表》,与"中心"账目一致。

**第十条** 受委托银行根据中心核定的住房公积金应交数额,负责及时将公积金全额划转到"中心"在银行开设的专户。

**第十一条** 住房公积金审定后,单位不按审定金额代扣交纳的,逾期 7 天(含),"中心"可委托银行划拨,并按应交金额日处 0.4% 的滞纳金。

**第十二条** 单位和个人公积金的缴存,统一由单位财务部门或房改办办理。公积金缴存不受金额起点限制。单位在首次缴纳住房公积金前，须先"中心"办理住房公积金开户登记手续，提交《住房公积金开户情况表》和《住房公积金汇缴清册》，单位在缴纳公积金时须开具《萍乡市住房公积金汇(补)缴款书》(一式五联，代替转账支票和进账单)，属补缴的要同时提交《住房公积金补缴清册》，如当月缴纳情况有变动，则需提交《住房公积金变更清册》一并交入"中心"。

**第十三条** 因各种原因确需缓交公积金的，由单位书面申请，主管部门证明，经市房改办批准，由"中心"执行。

缓交的公积金，应在规定期满后及时补交。否则，按第十一条规定处理。

**第十四条** "中心"在银行的公积金存款及其他房改资金，按三年期零存整取储蓄的存款利率计息。

职工个人的住房公积金存款利率，按银行活期存款利率计息。跨年度结存的按3个月整存整取存款利率计息。每年6月30日为上一年度住房公积金结息日。利息计于下一年度本金，"中心"和银行应在结息后及时和单位对账。

**第十五条** 凡属委托银行归集的住房公积金，归集手续费率按当年住房公积金额归集额的0.5%确定；属"中心"直接归集的住房公积金，不给委托行手续费。

**第十六条** 住房公积金的本金和利息，在国家没有文件规定前，免征个人收入所得税。

## 第四章　住房公积金的支付和转移

**第十七条** 职工个人住房公积金支取项目：

(一)家庭购买自住房费用；

(二)家庭自住房大修理费用。

**第十八条** 职工个人住房公积金的支付和转移：

(一)职工使用公积金购买的住房出售后，须将原购买住房时使用的公积金如数复缴，存入职工原公积金的账户内；

(二)职工离、退休、调离本市、离职或出国定居时，其公积金本金和利息余额一次结清，退还职工本人；

(三)职工调动工作单位时，其公积金本金和利息余款转入新单位该职工名下的公积金账户，由调出单位填写《住房公积金转移通知书》，并送交市住房公积金管理中心审核，办理转移划转手续；

(四)在职期间去世的职工，由其合法继承人或受遗赠人，持有关证明，并经"中心"确认后，提取或转入该继承人的公积金账户内；

(五)职工因请假、停薪留职或其他原因中断工资关系时，从停发工资之日起停止交纳住房公积金，其公积金本息余款仍保留在职工个人的住房公积金账户内，并进行封存，职工恢复工作时，从发工资之日起继续交纳公积金；

(六)发生合并、分离、解散等情形或者被依法宣告破产的单位，自发生上述情况之日起三十日内，由原单位或者清算组织向"中心"办理公积金的变更或者注销缴存登记。

## 第五章 住房公积金的使用

**第十九条** 公积金的使用范围：

（一）职工购买、大修理自住住房抵押贷款；

（二）城市经济适用住房包括安居工程住房建设贷款；

（三）单位购买、建造职工住房专项抵押贷款；

（四）其他贷款。

**第二十条** “中心”应按归集总额15%～20%的比例留作备付金；在保证政策性需求的前提下，可按当年归集总额的13%比例用作增值资本金，主要用于融通和购买国家债券或转为银行定期存款。

**第二十一条** 公积金的使用程序：

（一）公积金使用人向“中心”提出使用申请，由单位开具“住房公积金支取证明书”，经“中心”批准后予以支取，个人缴存的公积金连同单位资助的部分，一年之后才可以按规定支取；

（二）“中心”根据经批准的年度使用计划，编报月贷款使用计划，报房改办批准后，由“中心”进行调查审定，按程序报经批准后，确定贷款对象和金额；

（三）委托行根据“中心”确定的贷款对象和金额办理贷款发放手续，贷款手续费按贷款利息收入的5%确定，由“中心”在贷款本息收回时，按其贷款本息实收比例一次付给受托行，每月末“中心”与受托行结算一次；

（四）住房公积金政策性贷款利率，按国家规定的标准执行，单位额度外（超过缴交公积金数额）按银行拆借资金利率计息（此种贷款为乙种贷款）；

（五）对住房公积金的信贷和支取，经“中心”批准后，各受委托承办银行不得借故拒办或拖办，否则，按违反银行结算纪律，由人民银行予以经济处罚。

**第二十二条** 经“中心”审查确定的贷款对象，在办理贷款手续时，须一并办理贷款保险手续，其保险费由申请贷款人或单位承担，具体办法另定。

**第二十三条** 住房公积金不作财政预算资金，不纳入财政预算外资金管理。住房公积营运的净结余，安排较大开支，应经房改领导小组或政府常务会议决定。

## 第六章 住房公积金的管理

**第二十四条** 萍乡市住房制度改革领导小组是公积金的决策机构，负责制定住房公积金的归集、使用、管理等有关政策规定，审批住房公积金的年度归集计划、使用计划，市房改办实施对“中心”日常工作的领导和监督。

**第二十五条** “中心”是市政府营运住房公积金的事业性机构。隶属市房改领导小组领导，挂靠市房改办，具体负责全市住房公积金及其它政策性住房资金的归集、支付、核算和编制使用计划等具体管运工作。“中心”实行独立核算、自求平衡、自负盈亏、自我发展。

**第二十六条** 市住房公积金管理中心的具体职责：

(一)核定住房公积金的缴交基数,报市房改办批准后执行;

(二)负责各单位住房公积金的归集;

(三)负责各单位其他住房资金的收缴;

(四)负责各单位按月汇缴的住房公积金的营运和管理;

(五)偿还职工住房公积金本息;

(六)负责住房公积金的保值、增值;

(七)督促银行收回贷款本息;

(八)执行市房改领导小组和市房改办决定的其他事项;

**第二十七条** 住房公积金的业务由市公积金管理中心办理,公积金的金融业务委托工行、建行两行代理,并与其信贷部签订委托合同,明确双方的责任、权利和义务。

“中心”在委托银行同时开设住房公积金存款专户、售房资金存款专户、集资款专户、住房租金专户、委托贷款户、城市住房基金专户及结算户。

**第二十八条** 受委托银行要按照委托协议精心操作,力争不发生呆账。接受“中心”的业务监督和管理。

**第二十九条** 住房公积金及管理机构的财务会计制度,暂参照银行会计制度执行。

**第三十条** 管理中心要建立职工个人住房公积金对账制度,接受财政、审计部门的监督检查和社会监督。

## 第七章 附 则

**第三十一条** 任何单位和个人不得截留或挪用住房公积金。凡截留或挪用住房公积金的,要限期归还,并对截留或挪用单位和个人给予行政处分,违反法律的,依法惩处和经济处罚。

**第三十二条** 各家金融机构应及时汇转住房公积金,不得压票或拒办。凡借故拖延汇转或压票拒办的,按违反银行结算纪律由市人民银行、市监察局联合组织查处。

**第三十三条** 萍乡矿务局等中央省属企事业单位按属地原则,自 1997 年 1 月 1 日起和市区同步按本办法规定实行住房公积金制度。原已归集的住房公积金同时并入“中心”的“住房公积金专户”,记入职工个人住房公积金账户,实行专户管理。

# 萍乡市单位住房专项贷款实施细则

## 第一章 总 则

**第一条** 根据《萍乡市深化城镇住房制度改革的若干规定》,特制定本细则。

**第二条** 单位住房专项贷款的资金来源,是单位和职工缴交的住房公积金及其他房改资金。单位住房专项贷款的用途,限定于住房建设或购买住房。

## 第二章 贷款对象和条件

**第三条** 贷款对象

凡本市范围内的中央、省驻萍单位,市、区、镇、街所有行政事业单位、群众团体和企业,因建造、购买住房资金不足,符合本办法贷款条件者,均可申请贷款。

**第四条** 申请贷款的条件:

1. 在"中心"开设公积金账户的法人;

2. 贷款项目已纳入本市购房或建房计划;

3. 申请贷款的法人已按规定汇缴公积金一年(含)以上;

4. 购房或建房自筹资金已落实,并已开始履行合同和住房已正式动工,并按有关规定办理了建房手续;

5. 有按期归还贷款本息的能力;

6. 已将单位原有住房资金及自筹资金存入市住房公积金管理中心(以下简称"中心")专户:

7. 同意办理住房专项贷款抵押综合保险;

**第五条** 申请贷款需提供以下资料:

1. 借款申请书;

2. 企业单位应提供工商行政管理机关核发的有效的营业执照副本(或复印件),年检登记文件及税务登记证明副本(或复印件),行政事业单位应提供有关部门批准的机构设置的文件;

3. 法定代表人或其授权代理人的证明文件;

4. 会计师事务所出具的企业财务验资报告和核准的上年度及借款前一个月的会计报表;

5. 有关部门批准的购建房文件或计划;

6. 住房专项贷款抵押综合保险手续。

## 第三章 贷款额度、期限和利率

**第六条** 贷款额度

一般按单位名下职工公积金余额的50%核定,对居住条件较差的单位,贷款额度可适当放宽,但最多不超过60%。

**第七条** 贷款期限

购建住房贷款期限新房最长不超过10年;旧房不超过5年。

**第八条** 贷款利率

1. 在单位缴交公积金额度以内的贷款(甲种贷款),按国家有关规定执行;

2. 在单位缴交公积金总额度外贷款(乙种贷款)其贷款利率按银行拆借资金利率计息,贷款期限原则上不超过1年。

## 第四章　贷款手续和还款办法

**第九条**　贷款手续

申请贷款的单位，必须向"中心"提出书面申请，填写贷款申请书，并提供有关资料，经"中心"审查合格，并按下列规定程序报经批准后，办理住房专项贷款抵押综合保险手续，再签订贷款合同后，由受托行拨付资金。

**第十条**　还款办法

借款单位按照借款合同的要求，按期归还贷款本息，逾期还款，按中国人民银行的规定处以罚息。

## 第五章　贷款的监督和检查

**第十一条**　住房专项贷款不得挪作他用，一经发现，"中心"对贷款单位所挪用部分按中国人民银行的规定处以罚息。

**第十二条**　贷款方要检查贷款使用情况。借款单位必须按时提供财务等方面的报表和有关资料。

# 萍乡市人民政府关于印发深化城镇住房制度改革若干补充规定的通知

（萍府发〔1998〕9号）

各县（区）、乡（镇）人民政府，各街道办事处，市政府各部门，市属各企事业单位，驻萍中央、省属企事业单位：

为了进一步深化我市城镇住房制度改革，完善房改相关政策，经市政府研究通过，现将《萍乡市人民政府关于深化城镇住房制度改革若干补充规定》印发给你们，请认真组织实施。

住房制度改革是经济体制改革的重要组成部分，希望各地加强领导，积极工作，确保各项改革措施及时到位。

一九九八年二月二十三日

# 萍乡市人民政府关于深化城镇住房制度改革若干补充规定

为了进一步深化我市城镇住房制度改革,根据国务院国发〔1994〕43号和省政府赣府发〔1995〕77号文件精神,结合萍府发〔1996〕50号《萍乡市深化城镇住房制度改革若干规定》出台以后的新情况,特制定本规定。

## 一、住房公积金

(一)住房公积金实质上是职工工资的一部分,各单位都要按规定确保到位。从1998年元月1日开始,单位资助部分,由1997年占职工工资总额的3%调整为占职工工资总额的5%;经济条件较好的单位,其单位资助给职工的公积金比例可以超过职工工资总额的5%,但目前最高资助额不得超过职工工资总额的10%。

(二)按照一个城市只能设一个“中心”的原则,除县人民政府外,其他单位均不得设立公积金管理中心。所有住房公积金均应统一缴存到市公积金管理中心在银行设立的个人专户。

(三)企业改制后,采取租赁、承包、买断或股份合作制等经营方式,仍要按照萍府发〔1996〕50号文件规定为职工建立住房公积金制度。

(四)市住房公积金管理中心应向建立公积金的职工个人发放公积金缴交的凭证。

## 二、公房出售

(一)原有公房或集资建房出售,转换全部产权时,发证面积与实际面积不相符的,一律要按实际面积计算并组织出售。

(二)凡购买全部产权的职工,可以向市公积金管理中心申请抵押贷款,贷款比例不超过补缴购房款的30%。

(三)已达晚育年龄的夫妇二人,购房时可以按定额面积80平方米计算。

(四)职工工参加工作而未结婚的子女,可以单独集资建房或购房一套定额面积为55平方米。

(五)已购买全部产权的住房,在住户购买5年后可以依法进入市场,购买时间从第一次购买部分产权交清购房款时开始计算。

(六)购买优惠:(1)1998年按成本价购房时,其工龄折扣由0.6%/年降为0.5%/年,以后每年递减0.1%。职工购房时的工龄折扣的工龄年限计算到1996年12月止。(2)一次付款折扣由20%降为15%,以后每年递减5%。(3)现住房优惠由5%递减为4%,以后每年递减1%。

(七)房改房屋产权发证的初审工作,不再由各镇房管所代办,收归市或县发证办集中统一办理。

(八)房管部门的拆迁户未购买全产权的应按规定重新购买。

(九)住户在购买全部产权后,土地部门应将建筑物占地面积分摊到各购房户,并发给出让土地使用权证。发证时单位免交出让金。

### 三、租金改革

（一）根据国务院、省政府规定的关于在本世纪末住房租金要达到占双职工家庭工资收入的12%～15%的总体目标，确定我市1998年元月1日开始，全市住房租金平均调整到1.00元/平方米，以后每年1月1日调整一次。

（二）从1998年1月1日开始，对超定额租住公房的住户，其超定额面积部分实行商品租金。1998年以后的商品租金标准，由市房改办、市物价局逐年测算公布。

（三）租金调整后，对离退休职工、政府民政部门确定的救济对象和非在职的优抚对象的减免办法，按萍府发〔1996〕50号文件规定执行。

## 萍乡市人民政府印发<br>关于进一步深化住房制度改革加快住房建设的实施方案的通知

（萍府发〔2001〕28号）

各县（区）人民政府，市政府各部门，市属各企事业单位，驻萍中央、省属各单位：

《萍乡市关于进一步深化住房制度改革加快住房建设的实施方案》已经市政府第7次市长办公会议通过，并报省住房制度改革领导小组批复同意，现予印发，请认真贯彻执行。

二〇〇一年九月三日

## 关于进一步深化住房制度改革加快住房建设的实施方案

为了贯彻《国务院关于进一步深化城镇住房制度改革加快住房建设的通知》（国发〔1998〕23号）和《江西省人民政府印发关于进一步深化城镇住房制度改革加快住房建设实施方案的通知》（赣府发〔2000〕16号）文件精神，结合我市实际，制定本方案。

### 一、指导思想、目标和基本原则

（一）深化城镇住房制度改革的指导思想是：稳步推进住房商品化、社会化、逐步建立适应社会主义市场经济体制和我市具体情况的城镇住房新制度;加快住房建设,使住宅业成为新的经济增长点;不断满足城镇居民日益增长的住房需求。

(二)深化城镇住房制度改革的目标是:停止住房实物分配,逐步实行住房分配货币化;建立和完善以经济适用住房为主的多层次城镇住房供应体系;发展住房金融,培育和规范住房交易市场。

(三)深化城镇住房制度改革工作的基本原则是:在国家和我省房改政策的指导下,因地制宜,量力而行,坚持国家、单位和个人合理负担,坚持新房新制度、老房老办法,平稳过渡,综合配套。

## 二、主要内容

(一)停止住房实物分配,逐步实行住房分配货币化

1. 全市城镇一律停止住房实物分配。停止住房实物分配后,新建经济适用住房和腾退后的旧公房,除根据需要留出一部分作为廉租房外,只售不租,职工购房资金来源主要有:职工家庭收入、住房公积金、个人住房贷款和按规定发放的住房补贴等。

2. 住房补贴发放对象和范围:凡在萍乡市范围内的行政机关,事业单位的无房和住房面积未达到规定标准的职工。住房面积已达到规定标准的职工,不发住房补贴。住房面积控制标准按《萍乡市清房工作领导小组关于清理纠正领导干部在住房、建房、购房、装修住房等方面违反规定问题的实施细则》(萍发〔1998〕23 号)的规定执行。

3. 住房补贴的发放方式和补贴标准。住房补贴分一次性发放和按月发放两种方式。凡在 2000 年 12 月 31 日之前(含当日)参加工作的为老职工,住房补贴在其购房时一次性发放。补贴由两部分组成,一部分是住房补贴,职级面积规定标准以内每平方米建筑面积的现行住房补贴额为 14 元;另一部分是工龄补贴,建筑面积每平方米每年补贴额为 4.08 元。

凡在 2001 年 1 月 1 日以后(含当日)参加工作的为新职工,住房补贴实行按月发放。月补贴额根据新职工参加工作的当月的工资的一定比例确定,从参加工作的当月起开始发放。2001 年补贴比例为 1.5%,今后随房价和职工收入水平的变化相应进行调整。

4. 住房补贴资金的来源和住房补贴资金的管理。

住房补贴资金的来源:财政和本单位原用于单位住房建设和维修的转化资金;单位出售公有住房房款中,建立住房公共设施维修基金后的余额资金;单位预算外收入中的部分资金及其他资金。

建立住房补贴申请、审批、发放、使用管理制度。采取一次性发放住房补贴方式的职工,应由单位按规定将补贴资金缴存到受托银行,计入职工购房补贴资金专户。职工购买住房时,经批准,由受托银行将补贴资金直接划入售房单位,防止挪用。采取按月发放住房补贴方式的职工,补贴资金由单位直接存入职工个人专户,在职工购房时支取,具体按照《萍乡市住房补贴资金专户管理及使用办法》执行。

芦溪县、上栗县和莲花县可根据本地实际情况,制定住房补贴的具体办法,报省政府批准后执行。

(二)全面推行和不断完善住房公积金制度

到 2000 年底,职工个人和单位住房公积金的缴交率应不低于 5%,有条件的县、区和单位还可

适当提高1至3个百分点,要建立健全职工个人住房公积金账户,进一步提高住房公积金的归集率、继续按照“房委会决策、中心运作,银行专户、财政监督”的原则,加强住房公积金的管理工作。

(三)加快经济适用住房建设,建立和完善以经济适用住房为主的住房供应体系

1. 调整住房投资结构,重点发展经济适用住房(安居工程)。新建的经济适用住房出售价格实行政府指导价,按成本(7项因素)和不超过3%的利润确定,要采取有效措施,取消各种不合理收费,特别是降低征地和拆迁补偿费,切实降低经济适用住房建设成本,使经济适用住房价格与中低收入家庭的承受能力相适应,促进居民购买住房。

2. 在符合城市总体规划和坚持节约用地的前提下,继续发展集资建房和合作建房,多渠道加快经济适用住房建设。经批准由单位组织建设,2000年底以前竣工交付使用的住房,可按住房分配货币化办法出售,也可继续按《萍乡市人民政府关于印发〈萍乡市深化城镇住房改革的若干规定〉的通知》(萍府发〔1996〕50号)规定出售。

3. 廉租住房可以从腾退的旧公有住房中调剂解决,也可以由政府或单位出资兴建,或者从经济适用住房建设中划出一定比例的房子用作廉租住房。具体办法由市人民政府另行制定。

4. 经济适用住房的开发建设,应纳入有形建筑市场管理,实行招投标制度,用竞争方式确定开发建设单位。要严格限制工程环节中的不合理转包,加强开发建设企业的成本管理和监督。

5. 完善住宅小区的竣工验收制度,推行住房质量保证书制度,住房和设备、部件的质量赔偿和质量保险制度,提高住房工程质量。

6. 购买经济适用住房和承租廉租住房实行申请、审批制度,具体办法另行制定。

(四)继续推进现有公有住房改革

1. 继续推进租金改革。2001年,我市公房租金在原来租金水平基础上每平方米提高0.30元,达到平均每平方米使用面积为1.30元的租金水平,对超过面积控制标准租住公有住房实行加租办法,具体按萍发〔1998〕23号文件规定执行。租金提高后,对家庭确有困难的离退休职工,民政部门确定的社会救济对象和非在职优抚对象等,继续按照萍府发〔1996〕50号文件精神,实行减免政策。离休干部(含亡故后其配偶)住房因特殊情况不能出售的,可另行安排可售住房,没有条件提供的,房租不再提高。

2. 进一步搞好现有公有住房出售。现有公有住房包括符合出售条件而未出售的,已售部分产权而未完善全产权的,单位购建的集资房和经济适用住房(安居工程)而未为个人办理审批手续、登记发证的,均应按照《国务院关于深化城镇住房制度改革的决定》(国发〔1994〕43号,以下简称《决定》)的规定出售。公房出售实行成本价,并逐步与经济适用住房房价相衔接。

学校的公有住房出售,须经学校及教育行政主管部门批准。校园内不能分割及封闭管理的住房不能出售,教师公寓及周转用房不得出售。

对超过面积控制标准购房,实行加价的办法,具体按萍发〔1998〕23号文件和《省委办公厅、省政府办公厅关于转发〈省清房工作领导小组办公室关于对住房超面积标准部分实行差额累进计价、计租的办法〉的通知》(赣办字〔1999〕72号)规定执行。

凡按房改政策有关规定建设或购买的集资和合作建房或经济适用住房(安居工程)出售给职工的,必须经住房改革主管部门审核并办理审批手续,方可为个人办理房屋产权证书。严禁任何单位和个人擅自突破国家规定的优惠、补贴标准售房,或违规操作,使国家税费和国有资产流失。

(五)发展住房金融

1. 扩大个人住房贷款的发放范围,放宽个人住房贷款额度。

2. 完善住房产权抵押登记制度,降低收费标准,发展住房贷款保险,防范贷款风险,保证贷款安全。

3. 规范住房公积金贷款管理,住房公积金应当主要用于职工个人购买、建造、大修自住住房贷款。

4. 发展住房公积金贷款与商业银行贷款相结合的组合贷款业务,住房资金管理机构和商业银行要简化手续,提高办事效率。

(六)个人所购公有住房可上市交易

个人所购公有住房和经济适用住房(含集资建房)在取得房屋全产权后,可以上市交易,具体按《萍乡市已购公有住房和经济适用住房上市出售管理暂行办法》的规定执行。

(七)加强住房物业管理

要逐步改革现行的住房维修、管理体制,建立业主自治与物业管理企业专业管理相结合的社会化、专业化、市场化的物业管理体制。新建住宅小区要全部实行住房物业管理,原有已建成的住宅小区要进行整治,达到条件后,实行物业管理。加强住房售后的维修管理,建立住房共用部位,设备和小区公共设施专项维修资金。公有住房出售,要在售房款中提取不低于20%的专项维修资金;新建商品房由开发建设单位按总投资的2%向购房者收取并代缴维修资金。具体按《萍乡市住宅区物业管理暂行办法》的规定执行。

## 三、加强领导,统筹安排,保证改革的顺利实施

(一)各级政府切实加强对城镇住房制度改革工作的领导,各单位、各部门要按照本方案和与之配套的《萍乡市职工住房货币分配暂行办法》《萍乡市已购公有住房和经济适用住房上市出售管理暂行办法》《萍乡市职工住房补贴资金专户管理及使用办法》,认真组织实施。

(二)加强舆论引导,开展广泛深入的宣传工作,转变城镇居民住房观念,保证住房制度改革的顺利实施。

(三)严肃房改纪律,加强监督检查,对违反《决定》和本方案规定,继续实行无偿实物分配住房,低价出售公有住房,变相增加住房补贴,用成本价或低于成本价超标出售、购买公有住房,公房私租牟取暴利以及弄虚作假,造成国有资产流失等行为,各级监察部门要会同有关部门严肃查处。

(四)企业可参照本方案精神,根据本单位实际,制定和完善房改方案,经职工代表大会讨论通过,并经市城镇住房制度改革办公室批准后实施。

本方案自发布之日起施行。原有政策和规定,凡与本方案不一致的,一律以本方案为准。

## 萍乡市职工住房补贴资金专户管理及使用办法

**第一条** 根据《萍乡市关于深化住房制度改革加快住房建设的实施方案》文件精神，结合我市实际，制定本办法。

**第二条** 安源区、湘东区、安源经济开发区城镇范围内行政机关、事业、企业单位均适用本办法。

**第三条** 行政机关、事业、企业单位向职工发放的住房补贴资金属于职工个人拥有。住房补贴资金必须按照“银行专户、中心管理、财政监督、制度保障”的原则进行管理，任何部门和单位不得截留、挤占和挪用。

**第四条** 行政机关、事业、企业单位职工住房补贴资金，由市住房公积金管理中心（以下简称中心）负责管理，并委托承办银行（即受托银行）办理相应金融业务。

**第五条** 中心在受托银行开立住房补贴资金存款专户。单位在中心开立住房补贴资金一级账户，并在该账户下设立职工个人住房补贴资金明细账户，记载单位和职工个人住房补贴资金的缴存的支取情况。每个符合住房补贴发放条件的职工只能有一个住房补贴资金专户。

单位应建立职工个人的住房补贴资金台账。

**第六条** 实行逐月发放住房补贴的新职工，其住房补贴由单位在发放工资后五日内（遇节假日顺延）缴存到中心指定的受托银行，计入职工住房补贴专户。

实行一次性发放住房补贴的老职工，其住房补贴经批准发放后，应由单位缴存到中心指定的受托银行，计入职工住房补贴专户。

**第七条** 职工个人购买住房时，可按规定提取使用本人住房补贴资金专户的储存余额，尚不足时可以提取配偶、父母、子女的住房补贴资金，但应征得被提取人的书面同意。

职工离退休、调离本市或出国（境）定居时，其专户内的住房补贴资金本息余额一次退还给职工本人。

职工在职期间死亡，其专户内的住房补贴资金本息余额，由其法定继承人按规定提取。

**第八条** 职工在本市调动工作的，应按规定办理住房补贴资金转移手续。

职工因离职、停薪等各种原因中断存储住房补贴资金时，单位应及时办理住房补贴资金封存手续。

**第九条** 芦溪、上栗、莲花三县职工住房补贴资金的管理和使用可参照本办法执行。

**第十条** 本办法具体应用中的问题由市城镇住房制度改革办公室负责解释。

**第十一条** 本办法从发布之日起施行。

主题词：城乡建设住宅改革方案通知

抄送:市委,市纪委,市人大,市政协,萍乡军分区,市委各部门,市法院,市检察院,群众团体,新闻单位。

萍乡市人民政府办公室秘书科
2001 年 9 月 4 日印发

## （四）萍乡市住房公积金管理委员会文件

# 萍乡市住房公积金管理委员会章程

### 第一章　总则

**第一条**　为加强住房公积金管理，保障住房公积金安全，充分发挥住房公积金作用，维护住房公积金所有者合法权益，依据国务院《住房公积金管理条例》（以下简称《条例》）和《国务院关于进一步加强住房公积金管理的通知》（国发〔2002〕12 号），特制定本章程。

**第二条**　萍乡市住房公积金管理委员会（以下简称管委会）是根据国务院行政法规、经市人民政府同意设立的住房公积金管理决策机构。

**第三条**　为保证机构正常运转和工作落实，管委会下设办公室，办公室设萍乡市住房公积金管理中心（以下简称市公积金中心），主要负责管委会日常会议筹办和决策事项的执行等工作。

### 第二章　管委会的组成

**第四条**　管委会委员的组成：市人民政府负责人和财政、审计、人民银行等有关部门负责人及有关专家占三分之一，工会代表和职工代表占三分之一，单位代表占三分之一。

**第五条**　管委会委员实行任期制，每届任期 5 年，可以连任。管委会成员 27 人，经基层单位推选产生后，由市人民政府聘任。

**第六条**　管委会设主任委员 1 人，副主任委员 2 人。主任、副主任委员应由具有社会公信力的人士担任，并经管委会全体委员推举产生。

**第七条**　管委会委员应具有较高的政治思想素质和较强的履行职责的能力，认真贯彻国家方针政策，坚持原则，切实维护本行政区域内住房公积金缴存者的整体利益。

**第八条**　管委会委员应恪尽职守，不得滥用职权、徇私舞弊。对任期内调离工作单位或其他情况不宜履行委员职责的委员，由管委会提出建议，市人民政府予以调整，并按《住房公积金管理条例》和本章程的有关规定更换新的委员。

### 第三章　管委会的职责

**第九条**　管委会在住房公积金管理方面履行下列职责：

（一）依据有关法律、法规和政策，制定和调整住房公积金的具体管理措施，并监督实施；

（二）拟订住房公积金具体缴存比例；

（三）按照中国人民银行的规定，指定受委托办理住房公积金金融业务的商业银行；

（四）审批住房公积金归集、使用计划及计划执行情况的报告；

（五）确定住房公积金的个人住房贷款最高额度；

（六）确定每年单位和职工个人住房公积金缴存的上下限额；

（七）审批单位缓缴住房公积金或降低住房公积金缴存比例的申请；

（八）审议住房公积金年度预算、决算；

（九）审议住房公积金增值收益分配方案；

（十）听取财政部门对住房公积金监管情况的通报、人民银行对受委托银行办理住房公积金金融业务监管的通报、审计部门对住房公积金审计情况的报告、市公积金中心根据审计报告进行整改的汇报，并作出相应的决议或处理意见；

（十一）审议市公积金中心提出的住房公积金呆、坏账核销申请；

（十二）审议市公积金中心拟向社会公布的住房公积金年度公报；

（十三）推荐住房公积金管理中心主任、副主任人选，对不称职的主任、副主任提出更换建议；

（十四）需要决策的其他事项。

## 第四章　管委会的议事规则

**第十条**　管委会原则上每年召开两次全体委员会议；必要时，由主任委员或三分之一以上委员联合提议，或市公积金中心提议，可临时召开会议。

**第十一条**　会议由主任委员主持，主任委员因故不能出席时，应委托一位副主任委员主持。

**第十二条**　会议须有四分之三以上的委员出席，委员因特殊情况不能出席会议时，要向主任委员或副主任委员提前请假，可以委托熟悉情况的有关人员携其书面意见参加会议，受委托人不享有表决权。

**第十三条**　管委会实行民主决策，委员要充分发表意见，对有关事项的决策实行表决制，决议须有全体委员三分之二多数通过。

**第十四条**　管委会对有关事项的审议情况、表决结果的决议形成会议纪要。

**第十五条**　管委会的决议报市人民政府和省住房公积金监管办、市财政、市人民银行等部门备案。

**第十六条**　管委会拟定的章程或议事规则，应当经管委会全体会议委员三分之二多数通过后报市人民政府备案执行。

**第十七条**　管委会依法自主决策，任何部门、单位和个人不得干涉。有关部门和单位应执行管委会决议。管委会的决议违反法律、法规和有关规定的，管委会委员、执行决议的部门或单位均有权向省建设行政主管部门报告。

**第十八条**　管委会对市公积金中心报告的带有影响性的重大事项，管委会主任委员或副主任委员可决定召开管委会全体会议，听取汇报予以决策。

**第十九条**　管委会会议确需邀请有关人员列席参加时，应由主任委员或副主任委员决定。

**第二十条**　管委会会议审议市公积金中心提出的有关事项或其他相关事项，市公积金中心应将审议事项以书面形式报管委会办公室汇总整理，经管委会主任审议同意后，由管委会办公室于会议前七日送达管委会委员，以利充分发表意见。

**第二十一条** 管委会及办公室所需经费，应当经全体委员会会议决议，由管委会主任委员或副主任委员审批后从住房公积金增值收益中提取使用。

2008 年 11 月 28 日

## 萍乡市住房公积金管理委员会工作职责及会议制度

为加强住房公积金的管理，保障住房公积金的安全运作，充分发挥住房公积金制度的作用，维护住房公积金所有者的合法权益，根据《住房公积金管理条例》（国务院令第 350 号）和《国务院关于进一步加强住房公积金管理的通知》（国发〔2002〕12 号）以及建设部等单位《关于完善住房公积金决策制度的意见》（建房改〔2002〕149 号）精神，萍乡市住房公积金管理委员会制定如下工作职责及会议制度：

### 一、工作职责

（一）依据有关法律、法规和政策，制定和调整住房公积金的具体管理措施，并监督实施；

（二）拟定住房公积金具体缴存比例；

（三）在中国人民银行确定的中国工商银行、中国农业银行、中国银行、中国建设银行范围内，确定受委托办理住房公积金金融业务的银行；

（四）审批住房公积金归集、使用计划（包括购买国债的比例或金额）及计划执行情况的报告；

（五）确定住房公积金个人住房贷款最高额度；

（六）审批单位级缓缴住房公积金或降低住房公积金缴存比例的申请；

（七）审议住房公积金年度预算、决算；

（八）审议住房公积金增值收益分配方案；

（九）听取房产、房改、财政、审计、人民银行等部门对住房公积金监督和监管工作情况的汇报、住房公积金管理中心根据审计报告进行整改的汇报，并作出相应的决议或处理意见；

（十）审议住房公积金管理中心提出的住房公积金呆坏账核销申请；

（十一）审议住房公积金管理中心拟向社会公布的住房公积金年度公报；

（十二）推荐住房公积金管理中心主任、副主任人选，对不称职的主任、副主任提出更换建议；

（十三）需要决策的其他事项。

## 二、会议制度

(一)住房公积金管理委员会每半年至少召开一次会议;必要时,由主任委员提出或部分委员联合提议或住房公积金管理中心提议经管委会负责人同意,可临时召开会议;

(二)会议原则上由主任委员主持,或由主任委员委托副主任委员主持;

(三)会议须有四分之三以上的委员出席,委员因特殊情况不能出席会议时,可以委托熟悉情况的有关人员携其书面意见参加会议,受委托人不享有表决权;

(四)住房公积金管理委员会实行民主决策、委员要充分发表意见,对有关事项的决策实行表决制,决议须住房公积金管理委员会全体委员三分之二多数通过;

(五)住房公积金管理委员会对有关事项的审议情况、表决结果和决议要形成会议纪要;

(六)住房公积金管理委员会决议报市人民政府及省建设厅、财政厅、人民银行省分行等部门备案。

(七)管委会日常会议的筹办和决策事项的督办由市房改办承担,日常经费从住房公积金增值收益中列支。

2003 年 9 月 12 日

# 萍乡市住房公积金管理办法

## 第一章 总 则

**第一条** 为加强住房公积金管理,维护住房公积金所有者合法权益,促进城镇住房建设和住房消费,提高城镇居民居住水平,根据《住房公积金管理条例》(以下简称条例)、《住房公积金管理若干具体问题的指导意见》(建金管〔2005〕5 号)等法规政策规定,结合本市实际,制定本办法。

**第二条** 本办法适用于本市行政区域内住房公积金的缴存、提取、使用、管理和监督活动。

**第三条** 本办法所称的住房公积金,是指在职职工及其所在单位按规定缴存的长期住房储金。

职工个人缴存的住房公积金和职工所在单位为职工缴存的住房公积金,归职工个人所有,专户存储,统一管理,专项使用。

上述所称在职职工是指与单位签订劳动合同或符合劳动保障部门认定的形成事实劳动关系的职工。

**第四条** 本办法所称按规定为职工缴存住房公积金的单位(以下简称单位)是指:

(一)国家机关、事业单位;

(二)国有企业,城镇集体企业,外商投资企业,港、澳、台商投资企业,城镇私营企业及其他城镇企业、经济组织；

（三）民办非企业单位、社会团体；

（四）雇用中方员工的外国或港、澳、台地区企业和其他经济组织常驻本市的代表机构。

**第五条** 住房公积金的管理实行住房公积金管理委员会决策、住房公积金管理中心运作、银行专户存储、财政监督的原则。

**第六条** 住房公积金应当用于职工购买、建造、翻建、大修自住住房以及按有关规定购买国债，任何单位和个人不得挪作他用。

**第七条** 住房公积金的存、贷款利率按照中国人民银行颁布的利率执行。

## 第二章 机构及职责

**第八条** 萍乡市住房公积金管理委员会（以下简称管委会）为本市住房公积金管理的决策机构，履行下列职责：

（一）依据有关法律、法规和政策，制定和调整住房公积金的具体管理措施，并监督实施；

（二）拟订住房公积金的具体缴存比例，经市人民政府审核，报省人民政府批准后执行；

（三）在中国人民银行指定的银行范围内，确定办理住房公积金金融业务的受委托银行；

（四）审批住房公积金归集、使用计划（包括购买国债的比例或金额）及计划执行情况的报告；

（五）确定住房公积金的个人住房贷款最高额度；

（六）确定单位和职工个人当年住房公积金缴存的上下限额；

（七）审批单位级缴住房公积金或降低住房公积金缴存比例的申请；

（八）审议萍乡市住房公积金管理中心会度预算、决算；

（九）审议管理中心增值收益分配方案；

（十）听取财政部门对住房公积金监督情况的通报、人民银行对受委托银行办理的住房公积金金融业务监管的通报、管理中心根据审计报告进行整改的汇报，并作出相应的决议或处理意见；

（十一）审议管理中心提出的住房公积金呆、坏账核销申请；

（十二）审议管理中心拟向社会公布的住房公积金财务报告；

（十三）需要决策的其他事项。

**第九条** 萍乡市住房公积金管理中心是直属萍乡市人民政府的不以营利为目的的独立的事业单位。管理中心在各县（市）区设立管理部，管理中心与县（市）区管理部实行统一的规章制度，进行统一核算。

**第十条** 管理中心履行下列职责：

（一）编制住房公积金的归集、使用计划，并组织执行，编报计划执行情况的报告；

（二）与管委会确定的国有商业银行签订委托协议委托办理相关业务；

（三）负责住房公积金的统一核算，指导、监督分支机构的内部核算；

（四）审核个人住房公积金的提取和个人住房委托贷款的发放，按照管委会审核批准的比例购买国债；

（五）负费住房公积金的保值和归还；

（六）提出住房公积金增值收益分配方案，经财政部门审核，报管委会审议后执行；

（七）负责审核、指导、督促住房公积金缴存基数的调整工作；

（八）审核单位降低住房公积金缴行比例或者缓缴的申请，报管委会批准后执行；

（九）与职工、单位和受委托银行定期对账并建立职工住房公积金个人明细账，向职工发放缴存住房公积金的有效凭证；

（十）向财政部门提出住房公积金呆、坏账核销申请。

（十一）承办管委会决定的其他事项。

**第十一条**　管理中心可授权县（市）区管理部履行下列职责：

（一）执行、完成住房公积金的归集、使用计划；

（三）负责职工住房公积金的缴存、提取、贷款；

（三）审核住房公积金的提取和转移；

（四）受理职工个人住房委托贷款的申请，负责贷款审核和贷后管理；

（五）办理住房公积金的对账和查询；

（六）提供住房公积金政策咨询；

（七）经管委会同意，承办管理中心授权的其他事项。

**第十二条**　管理中心应当依照国家有关规定，建立健全住房公积金内部管理制度，实现住房公积金管理规范化、科学化、信息化。

## 第三章　缴　存

**第十三条**　单位必须按规定到管理中心办理住房公积金缴存登记和账户设立手续，管理中心应当建立职工住房公积金明细账，记载职工个人住房公积金的缴存、提取等情况，并为职工发放缴存住房公积金有效凭证。

新设立的单位必须自设立之日起30日内到管理中心办理住房公积金缴存登记。单位发生合并、分立、撤销、解散或者破产的，应当自发生上述情况之日起30日内由原单位或者清算组织到管理中心办理变更登记或者注销登记，管理中心付费为单位职工办理住房公积金转移或者封存手续。

**第十四条**　单位录用职工的，必须自录用之日起30日内到管理中心办理职工住房公积金账户的设立手续。

职工与单位终止劳动关系的，单位应当自劳动关系终止之日起30日内到管理中心办理职工住房公积金账户转移、封存手续。

**第十五条**　职工住房公积金的月缴存额为职工本人上一年度月平均工资乘以职工住房公积金缴存比例，单位应当履行代扣代缴义务；单位为职工缴存的住房公积金的月缴存额为职工本人上一年度月平均工资乘以单位住房公积金缴存比例。职工月平均工资由六部分组成：

（一）计时工资；

（二）计件工资；

(三)奖金;

(四)津贴和补贴;

(五)加班加点工资;

(六)特殊情况下支付的工资。

**第十六条** 新参加工作的职工从参加工作的第二个月开始缴存住房公积金,月缴存额为职工本人当月工资乘以职工住房公积金缴存比例。单位新调入的职工从调人单位发放工资之日起缴存住房公积金,月缴存额为职工本人当月工资乘以职工住房公积金缴存比例。

**第十七条** 住房公积金缴存比例每年按规定程序确定,单位可在规定的范围内,确定本单位及职工的住房公积金缴存比例。

**第十八条** 单位应按月缴存住房公积金。缴存单位应与管理中心签订同城委托收款结算协议,并保证每月托收时账户内有足够的余额。职工个人缴存的住房公积金,由所在单位每月从其工资中代扣代缴。

管理中心每月 5 日前,采用同城委托收款结算方式归集单位上月为职工缴存的和代扣代缴的住房公积金。对托收未成功的单位,管理中心应当及时通知,单位于接到通知之日起 3 个工作日内到管理中心办理缴存手续。

在财政工资统发中心发放工资的单位,由管理中心委托工资统发中心为各单位职工代扣住房公积金,并于每月发放工资之日起五日内,将其代扣的职工住房公积金划入管理中心在受委托银行开设的归集专户内。

**第十九条** 单位应当按时、足额缴存住房公积金,不得逾期缴存或者少缴。对缴存住房公积金确有困难的单位,可以申请降低缴存此例或者缓缴。

单位在职职工上年度个人月平均工资低于上年度全市在职职工月平均工资的 60% 时,经职工代表大会或工会委员会讨论通过,提供相关资料经管理中心审核,报管委会批准后,可降低缴存比例。

单位连续两年严重亏损,且在职职工上年度个人月平均工资低于全市在职职工月平均工资的 40% 时,经职工代表大会或工会委员会讨论通过,并提供相关资料经管理中心审核,报管委会批谁后可以缓缴。

单位降低缴存比例或缓缴住房公积金的期限一般不得超过一年。超过一年,需要继续降低缴存比例或缓缴的,应当重新办理申报手续。申请降低缴存比例或缓缴的单位,待经济效益好转后,必须提高缴存比例或者补缴。

**第二十条** 按市劳动和社会保障部门公布最低工资标准领取工资的职工,本人可以免缴住房公积金,其所在单位仍应按照单位缴存比例为职工缴存住房公积金。

**第三十一条** 单位发生合并、分立、撤销、破产、解散或者改制等情形的,应当为职工补缴以前欠缴(包括未缴和少缴)的住房公积金。单位合并、分立和改制时无力补缴住房公积金的,应当明确住房公积金缴存责任主体,并到管理中心办理相关手续后,才能办理合并、分立和改制等有关事项。

**第二十二条** 单位为职工缴存的住房公积金,按照下列规定列支:

(一)行政机关在财政预算中列支;

(二)事业单位由财政部门核定收支后,在财政预算或者单位费用中列支;

(三)企业在成本中列支。

**第二十三条** 住房公积金自存入职工住房公积金账户之日起按照人民银行规定的利率计息。每年的6月30日为结息日。

**第二十四条** 每个职工只能有一个住房公积金账户。职工个人缴存的住房公积金不计入个人所得税的纳税基数,职工按本办法规定提取的住房公积金本息免征个人所得税。

## 第四章 提取和使用

**第二十五条** 职工有下列情形之一的,可以提取职工住房公积金账户内的存储余额:

(一)购买、建造、翻建、大修自住住房的;

(二)离休、退休的;

(三)完全丧失劳动能力,并与单位终止劳动关系的;

(四)出境定居的;

(五)调离本市的;

(六)偿还自住住房贷款本息的;

(七)与单位终止劳动关系,非本市户籍的;

(八)与单位终止劳动关系2年以上未再就业且年满45周岁的;

(九)租赁自住住房的无房户且房租超出家庭工资收入15%的;

(十)享受城镇最低生活保障的;

(十一)遇到自然灾害或重大疾病等突发事件造成家庭生活困难的;

(十二)管委会按规定确定的其他情形。

职工死亡或者被宣告死亡的,职工的继承人或受遗赠人可以提取该职工住房公积金账户内的存储余额;无继承人也无受遗赠人的,该职工住房公积金账户内的存储余额纳入住房公积金的增值收益。

**第二十六条** 职工购买、建造、翻建、大修自住住房所需资金,在提取本人住房公积金账户中存储余额不足时,可提取拥有该住房所有权的家庭成员住房公积金账户内的存储余额。

**第二十七条** 职工符合规定情形,申请提取本人住房公积金账户内存储余额的,所在单位核实后,应出具提取证明。

**第二十八条** 职工购买、建造、翻建、大修自住住房时,可以向管理中心申请住房公积金贷款。管理中心要一次性告知职工需要提交的基本资料,职工按要求提交资料后,在七个工作日内按照规定开展贷前调查和评估,并签订相关合同。

管理中心和受委托银行应按照委托协议的规定,严格审核借款人的身份、还贷能力和个人信用,以及购建住房的合法性和真实性,加强对抵押物和保证人担保能力的审查。要逐笔审批贷款,逐笔委托银行办理贷款手续。

住房公积金贷款的风险，由管理中心承担。

**第二十九条** 管理中心在保证住房公积金提取和贷款的前提下充分评估风险，经财政审校、管委会批准后才可将住房公积金用于购买国债。

管理中心不得以任何形式向他人提供担保。

**第三十条** 住房公积金的增值收益必须存入管理中心在受委托银行设立的住房公积金增值收益专户，用于建立住房公积金贷款风险准备金、管理中心的管理费用和建设城市廉租住房的补充资金。

**第三十一条** 管理中心的管理费用，由管理中心按照略高于国家规定的事业单位费用标准编制年度项算，报财政部门批准，从住房公积金增值收益市上缴财政后，由财政拨付。

## 第五章 管理和监督

**第三十二条** 各县（市）区人民政府应当加强对住房公积金工作的领导，支持县（市）区管理部履行工作职责。

**第三十三条** 市财政、审计部门应当加强对住房公积金归集、提取和使用情况的监督，并向管委会通报。

**第三十四条** 管理中心应当加强对县（市）区管理部的监督和考核，制定具体的监督和考核办法。

**第三十五条** 管理中心编制住房公积金年度归集、使用计划和执行情况，应当经财政部门审核后，提交管委会审议。

**第三十六条** 管理中心编制的住房公积金年度预算、决算，应当经财政部门审核后，提交管委会审议。管理中心应当每年定期向财政部门和管委会报送财务报告，并将财务报告向社会公布。

**第三十七条** 管理中心应当依法接受审计部门的审计监督。

**第三十八条** 管理中心和住房公积金缴存单位职工有权督促单位按时履行下列义务：

（一）住房公积金的缴存登记或者变更、注销登记；

（二）住房公积金账户的设立、转移或者封存；

（三）足额缴存住房公积金。

**第三十九条** 管理中心应当建立健全住房公积金账户查询制度、对账制度和缴存基数、比例核定制度。

**第四十条** 职工、单位有权查询本人、本单位住房公积金的缴存、提取情况，管理中心、受委托银行不得拒绝。

对住房公积金账户内的存储余额有异议的，可以向管理中心申请复核，管理中心应当自收到申请之日起3个工作日内给予书面答复。

职工有权揭发、检举、控告挪用住房公积金的行为。

**第四十一条** 管理中心应当督促受委托银行区时办理委托协议约定的业务。

受委托银行应当按照委托协议的约定，按期向管理中心提供有关的业务资料。

## 第六章　法律责任

**第四十二条**　违反本办法的规定，单位不办理住房公积金缴存登记或者不为本单位职工办理住房公积金账户设立手续的，根据《条例》第三十七条的规定，由管理中心责令限期办理；逾期不办理的，处 1 万元以上 5 万元以下的罚款。

**第四十三条**　违反本办法的规定，单位逾期不缴或者少缴住房公积金的，根据《条例》第三十八条的规定，由管理中心责令限期缴存；逾期仍不缴存的，可以申请人民法院强制执行。

**第四十四条**　管理中心违反本办法规定，未在规定的期限内向社会公布住房公积金财务报告，或者故意隐瞒事实，向社会公布虚假情况的，由管委会责令其纠正，并对其有责任的主管人员和直接责任人员给予行政处分。

**第四十五条**　管理中心违反财政法规的，根据《条例》第四十二条的规定，由财政部门依法给予行政处罚。

**第四十六条**　违反本办法规定，管理中心向他人提供担保的，根据《条例》第四十三条的规定，对直接负责的主管人员和其他直接责任人员依法给予行政处分。

**第四十七条**　国家机关工作人员在住房公积金监督管理工作中滥用职权、玩忽职守、徇私舞弊，根据《条例》第四十四条的规定，尚不构成犯罪的，依法给予行政处分；构成犯罪的，移送司法机关依法追究刑事责任。

## 第七章　附　则

**第四十八条**　本办法自 2010 年 1 月 1 日起施行。

# 萍乡市住房公积金缴纳管理使用办法

**第一条**　为了建立国家、集体、个人三方共同投资建设住房体制，逐步提高职工家庭解决自住住房的能力，根据《萍乡市住房制度改革实施方案》，特制定本办法。

**第二条**　凡租住企、事业单位、行政机关、人民团体、市房地产经营公司所管公有住房的在职职工，均实行公积金制度。住私房（包括租住私房）和住集体宿舍的职工暂不实行公积金制度。

**第三条**　住房公积金是一种义务性的长期储蓄。鉴于本市房改起步方案提租发补贴，把补贴转作住房公积金。从 1992 年 1 月 1 日起，将单位发放给职工计贴工资 2% 的住房补贴转作职工个人交纳的住房公积金。

**第四条**　计算住房补贴的工资基数以 1990 年末职工标准工资为准，具体按下列规定计算：

1. 执行行政、事业单位工资标准的职工，以基础工资、职务工资、工龄工资（教、护龄津贴）之和为基数。

2. 执行企业工资标准的职工,以标准工资加5元副食补贴之和为基数(职工标准工资指劳动部门建工资卡的工资数);改革了工资分配形式的单位,以1900年末职工档案标准工资加5元副食补贴之和为基数。

3. 1985年工资改革后离、退休的职工,以离退休时标准工资加上1990年末补贴之和为基数;工资改革前离、退休的职工,以离退休时的工资加上1985年发给的生活补贴以及1990年新增补贴之和为基数,符合国务院〔1987〕104号文件规定领取工资40%生活补贴的退职职工,以计算退职费的标准工资及1990年末生活补贴费之和为基数。

4. 应聘到乡镇企业任职的停薪留职人员,以停薪留职时的标准工资为基数。

5. 1990年后参加工作的职工,包括大、中专学校分配的毕业生,入伍前无工作的复员退伍战士,计划内临时职工、合同制职工,以劳动、人事部门规定的标准工资为基数。

6. 带薪服役的战士,以入伍前的标准工资为基数。

7. 开除公职的劳教人员,在劳教期间,由原单位按其劳教前的标准工资为基数,劳教期满后,按新就业单位所确定的标准工资为基数。

8. 开除公职的留用人员,以开除前的标准工资为基数。如恢复公职或新分配工作单位则按新确定的标准工资为基数。

9. 复员、转业、退伍军人,一律以到地方后标准工资为基数。

10. 计算住房补贴工资基数按以上规定一经确定后,如职工工资数额发生变化,其工资基数暂不作变动。

**第五条** 企业职工的住房补贴在单位住房基金中列支,不足部分经财政审批后可以进入企业成本;全额预算行政、事业单位的职工住房补贴金列财政预算;差额预算事业单位的职工住房补贴按差额比例分别比照全额预算和企业开支渠道列支;自收自支事业单位的职工住房补贴金比照企业开支渠道列支。

**第六条** 单位职工住房补贴转作职工个人缴纳的住房公积金后,一律存入本单位开户银行房地产信贷部职工个人住房公积金户名按银行活期存款利率计息。

**第七条** 市人民政对住房制度改革办公室为住房公积金主管部门,负责调控、管理、审批公积金的使用。

**第八条** 市建设银行、市工商银行房地产信贷部,受市房改办委托具体承办住房公积金的归集与存贷业务。其主要职责是:

1. 负责审核在本行房地产信贷部开户立账单位提给职工个人的公积金额;

2. 负责承办住房公积金的存贷业务;

3. 负责督促开户单位按月存储公积金;

4. 负责办理住房公积金的归还和利息结算;

5. 按季度如实向市房改办报送全市住房公积金存、贷支出报表;

6. 其他委托事项。

**第九条** 职工在本市变动工作单位时，其住房公积金本息转入新单位在银行房地产信贷部的职工个人公积金户名。

**第十条** 职工因故脱离工作单位，中断工资关系时（不含停薪留职人员），其结余的公积金本息仍保留在原单位名下的原职工个人公积金户名内。

**第十一条** 市建设银行、市工商银行房地产信贷部每年向单位和职工公布一次住房公积金对账单。职工需要查询问时，可凭单位证明向房地产信贷部索取公积金对账单。

**第十二条** 职工个人公积金免缴个人收入调节税；继承和受遗赠的住房公积金，受益人免缴个人收入调节税。

**第十三条** 住房公积金只能支付职工家庭购买或自建自住房屋，住房的内部装修、房屋养护、住房租金和认购各种债券等费用，不得用公积金支付。

**第十四条** 职工在购、建住房使用本户成员的住房公积金不足时，可使用本户直属亲属中职工的住房公积金，但必须经过亲属本人同意和单位住房公积金开户银行房地产信贷部确认。

**第十五条** 职工离退休、调离萍乡市、出国定居时，其结余的住房公积金本息一次结付给职工本人。

**第十六条** 职工使用住房公积金购买或自建的住房出售时，须将原购买或自建住房所使用的公积金如数存入该职工原住房公积金的户名内。

**第十七条** 住房公积金主要用于为城市住房解危解困提供低息贷款，贷款利率年息暂定为3.6%。市房政办和银行房地产信贷部根据公积金使用计划，也可为符合购、建住房条件的单位提供贷款。贷款额度，一般不超过本单位名下职工住房公积金总额，如需超过者，其超过金额不享受年息3.6%的优惠。所贷之款，必须按期偿还。

**第十八条** 本规定自1992年1月1日起执行。

## 萍乡市住房公积金提取管理实施细则

**第一条** 为规范住房公积金提取管理，根据国务院《住房公积金管理条例》、建设部《关于住房公积金管理若干具体问题的指导意见》（建金管〔2005〕5号）、江西省建设厅《江西省住房公积金提取管理办法》和《萍乡市住房公积金管理办法》等有关规定，结合本市实际，制定本实施细则。

**第二条** 提取范围

（一）缴存人有下列情形之一的，可以到市住房公积金管理中心（以下简称管理中心）提取住房公积金账户中的本息余额（即销户提取）：

1. 离休、退休的；

2. 完全丧失劳动能力，并与单位终止劳动关系的；

3. 出境定居的;

4. 调离本市的;

5. 与单位终止劳动关系2年以上未再就业且年满45周岁的;

6. 与单位终止劳动关系,非本市户籍的;

7. 缴存人死亡或被宣告死亡的。

(二)缴存人有下列情形之一的,可以到管理中心提取住房公积金账户中的余额(即非销户提取):

1. 购买、建造、翻建、大修自住住房的;

2. 偿还自住住房贷款本息的;

3. 租赁自住住房的无房户且房租超出家庭工资收入15%的;

4. 享受城镇最低生活保障的;

5. 遇到自然灾害或重大疾病等突发事件造成家庭生活困难的;

市住房公积金管理委员会规定的其他情形。

**第三条** 办理时应提供的证明资料

(一)基本资料

《住房公积金提取审批表》、住房公积金缴存凭证、居民身份证原件及复印件(如因特殊情况需委托代办的,应另提供代办人的居民身份证原件及复印件、加盖提取人单位公章的授权委托书)。

(二)其他资料(原件及复印件)

1. 销户提取

(1)离休、退休的:劳动人事部门出具的离休、退休证明;

(2)完全丧失劳动能力并与单位终止劳动关系的:伤残证(一至四级)或劳动能力鉴定职工劳动能力鉴定的证明资料、鉴定部门出具的伤残终止劳动关系证明;

(3)出境定居的:公安部门出具的出境定居证明和当地户籍注销证明;

(4)调离本市的:工作调动证明和公安部门出具的户籍迁移证明;

(5)与单位终止劳动关系2年以上未再就业且年满45周岁的:终止劳动关系证明及居住地所在乡镇(街道)出具的未就业证明;

(6)与单位终止劳动关系,非本市户籍的:终止劳动关系合同(协议)、户籍证明;

(7)缴存人死亡或被宣告死亡的:由其合法继承人或受遗赠人提供缴存人死亡的相关证明、继承人或受遗赠人身份证。

受遗赠人或受遗赠权应经公证部门公证或法院判决。

2. 非销户提取

(1)购买、建造、翻建自住住房并取得完全产权的:《房屋所有权证》、契税完税凭证或不动产销售发票;

(2)购买自住住房尚未取得产权的:房产部门备案登记的购房合同、预付30%以上房款的收据或不动产销售发票；

(3)建造自住住房(含合作建房)尚未取得产权的:《国有土地使用证》、《建设用地规划许可证》、《建筑工程施工许可证》、《建设工程规划许可证》、在建工程项目立项批复、总平面图、工程预算及超过预算三分之一以上的费用支付凭证(村镇建造、翻建自住住房的,应提供乡镇有关管理部门出具的农村村民宅基地使用批复、工程预算及超过预算三分之一以上的费用支付凭证)；

(4)翻建自住住房尚未取得产权的:《房屋所有权证》、《国有土地使用证》、《建设用地规划许可证》、《建筑工程施工许可证》、平面图等建房资料、工程预算及超过预算三分之一以上的费用支付凭证；

(5)大修自住住房的:《房屋所有权证》、房屋安全鉴定部门出具的房屋安全鉴定证明、工程预算及超过预算三分之一以上的费用支付凭证；

(6)偿还自住住房贷款提前结清本息的:在管理中心贷款的需提供由管理中心签章的按期还款清册;在商业银行贷款的需提供购房合同、借款合同、由银行签章的尾款通知单；

(7)租赁自住住房的无房户且房租超出家庭工资收入15%的:家庭收入证明、结婚证、租赁协议、《房屋所有权证》、房产部门出具的家庭成员无自住住房的证明；

(8)享受城镇最低生活保障的:民政部门出具的低保证明；

(9)遇到自然灾害或重大疾病等突发事件造成家庭生活困难的:单位(乡镇街道)及相关职能部门出具的证明;县级(含县)以上医院出具的重大疾病诊断证明、医疗费用支付凭证。

**第四条** 提取额度及截止时间

(一)销户提取

凡符合销户提取条件的,可一次性提取本人住房公积金账户内本息余额,并注销个人账户。

(二)非销户提取

1. 购买、建造、翻建自住住房的:取得完全产权的提取至《房屋所有权证》登记日期当前的住房公积金账户内的余额;尚未取得产权的提取至合同载明的交房时间的住房公积金账户内的余额,在交房时间内受理的,提取至当前的住房公积金账户内的余额；

2. 大修自住住房的:提取至房屋安全鉴定证明出具日当前的住房公积金余额,提取额度不得超过大修工程实际发生费用；

3. 偿还自住住房贷款本息的:提前结清的提取至偿还贷款日当前的住房公积金余额,提取额度不得超过其贷款的本息余额；

4. 用于支付房租的:按超过家庭收入15%以上的房租部分确定,且按年支付；

5. 享受城镇最低生活保障的:按当年从民政部门领取的最低生活保障费确定；

6. 遇到自然灾害或重大疾病等突发事件造成家庭生活困难的:可一次性提取事件发生日当前住房公积金余额,不得超过实际损毁额或不得超过当年医疗费用自付部分。

房屋所有权人及配偶提取个人账户存储余额之和,不得超过此项住房消费支出。

未成年子女购买、建造、翻建自住住房的可以提取父母住房公积金账户内余额。

非销户提取按百元的整数倍提取至截止时间个人账户内的存储余额。

**第五条** 办理程序

(一)缴存人持《住房公积金提取审批表》和相关证明到管理中心办理提取手续;

(二)管理中心受理并予以审核批准;

(三)缴存人到银行办理结算手续。

**第六条** 办结时间

管理中心对缴存人提供的相关资料进行审核,符合提取规定的,当天办结。需要核实的,在接到申请之日起2个工作日内作出准予或不准予提取的决定,并通知提取申请人。

**第七条** 支付方式

原则上将提取金额转账至缴存人购房合同约定的售房账户、住房贷款还款账户或住房公积金银行卡内。

**第八条** 符合管理中心规定情形的,借款人及配偶可以采取对冲还贷和提前还本的方式提取住房公积金账户内余额。

**第九条** 同一套自住住房限提取一次,房改购房的不能提取住房公积金。

**第十条** 法律责任

出现下列情形之一的,应由相关职能部门给予处罚:

(一)管理中心要加强对提取业务的稽核和监督,及时发现和纠正骗提资金的行为。管理中心工作人员弄虚作假违规审批提取住房公积金的,应责令责任人追回提取资金,并依法追究责任人的责任。

(二)管理中心对审核过程中发现的缴存单位或个人弄虚作假骗提住房公积金行为应进行记录,并将骗提单位和个人信息记入管理中心建立的不良信用记录档案。资金被骗提的,要追回资金;构成犯罪的,移交司法部门处理。

**第十一条** 本市已制定的为应对金融危机,扩大内需,促进房地产市场稳定健康发展的有关阶段性政策,按文件规定执行。

**第十一条** 本细则自2010年3月16日起施行。

## 萍乡市住房公积金个人住房贷款管理实施细则

**第一条** 为规范住房公积金个人住房贷款管理,根据国务院《住房公积金管理条例》、建设部《关于住房公积金管理若干具体问题的指导意见》(建金管〔2005〕5号)、江西省建设厅《江西省住房公积金个人住房贷款管理办法》(赣建房改〔2009〕144号)和《萍乡市住房公积金管理办法》等有关规定,结合本市实际,制定本实施细则。

**第二条** 住房公积金个人住房贷款(以下简称个人贷款)是指住房公积金管理中心以归集的住房公积金为资金来源,委托国有商业银行向购买、建造、翻建、大修自住住房的住房公积金缴存职工发放的政策性住房贷款。

**第三条** 萍乡市住房公积金管理中心(以下简称管理中心)委托由市住房公积金管理委员会(以下简称管委会)确定的国有商业银行(以下简称受委托银行)承办住房公积金贷款金融业务。

**第四条** 贷款条件

凡所在单位正常缴存住房公积金一年以上(含一年)且本人正常缴存六个月(含六个月)的在职职工,在购买、建造、翻建、大修自住住房行为发生之日起二年内,可以申请个人贷款。

职工在申请贷款时还应具备以下条件:

(一)具有完全民事行为能力;

(二)具有稳定的经济收入,个人信用良好,具备偿还贷款本息的能力;

(三)具有真实、合法、有效的购买、建造、翻建、大修自住住房的合同(协议)、《房屋所有权证》或其他证明资料;购买自住住房的,还需支付占购房价款30%(含30%)以上的首期付款;

(四)同意按照规定设立抵(质)押、保证等担保手续,且抵(质)押物的所有人必须具有完全民事行为能力;

(五)没有可能影响贷款偿还的债务;

(六)身体健康状况良好;

(七)管理中心规定的其他条件。

**第五条** 贷款额度与贷款期限

(一)最高限额

1. 不得超出购买、建造、翻建或大修自住住房总价款的70%;

2. 拆迁购房其购房总金额应扣除拆迁安置补贴;

3. 借款人及其配偶已提取住房公积金购买、建造、翻建或大修自住住房,同时需要申请贷款的,提取与贷款总金额不得超过购买、建造、翻建或大修自住住房总价款;

4. 借款人以房产作抵押的,不得超过抵押房评估价值的70%;

5. 借款人以本人及其配偶住房公积金(住房补贴)账户余额作质押的,不得超过质押物价值的100%;以他人住房公积金(住房补贴)或其他的质押物作质押的,不得超过质押物价值的80%。

贷款最高限额由管委会确定并公布。

(二)贷款期限

1. 借款人最终还贷期原则上不得超出法定退休年龄;

2. 用房产作抵押的,其房产竣工时间至贷款合同约定到期日的期限不得超出国家规定的房产有效期限。

贷款最长期限由管委会确定并公布。

**第六条** 贷款利率

（一）贷款利率按中国人民银行公布的利率标准执行。

（二）贷款期间如遇人民银行有关住房公积金贷款利率调整时，新发放的贷款从发放之日起执行新的利率标准，利率调整日前发放的贷款合同期限在 1 年（含 1 年）以内的，执行合同利率，不分段计息；合同期限在 1 年以上的，从调整利率次年 1 月 1 日起，按相应利率档次执行新的利率标准。

**第七条　贷款申请**

申请贷款时，申请人需认真填写《个人住房公积金贷款申报资料》，并提供以下证件和资料的原件及复印件：

（一）借款人及其配偶的有效身份证明、婚姻状况证明、收入状况证明；

（二）借款人及其配偶缴存住房公积金的有效凭证；

（三）购买自住住房未取得房屋所有权证的：提供房产部门备案的购房合同协议）、已支付占购房价款 30%（含 30%）以上的付款凭证；

购买自住住房已取得房屋所有权证（含购买二手房）的：《房屋所有权证》、契税完税凭证或不动产销售发票；

城市内建造、翻建自住住房（建筑工程进度最低达到设计形象进度的三分之一以上）的：提供建设、规划、国土部门出具的批准文件（《国有土地使用证》、《建设用地规划许可证》、《建设工程规划许可证》、《建筑工程施工许可证》、在建工程项目立项批复、总平面图、工程预算及费用支付凭证；

村镇建造、翻建自住住房（建筑工程进度最低达到设计形象进度的三分之一以上）的：提供乡镇有关管理部门出具的农村村民宅基地使用批复、工程预算及费用支付凭证；

大修自住住房的：提供房屋安全鉴定部门出具的房屋安全鉴定证明、《房屋所有权证》、工程预算及费用支付凭证；

银行住房按揭贷款转住房公积金个人住房贷款的：提供房产部门备案的购房合同（协议）或《房屋所有权证》、已支付占购房价款 30%（含 30%）以上的付款凭证、银行贷款合同、银行贷款还款明细；

（四）抵（质）押物权属证明；

（五）管理中心要求提供的其他资料。

**第八条　贷款审查**

借款人按要求提交资料后，管理中心在七个工作日内按照规定开展贷前调查和评估。

在贷款的审查过程中，管理中心可要求借款人追加有固定收入的直系血亲为共同借款人。

**第九条　贷款合同签订**

（一）管理中心、受委托银行、借款人、担保人签订《个人住房公积金担保贷款合同》。

（二）合同签订后，借款人到房产部门办理房屋产权抵押登记手续或到质押凭证管理相关部门办理质押止付登记手续。

**第十条　贷款审批和发放**

管理中心根据贷款合同及完成担保手续的有关证明文件（包括抵押权属证明或质押权利凭证、单位和个人担保证明文件等）进行贷款审批，并于七个工作日内将资金划入委托贷款基金户。受委托银行根据《个人住房公积金担保贷款合同》和《住房公积金个人贷款划拨书》以转账方式将款项划入房地产开发企业售房账户或借款人银行储蓄账户内。

**第十一条**　贷款担保

管理中心根据借款人的具体情况，由借款人提供有效、足额的抵押、质押、保证、抵押加阶段性保证。

（一）抵押

1. 借款人可以用本人或经管理中心认可的他人所有的房产作抵押。

2. 借款人以房产作抵押的，必须将房产价值全额用于贷款抵押，并到房产部门办理房屋产权抵押登记手续取得抵押权属证明。

3. 抵押期间，借款人不得以任何理由中断或撤销抵押，并对作抵押的房产，负有维修、保养、保证完好的责任。未经管理中心书面同意，抵押人不得将房产转让、出租、重复抵押或以其他方式处理。

（二）质押

1. 借款人可以用自有或他人所有的由财政部发行的凭证式国债、定期储蓄存单、住房公积金（住房补贴）账户余额作质押取得贷款。

2. 以有价证券质押的，出质人应办理质押止付登记手续，并将确认的有价证券交付管理中心。

3. 借款人用于质押的有价证券先于贷款到期时，出质人应与管理中心协商，按期兑现，并将兑现的价款用于提前偿还其所担保的贷款本息；也可将质物转存或提供新的抵（质）押担保物。

（三）保证

1. 借款人可以提供经管理中心认可的，具有担保资格及代为清偿债务能力的法人、自然人作为保证人的担保方式。该保证为不可撤销的全额连带责任证。

2. 借款人可以选择管委会确定的专业担保机构的保证取得贷款。

3. 借款人之间，借款人与保证人之间不得相互提供保证。

（四）抵押加阶段性保证

借款人在管理中心签约的开发项目购买自住住房，以所购住房办理预购商；房抵押登记手续，在借款人取得该住房的房屋所有权证和办妥抵押登记之前，由房地产开发企业提供阶段性连带责任保证，并承担回购义务。

1. 房地产开发企业作为借款人的保证人，应按贷款金额缴纳一定数额的保证金，保证金存入管理中心在指定银行开设的保证金专户。

2. 房地产开发企业在所抵押的住房取得房屋所有权证并办妥抵押登记手续交付管理中心后，不再履行保证责任。

**第十二条**　贷款偿还

（一）贷款期限在1年（含1年）以内的，实行到期一次还本付息，利随本清。贷款期限在1年以上的，实行月均等额本息还款方式偿还贷款本息。

（二）借款人应按贷款合同约定，采取以下方式投时偿还贷款本息：

1. 委托扣款方式。借款人、管理中心与受托方（受委托银行、借款人所在单位或财政工资统发中心）签订协议，委托受托方从借款人存款账户或工资中代扣偿还贷款。

2. 对冲还贷方式。符合公积金对冲还贷相关条件的借款人，可每月提取本人及配偶的住房公积金直接抵还贷款月还款额。

3. 柜面还款方式。借款人直接到受委托银行还款。

偿还方式由管理中心根据借款人实际情况确定。

**第十三条** 提前还贷

经管理中心同意，借款人可提前偿还全部贷款或提前偿还部分贷款。提前还贷时原已计收的贷款利息不作调整。

**第十四条** 逾期还贷

借款人未按照贷款合同约定的时间偿还贷款本息的，应承担违约责任，逾期的贷款本息按中国人民银行规定计收罚息。

**第十五条** 贷款合同的变更

（一）合同当事人要求变更合同及附件，需以书面形式通知其他当事人，在未达成协议前，原合同及其附件继续有效。经各方协商一致，应签订变更合同。

（二）借款人死亡、被宣告死亡或丧失民事行为能力以及离婚的，其财产合法继承人、监护人、受遗赠人或法定债务承担人应依法律规定作为还款义务人继续履行借款人所签订的贷款合同。

**第十六条** 贷款合同的终止

借款人按合同规定偿还全部贷款本息后，贷款合同自行终止，相关担保条款同时终止。

**第十七条** 借款人不能履行贷款合同，出现下列情况的，管理中心有权通过提前行使担保权或其他方式收回贷款本息：

（一）借款人连续 6 个月或累计 12 个月未按时偿还贷款本息的；

（二）借款人死亡、被宣告死亡或丧失民事行为能力且无继承人或受遗赠人以及离婚的，还款义务人拒绝履行借款人偿还贷款本息义务的；

（三）借款人提供虚假证明资料的；

（四）借款人擅自改变贷款用途的；

（五）借款人违反《个人住房公积金担保贷款合同》规定的任何条款，经管理中心或受委托银行指出，不予纠正的；

（六）借款人发生其他足以影响其偿债能力或缺乏偿债诚意行为的。

**第十八条** 借款人不能履行《个人住房公积金担保贷款合同》，管理中心依法处置抵（质）押物，所得价款按下列顺序分配：

（一）诉讼（仲裁）及处置抵（质）押物等有关费用；

（二）偿还借款人所欠贷款本息和支付违约金。

处置抵（质）押物所得价款在支付上述款项后，剩余部分退还抵押人。若所得价款不足以支付上述款项时,管理中心有权向借款人和保证人追偿。

**第十九条** 管理中心负有对留存的抵(质)押凭证妥善保管的责任。

借款人结清贷款本息后,按规定领回抵(质)押凭证,并到相关部门办理解除抵(质)押手续。

**第二十条** 签订合同各方发生纠纷时,首先当事人协商解决,协商不成的可依合同约定向仲裁机构申请仲裁或向人民法院提起诉讼。

**第二十一条** 每套新购房只能办理一次个人贷款,房改购房不能申请个人贷款。

**第二十二条** 为职工办理个人贷款出具虚假证明的,可由有关部门按管理权限对单位主要负责人和直接责任人给予行政处分,构成犯罪的,依法追究刑事责任。

**第三十三条** 借款人采取欺骗手段,获得个人贷款的,管理中心应当追回被骗取的个人贷款本息,构成犯罪的,依法追究刑事责任。

**第二十四条** 本市已制定的为应对金融危机,扩大内需,促进房地产市场稳定健康发展的有关阶段性政策,按文件规定执行。

**第二十五条** 本细则自 2010 年 3 月 16 日起施行。

# 萍乡市住房公积金对冲还贷规定

## 第一章 总则

**第一条** 为充分发挥住房公积金对职工个人的住房保障作用,切实减轻贷款职工的还款压力,特制定本规定。

**第二条** 住房公积金对冲还贷是指已取得住房公积金个人贷款的职工委托萍乡市住房公积金管理中心(以下简称公积金中心)每月提取本人及配偶的住房公积金直接抵还其贷款月还款额的行为。

## 第二章 对象及条件

**第三条** 以抵押担保方式取得住房公积金贷款的职工可以向公积金中心申请办理对冲还贷。

**第四条** 申请对冲还贷,应具备以下条件:

(一)申请人住房公积金缴存正常,且在申请时无三个月以上停缴记录;

(二)申请人住房公积金个人账户中的余额足够抵扣六个月以上应还贷款额;

(三)申请人在申请时无逾期欠款,且一年内无三期以上逾期不良记录;

(四)在申请贷款时,如夫妻双方均为住房公积金缴存者,需同时以申请人的身份向公积金中心申请办理对冲还贷。

## 第三章 对冲还贷方式

**第五条** 对冲还贷采取逐月还款法,公积金中心每月直接从申请人账户中提取相应额度的住房公积金归还当月还款额。

**第六条** 当申请人住房公积金账户中的余额小于4个月的月还款额时，暂停对冲还贷。申请人应及时掌握其住房公积金账户中的余额及贷款还款状况，如发现其住房公积金账户余额不足时，需及时补充银行扣款账户中的还贷资金，直到住房公积金账户中的余额大于4个月的月还款额时，恢复对冲还贷。

## 第四章 对冲还贷的申请及终止

**第七条** 新办理住房公积金贷款的职工，如行合符合条件，可在贷款发放时同时申请办理对冲还贷业务。已经办理贷款的申请人可在每月6日至15日到公积金中心申请办理对冲还贷。申请办理对冲还贷时，申请人应持借款合同、本人身份证、婚姻证明等材料到公积金中心签署《对冲还贷协议》。

**第八条** 凡由单位统一代扣工资还款的职工不能办理对冲还贷业务，但可按照规定办理年度提取业务。

**第九条** 正常情况下，对冲还贷程序自申请人与公积金中心签署《对冲还贷协议》的次月起自行启动，如出现以下情形，公积金中心将自行终止对冲还贷：

（一）贷款本息已还清的；

（三）申请人申请终止的；

（三）在申请办理对冲还贷后，申请人有逾期欠款的；

（四）职工贷款后调出原工作单位且调出单位与原单位不在同一归集点缴存公积金的；

（五）公积金中心认为不宜继续适用对冲还贷的其他情形。

## 第五章 附则

**第十条** 在此之前公积金中心推出的提取还贷业务原则上不再执行。

**第十一条** 本规定自公布之日起执行。原《萍乡市住房公积金对冲还贷暂行规定》同时废止。

# 萍乡市住房公积金管理委员会<br>萍乡市住房公积金个人住房贷款审查委员会制度

为严格管理、规范运作、防范风险、保证安全，提高住房公积金个人住房贷款决策水平，根据有关法规、政策，制定本制度。

一、住房公积金个人住房贷款审查委员会（以下简称贷审会）是住房公积金个人住房贷款审查的决策机构，对审批人既起支持作用，又起制约作用。

二、贷审会委员的组成：由中心法规稽核科科长、归集科科长、个人信贷科科长、分管法规稽核、个人信贷工作的领导、纪检组长及中心负责人组成。贷审会设主任委员1名，由中心负责人担任。

三、委员工作变动时，其贷审委员职务同时自动变更。

四、贷审会的主要职责：

（一）根据有关法规和政策，组织有关部门制定个人信贷审查的规章制度；

（二）审议开发企业开发楼盘按揭贷款的准入；

（三）监督和检查管理中心及管理部的个人信贷审查工作；

（四）审议超授权额度的个人住房贷款及个人信贷科根据实际情况认为需要提交贷审会集体审查的个人住房贷款；

（五）其他工作。

五、贷审会下设办公室，作为贷审会的具体办事机构。贷审会办公室负责人由分管法规稽核的领导兼任，成员由法规稽核科科长和稽核专管员、个人信贷科科长和信贷专管员组成，成员工作变动，其贷审会办公室成员身份自动变更。

贷审会办公室的主要职责：

（一）负责会议记录并按规定要求整理会议纪要；

（二）负责提请召集贷审会会议；

（三）保管贷审会资料。

六、贷审会的主要议题：

（一）对开发企业申报的住房公积金按揭贷款楼盘主要审议以下内容：

1. 房地产开发企业的法人资格审查；

2. 房地产开发企业近年经济及信誉状况的审查；

3. 房地产开发企业的资产负债、项目自筹资金和担保能力的审查；

4. 开发楼盘的项目建设资料及手续完备性的审查。

（二）对单位集团定向购买商品房，团体申请住房公积金贷款的审查。

（三）个人信贷科认为需要提交审贷会集体审查的个人住房贷款。

七、贷审会的议事规则

（一）贷审会会议决议采取投票表决形式，按少数服从多数的原则，决议须到会人员三分之二以上多数通过。

（二）贷审会需要定期召开，至少每月召开一次，召开的每次会议均要整理会议纪要。会议纪要经主持人签字后，报管理中心主任批准生效。

八、贷审会议事程序：

（一）调查人汇报有关调查情况并提供有关资料；

（二）贷审会委员对有关资料进行咨询和审议；

（三）会议实行表决制作出审查结论；

（四）将审查结论记录在案，由住房公积金管理委员会主任委员签署审批意见。

九、本制度自2010年12月6日起施行，以前与该制度不一致的，以该制度为准。

# 萍乡市住房公积金管理委员会关于印发《萍乡市职工住房公积金贷款实施办法》《萍乡市住房公积金提取实施办法》的通知

（萍公积金委字〔2016〕4 号）

各有关单位：

现将萍乡市住房公积金管理委员会 2016 年度全体会议审议修订的《萍乡市职工住房公积金贷款实施办法》《萍乡市住房公积金提取实施办法》印发给你们，自文件发布之日起施行。

2016 年 4 月 1 日

## 萍乡市职工住房公积金贷款实施办法

### 第一章　总　则

**第一条**　为进一步规范住房公积金个人住房贷款借贷行为，维护借贷双方的合法权益，保证信贷资产的安全，根据国务院《住房公积金管理条例》和有关规定，结合本市实制定本办法。

**第二条**　住房公积金贷款是公积金管理机构委托银行向住房公积金缴存职工发放的购买、建造、翻建、大修自住住房的政策性专项贷款。

**第三条**　本市住房公积金贷款业务由市住房公积金管理中心（以下简称管理中心）委托本市商业银行承办。中心委托办理公积金贷款时，应当与受托银行签订书面委托合同。住房公积金贷款风险由管理中心承担。

**第四条**　申请住房公积金贷款须提供管理中心认可的担保。

**第五条**　本办法所称的有关各方是：

委托人，系指萍乡市住房公积金管理中心或县（区）办事处；

受委托人，系指受托银行；

借款人，系指向委托人申请住房公积金贷款的具有完全民事行为的公积金缴存人；

抵押人，系指以自有房产为贷款提供抵押的借款人或第三人；

抵押权人，系指委托人；

出质人,系指为贷款提供质押担保的个人;

质权人,系指委托人。

## 第二章 贷款对象和条件

**第六条** 贷款对象

贷款对象是在本市范围内购买、建造、翻建,大修自住住房资金不足并已缴存住房公积金,具有完全民事行为能力的在职职工。

**第七条** 贷款条件

(一)连续、足额缴存住房公积金 6 个月(含)以上;

(三)申请人具有有效居民身份证明;

(三)在本市范围内购买、建造、翻建、大修自住住房;

(四)具有稳定、合法的经济收入且有偿还贷款本息能力;

(五)具有管理中心认可的担保;

(六)无未还清的公积金贷款;

(七)有良好的社会信誉

1. 两年内(含两年)无连续 3 期或者累计 6 期以上未还的贷款或贷记卡;

2. 未有因借贷违约被起诉的情形;

3. 经管理中心认定的其他情形。

(八)购建住房首付款和自筹资金要求

购买首套自住住房和第二套(改善性)住房,首付款不得低于 20%;

(九)对购买三套(含)以上住房的缴存职工家庭停止发放住房公积金贷款。家庭住房套数以人民银行征信报告住房贷款笔数为依据;

(十)住房公积金账户欠(停)缴、封存 6 个月(含)以上的职工不予受理住房公积金个人住房贷款;

(十一)公积金贷款未还清之前,同一套住房不发放两次贷款(组合贷款除外)。

## 第三章 贷款证明材料

**第八条** 本办法要求申请人提供的有效证明材料均指原件和复印件,管理中心对照审核后,原件不需要保留的退还申请人,复印件留管理中心存档。申请人应根据管理中心和委托银行的要求提供以下的证件材料:

(一)借款人合法身份证明,户口簿和居住身份证。已婚的须提供配偶的身份证及婚姻关系证明,未婚的向管理中心提供书面婚姻证明。

(二)借款人及配偶所在单位出具的工资收入证明(原则上以借款人住房公积金缴存基数为依据)。

(三)购买新房的,提供经房屋交易管理部门备案的购房合同,首付款凭证;购买二手房的,应提供经房屋交易管理部门备案登记的合同、完税凭证;购买单位房改房的,应提供市住房委员会审批的《房屋买卖审批表》、单位购房通知书。购房贷款申请期限为1年,自购房合同登记备案之日起计算。

(四)翻建、大修自住住房的,应提供规划、建设部门批准的文件和原房屋的房屋产权证以及工程估价文件或预算书;贷款申请期限为2年,自最后一个审批文件生效之日起计算。

(五)自建住房的,应提供规划、建设部门批准的文件和土地管理部门发给的土地使用证以及工程估价文件或预算书,时效为2年。

(六)翻建、大修共有产权的,借款人应提供本人所占房屋产权份额的证明和其他产权共有人的抵押书面证明。

(七)中国人民银行或委托银行出具的个人征信报告(有效期1个月);

(八)市管理中心要求提供的其他材料。

## 第四章　贷款额度、期限、利率

**第九条**　职工住房公积金贷款额度根据房屋价格、公积金缴存基数、贷款期限等因素确定。

**第十条**　购买、建造、翻建首套自住住房和改善性住房的,最高贷款比例为房款的80%;二手房的贷款比例不超过交易房屋契税计税额的70%;大修住房的,不超过房屋主体工程造价的70%。

**第十一条**　购买、建造、翻建自住住房,贷款额度最高为55万元;职工购买二手房、大修住房,贷款额度最高为45万元;住房公积金贷款金额与提取住房公积金金额之和不超过房款总额。

**第十二条**　贷款期限:购买、建造、翻建住房贷款期限最长为30年;购买二手房和大修自住住房贷款最长期限为25年;借款期限可计算到借款人法定退休年龄后5年。

**第十三条**　贷款利率:住房公积金贷款利率按照中国人民银行公布的住房公积金贷款利率执行。

## 第五章　贷款程序

**第十四条**　申请人携带管理中心要求的证明材料向管理中心或县(区)办事处申请并填写《萍乡市住房公积金贷款申请审批书》。

**第十五条**　管理中心或办事处受理后,应当在15个工作日内作出是否准予贷款的决定并通知申请人。

**第十六条**　受理人(审核人)对申请人进行调查、审核,并如实出具调查意见,报上一级领导审批;贷数调查报告的内容应包括:

(一)购买、建造、翻建、大修住房及担保情况是否合法、真实、有效;

(二)借款人公积金缴存情况、工资收入、家庭总收入、债务、社会信誉等;

(三)初审人提出是否同意贷款和贷款金额意见。

**第十七条**　管理中心审核同意后通知借款人到受委托银行处办理有关借款手续。

**第十八条**　管理中心与受委托银行、借款人办理借款手续后,受委托银行根据借款人提供的房地产销售账号,将贷款资金划转到房屋销售单位账户;自建、大修自住住房的可申请将贷款转入个人账户。贷款利息自受托人发放贷款之日起计算。

**第十九条**　受委托银行于贷款资金划转后3日内将贷款合同、借据送中心和担保人各一份。

## 第六章　贷款担保

**第二十条**　借款人须提供管理中心认可的担保,并签订书面担保,担保的方式分为房产抵押、有价证券质押、住房公积金质押担保、单位阶段性担保。

(一)房产抵押是指借款人以购买的房屋进行抵(预)押担保;自建住房的,可以家庭成员(父母、子女、兄弟姊妹)的房产作抵押担保。

(三)有价证券质押,是指借款人以国债、银行定期存单等有价证券进行质押担保。

(三)住房公积金质押担保,是指借款人借用他人的住房公积金进行质押。住房公积金质押期间,公积金所有人及单位不得以任何形式提取、转移;公积金担保金额应不低于贷款金额。

(四)单位阶段性担保是指借款人所在单位在借款人房屋未办理抵押担保之前提供的阶段性过渡担保,待借款人房屋办理抵押登记后转由房产担保。

(五)购买期房的,在房屋竣工办理产权证书之前由售房单位担保,售房单位须与管理中心鉴定公积金按揭贷款合作协议,为购买其房屋并申请住房公积金贷款的职工提供阶段性保证,承担连带保证责任。保证期限从向贷款人发放住房公积金贷款之日起至贷款人办妥房产抵押登记手续并将《房屋他项权证》交与委托人执管之日止。

在售房单位承担保证责任期限内,未经委托人同意,售房单位与借款人不得随意退还或置换借款人所购房屋。

售房单位同时在管理中心委托银行开设保证金专户,并按贷款金额的5%～15%计提保证金。

**第二十一条**　借款人借用他人房产作抵押担保的,抵押房产的价值须经具有合法资质的评估机构进行评估,并经市管理中心认可,其抵押额度不得超过抵押物现值的70%。

**第二十二条**　抵押物抵押期间,抵押人可以自己使用,不得转让或再抵押,如遇城市建设规划需要拆迁,借款人应及时通知市公积金中心,并变更抵押物,否则,由此造成的损失由借款人承担。

**第三十三条**　本办法所指质押为权利质押。采取质押担保的,出质人和质权人必须签订书面质押合同,如需要办理登记的,应办理登记手续。质押合同的有关内容,应按照《中华人民共和国担保法》第六十五条的规定执行。质押合同至借款人还清全部贷款本息时终止。

**第二十四条**　权利出质后,在质押期届满之前,质权人不得擅自处分。质押期间,质物如有损坏、遗失,由过错方承担责任并负责赔偿。

## 第七章　贷款偿还

**第二十五条**　借款人应遵循转款专用,及时还款,到期还清的原则。

(一)月还款额按照贷款金额、贷款期限、贷款利率及还款方式确定。

(二)1年期以内(含1年)的公积金贷款,应当于到期时一次还本付息,利随本清;1年期以上的,按照等额本息方式还款,按月偿还贷款本息;中心、受托银行有义务为借款人提供还款计划书。

(三)借款人在借款期满一年以后,经管理中心同意,可申请提前一次性全部清还贷款或提前部分还款(不少于1万元或1万元的整数倍数)。

**第二十六条** 借款人可按《萍乡市住房公积金提取实施办法》有关规定提取本人住房公积金用于偿还贷款本息。

**第二十七条** 借款人连续3期或累计6期以上未按时偿还贷款本息的,管理中心将列入贷款征信不良名单,对列入不良记录的借款人,管理中心将不再受理第二次贷款申请。

**第二十八条** 如借款人死亡、被宣告失踪或者丧失民事行为能力,其财产的继承人、受遗赠人或代管人应当继续履行借款合同,继承人放弃继承或受遗赠人放弃遗赠的除外。

## 第八章 法律责任

**第三十九条** 借款人未按期归还贷款本息的,受托银行应以逾期还款额为基数计收逾期利息。

**第三十条** 借款人如发生下列情形,管理中心有权会同有关部门处理抵押物、质押物。

(一)借款人连续3个月或累计6个月未按时偿还贷款本息的;

(二)借款人在借款合同存续期间死亡、被宣告失踪或移居国外,其合法继承人或受遗赠人拒不承担偿还贷款本息的或放弃继承遗赠的。

**第三十一条** 借款人有下列情形之一的,中心有权停止支付贷款或者提前收回全部贷款:

(一)借款人采用欺诈手段隐瞒真实情况,提供虚假证明材料;借款人、共同借款人或者担保人未按照要求在贷款合同及其他相关文件上签字的;

(二)抵押物毁损,不足以清偿贷款本息;质押物明显减少,影响委托人实现质权,且借款人未提供符合要求的抵押、质押的;

(三)不按照借款合同规定用途使用贷款的;

(四)借款人拒绝或阻挠管理中心对贷款使用情况进行监督检查的;

(五)其他由于借款人原因,影响借款偿还或损害管理中心利益的;

(六)管理中心与借款人约定的其他情况。

**第三十二条** 管理中心未按照规定时间、金额发放贷款,致使借款人损失的,管理中心应对负有责任的主管人员和直接责任人员问责。

**第三十三条** 借款人有违反《贷款通则》和《委托贷款合同》行为的,中心将对借款人追究违约责任。

**第三十四条** 借款合同当事人如发生争议,可通过协商解决合同争议,如协商不成的,可以向仲裁机构申请仲裁或向人民法院起诉。

## 第九章 附 则

**第三十五条** 市住房公积金管理委员会、财政、审计、监察等部门有权对住房公积金贷款进行检查和监督。

**第三十六条**　《萍乡市个人住房商业贷款转公积金贷款实施细则》、《萍乡市住房公积金异地个人住房贷款实施办法》、《萍乡市个人住房组合贷款实施办法》、《住房公积金个人贷款一体化实施办法》参照本办法执行,如有抵触以本办法为准。

**第三十七条**　本办法由萍乡市住房公积金管理委员会办公室负责解释。

# 萍乡市住房公积金提取实施办法

## 第一章　总　则

**第一条**　为加强我市住房公积金管理,维护住房公积金所有者合法权益,规范住房公积金提取行为,根据国务院《住房公积金管理条例》及《江西省住房公积金管理办法》等法律法规的规定,制定本办法。

**第二条**　本办法所称住房公积金提取,是指住房公积金缴存职工依照本办法,提取本人住房公积金账户内部分或全部存储余额的行为。

**第三条**　住房公积金管理中心(以下简称管理中心)负责本行政区域内缴存职工住房公积金提取申请的受理、审核、支付等管理工作。

**第四条**　职工提取住房公积金应提供真实、完整、有效的证明材料;管理中心应遵循公平、公正、依规办理的原则。

**第五条**　本办法适用于萍乡市辖区内住房公积金的提取业务管理。

## 第二章　提取范围

**第六条**　职工有下列情形之一的,可以申请提取住房公积金账户内的存储余额:

(一)购买、建造、翻建、大修自住住房的;

(二)偿还购房贷款本息的;

(三)工作所在地无住房且租赁自住住房的;

(四)丧失劳动能力或患重大疾病,造成家庭生活严重困难的;

(五)退休的;

(六)死亡或者被宣告死亡的;

(七)出境定居的;

(八)与单位终止劳动关系的;

**第七条**　职工符合本办法第六条第(一)项情形提取住房公积金的,其配偶、子女、父母可以同时提取住房公积金,符合本规程第六条第(二)、(三)、(四)项情形提取住房公积金的,其配偶可以同时提取住房公积金。

**第八条** 职工符合提取条件但同时未还清个人住房贷款的,职工及其配偶的住房公积金必须优先用于偿还住房公积金贷款本息。

## 第三章 提取证明资料

**第九条** 本办法要求职工提供的有效证明资料均指原件和复印件,管理中心对照审核后,原件不需要保留的退还申请人,复印件管理中心存档。

**第十条** 职工申请提取住房公积金时,应提交《住房公积金提取申请书》、身份证、银行卡(存折)以及不同提取情形规定所需要的申请材料。职工符合本规程我六条第(一)、(二)、(三)、(四)项规定,其配偶、子女、父母需同时提取住房公积金的,还应提供与职工的关系证明;委托他人代办提取住房公积金的,还应提供管理中心认可的相关委托证明。

(一)购买商品房的,提供经房地产管理部门登记备案的购房合同、不动产登记中心出具的《预告登记证》、首付款的税务票据;异地购买住房的除提供经房地产管理部门登记备案的购房合同、购房税务票据外,还需提供缴存人其配偶或直系亲属(指父母、子女)在购房地的户口或工作证明(申请期限为1年,时效自签订购房合同之日起)。

(二)购买拆迁安置住房的,提供拆迁安置补偿协议(合同)和补缴差价票据(申请期限自补偿协议或合同签订之日起,时效为1年)

(三)购买存量房(二手房)的,提供过户后的房屋所有权证和契税完税(票)证或免税证明(申请期限自房屋所有权证发证之日起,时效为1年)。

(四)建造自住住房的,提供与承建方签订的建房协议或建房造价预算,其中:在城镇国有土地上建房的,提供县级以上建设规划、土地管理部门批准文件和《国有土地使用证》;在农村集体土地建房的,提供乡镇以上政府部门批准的文件、职工或配偶建房所在地的农业户口簿(申请期限自最近发证时间之日起,时效为2年)。

(五)翻建、大修自住住房的,提供翻建、大修的《房屋所有权证》和建设规划部门的翻建批文或房地产管理部门出具的房屋安全鉴定为D级证明书与承建方签订的翻建、大修房协议或翻建、大修房屋造价预算(申请期限自最近审批或发证时间之日起,时效为2年)。

(六)偿还住房贷款本息的,其中:偿还商业银行住房贷款本息的,提供购房合同(或房屋所有权证)、借款合同、银行出具的还款明细,提前偿还全部住房贷款本息的,还应提供已还清凭证;偿还住房公积金贷款本息的,原则上按协议委托提取还款方式办理(未签订委托提取协议或提前结清贷款的,携带借款人身份证申请办理)。

(七)租赁自住住房的,其中:租住公共租赁住房的,提供房屋租赁合同、房租支付凭据;租住商品住房的,提供本人和配偶家庭无住房证明及租房凭据,一年一提。

(八)丧失劳动能力、患重大疾病,造成家庭生活严重困难的:1. 丧失劳动能力,造成家庭生活严重困难的提供县级以上劳动能力鉴定机构出具的丧失劳动能力证明和职工所在单位出具的因丧失劳动能力造成家庭生活严重困难的证明。2. 职工本人及配偶或未成年子女患重大疾病的,提供县级以上医疗机构出具的疾病证明和医疗费用票据、与患者的关系证明以及职工所在单位出具的因患重大疾病造成家庭生活严重困难的证明。重大疾病指以下八种:(1)恶性肿瘤;(2)患慢性肾衰竭(尿毒症);(3)再生障碍性贫血;(4)心脏瓣膜置换手术;(5)冠状动脉旁路手术;(6)颅内肿瘤开颅摘除手术;(7)重大器官移植手术;(8)主动脉手术(申请期限自出院之日起,时效为1年)。

(九)退休的,提供退休证明。如缴存人未取得退休审批文件,可按国家有关退休年龄规定,依据身份证办理。

(十)出境定居的,提供公安部门出具的相关证明。

(十一)与单位解除劳动关系的,提供与单位终止(解除)劳动关系的文件或协议。

(十二)职工死亡或被宣告死亡的,其合法继承人(受遗赠人)提供该职工死亡或被宣告死亡的证明、与死亡职工的关系证明或遗赠证明及合法继承人(受遗赠人)身份证。

(十三)职工购买、建造、翻建、大修第三套住房的,不能提取住房公积金。家庭住房套数以申请人工作地县级以上房产档案室(馆)出具的证明为依据。

(十四)管理中心规定的其他资料。

## 第四章　提取额度

**第十一条**　购买、建造、翻建、大修自住住房的。提取额度不得超过实际发生的住房支出一定比例。职工同一套住房申请支取金额加贷款金额不超过购房款总额。

**第十二条**　偿还住房贷款本息的,提取额度不得超过当期应还款本息总额,提前还清贷款的,提取额度不得超过贷款余额。

**第十三条**　租赁自住住房的,提取额度不得超过上一年度实际支付房租总额。

(一)租住公共租赁住房的,按实际房租支出全额提取。

(二)租住商品住房的,由管委会根据本地市场租金水平和租住住房面积,确定租房提取额度(600元/月)。

**第十四条**　丧失劳动能力或患重大疾病,造成家庭生活严重困难的:

(一)丧失劳动能力的,除按规定保留一定的余额外,其余住房公积金可全部提取;

(二)职工本人及配偶或未成年子女患重大疾病的,提取额度不得超过医疗保险管理机构核定的个人自费总额。

**第十五条**　职工符合本规程第六条第(一)、(二)、(三)、(四)项规定需同时提取住房公积金的,合计提取金额不得超过本章规定的提取额度,提取后职工个人住房公积金账户内应保留200元的余额。

**第十六条**　职工依照本规程第六条第(五)、(六)、(七)、(八)项规定,可以一次性提取账户内全部存储余额。同时注销职工住房公积金账户。

**第十七条**　职工死亡或者被宣告死亡的,职工的合法继承人或受遗赠人可以提取该职工住房公积金账户内的存储余额;无继承人也无受遗赠人的,该职工住房公积金账户内的存储余额纳入住房公积金的增值收益。

## 第五章　提取支付方式

**第十八条**　住房公积金提取采取转账支付方式,不得通过现金支付,准予提取的,采用转账支付方式转入职工提供的银行存折(卡)或还款扣款账户内。

## 第六章　提取程序

**第十九条**　职工凭提取证明材料,向单位提出提取住房公积金的申请,所在单位应当予以核实,并在《住房公积金提取申请书》上签署意见并加盖单位公章;单位不为职工出具住房公积金提取证明的,职工可以凭规定的有效证明材料,直接到管理中心或县区办事处申请提取住房公积金。

**第二十条**　职工持《住房公积金提取申请书》及本办法第十条规定的相关证明材料向管理中心提出申请,管理中心应当自受理申请之日起3个工作日内作出是否准予提取的决定,并通知申请人。

**第二十一条**　管理中心应加强对提取业务的审核、审批管理,建立健全提取审核、审批授权制度、管理制度、责任追究制度和检查稽核制度。

## 第七章　罚　则

**第二十二条**　职工及所在单位或相关机构利用虚假材料骗提套取住房公积金的,管理中心应当停止支付或责令职工限期退回所提金额,取消该职工及其配偶3年内提取住房公积金和申请住房金贷款资格且计入征信记录,并根据江西省住房和城乡建设厅、江西省人民政府纠正行业和部门不正之风办公室、江西省监察厅、中国人民银行南昌中心支行《关于加强住房公积金提取管理有关问题的通知》(赣建金〔2010〕9号)的有关规定,给予相应处理。

## 第八章　附　则

**第二十三条**　管理中心可根据本办法,结合实际制定业务(服务)操作指南,规范业务操作行为。

**第二十四条**　本办法由萍乡市住房公积金管理委员会办公室负责解释。

# 二、重要调研成果

## 关于公积金数字发展情况的调研报告

廖洪元

根据主题教育的安排，围绕开展我市住房公积金数字化发展进行了专题调研。现将有关情况报告如下：

### 一、中心数字化发展现状

近年来公积金始终坚持以人民为中心，充分发挥住房公积金制度在公共服务领域中的重要作用及优越性，不断完善住房公积金运行机制，切实保障和改善民生，落实“房住不炒”大方针不动摇，为实现“住房安居梦”持续努力奋斗，在保障住房市场稳定运行中发挥了积极作用。一直以来，为进一步提升服务效率，中心不断加大投入大力推进信息化建设，努力打造“智慧住房公积金”，为广大缴存群体提供智能、便捷、高效、优质的住房公积金服务能力有了进一步提升，取得了明显成效。数字化建设主要成效如下：

（一）全面贯彻落实住建部“双贯标”和“住房综合服务平台”综合服务平台建设工作，完成与入全国住房公积金数据平台对接。中心于2018年5月、2019年12月分别经住建部专家组现场验收，完成了住房公积金“双贯标”和“住房公积金综合服务平台”验收两项工作。根据《住房和城乡建设部办公厅关于做好全国住房公积金数据平台接入工作的通知》要求，中心于2019年6月完成了全国住房公积金数据平台接入工作，实现与税务总局总对总的数据交换。使符合条件的公积金贷款职工便能享受个税抵扣的优惠政策，有效维护了我市缴存职工合法权益。2021年10月至2022年9月，中心对住房公积金综合服务平台系统（简称系统）的功能升级，实现“平台化运营、数字化管理、移动化服务”的主要目标，夯实我中心的数字化发展基础。目前中心提供了网上业务大厅（个人版、单位版、开发商版）、手机公积金APP、微信公众号、赣服通、支付宝城市服务、全国住房公积金微信小程序等线上服务渠道，实现大部分业务7×24小时线上业务服务，业务可网办率达到87.5%。

（二）不断扩展服务渠道。一是缴存人服务渠道有微信、个人网厅、短信、12329服务热线、手机公积金APP、赣服通、支付宝城市服务、全国住房公积金微信小程序、自助查询机等。二是缴存单位服务渠道为缴存单位网厅。三是开发商服务渠道为开发商网厅。同时为解决办事群众“最后一公里”的堵点问题，中心依托银行网点遍布的优势，借助银行网点，将服务触角进行延伸，目前已与工行、建行开展业务对接工作，实现两家银行两个网点上办理公积金购房提取和购房贷款受理公积金服务。

（三）持续推进政务服务一体化。依托市数据共享平台已经完成并开展了企业开办“一件事”，通过省住建厅监管平台完成并开展了企业信息变更“一件事”、通过市“一网通办”平台已经完成并开展了公民身后“一件事”、通过与市社保局直连实现了职工退休“一件事”等一系列“一件事”服务，持续提升“一网通办”政务服务能力水平。中心业务系统在收到“一件事”办理推送消息后，根据共享材料，直接推送到相关业务科室审核完成业务办理并反馈，实现办事群众一次申请，多部门协同办理。按照《江西省政务服务平台事项办理数据同步规范》要求，与市一体化平台完成对接并上报我中心公积金业务办件信息。同时通过市一体化平台对接政务服务“好差评”系统，实现业务服务情况评价和评价信息的统一上传。

（四）加大数据共享和电子证照应用。为深化“互联网＋政务服务”发展要求，推动各政务部门协同，中心大力推进数据互联互通。中心与社保、不动产、人民银行等部门已经开展对了接共享工作，加大推进与社保、民政、不动产、征信查询对接力度。一是今年9月已完成社保接口程序开发测试和现场部署，10月7日已经上线正常运行。二是民政接口程序今年10月完成了民政接口程序开发，目前在测试优化阶段。三是加快不动产接口程序开发，加速测试优化阶完善功能。四是征信查询接口于今年10月已完成了开发测试，目前根据住建部进行征信查询环境要求，准备相关上线申请材料报住建部批准后上线。2023年10月中心住房公积金信息系统已经与市电子证照库对接，目前可以调用结婚证、不动产登记证和省内公民身份证。

（五）推动财务资金管理信息化。中心接入住建部结算平台，实现资金实时结算、秒到账，避免传统低效的委贷银行线下手工台账入账记账方式；同时，系统是由业务驱动资金结算，做到业务有发生、财务有反应、资金有反馈，真正落实业务账、财务账、资金账“三账联动，三账平衡”。通过财务凭证自动化，实现中心财务凭证由传统的手工制单模式转变为系统自动制单，自动复核、自动记账等功能，不但提高了工作效率，而且确保了数字的精确，同时也降低了财务人员的劳动强度。

（六）建立数字化档案管理。2021年中心建立了公积金业务电子档案系统，目前中心依据最新颁布的《住房公积金业务档案管理标准》JGJ/T495－2022（以下简称“标准”），对电子档案系统进行升级优化，进一步强化档案管理能力，实现了档案管理数字化、信息化、规范化。以档案“无纸化”为目标，实现档案管理信息系统的“贯标”，将业务、财务、行政执法等档案纳入档案管理范畴，将共享数据查询授权信息、业务办理过程信息、数据共享过程信息等结构化数据固化归档，实现档案信息的全生命周期管理；为提升档案服务水平，将高重复性提交的档案与缴存人进行关联，在业务办理时，办事人员在验证身份后，无须重复提交纸质材料，直接复用之前办理业务时的电子档案，达到“一次受理，内部流转，让数据多跑路，让群众少跑腿”的目标。

（七）提升信息系统国产化率。围绕国家信息安全的建设要求，利用先进技术，将自主可控、安全可靠落到实处，保障中心资产安全。中心于2022年开始不再采购非信创目录内设备，目前中心已经拥有18台信创电脑，5台信创打印机，7台信创安全设备，服务器操作系统80%为中标麒麟Linux操作系统，中心60%普通台式机电脑使用的是Windows 10神州网信正版，国产化设备得到进一步提升。

## 二、当前中心数字化发展存在的主要问题与困难

中心在促进数字化发展中主动作为，效果逐步显现。但从调研情况看，中心数字化发展存在着不少短板和不足，需要引起高度重视。

(一)数字共享能力不强

截至目前中心已经实现了民政、市场监督局、不动产、公安及1家商业银行的商贷信息的数据共享，逐步实现公积金业务审批由“人工对纸质材料审核”向“系统自动联网查验”转变，职工只需身份认证，可不提供或少提供佐证资料，少跑路甚至不跑路就能办成事。目前市政府大数据提供的共享数据接口不稳定，部分数据质量不高，不能保证7×24小时为中心稳定提供有效的数据核查服务。部门间数据信息共享程度不够高，住房公积金业务涉及的税务、不动产、银行等部门尚未完全实现信息共享，如不动产、契税发票、职工商业银行住房贷款信息等，现在还需中心工作人员登录相关税务、不动产系统查询或职工开具相关证明材料才能办理，延缓了业务办理效率，这已成为深化公积金数字化改革的重要障碍。

(二)数字化智能运用不足

业务系统没有运用云计算、大数据等新技术，将过去的人工审核审批变为系统智能研判后自动审批。在系统中没有智能审批功能，对符合办理条件的业务不能由系统自动审批通过，没有实现“智能审批，秒办秒结，自动反馈”，公积金业务信息系统还不具有自动、实时、零材料等特点。

对中心数据做智能化挖掘不足，没有使用有效机器学习等算法对业务系统数据进行深度挖掘，发现数据中存在的规律和问题，没有使用大数据分析工具为住房公积金政策的制定提供有力支持。

(三)数字化系统国产化率不足，数据安全还需加强

中心核心服务器国产化率不足，虽然使用的是国产品牌的服务器设备，但核心部件CPU、内存、硬盘、主板芯片组和网络交换新品均为进口产品；甲骨文数据库、阿帕奇中间件系统应用软件和部分微软Windows服务器操作系统作为国外进口软件；同时中心业务系统没有做国产化终端适配，目前国产化的电脑用业务系统只能做查询审批，还不能使用高拍仪、打印机受理公积金业务，业务系统完全国产化任重道远。

(四)缺乏数字化技术人才，后备人才不足

公积金数字化发展归根到底是信息数字化发展，需要人才支撑。目前中心因编制限制，无法开展人员招聘，导致急需的信息化人才不能及时引进，同时中心自身人员潜力也不足，职工大部分年龄在40岁以上，而且第一学历普遍偏低，学习信息化和数字化的能力低，提升在职职工的信息化能力比较困难，专业的信息化人才严重缺乏。

## 三、促进公积金数字化发展意见和建议

促进数字化发展事关我中心公积金事业发展大局，要从全局和战略高度，切实加强和改进工作方式和方法，有效解决当前遇到的瓶颈制约和突出问题。在合规的前提下探索更多的公积金数字化使用方案，着力提高业务服务便利化水平、风险管控智能化水平、运营管理精细化水平和决策分

析数据化水平。为此，提出如下建议：

（一）加强共享数据运行，增加共享数据获取渠道

进一步加强与社保、不动产、住建、人民银行、税务、商业银行等部门数据共享对接工作；增加同种共享数据的获取渠道，在单一数据共享获取渠道出现网络或其他故障时还能持续为职工提供有效服务，同时多渠道同种共享数据可以进行比对效验，提高共享数据的准确性。

（二）充分运用人工智能技术助力公积金业务发展

要继续深入贯彻落实"放管服"改革，积极运用人工智能技术在公积金业务智能审批，推动服务提速提质提效，进一步为广大缴存单位和职工提供有速度、有温度、有深度的政务服务。以提升企业和群众办事的便捷度和满意度为目标，通过科技创新赋能公积金数字化发展，大力推行公积金智能审批服务。公积金智能审批运用人工智能、云计算、大数据等新技术，将过去的人工审核审批变为系统智能研判后自动审批，具有自动、实时、零材料等特点。

探索通过人工智能、机器学习等算法对数据进行深度挖掘，发现数据中存在的规律和问题，可以为住房公积金政策的制定提供有力支持。通过深度挖掘数据中的规律和问题，及时发现政策在运行中存在的不足和问题，从而为政策制完善调整供参考依据，确保公积金业务科学有效运转。

（三）着力提高信息化国产化率，强化数据安全保护能力

加强公积金信息系统服务设备、网络安全设备、系统软件和应用软件等的国产化使用，筑牢可信可控的数字安全屏障，切实维护住房公积金数据安全、网络安全和资金安全，切实增强数据安全保障能力。建立安全保护机制，提升风险识别评估水平，提升中心网络安全保护水平。

（四）加强人才培养与人才引进

要采取切实可行的措施加强专业信息人才队伍建设。积极与有关部门沟通，争取增加人才引进指标。引进既懂金融管理知识，又懂住房公积金业务，既懂信息技术，又懂信息化项目管理的复合型人才，建立形成与公积金数字化发展相适应的人才队伍。

同时，加大信息化培训力度，制定不同技术人员的培训计划，对中心技术人员参加信息职业资格培训提出相应的要求并给予具体的鼓励措施。全面提升中心信息技术部门运用信息技术分析问题、解决问题的能力，为中心信息化建设打造一支专业有力的人才队伍。

# 深入学习贯彻习近平新时代中国特色社会主义思想<br>奋力推动萍乡住房公积金事业健康有序发展

陈昌结

这次在全党深入开展主题教育，是党中央为全面贯彻党的二十大精神、动员全党同志为完成党的中心任务而团结奋斗所作出的重大部署。作为中心分管业务工作的同志，必须当好开展主题教育的“明白人”，落实主题教育各项要求，始终坚持两手抓、两促进，把开展好主题教育与全面完成今年各项工作任务统筹好，用中心工作成效检验主题教育成效。

按照中心党组统一安排，我和业务科、信息科的几位同志围绕中心“放管服”改革、全面提升服务水平、促进萍乡公积金事业健康有序发展这一课题，先后走访了市住建局，并深入直属办事处、莲花办事处等地进行专题调研，认真剖析了当前我市房地产市场发展现状，并就破解当前公积金发展难题提出了几点建议，形成了这篇调研报告。

## 一、当前我市房地产行业发展现状

房地产在国民经济中占据重要地位，在各地经济发展中一直扮演着重要角色，房地产能否健康有序发展，事关国家发展大计，事关百姓民生。从萍乡房地产市场近两年的发展业绩来看，与行业预期相距较大，主要体现在以下两个方面：

一是成交面积和成交金额双双下降。2022 年，我市全年商品房成交面积 115.43 万㎡，同比下降 33.58%，商品房成交金额 60.72 亿元，同比下降 38.6%；商品房成交均价 5260.33 元/㎡，同比下降 7.56%；其中住宅均价 4952.1 元/㎡，同比下降 7.02%。其中市中心城区（含湘东区）商品房成交面积 69.41 万㎡，同比下降 32.06%，商品房成交金额 40.16 亿元，同比下降 36.21%；销售套数 5963 套，同比下降 35.77%；商品房成交均价 5785.85 元/㎡，同比下降 6.1%；其中住宅 5504.4 元/㎡，同比下降 3.8%。

二是市场信心不足，交易面积和金额恢复缓慢。从 2023 年 1—7 月份的情况来看：全市商品房成交面积为 78.38 万㎡，同比增长 5.58%，成交金额为 39.51 亿元，同比增长 0.09%；新建商品房均价为 5041.07 元/㎡，同比下降 5.20%；住宅均价为 4875.79 元/㎡，同比下降 1.42%。其中中心城区（含湘东区）商品房成交面积为 49.79 万㎡，同比增长 11.26%；成交金额为 27.52 亿元，同比增长 10.67%；新建商品房均价为 5526.16 元/㎡，同比下降 0.53%；住宅均价为 5398.46 元/㎡，同比增长 3.22%。

从以上数据可以看出，萍乡作为中西部欠发达地区，房市的发展正经历着严冬，尽管今年以来的各项数据有所恢复，但房市前景仍不容乐观。房地产作为地方经济发展的重要支柱，其在目前国民经济体系中的重要地位不言而喻，引导、鼓励房地产行业走上健康有序的发展轨道，正成为全社会的共识。国家对此高度重视,2016 年就对房子定位作出重大判断——房子是用来住的不是用来炒的,这个定位从提出至今,已有六七年了。这些年,房地产作为我国政府着力发展的行业,可谓是经历了辉煌,但也饱受非议,特别是近三年来的疫情,让楼市历经挫折,处境艰难。尽管如此,坚持房住不炒的定位的决心中央从没动摇过,这也成为我国房地产行业未来调控的总基调。党的十九届中央政治局会议再次指出,当前经济形势仍然复杂严峻,不稳定性不确定性较大,我们遇到的很多问题是中长期的,必须从持久战的角度加以认识,加快形成以国内大循环为主体、国内国际双循环相互促进的新发展格局。住建部部长倪虹最近也表示,房地产业发展过去那种解决"有没有"时期追求速度和数量的发展模式,已不适应现在解决"好不好"问题、高质量发展阶段的新要求,亟须构建新的发展模式。为此,我们必须对当前经济发展形势有全新的认识,以长远眼光来看待和分析房地产市场发展方向和前景,从容坚定地做好保民生、促发展的各项工作。

## 二、目前我市住房公积金支持地方发展的具体政策及成效

市住房公积金管理中心是市政府直属公益服务单位,参与、支持地方经济发展是中心最重要的职能。近两年来,为支持萍乡经济尽快走出低迷,萍乡市住房公积金管理中心积极配合市委、市政府,相继出台了多项扶持政策,主要有:

(一)在缴交政策方面:一是提高了缴交基数。增加了缴存职工合法收益,有效激发了购房需求。目前,缴存额上限已由 5519.76 元提升至 5556.24 元。二是实施阶段性支持政策。很好地缓解了缴存企业的资金困境。2022 年共有 8 家企业申请缓缴,缓缴人数 2931 人,缓缴金额 2297.9 万元。

(二)在提取政策方面:一是提高了租房提取额度。去年我们将租房提取最高额度由 7200 元/年提升至 1.2 万元/年,今年我们又将支持三孩家庭的租房提取额度每月提高了 500 元,截至 9 月享受更高额度的租房提取为 811 笔,合计提取金额 892 万元。二是开通了"享受城镇居民最低生活保障提取"业务,进一步延伸了公积金受益群体,有力保障了困难群体的居住需求。

(三)在贷款政策调整方面:主要有六条举措,一是调整了住房公积金贷款最高限额及比例,如针对双职工购建第一套自住住房的贷款额度由原来的 55 万元提高至 70 万元,购建第二套自住住房时,首付款比例由 40% 降低至 30% 等;二是宅基地不纳入贷款申请人家庭房屋套数的认定;三是出台支持人才留萍返萍政策,凡符合政府规定条件的毕业生,其购房贷款额度不受个人余额 20 倍的条件限制;四是恢复住房公积金异地个人住房贷款政策;五是开通了商业贷款"一年一提";六是出台《萍乡市灵活就业人员缴存和使用住房公积金暂行管理办法》,进一步扩大了公积金政策的受益面。

(四)在深化湘赣边区域合作方面:认真执行市委、市政府战略,2022 年 7 月与长沙、湖南省直中心、株洲、湘潭、岳阳、郴州及江西的九江、赣州、吉安、宜春等湘赣 10 地市签订了《湘赣边区域合作示范区住房公积金协同发展公约》。截至今年 9 月,已有 129 户家庭享受了提取政策优惠,合计金额 2072.4 万元,59 户家庭享受到贷款政策优惠,合计金额 2107 万元。

从政策实施的两年来的情况看,我们的初衷是正确的,措施是有效的,成效也朝着预期方向转

变。我们认为，萍乡未来楼市的走向，应坚定不移执行国家宏观政策，结合本地经济发展水平和人民群众的消费能力，出台有针对性的楼市消费政策。

## 三、推动我市公积金事业健康有序发展的几点建议

房地产业是现阶段我国国民经济中的重要组成部分，对经济社会发展具有较强的拉动作用，它不仅能够直接带来钢铁、建材、家电、家居用品的消费，而且对金融稳定和发展也至关重要，还是改善民生事业的一个有力推手。可以说，房地产业是我国国民经济发展众多产业中的重要环节，对此我们要有清醒的认识。但是，我们也不能片面妖魔化地去盲目推崇，要使我国房地产业走向健康良性可持续的发展轨道，不仅需要国家的正确引导和规范，而且从业者也要端正初心，创业为民，各职能部门要各司其职，强化监管，全社会要努力形成一种理性认识，正确看待房地产，合理支持房地产。

作为一个与房地产业高度相关、联结房市与缴存职工的桥梁，住房公积金管理中心必须要立足自身职能，在确保与国家房地产政策同心同向的同时，还要紧扣萍乡实际，创新服务举措，全力满足缴存职工的住房需求。具体来说，可从以下四个方面发力：

一是要坚定不移执行国家楼市新政。2023 年，国家施行的房地产政策概括起来就是三句话：第一句是增信心，让房企有信心，让购房者有信心，让新市民、灵活就业者有信心。第二句话是防风险，这是底线，防范和化解风险，房地产市场才能够平稳健康发展，经济也才能行稳致远。第三句话就是促转型，当前房地产市场已经从解决“有没有”转向解决“好不好”的发展阶段，提升住房品质，让老百姓住上更好的房子，是房地产市场高质量发展的必然要求。对于住房公积金管理中心而言，就是要执行好缴存职工购买第一套住房的，要大力支持，首付比例、首套利率该降的都要降下来；对于购买第二套住房的，要合理支持，以旧换新、以小换大、生育多子女家庭都要给予政策支持；对于购买三套以上住房的，除放开提取政策外，原则上不支持，就是不给投机炒房者重新入市留有空间。1994 年，国家为缓解城镇住房总量不足、商品房供不应求的矛盾，制定出台了《城市房地产管理法》，建立了预售许可制度，并对预售条件、监管作出了原则性规定。这一制度的出台，加速了整个建设资金周转，提高了资金使用效率，降低了资金使用成本。但进入新世纪以后，这一制度的弊端逐渐显现，各城市，特别是三四线以下城市房源出现大量过剩，商品房烂尾、开发商携款潜逃等问题日益显现，地方政府面临较大考验。为此，建议国家针对不同城市发展现状和楼市实际需求，制定差异化的支持政策，逐步停止三四线城市商品房预售制度，合理引导支持部分房企退出，从源头上消除楼市投资和消费风险。

二是要坚定不移服务百姓民生。住房公积金不仅是政府推动房地产经济可持续发展的有力手段，也是政府实施宏观调控的有效措施，同时，它还是满足广大缴存职工住房需求的基本保障。为此，各级公积金管理部门必须真正把服务民生放在工作首位，切实践行为民宗旨，把党和国家的各项惠民政策执行到位，切实增强群众的幸福感、获得感。要时刻关注群众呼声，了解群众诉求，放低自己的姿态，规范自己的言行，多办一些知民情、解民忧、暖民心的实事、好事。要持续发扬中心好的作风，凸显公积金服务特色，凝聚支持公积金事业发展的最大力量。这次我们萍乡中心开启的

“睡眠账户”集中清理工作，就在全省开了一个先河，特别是中心业务科、稽核科、直属办事处、财务科、信息科多科室联合协作，连续三个星期在东大街新建社区和南外社区、青山镇香炉山社区开展现场办公，极大地回应了江发、江机、江矿、青风水泥厂、毛巾厂等多个企业的职工需求，很好地保障了他们的正当权益。同时，我们还要积极适应形势变化，善于学习和运用现代网络信息技术，合理引导办事群众从前台办理到网络终端，让群众足不出户就能办理各项业务，确保在2025年前如期实现数字公积金建设目标。

三是要坚定不移助力地方发展。近年来，随着房地产市场的兴起和迅速发展，房地产业在助推地方经济、吸引劳动力就业、带动其他产业、贡献政府税收方面发挥着不可替代的作用，一些地方甚至成为政府的支柱产业。与此同时，房地产市场的飞速发展，也让各级政府放松了对行业的管控，在行业准入、日常监管方面没有从严要求，致使众多投资者投身其中，不仅造成了地方政府对这一产业的过于依赖，而且也给后续发展带来了一系列问题，恒大集团、碧桂园就是房地产留给我们的惨痛教训，萍乡房地产市场也同样面临着保交楼的巨大压力。为此，建议市委、市政府要进一步拓宽产业渠道，增加税收来源，努力摆脱对房市的依赖。要立足萍乡实际，不贪大求洋，不舍本逐末，多做一些打基础、利长远的实事。要正确看待和认识当前我市公积金事业发展的一些问题和不足，切实找实找准工作的突破口和着力点，持续做好新市民和灵活就业群体的扩面工作，力争各项数据指标在省内均能位居中游以上。要始终坚持工业强市不动摇，不对传统产业作简单的舍弃切割，尽最大努力引进一些促转型、惠民生的实体企业，让萍乡工业经济再放青春。同时积极出台各项扶持政策，切实减轻企业负担，为各类人群就业创业搭建好平台。

四是要坚定不移提升自身修养。目前，我国住房公积金政策实行的是“一城一策”，在坚定执行国家大政方针的前提下，各城市可根据当地经济发展情况灵活出台各项支持政策，这既给了地方很大自主权，也对地方提出了更高要求。因此，这就要求我们公积金中心的从业人员要有过硬的本领素质，要能够准确识变、科学应变、主动求变，积极适应经济发展新常态，时刻保持本领不足、能力不够的恐慌，不断提升业务服务能力。特别是要时刻保持求知的渴望，敢于接受新事物，善于利用新手段，准确掌握新方法，真正把中央和省、市各项要求贯彻落实到位。要始终立足上级的新要求，满足群众的新期待，把国家的楼市新政贯彻好，把事关群众的民生福祉落实好，让广大缴存职工更多地获得政策福利。要敢于知难而进，密切配合，针对数字公积金发展过程中的难点、痛点、堵点问题，各部门应加大协作，全力支持，让这一惠及广大缴存单位和缴存职工的新手段、新方式尽快落地见效。

# 关于创建“四强党支部”的思考

谭洪斌

在市住房公积金中心开展学习贯彻习近平新时代中国特色社会主义思想主题教育之际，基层党组织在迎接这场大考面前，务必树立正确的政绩观，更加融入“学思想、强党性、重实践、建新功”的主题教育中，深入学习贯彻习近平总书记考察江西重要讲话精神，让每一位党员吸收到营养。坚持以正确的思想为指引，以重实践、建新功的担当作为，推动我市经济高质量发展，发挥好市住房公积金管理中心基层“四强党支部”的泵源作用。通过近期多次深入县区支部调研，现就如何加强“四强党支部”建设作以下一些思考。

## 一、中心基层党组织基本情况

中共萍乡市住房公积金管理中心机关党总支共有党员32人，2个机关党支部，分别是中共萍乡市住房公积金管理中心机关党支部和中共萍乡市公积金管理中心莲花党支部，机关各支部都有书记和组织委员、宣传委员，并分别设立党小组，党组织机构健全，领导班子配备齐全，分工明确，各负其责，各项职责得到全面、深入、切实的履行。近年来，市住房公积金机关党建工作在中心党组的领导下，坚持以党的政治建设为统领，围绕中心、建设队伍、服务群众，以创建“四强党支部”、深化模范机关建设为主要抓手，不断增强党支部政治功能和组织功能，增强党支部凝聚力和战斗力。

## 二、中心基层党组织建设的主要做法和成效

2023年是全面贯彻落实党的二十大精神的开局之年，也是全面提高中央和国家机关党建质量的重要一年。中央和国家机关工委对2023年中央和国家机关党的主要工作作出部署，中央和国家机关各级党组织和广大党员干部要坚持以学习宣传贯彻党的二十大精神为主线，切实抓好各项工作落实，全面提高机关党建质量，随着社会经济的快速发展，住房公积金管理工作在保障民生、促进社会和谐方面发挥着越来越重要的作用。

（一）聚焦于“学”，全面提升政治能力，把党性素养“强”起来

站稳政治立场。全面贯彻习近平新时代中国特色社会主义思想，深入学习贯彻党的二十大精神，组织党员干部深入学习习近平新时代中国特色社会主义思想，把学好党章党规作为必修课，把习近平总书记考察江西重要讲话精神作为当前主要学习内容。并组织党员干部开展学习研讨，教育引导党员干部进一步树牢“四个意识”，坚定“四个自信”，切实做到“两个维护”，夯实政治立场。

严明纪律意识。将廉政教育抓在经常，融入日常，全面准确地完善单位职工个人廉政档案工作，常态化开展警示教育，一体推进“三不腐”能力和水平，赴上栗县斑竹山党性教育基地举办“3·23”警示教育活动，组织全体党员干部观看警示教育片《歧途》，深化“吃喝喜乐”微信群、违规吃喝

送礼、吃公函、酒驾醉驾问题警醒、治理,通过多种形式的教育使党员干部明纪律、知敬畏、守廉洁。

坚定理想信念。落实“第一议题”制度,坚持学原著、读原文、悟原理,组织中心全体党员干部参加在市委党校举办的“学习贯彻党的二十大精神集中轮训班”,参观秋收起义高滩行军会议旧址和王佐支部旧址、聆听微党课,按计划推进“党组成员讲党课”,通过不断的思想教育、理论武装、党性锤炼,使中心全体党员干部思想上更加统一,政治上更加团结,作风上更加务实,行动上更加一致。邀请原市委党校副校长、教授刘建民,市委党校教育长及市委党校教授等专家学者前来讲学授课,进一步锤炼了党性,不断坚定党员干部的理想信念,提升了支部全体党员的能力素质。

(二)聚焦于“能”,夯实支部建设内容,把党员力量“聚”起来

支部班子全面过硬。制定《萍乡市住房公积金管理中心2023年党建工作要点》,扎实推动党的基层建设。为落实创建“四强”党支部深化模范机关建设重要部署,制定了《萍乡市住房公积金管理中心创建“四强”党支部深化模范机关建设的实施意见》,在形成推动中心工作的强大合力中切实发挥好基层党组织战斗堡垒作用。严格按照创建“四强”党支部标准,选优配强机关党支部班子;并积极探索学习型党支部建设,通过激发支部党员学习能力和工作创新能力,全面打造过硬的党员队伍;支部委员通过经常性开展谈心谈话,了解党员思想动态,倾听意见建议,切实担负起直接教育党员、管理党员、监督党员和组织群众、宣传群众、凝聚群众、服务群众的职责,真正做到把党员群众团结凝聚起来。

组织生活全面规范。落实落细“三会一课”,严肃规范民主评议党员、组织生活会和谈心谈话等一系列基本制度。进一步抓实政治理论学习、党员政治生日活动、党费缴交等规定动作,今年以来,分别以“春节走访慰问困难党员”“志愿服务进社区”“忠诚履职担当作为、走好新的赶考之路”“赓续红色血脉、发扬安源精神”等为主题开展系列活动,切实增强了主题党日活动的吸引力和实效性。

党建品牌更加响亮。中心机关党支部比照创建“四强党支部”等有关要求,大力弘扬龚全珍精神品质,在服务群众中访民情、听民意、解民忧,为进一步优化升级“龚全珍工作室”创建服务品牌,制定了《萍乡市住房公积金管理中心优化升级“龚全珍工作室”创建服务品牌工作方案》,并与政务服务中心联合升级创建“龚全珍工作室”,切实打造为民办实事解难题的党建服务阵地。

(三)聚焦于“干”,打造党员先锋队伍,把工作责任“挑”起来

选树先进典型。机关党委积极选树先进典型,注重发挥榜样的示范引领作用,每季度组织评选“党建之星”,每两年开展一次党群“两优一先”评选表彰。用好萍乡基层党建信息化平台,赣政通机关党建网、“两学一做”学习教育网、党建宣传栏等特色党性教育平台和多媒体手段宣传先进典型优秀事迹,营造比学赶超、立足岗位作奉献的良好氛围。

主动延伸服务。开展市直机关领导干部“办事流程大体验”活动,通过亲自体验办事流程,亲身感受流程通不通,服务体验好不好,办事群众会不会,“全流程”倒查,“多窗口”整改,“靶向式”精准提升住房公积金服务质效。优化升级“龚全珍工作室”党建品牌,单建或联建“龚全珍工作室”,使各项工作更加符合基层实际、受到群众欢迎。与新建社区、香炉山社区开展清理“睡眠账户”专项整治工作,秉持“当好群众贴心人,办好群众贴心事”的服务理念,中心各部门联合协作,现场查询解答、工作人员现场办理、直接后台审批,截至目前,全市已完成睡眠账户75%,完成提取7202户,已

清理金额7410万元。

加强队伍管理。结合环境优化提升和作风建设提效行动，支部党员全面检查近年来各项工作以及思想、作风方面的实际情况，找准、认清各自存在的突出问题，分别建立问题清单和整改台账，不断转变队伍工作作风。同时，深化监督管理，开展政治家访，加强对党员的关心和八小时之外的动态关注，增强组织向心力和凝聚力。

（四）聚焦于“效”，落实党建全面引领，把工作质量“提”起来

推动党建业务深融合。建立健全党建工作和业务工作一起谋划、一起部署、一起落实、一起检查的运行机制，充分发挥党支部在业务工作中的政治引领、督促落实、监督保障作用。坚持党建工作和业务工作同步总结、同步述职、同步考核、同步评价，形成党建、业务“一盘棋”。持续深化“五比双创勇争先”创先争优活动，推动中心贯彻落实市第十三次党代会确定的目标任务，动员中心党员干部立足岗位职能，以最优作风服务全市工作大局，助力推进“五区”建设，打造“最美转型城市”。

提升为民服务水平。贯彻落实国务院深化“放管服”改革部署，切实做好省内公积金“一体化”和住房公积金服务“跨省通办”工作，实现缴存职工跨区域办理公积金“只跑一地”。截至目前，中心已实现13项服务事项“跨省通办”、全程网办，持续提升公积金服务普惠化、便捷化水平。“跨省通办”业务共受理业务3359笔，湘赣边区域合作已受理223户提取，合计金额2959.08万元，184户家庭享受贷款政策优惠，合计金额7159万元。

落实为民服务担当。提高线上线下办事效率，打造党员示范岗、为群众提供优质高效的政务服务，使群众满意度和获得感不断得到提升。通过“一窗办、一网办、简化办”实现全市通办、就近办理、办事资料“大瘦身”。中心牵头“个人住房公积金贷款”事项已链接不动产端口实现自主查询，各办事处由指定工作人员代办查询。自2022年1月份开始，办理贷款业务的缴存人无须主动提供“不动产登记信息”。

## 三、中心当前工作现状及问题

1. 党员队伍建设：个别党员对党支部的认同感不是很强，参与度不高，影响了党支部的凝聚力和战斗力，引擎作用有待增强。

2. 组织建设：部分党支部组织架构不够完善，职责分工不明确，工作效率有待提高。

3. 党建工作与业务工作的融合度不够：部分党支部在推进党建工作与业务工作融合方面存在困难，未能充分发挥党支部的引领作用。

## 四、中心创建“四强党支部”的思考和建议

1. 强化组织建设：建立健全党支部组织架构，明确职责分工，加强团队协作。同时，要注重选拔政治素质过硬、业务能力强的党员干部担任支部委员，并提高自我认可度，提高党支部组织的执行力。

2. 加强党员教育管理：建立健全党员教育管理制度，加强党员思想政治教育，提高党员的政治

素质和业务能力。同时,要注重激发党员的积极性和创造性,增强党支部的向心力和凝聚力。

3. 推进党建工作与业务工作的深度融合:将党建工作与业务工作同谋划、同部署、同推进,充分发挥党支部的引领作用。通过开展主题党日活动、党员示范岗等措施,引导党员干部在工作中发挥模范带头作用。

4. 优化工作机制:建立健全各项工作机制,加强部门间的协作配合,形成工作合力。同时,要注重运用现代信息技术手段,提高工作效率和质量。

5. 加强考核评价:建立完善的考核评价机制,对党支部工作进行科学评估和监督。通过定期开展党建工作考核评比活动表彰先进,激励党支部不断创新进取。

## 五、结论与展望

通过本次调研,我们发现当前党支部在工作中还存在一些问题。为了创建"四强党支部",我们需要加强组织建设、党员教育管理、党建工作与业务工作的融合度以及优化工作机制等方面的工作。接下来,我们应继续加强党支部建设,提高党支部的凝聚力和战斗力,将红色传承发扬光大,将莲花办事处党支部特色做出来、辐射出来,上下一盘棋,为住房公积金管理工作的高质量发展提供有力保障。同时,我们也会注重借鉴先进经验,不断探索创新党支部建设的新思路和新方法,为推动住房公积金事业的发展贡献力量。

# 有效提升中心从业人员能力素质的思考

陈彰宏

党的二十大报告指出："人才是第一资源""深入实施人才强国战略，强化现代化建设人才支撑"。正所谓"人才兴则发展兴事业兴。"习近平总书记指出："新时代，我们党要团结带领人民实现'两个一百年'奋斗目标、实现中华民族伟大复兴的中国梦，必须贯彻新时代党的组织路线，努力造就一支忠诚干净担当的高素质干部队伍。"近年来，住建部也部署开展"提升住房公积金从业人员素质"课题研究，旨在更好地了解公积金从业人员队伍现状、能力素质提升需求和工作思路，推进住房公积金从业人员能力素质科学规范化标准化建设，助力住房公积金事业高质量发展。通过对中心从业人员基本情况、人员结构和能力素质现状进行分析，根据问题导向，力求找出当前中心从业人员能力素质方面存在问题的原因，从而提出浅显的对策，有效提升中心从业人员能力素质，为奋力谱写中国式现代化萍乡篇章贡献公积金力量。

## 一、中心基本情况

萍乡市住房公积金管理中心为市政府直属公益一类事业单位，正县级，归口市住房和城乡建设局管理。内设机构 5 个，综合科、财务科、业务科、稽核科、信息科，下设湘东、芦溪、上栗、莲花 4 个办事处，主要负责全市公积金的归集、管理、使用。核定事业编制 34 名（含办事处编制）。其中，领导职数：主任 1 名（正县级），副主任 3 名（副县级）；内设机构正职 5 名（正科级），办事处正职 4 名（正科级），总经济师 1 名（正科级），机关党总支专职副书记 1 名（正科级），办事处副职 1 名（副科级）。

近年来，市住房公积金管理中心主要业务发展迅猛，截止到 2023 年 10 月，公积金归集余额 89.37 亿元，贷款余额 71.35 亿元，个贷率 79.84%，累计上缴廉租房补充资金 7.05 亿元。

## 二、中心从业人员的基本情况

截至 2023 年 10 月，中心现有从业人员 87 人，其中在编人员 60 人，聘请人员 27 人。男性 35 人，占 40%；女性 52 人，占 60%。机关科室人员（含中心领导）44 人，占 50.6%；基层办事处 43 人，占 49.4%。

在编人员 60 人中，管理岗位 39 人：其中五级职员（正处级）1 人，六级职员（副处级）4 人，七级职员（正科级）11 人，八级职员（副科级）2 人，九级职员 21 人。专业技术岗位 20 人：其中八级职员（中级）5 人，九级职员（中级）2 人，十级职员（中级）7 人，十一级（初级）4 人，十二级（初级）2 人。工勤岗位 1 人：技师（工勤）1 人。

1. 人员年龄结构趋老年化。从业人员的平均年龄为 43 岁。其中，30 岁（含）以下 8 人，30—40

岁(含)29人,40—50岁(含)30人,50岁以上20人。在编人员平均年龄超45岁。

2. 人员学历层次较低。87名从业人员中,第一学历为全日制硕士研究生的0人;学历为大学本科的有10人(在编7人,聘用3人),占比为11.49%;学历为大中专的有32人,占比为36.78%。专业技术岗位副高以上职称有0人,中级职称有14人,占比为16.09%。

3. 人员专业结构不尽合理。经济金融、财会专业19人,占比21.84%;计算机类4人,占比为5%。取得财会方面中级以上职称的只有2人,能胜任信息化建设方面的人员更是少之又少。

4. 基层办事处聘用人员占多数。基层43名从业人员中,聘用员工24人,占比55.81%,成为中心直接服务缴存职工的从业队伍主体。

## 三、目前存在的问题与不足

1. 从业人员的进口把得不严。中心作为一个自收自支的事业单位,人员的调入基本没有经过统一考录形式,部分干部职工的政治理论水平、岗位职业素质和专业技能等方面与中心发展的形势任务不相适应,能力素质与岗位不相匹配。

2. 急需专业人才无法引进。2012年,中心在编在职员工达73人,达到历史峰值。经过多年的消化,目前在编在岗职仍有60人,还处在严重超编状态。随着编办、人社、财政等部门陆续加强人员管理,中心急需的财会、信息等方面人员因超编无法用人计划。与有关部门协调,打算采取“多退少补”形式招录人员,目前进展不理想。

3. 针对性的培训还不够。尽管中心高度重视人员培训,出台了报销提升学历、专业技术等级学费的制度,选派员工参加住建系统组织的相关学习培训等,通过多层次多渠道多形式来提高从业人员素质,但针对人员素质的缺失进行有计划、有重点的体系化教育培训不够,同时检验学习培训的成果以及学习成果的利用不够。造成了“有培训跟没有培训一个样、培训好跟培训差一个样”的局面。

## 四、中心从业人员素质提升的意见建议

中心从业人员素质提升是一个系统工程,是中心高质量发展和规范管理的一个永恒课题。要坚定不移地提升干部职工队伍思想政治素质、职业素质、科学文化素质,可探索从“定、学、管、考、用”五个方面下功夫,推动中心从业人员能力素质提升。

1.“定”指的是政治定力,政治定力是素质提升的“生命线”。俗话说:思想是行动的先导,有什么样的思想认识,就会有什么样的行为。要把提高从业人员的政治定力作为首要任务,以主题教育为抓手,统筹安排好习近平新时代中国特色社会主义思想的学习教育。通过读原著、学原文、悟原理,不断提高从业人员政治定力和政治能力,用学到的科学理论知识武装自己的头脑,指导工作,不断加强自我履职能力,使之能够立足岗位职责,学以致用,夯实树牢“四个意识”、坚定“四个自信”、做到“两个维护”、捍卫“两个确立”的思想根基。

2.“学”指的是学习培训,学习培训是素质提升的基础。古人云:非学无以广才,非学无以成功。只有加强学习培训,才能提高自身综合素质,才能消除“本领恐慌”,才能增强过硬的工作能力和真

抓实干的精神。要结合《住房公积金人员职业标准》，根据从业人员所处岗位，对标岗位职业能力要求，予以针对性的学习培训，缺什么补什么，提高学习的针对性和实效性。中心要根据事业发展的需要，组织从业人员参加住建系统的培训。

3.“管”指的是严格管理，严格管理是素质提升的保障。从业人员素质提升应贯穿于职工整个职业生涯，贯穿于人力资源管理的全过程。加强中心管理制度建设，尤其是人事制度建设，是提升住房公积金从业人员素质的重要保障措施。如：要加强中心人才引进的力度，将其作为招聘管理的重要组成部分，从“入口”提升从业人员的基本素质。重点在信息化、财务管理方面招录更多优秀人才。加大内部工作区域和工作岗位的轮岗制度建设，出台制度化的硬性措施，实施常态化轮岗交换，在不同的岗位（或地方）中锻炼，补短板、扬长处，全面提升从业人员职业素养。要把积极探索的成功经验用制度的形式确定下来、坚持下去，在长期坚持中改革创新。不断完善中心内部人事管理制度，包括员工进退流转、政治待遇和经济待遇等，切实增强配套措施的可行性和可操作性。

4.“考”指的是绩效考核，绩效考核是素质提升的关键。要充分发挥绩效考核指挥棒的作用，通过考核来发现高素质人才，通过考核形成比学赶超的局面，充分调动从业人员的工作积极性，让高素质人员脱颖而出，从而吸引和聚集更多优秀人才，为中心发展提供中坚力量。要建立岗位目标责任制考核体系，发挥考核导向作用，树立服务意识，将其贯穿于业务和服务考核的各个方面和全部过程，一切为了缴存职工满意。要与时俱进调整考核标准、考核内容，充分保证考核的目标、过程、结果一致，充分保证考核公正、公平、公开。

5.“用”指的是提拔使用，提拔使用是素质提升的核心。干部职工的提拔使用是一个地方、一个单位最重要的政治制度的落实和体现，组织选人用人是最能凝心聚力的工作和感召。这里的晋升，不但包括职务职级的提拔，还包括专业职称的聘用。人员的晋升，是从业人员提升自身素质的机制建设和最大的内在动力。只有让人感觉到事业有奔头，才会对照目标提升自己，才会积极主动参与培训和不断学习，争取考核出成绩有业绩。要完善中心的职务晋升体系，当前要推行聘任制、任期制，不要终身制。让从业人员有危机感，时刻有“能上能下”的思想准备，消灭在岗位上“躺平”“划水”的可能性。要完善中心的职称晋升体系，考核聘用。积极发挥职称评定在人员素质提升上的作用，引导从业人员逐步提升住房公积金专业素养。要完善人才交流机制，内部推荐使用与外派挂职锻炼两条腿走路，充分利用行政事业单位大平台，通过上派下挂、横向交流等多种形式，锤炼职工队伍，打造复合型管理队伍。

# 后 记

1996 年，萍乡市住房公积金工作在改革开放进程中铿锵登场，在近 30 年的发展历程中，经历了艰难困境中的顽强崛起，在自我超越中展翅腾飞，书写了萍乡市住房公积金事业从无到有、从小到大、从弱到强的历史跨越。萍乡市住房公积金人这种顽强拼搏的精神感人至深，鲜活生动的史实需要记载，大量弥足珍贵的资料需要辑存，不少丰富的经验需要总结。把这些年来萍乡市住房公积金人白手起家、艰苦奋斗的创业史写出来，以启迪、激励后人，这既是我们这代人的责任，又是再创萍乡住房公积金事业明天辉煌之必然。萍乡市住房公积金管理中心于 2023 年 5 月经集体研究决定编纂《萍乡市住房公积金志》。

史志为记，薪火相传。每一个地方、每一个城市、每一个单位都有自己发展的轨迹，这种以物质与精神方式交叠演进的过程便成为其历史。正是基于这样的认识，萍乡市住房公积金管理中心与市委史志研究室携手合作共同编纂这本志书。市委、市政府高度重视萍乡市住房公积金的工作。市委副书记、市长熊运浪莅临市中心考察指导，历届市政府分管领导亲临市中心指导工作。市政府副市长、市住房公积金管委会主任刘仁羿听取了市中心修志工作汇报，并亲自为该书作序。市中心领导高度重视并精心组织本志的编修出版，专门发文成立编纂委员会抓好工作落实。市中心各领导班子成员和干部职工及具体编纂人员都积极投入。本志从策划、构思、拟写编目、撰稿、评审、改稿到全书定稿付梓，历时年余，全书近 40 万字，是市住房公积金管理中心和市委史志研究室集体智慧与汗水的结晶。

《萍乡市住房公积金志》由序、凡例、概述、大事记、专志、附录、后记等组成。本书的文字撰稿专门聘请了中共萍乡市委党校原副校长、教授刘建民执笔。全志由廖洪元、李昌清、陈彰宏统稿，陈昌结、谭洪斌等领导同志参与了讨论修改。在编志过程中，得到市直相关部门和单位、市中心各位领导、各科室、市中心驻各县区办事处等提供资料和图片，并提出了宝贵的修改意见和建议。

这本由市中心和市委史志研究室领导干部和员工及专家学者通力合作打造的专志问世，确实令人感到由衷的欣慰和高兴。借此机会，我要感谢各级组织和领导及社会各界对住房公积金事业的关心、帮助和支持，感谢市中心所有新老干部、员工的勤奋工作和无私奉献，感谢修志人员的辛苦编纂。鉴古而知今。记录历史是为了更好地走向未来。我们一定要汲取历史的营养，承前启后，继往开来，一代接一代把住房公积金事业不断推向前进。

萍乡市住房公积金管理中心主任　廖洪元

2024 年 1 月 10 日